Unternehmensbewertung zwischen Recht und Markt

Europäische Hochschulschriften
Publications Universitaires Européennes
European University Studies

Reihe II
Rechtswissenschaft

Série II Series II
Droit
Law

Bd./Vol. 4542

PETER LANG
Frankfurt am Main · Berlin · Bern · Bruxelles · New York · Oxford · Wien

Lysander M. Heigl

Unternehmensbewertung zwischen Recht und Markt

Eine rechtsvergleichende Untersuchung und kritische Stellungnahme

PETER LANG
Europäischer Verlag der Wissenschaften

Bibliografische Information der Deutschen Nationalbibliothek
Die Deutsche Nationalbibliothek verzeichnet diese Publikation in der Deutschen Nationalbibliografie; detaillierte bibliografische Daten sind im Internet über <http://www.d-nb.de> abrufbar.

Zugl.: Düsseldorf, Univ., Diss., 2006

D 61
ISSN 0531-7312
ISBN 978-3-631-56409-7

www.peterlang.de

Vorwort

Die Frage nach dem Wert eines Unternehmens ist zunächst der Disziplin der Wirtschaftswissenschaften zuzuordnen. Sie erweist sich aber in solchen Fällen zugleich als juristisches Problem, wenn es Gerichte sind, die über den „gerechten Wert" letztverbindlich zu befinden haben. Hier stellt sich die Frage, welche spezifisch juristischen Grundsätze für die gerichtliche Unternehmensbewertung gelten sollen.

In diesem Spannungsfeld von Recht und Ökonomie nach Lösungen zu suchen, kann auf zweierlei Weisen geschehen: einerseits induktiv durch Herleitung abstrakter Regeln aus konkreten Einzelfällen; zum anderen deduktiv durch den gedanklichen Schluss vom allgemeinen Prinzip auf den einzelnen Fall. – Die vorliegende Arbeit versucht beides. Zunächst wird das Rechtsproblem der Unternehmensbewertung eingeordnet in einen größeren wirtschaftlichen und juristischen Kontext und aus dem Umgang der Rechtsordnung mit Bewertungsfragen im Allgemeinen Zivilrecht das rechtliche Gebot einer möglichst marktorientierten Bewertung hergeleitet. Unter diesem Gesichtspunkt werden exemplarisch zwei kontinentaleuropäische Rechtsordnungen – die deutsche und die französische – und zwei angelsächsische – die englische und die US-amerikanische – untersucht. Nach dieser Bestandsaufnahme wird im anschließenden kritischen Teil erörtert, wie der Grundsatz einer marktorientierten Unternehmensbewertung bestmöglich umzusetzen ist. Dabei wird der Rolle des Börsenkurses als Bewertungsmaßstab breiter Raum gewidmet. Darüber hinaus wird aber auch zu anderen Bewertungsmethoden Stellung bezogen, insbesondere werden die vor deutschen Gerichten bisher wenig gebräuchlichen Multiplikatorverfahren beschrieben und den „klassischen" Zukunftserfolgswertverfahren gegenübergestellt. Auch die Bedeutung ausgehandelter Wertverhältnisse in Fusionsfällen wird eingehend behandelt.

Die Arbeit wurde im Wintersemester 2006/2007 von der Juristischen Fakultät der Heinrich-Heine-Universität Düsseldorf als Dissertation angenommen. Entwicklungen in Gesetzgebung, Literatur und Rechtsprechung sind soweit möglich bis Dezember 2006 berücksichtigt.

Dank schulde ich zuförderst meinem Betreuer Herrn Professor Dr. Gerd Krieger. Er hat mich trotz seiner Doppelbelastung durch Praxis und Wissenschaft als Doktoranden angenommen und sein unbestechliches, bisweilen unbequemes Urteil hat am Gelingen der Arbeit wesentlichen Anteil. Ohne vielfältige Unterstützung wären auch die rechtsvergleichenden Betrachtungen nicht möglich gewesen. Diesbezüglich danke ich den Herren Professoren Reinier H. Kraakman, Ph.D., J.D., B.A. (Ezra Ripley Thayer Professor of Law) und Guhan Subramanian, M.B.A., J.D., A.B. (Joseph Flom Professor of Law and Business), die mir während meines Semesters als Visiting Researcher an der Harvard Law School wichtige Impulse gaben und geduldig meine Thesen mit mir diskutierten. Weiterer Dank gilt Herrn Professor Jonathan B. K. Rickford, C.B.E., M.A., B.C.L. (Direktor des Company Law Centre am British Institute of International and Comparative Law in London) und Herrn Professor Michel Germain, Docteur en Droit (Direktor des Institut de Droit des Affaires der Université Panthéon-Assas in Paris). Sie haben während meiner kürzeren Rechercheaufenthalte in London und Paris bereitwillig meine Fragen beantwortet. Nicht ganz so prominent, aber nicht minder hilfreich waren einige Fachleute aus meinem Freundeskreis. Von der Anfangsphase bis ins Endstadium der Bearbeitung begleitete mich Herr Rechtsanwalt Dr. Ulf Werba mit goldwertem Rat. Für die sachkundige Beratung speziell bei der Anfertigung der betriebswirtschaftlichen Passagen danke ich ebenfalls sehr herzlich Herrn Dipl.-Kfm. Dr. Jens Zühlke und Herrn Dipl.-Kfm. Carsten Smolka, LL.M. Schließlich ist es mir ein Anliegen, Herrn Zeitungsredakteur Torsten Lauer, M.A. für stets befruchtenden Gedankenaustausch zu danken, der mich darin geschult haben dürfte, auch komplexe Problemstellungen in einfache und verständliche Worte zu fassen. Um die rechtsvergleichenden Ausführungen und viele interessante Erkenntnisse ärmer geblieben wäre die Arbeit, wenn nicht für die drei Auslandsaufenthalte die erforderlichen finanziellen Mittel zur Verfügung gestanden hätten. Diesbezüglich gebührt mein ganz besonderer Dank der Alfried Krupp von Bohlen und Halbach-Stiftung, die mir ein großzügiges Stipendium gewährte. Hierdurch hat die Krupp-Stiftung nicht nur wesentlich zum Gelingen der Arbeit beigetragen, sondern mir auch ein sehr erlebnisreiches Promotionsstudium ermöglicht. Herrn Professor Dr. Noack schulde ich Dank für die Erstellung des Zweitgutachtens.

Gewidmet ist die Arbeit meinen lieben Eltern.

Düsseldorf, im Dezember 2006 *Lysander M. Heigl*

Inhaltsübersicht

Inhaltsverzeichnis

Literatur

Aha, Christoph, Aktuelle Aspekte der Unternehmensbewertung im Spruchstellenverfahren – Zugleich Anmerkung zu der Paulaner-Entscheidung des BayObLG, Die Aktiengesellschaft 1997, S. 26 ff.

Albach, Horst (Hrsg.), Zur Theorie der Unternehmung, Schriften und Reden von Erich Gutenberg, Berlin u.a. 1989

Allen, William T. / Jacobs, Jack B. / Strine, Leo E., Function over Form: A Reassessment of the Standards of Review in Delaware Corporation Law, 56 Business Lawyer (2001), S. 1287 ff.

Ammon, Ludwig, Rechtsprechungsübersicht zum aktienrechtlichen Spruchstellenverfahren, Praxis der Freiwilligen Gerichtsbarkeit 1998, S. 121 ff.

Aronstam, Bradley R. / Balotti, R. Franklin / Rehbock, Timo, Delaware's Going Private Dilemma, Fostering Protections for Minority Shareholders in the Wake of Siliconix and Unocol Exploration, 58 Business Lawyer (2003), S. 519 ff.

Baj, Claude, Offre publique d'acquisition: contestation et détermination du prix, in: Dictionnaire Joly Bourse et produits financiers 2002/2003, Band 3 der Loseblattsammlung, Paris, Stand: 30. November 2003

Ballwieser, Wolfgang, in Jörg Baetge u.a. (Hrsg.), Unternehmensbewertung im Wandel, Vorträge und Diskussionen zum 16. Münsterischen Tagesgespräch des Münsteraner Gesprächskreises Rechnungslegung und Prüfung e.V. am 11. Mai 2000, Düsseldorf 2001

Balotti, R. Franklin / Finkelstein, Jesse A., The Delaware Law of Corporations and Business Organizations, Band 1, 3. Auflage, New York 2005

Barthel, Carl, Unternehmenswert: Die vergleichsorientierten Bewertungsverfahren, Der Betrieb 1996, S. 149 ff.

Bauer, Patrick, Anmerkung zur Entscheidung des BGH vom 12.3.2001, Neue Zeitschrift für Gesellschaftsrecht 2001, S. 891 ff.

Baumbach, Adolf / Lauterbach, Wolfgang / Albers, Jan / Hartmann, Peter, Zivilprozessordnung, 63. Auflage, München 2005 (zitiert: Bearbeiter in Baumbach/-Lauterbach/Albers/Hartmann)

Bebchuk, Lucian Arye, Imperfect Competition and Agency Problems in the Market for Corporate Law, Working Paper presented at the Law and Economics Workshop, October 23, 2001 at the University of Chicago Law School – http://www.law.uchicago.edu/lawecon/ index.html

ders. / Kahan, Marcel, Adverse Selection and Gains to Controllers in Corporate Freeze-Outs, in Randall K. Morck (Hrsg.), Concentrated Corporate Ownership, Chicago 2000, S. 247 ff. (zitiert: Bebchuk/Kahan in Morck, Concentrated Corporate Ownership)

ders. / Kahan, Marcel, The „Lemons Effect“ in Corporate Freeze-Outs, Discussion Paper No. 248, 1/1999, The John M. Olin Center for Law, Economics and Business, Harvard Law School, Cambridge/USA (zitiert: Bebchuk/Kahan, Harvard Law School/Olin Center Discussion Paper No. 248)

Beckmann, Ralph / Kersting, Mark Oliver / Mielke, Werner, Das neue Übernahmerecht, München 2003 (zitiert: Bearbeiter in Beckmann/Kersting/ Mielke)

Behnke, Thorsten, Anmerkung zur *DAT/Altana*-Entscheidung des Bundesverfassungsgerichts, Neue Zeitschrift für Gesellschaftsrecht 1999, S. 934 ff.

Bender, Rolf / Nack, Armin, Tatsachenfeststellung vor Gericht, Band I, Glaubwürdigkeits- und Beweislehre, 2. Auflage, München 1995

Bilda, Klaus, Zur Dauer der Spruchstellenverfahren, Neue Zeitschrift für Gesellschaftsrecht 2000, S. 296 ff.

ders., Anmerkung zur Entscheidung des BGH vom 12.3.2001, Juristische Rundschau 2002, S. 17 f.

Black, Bernard / Kraakman Reinier, Delaware's Takeover Law: The Uncertain Search for Hidden Value, 96 Northwestern University Law Review (2002), S. 521 ff.

Block, Dennis J., / Barton, Nancy E. / Radin, Stephen A., The Business Judgment Rule, Fiduciary Duties of Corporate Directors, 5. Auflage, New York 1998 (Bände 1 und 2) und 2002 (Ergänzungsband)

Böcking, Das Verbundberücksichtigungsprinzip als Grundsatz ordnungsmäßiger Unternehmensbewertung, in Festschrift für Adolf Moxter zum 65. Geburtstag, hrsg. v. Wolfgang Ballwieser, Hans-Joachim Böcking, Jochen Drukarczyk, Reinhard H. Schmidt, Düsseldorf 1994, S. 1407 ff.

Bodie, Zvi / Kane, Alex / Marcus, Alan J., Investments, 5. Auflage, Boston u.a. 2002

Bolton, Richard, Clarification in the World of Valuation, New Law Journal v. 28. Mai 2004, S. 816 ff.

Bonneau, Thierry / Faugérolas, Laurent, Les Offres Publiques, Paris 1999

Booth, Richard A., Minority Discounts and Control Premiums in Appraisal Proceedings, 57 Business Lawyer (2001), S. 127 ff.

Born, Karl, Unternehmensanalyse und Unternehmensbewertung, 2. Auflage, Stuttgart 2003

Brealey, Richard A. / Myers, Stewart / Allen, Franklin, Corporate Finance, 8. Auflage, New York u.a. 2006

Bretzke, Wolf-Rüdiger, Risiken in der Unternehmensbewertung, Zeitschrift für betriebswirtschaftliche Forschung 1988, S. 813 ff.

Brockhaus in einem Band, 9. Auflage, Mannheim 2002

Brockhaus Recht, Mannheim 2002

Brockhaus Wirtschaft, Leipzig u.a. 2004

Bucher, Frédéric, Anmerkung zu den Urteilen des Appellationsgerichts von Paris vom 16. September 2003, Bulletin Joly Bourse November-Dezember 2003, S. 762 ff.

ders., Anmerkung zum Urteil des Kassationsgerichtshofes vom 29. April 1997, Revue des Sociétés April-Juni 1998, S. 341 ff.

Bungert, Hartwin, Umtauschverhältnis bei Verschmelzungen entspricht nicht den Börsenwerten – Zugleich Anmerkung zu BayObLG, Beschluss vom 18. 12. 2002, Betriebsberater 2003, S. 699 ff.

ders., DAT/Altana: Der BGH gibt der Praxis Rätsel auf – Vorgaben aus Karlsruhe zur Ermittlung des Börsenwerts für Ausgleichszahlung und Barabfindungsangebot beim Unternehmensvertrag, Betriebsberater 2001, S. 1163 ff.

ders. / Eckert, Jan, Unternehmensbewertung nach Börsenwert: Zivilgerichtliche Umsetzung der BVerfG-Rechtsprechung, Betriebsberater 2000, S. 1845 ff.

Büschgen, Hans E., Das Kleine Börsenlexikon, 21. Auflage, Düsseldorf 1998

Busse von Colbe, Walther, Der Vernunft eine Gasse: Abfindung von Minderheitsaktionären nicht unter dem Börsenkurs ihrer Aktien, in Festschrift für Marcus Lutter zum 70. Geburtstag, hrsg. v. Uwe H. Schneider, Peter Hommelhoff, Karsten Schmidt, Wolfram Timm, Barbara Grunewald, Tim Drygala, Köln 2000, S. 1053 ff.

ders., Berücksichtigung von Synergien versus Stand-alone-Prinzip bei der Unternehmensbewertung, Zeitschrift für Unternehmens- und Gesellschaftsrecht 1994, S. 595 ff.

ders., Zur Maßgeblichkeit des Börsenkurses für die Abfindung der bei einer Umwandlung ausscheidenden Aktionäre, Die Aktiengesellschaft 1964, S. 263 ff.

Button, Maurice (Hrsg.), Practitioner's Guide to The City Code on Takeovers and Mergers 2003/2004, 16. Auflage, London 2003 (zitiert: Bearbeiter in Button, Practitioner's Guide CCMT)

Campbell, Rutherford B. Jr., Fair Value and Fair Price in Corporate Acquisitions, 78 North Carolina Law Review (1999), S. 101 ff.

Carney, William J. / Heimendinger, Mark, Appraising the Non-Existent: The Delaware Courts' Struggle with Control Premiums, 152 University of Pennsylvania Law Review (2003), S. 845 ff.

Chandrashekaran, Vinod, Asset Allocation and Portfolio Strategies, in Ezra Zask (Hrsg.), Global Investment Risk Management, New York u.a. 2000, S. 109 ff.

Chantebout, Bernard, Droit Constitutionnel, 20. Auflage, Paris 2003

Clardy, Don S., Valuation of Dissenters' Stock under the Appraisal Remedy – Is the Delaware Block Method Right for Tennessee? 62 Tennessee Law Review (1995), S. 285 ff.

Coates, John C. IV, Fair Value as an Avoidable Rule of Corporate Law: Minority Discounts in Conflict Transactions, 147 University of Pennsylvania Law Review (1999), S. 1251 ff.

Coleman, Joseph M., The Appraisal Remedy in Corporate Freeze-Outs: Questions of Valuation and Exclusivity, 38 Southwestern Law Journal (1984), S. 775 ff.

Copeland, Tom / Koller, Tim / Murrin, Jack, Unternehmenswert, Methoden und Strategien für eine wertorientierte Unternehmensführung, 3. Auflage, Frankfurt 2002

Cornell, Bradford, Corporate Valuation, Tools for Effective Appraisal and Decision Making, New York 1993

Davies, Paul L., Principles of Modern Company Law, 7. Auflage, London 2003

Dielmann, Heinz J. / König, Andreas, Der Anspruch ausscheidender Minderheitsaktionäre auf angemessene Abfindung, Die Aktiengesellschaft 1984, S. 57 ff.

Dine, Janet, Company Law, 3. Auflage, London 1998

Dolezych, Timm, Unternehmensbewertung und Wachstum, 1. Auflage, Frankfurt a.M. 2003

Dörfler, Wolfgang / Gahler, Wolfgang / Unterstraßer, Stefan / Wirichs, Robert, Probleme bei der Wertermittlung von Abfindungsangeboten, Betriebsberater 1994, S. 156 ff.

Dörner, Wolfgang, Grundsätze zur Durchführung von Unternehmensbewertungen – Ausführungen zur Stellungnahme HFA 2/1983, Die Wirtschaftsprüfung 1983, S. 549 ff.

Drukarczyk, Jochen, Unternehmensbewertung, 3. Auflage, München 2001

ders., Zum Problem der angemessenen Barabfindung bei zwangsweise ausscheidenden Anteilseignern, Die Aktiengesellschaft 1973, S. 357 ff.

Drüke, Heiner, Anmerkung zum Beschluss des OLG Stuttgart vom 4. Februar 2000, Der Betrieb 2000, S. 713 ff.

Duden, Das große Wörterbuch der deutschen Sprache in 10 Bänden, 3. Auflage, Mannheim u.a. 1999

Duden, Das Herkunftswörterbuch – Etymologie der deutschen Sprache, 3. Auflage, Mannheim 2001

Easterbrook, Frank H. / Fischel, Daniel R., The Economic Structure of Corporate Law, Cambridge/USA 1991

Ehricke, Ulrich / Roth Markus, Squeeze-Out im geplanten deutschen Übernahmerecht, Deutsches Steuerrecht 2001, S. 1120 ff.

Eisenhofer, Jay W. / Reed, John L., Valuation Litigation, 22 Delaware Journal of Corporate Law (1997), S. 37 ff.

Emmerich, Volker / Sonnenschein, Jürgen / Habersack, Mathias, Konzernrecht, 7. Auflage, München 2001

Emmerich, Volker / Habersack, Mathias, Aktienkonzernrecht, Kommentar zu den §§ 15-22 und §§ 291-328 AktG, München 1998

Erb, Günther, Der Börsenkurs als Untergrenze der Abfindung auch in Verschmelzungsfällen, Der Betrieb 2001, S. 523 ff.

Fabozzi, Frank J. / Modigliani, Franco / Jones, Frank J. / Ferri Michael G., Foundations of Financial Markets and Institutions, 3. Auflage, New Jersey 2002

Faugérolas, Laurent, Anmerkung zum Urteil des Kassationsgerichtshofes vom 29. April 1997, Bulletin Joly Bourse et Produits Financiers Mai-Juni 1997, S. 395 ff.

Fischel, Daniel R., Market Evidence in Corporate Law, 69 University of Chicago Law Review (2002), S. 941 ff.

Fisher, Jonathan / Bewsey, Jane / Waters, Malcolm / Ovey, Elizabeth, The Law of Investor Protection, 2. Auflage, London 2003

Fleischer, Holger, Grundfragen der ökonomischen Theorie im Gesellschafts- und Kapitalmarktrecht, Zeitschrift für Unternehmens- und Gesellschaftsrecht 2001, S. 1 ff.

ders., Die Barabfindung außenstehender Aktionäre nach den §§ 305 und 320b AktG: Stand-alone-Prinzip oder Verbundberücksichtigungsprinzip, Zeitschrift für Unternehmens- und Gesellschaftsrecht 1997, S. 368 ff.

Flume, Werner, Allgemeiner Teil des Bürgerlichen Rechts, Zweiter Band (Das Rechtsgeschäft), 4. Auflage, Berlin u.a., 1992

Forster, Karl-Heinz, Zur angemessenen Barabfindung (§ 305 AktG), in Festschrift für Carsten Peter Claussen zum 70. Geburtstag, hrsg. v. Klaus-Peter Martens, Harm Peter Westermann, Wolfgang Zöllner, Köln u.a 1997, S. 91 ff.

Friedman, Milton und Rose, Free To Choose, A Personal Statement, San Diego u.a. 1980

Frison-Roche, Marie-Anne / Nussenbaum, Maurice, Anmerkung zum Urteil des Kassationsgerichtshofes vom 29. April 1997, Recueil Dalloz 1998, S. 334 ff.

Frison-Roche, Marie-Anne / Nussenbaum, Maurice, Les méthodes d'évaluation financière dans les offres publiques de retrait et les retraits obligatoires d'Avenir-Havas-Media à Sogénal, Revue de droit bancaire et de la bourse 1995, S. 56 ff.

Fritzsche, Michael / Dreier, Peter / Verfürth, Ludger C., Kommentar zum Spruchverfahrensgesetz, Berlin 2004

Gansweid, Wolfgang, Zur gerichtlichen Überprüfung der angemessenen Barabfindung nach § 305 AktG, Die Aktiengesellschaft 1977, S. 334 ff.

Gerke, Wolfgang, Börsenlexikon, 1. Auflage, Wiesbaden 2002

Germain, Michel / Frison-Roche, Marie-Anne, Droit des Opérations sur Capital, Revue de droit bancaire et de la bourse 1997, S. 120

Gilson, Ronald J. / Gordon, Jeffrey N., Controlling Controlling Shareholders, 152 University of Pennsylvania Law Review (2003), S. 785 ff.

Gilson, Ronald J. / Kraakman, Reinier, MOME in Hindsight – How has "The Mechanisms of Market Efficiency" fared over the past 20 years? Regulation Winter 2004-2005, S. 123 ff.

Götz, Hans Norbert, Entschädigung von Aktionären abseits der Kapitalmarktbewertung? Der Betrieb 1996, S. 259 ff.

Großfeld, Bernhard, Unternehmens- und Anteilsbewertung im Gesellschaftsrecht, 4. Auflage, Köln 2002

ders., Unternehmens- und Anteilsbewertung im Gesellschaftsrecht, 3. Auflage, Köln 1994 (als Vorauflage der o.a. Schrift nur dann in Bezug genommen, wenn ausdrücklich angegeben)

ders., Bilanzrecht, 3. Auflage, Heidelberg 1998

ders., Cross-Border Mergers: Corporate Accounting/Corporate Valuation, Zeitschrift für vergleichende Rechtswissenschaft 2002, S. 1 ff.

ders., Internationale Unternehmensbewertung, Betriebsberater 2001, S. 1836 ff.

ders., Börsenkurs und Unternehmenswert, Betriebsberater 2000, S. 261 ff.

Gude, Christian, Strukturänderungen und Unternehmensbewertung zum Börsenkurs, Köln 2004 (Diss. Univ. Hamburg 2002/2003)

Gutenberg, Erich, Grundlagen der Betriebswirtschaftslehre, Band 1, Die Produktion, 24., unveränderte Auflage, Berlin u.a. 1983

Guyon, Yves, Sommaires de Jurisprudence, Anmerkung zum Fall des Appellationsgerichts von Paris vom 13. November 1990, Revue des Sociétés 1991, S. 137 f.

ders., Anmerkung zu den Entscheidungen des Verfassungsrates vom 25. und 26. Juni 1986 und 18. September 1986, Revue des Sociétés 1986, S. 609 ff.

Hackmann, Annette, Unternehmensbewertung und Rechtsprechung, Wiesbaden 1987 (Diss. Univ. Frankfurt a.M. 1986)

Hamilton, Robert W. / Booth, Richard A., Corporation Finance, 3. Auflage, St. Paul/Minn. 2001

Hammen, Horst, Börsen- und kreditwesengesetzliche Aufsicht über börsenähnliche Handelssysteme, Wertpapierbörsen und Börsenträger, Wertpapiermitteilungen 2001, S. 929 ff.

Handbuch des Staatsrechts, Band V, Allgemeine Grundrechtslehren, hrsg. v. Josef Isensee, Paul Kirchhof, 2. Auflage, Heidelberg 2000

Handelsrechtsausschuss des DAV, Stellungnahme vom April 2001 zum Referentenentwurf des BMF für ein Gesetz zur Regelung von öffentlichen Angeboten und zum Erwerb von Wertpapieren und von Unternehmensübernahmen, Neue Zeitschrift für Gesellschaftsrecht 2001, S. 420 ff.

Hardes, Heinz-Dieter / Schmitz, Frieder / Uhly, Alexandra, Grundzüge der Volkswirtschaftslehre, 8. Auflage, München u.a. 2002

Heine, Michael / Herr, Hansjörg, Volkswirtschaftslehre, 3. Auflage, München 2003

Henze, Hartwig, Die Berücksichtigung des Börsenkurses bei der Bemessung von Abfindung und variablem Ausgleich im Unternehmensvertragsrecht, in Festschrift für Marcus Lutter zum 70. Geburtstag, hrsg. v. Uwe H. Schneider, Peter Hommelhoff, Karsten Schmidt, Wolfram Timm, Barbara Grunewald, Tim Drygala, Köln 2000, S. 1101 ff.

Hesse, Konrad, Grundzüge des Verfassungsrechts der Bundesrepublik Deutschland, 20. Auflage, Heidelberg 1995

Hickman, Kent / Petry, Glenn H.: A comparison of Stock Price Predictions Using Court Accepted Formulas, Dividend Discount and P/E Models, 19 Financial Management (1990), S. 76 ff.

Hoffmann-Becking, Michael, Der materielle Gesellschafterschutz: Abfindung und Spruchverfahren, Zeitschrift für Unternehmens- und Gesellschaftsrecht 1990, S. 482 ff.

Hossfeld, Richard T., Short-form Mergers after Glassman v. Unocal Exploration Corp.: Time to Reform Appraisal, 53 Duke Law Journal (2003), S. 1337 ff.

Hovasse, Henri, Anmerkung zum Urteil des Kassationsgerichtshofes vom 29. April 1997, Droit des Sociétés, Juni 1997, S. 23 ff.
Hüffer, Uwe, Aktiengesetz, 6. Auflage, München 2004

ders., Aktiengesetz, 3. Auflage, München 1997 (als Vorauflage des o.a. Kommentars nur dann in Bezug genommen, wenn ausdrücklich angegeben)

ders. / Schmidt-Aßmann, Eberhard / Weber, Martin, Anteilseigentum, Unternehmenswert und Börsenkurs, München 2005 (zitiert: Bearbeiter in Hüffer/-Schmidt-Assmann/Weber)

Hüttemann, Rainer, Börsenkurs und Unternehmensbewertung, Zeitschrift für Unternehmens- und Gesellschaftsrecht 2001, S. 454 ff.

ders., Unternehmensbewertung als Rechtsproblem, Zeitschrift für das gesamte Handelsrecht und Wirtschaftsrecht 162 (1998), S. 563 ff.

Jarass, Hans D. / Pieroth, Bodo, Grundgesetz für die Bundesrepublik Deutschland, Kommentar, 7. Auflage, München 2004

Jauernig, Othmar, Zivilprozessrecht, 28. Auflage, München 2003

Jessnitzer, Kurt, Richter und Sachverständiger, Der Betrieb 1973, S. 2497 ff.

ders., / Frieling, Günther / Ulrich, Jürgen, Der gerichtliche Sachverständige, 11. Auflage, Köln u.a. 2001

Joffe, Victor, Minority Shareholders: Law, Practice and Procedure, London u.a. 2000

Kallmeyer, Harald (Hrsg.), Umwandlungsgesetz, Kommentar, 2. Auflage, Köln 2001 ders., Ausschluss von Minderheitsaktionären, Die Aktiengesellschaft 2000, S. 59 ff.

Kamprad, Balduin, Ausgleichszahlungen nach § 304 AktG in einem mehrstufigen Konzern, Die Aktiengesellschaft 1986, S. 321 ff.

Kasperzak, Rainer, Aktienkursbildung, Berlin 1997 (Diss. Univ. Marburg 1996)

Keenan, Denis, English Law, 13. Auflage, Essex 2001

Kindermann, Elmar, Rechtliche Strukturen der Deutschen Terminbörse, Wertpapiermitteilungen Sonderbeilage 2/1989, S. 3 ff.

Kindermann, H.H., Der Einfluss des Börsenkurses auf die angemessene Abfindung nach § 12 UmwG, Die Aktiengesellschaft 1964, S. 178 ff.

Kirchner, Jörg / Sailer, Viola, Rechtsprobleme bei Einbringung und Verschmelzung, Neue Zeitschrift für Gesellschaftsrecht 2002, S. 305 ff.

Kölner Kommentar zum Aktiengesetz, Band 3, §§ 291-410, Köln u.a. 1985 (zitiert: Bearbeiter in Kölner Kommentar AktG)

Kölner Kommentar zum Aktiengesetz, Band 6, §§ 15-22, 291-328 AktG, Köln u.a. 2004 (zitiert: Bearbeiter in Kölner Kommentar AktG)

Kort, Michael, Ausgleichs- und Abfindungsrechte (§§ 304, 305 AktG) beim Beitritt eines herrschenden Unternehmens zu einem Beherrschungsvertrag, Zeitschrift für Unternehmens- und Gesellschaftsrecht 1999, S. 402 ff.

Kossmann, Alfred, Ausschluss („Freeze-Out“) von Aktionären gegen Barabfindung, Neue Zeitschrift für Gesellschaftsrecht 1999, S. 1198 ff.

Kraakman, Reinier et.al., The Anatomy of Corporate Law – A Comparative and Functional Approach, Oxford 2004

Krieger, Gerd, Konzernrecht des Aktiengesetzes, in Münchener Handbuch des Gesellschaftsrechts, Band 4, Aktiengesellschaft, 2. Auflage, München 1999, hrsg. v. Michael Hoffmann-Becking, S. 897 ff.

ders., Squeeze-Out nach neuem Recht: Überblick und Zweifelsfragen, Betriebsberater 2002, S. 53 ff.

ders., Das neue Übernahmegesetz: Preisfindung beim Übernahmeangebot und Neutralitätspflicht des Vorstands der Zielgesellschaft, RWS-Forum Gesellschaftsrecht 2001, S. 289 ff.

Krog, Markus, Marktorientierung und gesellschaftsrechtliche Unternehmensbewertung, Wiesbaden 2000 (Diss. European Business School/Oestrich-Winkel 1999)

Kropff, Bruno, Rechtsfragen der Abfindung ausscheidender Aktionäre, Der Betrieb 1962, S. 155 ff.

Kümpel, Siegfried, Bank- und Kapitalmarktrecht, 3. Auflage, Köln 2004

Larenz, Karl / Wolf, Manfred, Allgemeiner Teil des Bürgerlichen Rechts, 9. Auflage, München 2004

Larenz, Methodenlehre der Rechtswissenschaft, 2. Auflage, Berlin u.a. 1992

Lausterer, Martin, Unternehmensbewertung zwischen Betriebswirtschaftslehre und Rechtsprechung, 1. Auflage, Baden-Baden 1997

Le Cannu, Paul, Kommentierungen im Code des Sociétés, 20. Auflage, Paris 2003

ders., Anmerkung zum Urteil des Handelsgerichts von Roubaix vom 6. Mai 1994, Bulletin Joly, Juni 1994, S. 655 ff.

Lowry, John / Dignam, Alan, Company Law, 2. Auflage, London 2003

Luehrmann, Timothy A., What's it worth? 75 Harvard Business Review (1997), S. 132 ff.

Lutter, Marcus (Hrsg.), Umwandlungsgesetz, Kommentar, Band 1 (§§ 1-151), Band 2 (§§ 152-325), jeweils 2. Auflage, Köln 2000

ders., Materielle und förmliche Erfordernisse eines Bezugsrechtsausschlusses – Besprechung der Entscheidung BGHZ 71, 40 (*Kali + Salz*), Zeitschrift für Unternehmens- und Gesellschaftsrecht 1979, S. 401 ff.

ders. / Drygala, Tim, Wie fest ist der feste Ausgleich nach § 304 Abs. 2 S. 1 AktG? Die Aktiengesellschaft 1995, S. 49 ff.

Luttermann, Claus, Der „durchschnittliche“ Börsenkurs bei Barabfindung von Aktionären und Verschmelzungswertrelation, ZIP – Zeitschrift für Wirtschaftsrecht 2001, S. 869 ff.

ders., Bewertungsrecht im Internetzeitalter, Die Akteingesellschaft 2000, S. 459 ff.

ders., Anmerkung zur *DAT/Altana*-Entscheidung des Bundesverfassungsgerichts, Juristenzeitung 1999, S. 945 ff.

ders., Zum Börsenkurs als gesellschaftsrechtliche Bewertungsgrundlage, ZIP – Zeitschrift für Wirtschaftsrecht 1999, S. 45 ff.

Maier-Reimer, Georg / Kolb, Franz-Josef, Abfindung und Börsenkurs – Verfassungsrecht vs. Aktienrecht? in Festschrift für Welf Müller zum 65. Geburtstag, hrsg. von Peter Hommelhoff, Roger Zätzsch, Bernd Erle, München 2001, S. 93 ff.

von Mangoldt, Hermann / Klein, Friedrich (Begr.), Das Bonner Grundgesetz – Kommentar, hrsg. v. Christian Starck, 4. Auflage, Band 1: Präambel, Artikel 1 bis 19, München 1999 (zitiert:Bearbeiter in v. Mangoldt/Klein)

Mandl, Gerwald / Rabel, Klaus, Unternehmensbewertung, Wien/Frankfurt 1997

Martens, Klaus-Peter, Die Unternehmensbewertung nach dem Grundsatz der Methodengleichheit oder dem Grundsatz der Meistbegünstigung, Die Aktiengesellschaft 2003, S. 593 ff.

ders., Die Bewertung eines Beteiligungserwerbs nach § 255 II AktG – Unternehmenswert kontra Börsenkurs, in Festschrift für Gerold Bezzenberger zum 70. Geburtstag, hrsg. v. Harm Peter Westermann, Klaus Mock, Berlin 2000, S. 267 ff.

Matschke, Manfred Jürgen, Unternehmensbewertung in dominierten Konfliktsituationen am Beispiel der Bestimmung der angemessenen Barabfindung für den ausgeschlossenen oder ausscheidungsberechtigten Minderheits-Kapitalgesellschafter, Betriebswirtschaftliche Forschung und Praxis 1981, S. 115 ff.

Maunz, Theodor / Dürig, Günter et. al., Grundgesetz Kommentar, Band I (Art. 1-5), Band III (Art. 17-27), jeweils Lieferungen 1 bis 44, München 2005 (zitiert:Bearbeiter in Maunz/Dürig)

Mayer-Maly, Theo, Der gerechte Preis, in Festschrift für Heinrich Demelius zum 80. Geburtstag, hrsg. v. Gerhard Frotz, Werner Ogris, Wien 1973, S. 139 ff.

McCahery, Joseph A. / Renneboog, Luc / Ritter, Peer / Haller, Sascha, The Economics of the Proposed European Takeover Directive, in Guido Ferrarini, Klaus J. Hopt, Jaap Winter, Eddy Wymeersch (hrsg.), Reforming Company and Takeover Law in Europe, Oxford 2004, S. 591 ff.

Meilicke, Heinz, Zur Frage der angemessenen Abfindung der bei der Umwandlung ausscheidenden Aktionäre, Juristische Wochenschrift 1938, S. 3018 f.

Meilicke, Wienand / Heidel, Thomas, Anmerkung zum BGH-Beschluss vom 13. März 2001, Der Betrieb 2001, S. 973 ff.

Meise, Florian, Realoptionen als Investitionskalkül Bewertung von Investitionen unter Unsicherheit, München u.a. 1998

Mellerowicz, Konrad, Der Wert der Unternehmung als Ganzes, Essen 1952

Mertens, Hans-Joachim, Zur Geltung des Stand-alone-Prinzips für die Unternehmensbewertung bei der Zusammenführung von Unternehmen, Die Aktiengesellschaft 1992, S. 321 ff.

Mestmäcker, Ernst-Joachim, Recht und ökonomisches Gesetz, 2. Auflage, Baden-Baden 1984

Model Business Corporation Act, Offizieller Text mit offiziellen Kommentierungen und gesetzlichen Querverweisen, hrsg. v. d. American Bar Association, Section of Business Law, überarbeitet im Jahr 2002

Moxter, Adolf, Grundsätze ordnungsmäßiger Unternehmensbewertung, 2. Auflage, Berlin u.a. 1983

ders., Über „Subjektivität" und „Objektivität" von Unternehmensbewertungen, Das Wirtschaftsstudium 1978, S. 483 ff.

Müller, Welf, Die Unternehmensbewertung in der Rechtsprechung, in Festschrift für Gerold Bezzenberger zum 70. Geburtstag, hrsg. v. Harm Peter Westermann, Klaus Mock, Berlin 2000, S. 705 ff.

ders., Der Wert der Unternehmung, Juristische Schulung 1973, S. 603 ff.

ders. / Hense, Burkhard (Hrsg.), Beck'sches Handbuch der GmbH, 3. Auflage, München 2002 (zitiert: Bearbeiter in Müller/Hense, GmbH-Handbuch)

Müller-Armack, Alfred, Wirtschaftsordnung und Wirtschaftspolitik, Freiburg 1966

Münchener Kommentar zum Aktiengesetz, hrsg. v. Bruno Kropff, Johannes Semler, Band 2, §§ 53 a – 75, 2. Auflage, München 2003 (zitiert: Bearbeiter in Münchener Komm. AktG)

Münchener Kommentar zum Aktiengesetz, hrsg. v. Bruno Kropff, Johannes Semler, Band 8, §§ 278 – 328, 2. Auflage, München 2000 (zitiert: Bearbeiter in Münchener Komm. AktG)

Münchener Kommentar zum BGB, Erbrecht, Band 9, §§ 1922-2385, hrsg. v. Kurt Rebmann, Franz Jürgen Säcker, Roland Rixecker, München 2004 (zitiert: Bearbeiter in Münchener Komm. BGB)

Münstermann, Hans, Wert und Bewertung der Unternehmung, Wiesbaden 1966

Naschke, Michael, Der Börsenkurs als Abfindungsgrundlage, Berlin 2002 (Diss. Univ. Münster, 2002)

Neye, Hans-Werner, Kurzkommentar zur *DAT/Altana*-Entscheidung des Bundesverfassungsgerichts, Entscheidungen zum Wirtschaftsrecht 1999, S. 751 f.

Noack, Ulrich, Anmerkung zum Beschluss des BGH vom 12. 3. 2001, Lindenmaier/Möhring, Nachschlagewerk des BGH, Serie ab 1971 zum Grundgesetz, Art. 14 (Ca), Nr. 45 (8/2001), Blatt 1 ff.

Nowak, Karsten, Marktorientierte Unternehmensbewertung, 2. Auflage, Wiesbaden 2003 (Diss. Univ. Mannheim 2000)

Ossadnik, Wolfgang, Aufteilung von Synergieeffekten bei Verschmelzungen, Zeitschrift für Betriebswirtschaft 1995, S. 69 ff.

Palandt, Otto (Begr.), Kommentar zur Bürgerlichen Gesetzbuch, 63. Auflage, München 2004 (zitiert: Bearbeiter in Palandt)

Paschos, Nikolaos, Die Maßgeblichkeit des Börsenkurses bei Verschmelzungen, ZIP – Zeitschrift für Wirtschaftsrecht 2003, S. 1017 ff.

Pennington, Robert R., Company Law, 8. Auflage, London 2001

Perridon, Louis / Steiner, Manfred, Finanzwirtschaft der Unternehmung, 12. Auflage, München 2003

Piltz, Detlev Jürgen, Unternehmensbewertung und Börsenkurs im aktienrechtlichen Spruchstellenverfahren, Zeitschrift für Unternehmens- und Gesellschaftsrecht 2001, S. 185 ff.

ders., Die Unternehmensbewertung in der Rechtsprechung, 3. Auflage, Düsseldorf 1994

Pratt, Shannon, The Lawyer's Business Valuation Handbook, Understanding Financial Statements, Appraisal Reports and Expert Testimony, Chicago 2000

Pritchard, Adam C., Tender Offers by Controlling Shareholders: The Specter of Coercion and Fair Price, 1 Berkeley Business Law Journal (2004), S. 83 ff.

Puszkajler, Karl Peter, Verschmelzungen zum Börsenkurs? – Verwirklichung der BVerfG-Rechtsprechung, Betriebsberater 2003, S. 1692 ff.

Ränsch, Ulrich, Die Bewertung von Unternehmen als Problem der Rechtswissenschaften, Die Aktiengesellschaft 1984, S. 202 ff.

Rappaport, Alfred, Shareholder Value, 2. Auflage, Stuttgart 1999, aus dem Amerikanischen von Wolfgang Klien

Ratway, David J., Delaware's Stock Market Exception to Appraisal Rights: Dissenting Minority Stockholders of Warner Communications, Inc. are "market-out" of Luck, 28 University of Toledo Law Review (1996), S. 179 ff.

Reul, Jürgen, Die Pflicht zur Gleichbehandlung der Aktionäre bei privaten Kontrolltransaktionen, Tübingen 1991 (Diss. Univ. Tübingen 1991)

Reuter Alexander, Börsenkurs und Unternehmensvergleich aus Eignersicht, Der Betrieb 2001, S. 2483 ff.

Rieger, Wilhelm, Zur Frage der angemessenen Abfindung der bei der Umwandlung ausscheidenden Aktionäre, Juristische Wochenschrift 1938, S. 3016 ff.

Riegger, Bodo, Der Börsenkurs als Untergrenze der Abfindung, Der Betrieb 1999, S. 1889 ff.

Rodloff, Frank, Börsenkurs statt Unternehmensbewertung – Zur Ermittlung der Abfindung in Spruchstellenverfahren, Der Betrieb 1999, S. 1149 ff.

Roitzsch, Frank, Der Minderheitenschutz im Verbandsrecht, Königstein/Ts. 1981 (Diss. Univ. Tübingen 1980)

Sagasser, Bernd / Bula, Thomas / Brünger, Thomas R., Umwandlungen, 3. Auflage, München 2002 (zitiert: Bearbeiter in Sagasser/Bula/Brünger)

Sanfleber-Decher, Martina, Unternehmensbewertung in den USA, Die Wirtschaftsprüfung 1992, S. 597 ff.

Schierenbeck, Henner, Grundzüge der Betriebswirtschaftslehre, 15. Auflage, München u.a. 2000

Schlyer, Donald E., „Fair value" determination in corporate „freeze-outs", and in Security and Exchange Act suits: Weinberger, other, and better methods, 19 Valparaiso University Law Review (1985), S. 521 ff.

Schmalenbach, Eugen, Die Beteiligungsfinanzierung, 8. Auflage, Köln u.a. 1954

Schmidt, Dominique, Les conflits d'intérêts dans la société anonyme, Paris 2004

Schmidt, Karsten, Gesellschaftsrecht, 4. Auflage, Köln u.a. 2002

Scholz, Franz (Hrsg.), Kommentar zum GmbH-Gesetz, Band 1, §§ 1 - 44, 9. Auflage, Köln 2002

Schröer, Henning, Der wichtige Grund für den Ausschluss eines Gesellschafters aus der GmbH, Frankfurt a.M. u.a. 1995 (Diss. Univ. Bochum 1994)

Schwark, Eberhard, Anlegerschutz in der Publikums-AG – ein Paradigmenwechsel? in Festschrift für Marcus Lutter zum 70. Geburtstag, hrsg. v. Uwe H. Schneider, Peter Hommelhoff, Karsten Schmidt, Wolfram Timm, Barbara Grunewald, Tim Drygala, Köln 2000, S. 1529 ff.

Schwenk, Michael R., Valuation Problems in the Appraisal Remedy, 16 Cardozo Law Review (1994), S. 649 ff.

Seetzen, Uwe, Spruchverfahren und Unternehmensbewertung im Wandel, Wertpapiermitteilungen 1999, S. 565 ff.

ders., Die Bestimmung des Verschmelzungswertverhältnisses im Spruchstellenverfahren, Die Aktiengesellschaft 1994, S. 45 ff.

Seligman, Joel, Reappraising the Appraisal Remedy, 52 George Washington Law Review (1984), S. 829 ff.

Semler, Johannes / Stengel, Arndt (Hrsg.), Umwandlungsgesetz, München 2003 (zitiert: Bearbeiter in Semler/Stengel)

Seppelfricke, Peter, Handbuch Aktien- und Unternehmensbewertung, Stuttgart 2003

Shishido, Zenichi, The Fair Value of Minority Stock in Closely Held Corporations, 62 Fordham Law Review (1993), S. 65 ff.

Sieben, Günter / Zapf, Bernhard, Unternehmensbewertung als Grundlage unternehmerischer Entscheidungen, Stuttgart 1981

Siegel, Mary, Back to the Future: Appraisal Rights in the Twenty-First Century, 32 Harvard Journal on Legislation (1995), S. 79 ff.

Siepe, Günter, Unternehmensbewertung in der Rechtsprechung, in Börsig, Clemens / Coenenberg, Adolf G. (Hrsg.), Bewertung von Unternehmen, Stuttgart 2003, S. 89 ff.

Sinewe, Patrick, Die Relevanz des Börsenkurses im Rahmen des § 255 II AktG, Neue Zeitschrift für Gesellschaftsrecht 2002, S. 314 ff.

Smith, Adam, Der Wohlstand der Nationen – Eine Untersuchung seiner Natur und seiner Ursachen, aus dem Englischen übertragen von H.C. Recktenwald, München 1978

de Souza, Anthony R. / Stutz, Frederick P., The World Economy, 2. Auflage, New York 1994

Spremann, Klaus, Finanzanalyse und Unternehmensbewertung, München u.a. 2002

ders., Vermögensverwaltung, München u.a. 1999

Staudinger, J. (Begr.), Kommentar zum Bürgerlichen Gesetzbuch, Erstes Buch, §§ 164 bis 240, neu bearbeitet von Karl-Heinz Gursky, Frank Peters, Eberhard Schilken, Olaf Schilken, Berlin 2001 (zitiert: Bearbeiter in Staudinger)

ders. (Begr.), Kommentar zum Bürgerlichen Gesetzbuch, Fünftes Buch, §§ 1967 bis 2086, neu bearbeitet von Karl-Heinz Gursky, Wolfgang Marotzke, Gerhard Otte, Olaf Werner, Berlin 1996 (zitiert: Bearbeiter in Staudinger)

Steinhauer, Carsten, Der Börsenpreis als Bewertungsgrundlage für den Abfindungsanspruch von Aktionären, Die Aktiengesellschaft 1999, S. 299 ff.

Stigler, G. J., The Theory of Prices, 4. Auflage, New York 1987

Stilz, Eberhard, Börsenkurs und Verkehrswert, Zeitschrift für Unternehmens- und Gesellschaftsrecht 2001, S. 875 ff.

Stout, Lynn, Are Takeover Premiums really Premiums? Market Price, Fair Value and Corporate Law, 99 Yale Law Journal (1990), S. 1235 dieselbe, The Unimportance of being Efficient: Analysis of Stock Market Pricing and Securities Regulation, 87 Michigan Law Review (1988), S. 613 ff.

Strine, Leo E. Jr., The Inescapably Empirical Foundation of the Common Law of Corporations, 27 Delaware Journal of Corporate Law (2002), S. 499 ff.

Stumpf, Christoph A., Grundrechtsschutz im Aktienrecht, Neue Juristische Wochenschrift 2003, S. 9 ff.

Subramanian, Guhan, Fixing Freezeouts, 115/2 Yale Law Journal (2005), S. 2 ff.

ders., The Disappearing Delaware Effect, 20/1 The Journal of Law, Economics and Organization (2004), S. 32 ff.

ders., Bargaining in the Shadow of Takeover Defenses, 113 Yale Law Journal (2003), S. 621 ff.

ders., Using Capital Cash Flows to Value Dissenters' Shares in Appraisal Proceedings, 111/7 Harvard Law Review (1998), S. 2099 ff.

Sudhoff, Heinrich (Begr.), Personengesellschaften, 7. Auflage, München 1999

Thomas, Heinz / Putzo, Hans, Zivilprozessordnung, 25. Auflage, München 2003 (zitiert: Bearbeiter in Thomas/Putzo)

Ullrich, Volker, Abfindung und Börsenkurs – Möglichkeiten zur Bemessung aktienrechtlicher Abfindungs- und Ausgleichsansprüche (§§ 304, 305, 320b AktG) nach dem Börsenkurs, Frankfurt 2003 (Diss. Univ. Augsburg 2002)

de Vauplane, Hubert, Besprechung des Urteils des Kassationsgerichtshofes vom 29. April 1997, Banque & Droit Juli-August 1997, S. 32 ff.

Vetter, Eberhard, Börsenkurs und Unternehmensbewertung, Der Betrieb 2001, S. 1347 ff.

ders., Anmerkung zur *DAT/Altana*-Entscheidung des Bundesverfassungsgerichts, Die Aktiengesellschaft 1999, S. 569 ff.

Viandier, Alain, Retrait obligatoire: à propos de l`affaire «SOGENAL», Revue de Jurisprudence de Droit des Affaires 1995, S. 646 ff.

ders., Anmerkung zum Urteil des Appellationsgerichts von Paris vom 16. September 2003, La Semaine Juridique Entreprise et Affaires 2003, S. 1969 f.

ders., Anmerkung zum Urteil des Appellationsgerichts von Paris vom 3. Mai 2001, La Semaine Juridique Entreprise et Affaires 2001, S. 1048 ff.

Viel, Jakob / Bredt, Otto / Renard, Maurice, Die Bewertung von Unternehmungen und Unternehmungsanteilen, 5. Auflage, Stuttgart 1975

Vollrath, Hans-Joachim, Grenzen des Minderheitenschutzes bei der verschmelzungsbedingten Realisierung einer Gesellschaftsbeteiligung, in Festschrift für Siegfried Widmann zum 65. Geburtstag, hrsg. v. Franz Wassermeyer, Dieter Mayer, Norbert Rieger, Bonn 2000, S. 117 ff.

Wahrig, Gerhard (Begr.), Deutsches Wörterbuch, neu hrsg. v. Renate Wahrig-Burfeind, 7. Auflage, Gütersloh 2000

Wangler, Clemens, Abfindungsregelungen in Gesellschaftsverträgen: Zum aktuellen Stand in Literatur, Rechtsprechung und Vertragspraxis, Der Betrieb 2001, S. 1763 ff.

Ward, Rodman Jr. / Welch, Edward P. / Zurezyn, Andrew J., Folk on the Delaware General Corporation Law, 2. Band, 4. Auflage, New York 2005

Weber, Martin, Börsenkursbestimmung aus ökonomischer Perspektive, Zeitschrift für Unternehmens- und Gesellschaftsrecht 2004, S. 280 ff.

ders., Konkretisierung des Verbotes der Kurs- und Marktpreismanipulation, Neue Zeitschrift für Gesellschaftsrecht 2004, S. 23 ff.

ders., Kursmanipulationen am Wertpapiermarkt, Neue Zeitschrift für Gesellschaftsrecht 2000, S. 113 ff.

Weiler, Lothar / Meyer, Ingo, Heranziehung des Börsenkurses zur Unternehmensbewertung bei Verschmelzungen, ZIP – Zeitschrift für Wirtschaftsrecht 2001, S. 2153 ff.

Weiss, Elliott J., The Law of Take Out Mergers: A Historical Perspective, 56 New York University Law Review (1981), S. 624 ff.

ders., Balancing Interests in Cash-Out Mergers: The Promise of Weinberger v. UOP, Inc., 8 Delaware Journal of Corporate Law (1983), S. 1 ff.

Weiss, Karl Heinz, Abfindung und Ausgleich im aktienrechtlichen Spruchstellenverfahren, in Festschrift für Johannes Semler zum 70. Geburtstag, hrsg. von Marcus Bierich, Peter Hommelhoff, Bruno Kropff, Berlin u.a. 1993, S. 631 ff.

Wellmann, Carl R. (Hrsg.), Der Sachverständige in der Praxis, 6. Auflage, Köln 1997

Wenger, Ekkehard, Kurzkommentar zum Beschluss des BGH vom 12.3.2001, Entscheidungen zum Wirtschaftsrecht 2001, S. 605 f.

ders. / Kaserer Christoph / Hecker, Renate, Konzernbildung und Ausschluss von Minderheiten im neuen Übernahmerecht: Eine verpasste Chance für einen marktorientierten Minderheitenschutz, Zeitschrift für Bankrecht und Bankwirtschaft 2001, S. 317 ff.

Werner, Winfried, Die Behandlung von Verbundeffekten bei Abfindungen nach den §§ 305 und 320 AktG, in Festschrift für Ernst Steindorf zum 70. Geburtstag am 13. März 1990, hrsg. v. Jürgen F. Baur, Klaus J. Hopt, K. Peter Mailänder, Berlin u.a. 1990, S. 303 ff.

Widmann, Siegfried / Mayer, Dieter (Hrsg.), Umwandlungsrecht, Band 2, §§ 1 bis 59, Bonn, Stand: 73. Ergänzungslieferung, November 2003 (zitiert: Bearbeiter in Widmann/Mayer)

Wilken, Oliver, Anmerkung zur *DAT/Altana*-Entscheidung des Bundesverfassungsgerichts, ZIP – Zeitschrift für Wirtschaftsrecht 1999, S. 1443 ff.

Wilm, Daniel, Abfindung zum Börsenkurs – Konsequenzen der Entscheidung des BVerfG, Neue Zeitschrift für Gesellschaftsrecht 2000, S. 234 ff.

Wilsing, Hans-Ulrich / Kruse, Tobias, Maßgeblichkeit des Börsenkurses bei umwandlungsrechtlichen Verschmelzungen? Deutsches Steuerrecht 2001, S. 991 ff.

Wolfe, Donald J. Jr. / Pittenger, Michael A., Corporate and Commercial Practice in the Delaware Court of Chancery, Charlottesville 2004

Zehner, Klaus, Unternehmensbewertung im Rechtsstreit – Zur Fehlinterpretation neuer höchstrichterlicher Entscheidungen, Der Betrieb 1981, S. 2109 ff.

Zeidler, Finn, Anmerkung zur *März/EKU*-Entscheidung des BayObLG, Neue Zeitschrift für Gesellschaftsrecht 1998, S. 949 f.

Zöller, Richard (Begr.), Zivilprozessordnung – Kommentar, bearbeitet v. Reinhold Geimer, Reinhard Greger, Peter Gummer, Kurt Herget, Hans-Joachim Heßler, Peter Philippi, Kurt Stöber, Max Vollkommer, 25. Auflage, Köln 2005 (zitiert: Bearbeiter in Zöller)

Abkürzungen

Im Hinblick auf die verwendeten deutschen Abkürzungen wird verwiesen auf Kirchner, Hildebert (Begr.) / Butz, Cornelie (Berarb.), Abkürzungsverzeichnis der Rechtssprache, 5. Auflage, Berlin u.a. 2003

Bezüglich der angelsächsischen Abkürzungen gilt The Blue Book, A Uniform System of Citation, hrsg. v. d. Harvard Law Review Association et al., 18. Auflage, Cambridge/Mass. 2005 – Die im Text abgekürzten angelsächsischen Zeitschriftennamen wurden in das Literaturverzeichnis in vollständiger Form aufgenommen.

Auf französischsprachige Abkürzungen wurde verzichtet. Abgekürzt wurden lediglich die folgenden französischen Normen: der Code Civil als „C.Civ.", der Code de Commerce als „C.Com.", der Code monétaire et financier als „C. mon. et fin." und das Règlement général de l'Autorité des Marchées Financiers als „Règl. gén. AMF".

Grundlagenteil: Einführung

I. Problemstellung

1. Die ökonomische Perspektive

Unternehmensbewertungen sind regelmäßig ein Erkenntnisgegenstand der Wirtschaftswissenschaften. In der betriebswirtschaftlichen Praxis bilden Unternehmensbewertungen die Grundlage von Dispositionen. Sie enthalten Informationen für Entscheidungsträger, insbesondere die tatsächlichen und potentiellen Anteilseigner des zu bewertenden Unternehmens. Deren Rolle kann höchst vielfältig sein: ein Familienunternehmer überlegt, ob und zu welchem Preis er sein Unternehmen veräußern soll, die Geschäftsleitung eines Konzerns erwägt die Übernahme eines Konkurrenten oder ein Finanzinvestor den Einstieg bei einem Wachstumsunternehmen; ein Kleinanleger fragt sich, ob er eine bestimmte Aktie kaufen soll oder eine Asset Management-Gesellschaft berät die Umschichtung ihres Portfolios... Stets sind die Betroffenen darum bemüht, durch rational-planvolles Vorgehen den Einsatz finanzieller Ressourcen so zu gestalten, dass die Mittelverwendung optimiert und die angestrebten Renditeziele erreicht werden.

2. Die juristische Perspektive

Aus juristischer Perspektive kann die Thematik der Unternehmensbewertung in zwei verschiedenen Formen relevant werden:

Der Jurist als Berater und Vertreter jener Personen, die als Vertragsparteien an einer Unternehmenstransaktion beteiligt sind, ist gefordert, ein erzieltes Verhandlungsergebnis in rechtliche Formen zu gießen, also einen Vertrag zu gestalten. Die Frage der Unternehmensbewertung steht hierbei zwar hinter dem vereinbarten Preis und sollte als „Motiv" auch für den Rechtsberater von Interesse sein. Die Rolle des Juristen beschränkt sich jedoch in erster Linie darauf, das, was aus kaufmännischer Sicht für opportun gehalten wird, rechtlich umzusetzen. Der vertraglich vereinbarte Preis erfährt seine juristische Legitimation schon allein dadurch, dass sich Käufer und Verkäufer in einem Akt der Privatautonomie auf einen bestimmten Betrag geeinigt haben. Allein aus dieser vertraglichen Einigung erwächst die rechtliche Verpflichtung zur Erfüllung. Nicht erforderlich für die Anerkennung der Leistungsverpflichtung durch die Rechtsordnung ist, dass die vereinbarte Leistung auch „objektiv gerecht" ist. Artikel 1134 des französischen Code Civil normiert diesen Rechtsgedanken schöner als jede deutsche Vorschrift: „Les conventions légalement formées tiennent lieu de loi à ceux qui les ont faites." Sinngemäß zu deutsch: Vereinbarungen, die mit dem Willen zur rechtlichen Bindung getroffen wurden, binden die Parteien gleich einem Gesetze und zwar grundsätzlich unabhängig von ihrem Inhalt. – Der Volksmund würde wohl sagen: „Jede Vertragspartei ist ihres Glückes Schmied." Dieser Gedanke ist Ausfluss der Vertragsfreiheit, die mit Art. 2 I GG Verfassungsrang hat.

Bewertungsfragen entstehen jedoch nicht ausschließlich im Rahmen von privatautonomen Einigungen gleichberechtigter Partner. Denn auch im Zivilrecht gilt nicht immer das Konsensprinzip. Insbesondere im Organisationsrecht der Gesellschaften findet sich das Rechtsinstitut des Beschlusses. Hierdurch wird es möglich, dass sich eine Mehrheit gegen eine Minderheit durchsetzt und letztere auch ohne ihr Einverständnis den Folgen mehrheitlich getroffener Entscheidungen ausgesetzt ist. Dies kann so weit gehen, dass die Rechtsordnung der Mehrheit die Möglichkeit einräumt, unter bestimmten Bedingungen die Minderheit mit ihren Anteilen aus dem Unternehmen auszuschließen. Ferner ermöglicht das Gesetz derart gravierende Veränderungen in der Unternehmensstruktur, dass es rechtlich geboten ist, in solchen Fällen den betroffenen Minderheitsaktionären die Möglichkeit des Ausstieges einzuräumen. Stets stellt sich in derartigen Fällen die Frage nach dem fairen Preis, zu dem der Ausstieg erfolgen soll. Im Gegensatz zu privatvertraglich ausgehandelten Preisen, liegt hier regelmäßig ein Ungleichgewicht in den Machtverhältnissen vor. Das Recht muss deshalb die betroffenen Minderheitsaktionäre schützen, indem es eine gerichtliche Kontrolle des Preises ermöglicht, zu dem die Minderheitsaktionäre abgefunden werden sollen. Auf diese Weise haben die Gerichte als staatliche Instanzen letztverbindlich über den „gerechten Wert" zu befinden. Stets geht es um die Frage, wie zwischen der Gewährleistung unternehmerischer Gestaltungsspielräume einerseits und dem Schutz von Minderheitsinteressen andererseits ein ausgewogenes Verhältnis zu finden ist. Nach welchen Grundsätzen sind die sich gegenüber stehenden wirtschaftlichen Interessen gegeneinander abzuwägen?

Während bei nicht börsennotierten Gesellschaften kaum eine andere Wahl besteht, als per Sachverständigengutachten den Unternehmenswert bestimmen zu lassen, so steht im Falle der Börsennotierung der Börsenkurs als Wertmaßstab zur Verfügung. Es stellt sich die Frage, wem ein Gericht mehr Vertrauen schenken soll: dem Urteil des hoch qualifizierten Experten, der ein Gutachten vorlegt, oder dem Börsenkurs als Ausdruck einer allgemeinen Wertanschauung aller Marktteilnehmer. Seit Jahrzehnten verließ sich die Rechtsprechung ausschließlich auf das Expertenurteil der als Gutachter fungierenden Wirtschaftsprüfer. Börsenkurse wurden abgelehnt mit der Begründung, sie beruhten auf gesamtwirtschaftlichen, politischen und psychologischen Einflüssen. Doch mit Beschluss vom 27. April 1999 urteilte das Bundesverfassungsgericht, dass wegen der Eigentumsgarantie des Grundgesetzes (Art. 14 I GG) der Börsenkurs bei der Wertermittlung nicht unberücksichtig bleiben dürfe. Hieraus ergeben sich vielfältige Folgeprobleme. Soll eine „Berücksichtigung" dadurch geschehen, dass der Börsenkurs als Untergrenze festgeschrieben und im übrigen der höhere Wert eines Gutachtens zugrunde gelegt wird oder ist es an der Zeit für einen Paradigmenwechsel hin zu einer Anerkennung des Börsenkurses als „Regelwert"? Muss der Börsenkurs bestimmte Voraussetzungen erfüllen, um überhaupt vor Gericht Bestand zu haben? In welchen Fällen ist er ausnahmsweise doch nicht zu berücksichtigen?

Und: Welcher Börsenkurs soll gegebenenfalls maßgeblich sein, ein Stichtagskurs oder aber ein Durchschnittswert, der sich aus einer längeren oder kürzeren Referenzperiode ergibt? Schließlich: Welches Verhältnis besteht zwischen dem Börsenkurs und einer Wertrelation, die von zwei unabhängigen Gesellschaften anlässlich eines Zusammenschlusses ausgehandelt und von deren Anteilseignern per Beschluss bestätigt worden ist?

3. Gang der Untersuchung

Im folgenden soll zunächst kurz das Unternehmen als Erkenntnisgegenstand näher betrachtet werden. Sodann wird in einer allgemeinen „Theorie der Bewertung" aufgezeigt, wie sich in einer marktwirtschaftlich verfassten Wirtschaftsordnung jede Form von Bewertung vollzieht. Es folgt ein Abriss wirtschaftswissenschaftlicher „Werttheorien" und eine Darstellung der Methoden und Techniken der Unternehmensbewertung.

Sodann werden zwei kontinentaleuropäische und zwei angelsächsische Rechtsordnungen exemplarisch untersucht. Im Ersten Hauptteil wird zunächst erörtert, nach welchen Grundsätzen im Allgemeinen Zivilrecht des deutschen BGB generell Bewertungsfragen entschieden werden. Anschließend werden die Anlässe aufgezeigt, nach denen im deutschen Recht Bewertungen von Unternehmen erforderlich werden und die Rechtsprechung und Literatur hierzu dargestellt. Der Zweite Hauptteil wirft einen Blick über die nationale Rechtsordnung hinaus und erläutert, wie im französischen, englischen und US-amerikanischen Recht mit dem Problem der Unternehmensbewertung umgegangen wird. Stets werden sowohl die Vorgaben des Gesetzgebers dargestellt, als auch deren Umsetzung durch die Rechtsprechung und ihr Widerhall in der rechtswissenschaftlichen Literatur.

Ausgehend von den im Grundlagenteil und im Ersten Hauptteil beschriebenen Prämissen und der rechtsvergleichenden Bestands-aufnahme im Zweiten Hauptteil wird im Dritten Hauptteil ein eigener, marktorientierter Bewertungsansatz vorgestellt. Im Schlussteil werden die wesentlichen Erkenntnisse zusammengefasst.

II. Das Unternehmen als Erkenntnisgegenstand

1. Wesensmerkmale des Unternehmens

Bei Zugrundelegung eines stark vereinfachten Modells der Volkswirtschaft stehen sich als Einheiten im Wirtschaftskreislauf auf der einen Seite die konsumierenden privaten Haushalte und auf der anderen Seite die produzierenden Betriebe gegenüber[1].

---

[1] *Schierenbeck*, S. 20.

Im Anschluss an *Gutenberg* wird im wirtschaftswissenschaftlichen Schrifttum der Begriff des Betriebes in folgende zwei Kategorien eingeteilt: die öffentlichen Betriebe und Verwaltungen einerseits und die Unternehmen andererseits[2]. Der Begriff des Betriebes wird also als Oberbegriff verstanden und definiert als jede fremdbedarfsdeckende Wirtschaftseinheit, in der nach den Prinzipien der Wirtschaftlichkeit und des finanziellen Gleichgewichts gezielt Produktionsfaktoren (Arbeit, Betriebsmittel, Werkstoffe) miteinander kombiniert werden. Der Begriff des Unternehmens als spezieller Betriebstyp kennzeichnet sich ferner durch die Prinzipien des Privateigentums, der Selbstbestimmung des Wirtschaftsplanes und das sogenannte Erwerbsprinzip, also die Gewinnerzielungsabsicht. Diese Elemente machen das Unternehmen zu einem konstituierenden Phänomen marktwirtschaftlicher Systeme.[3]

Von diesem ökonomischen Unternehmensbegriff soll im folgenden ausgegangen werden. Denn Gegenstand dieser Arbeit soll sein, das tatsächliche, d.h. ökonomische Phänomen der Unternehmensbewertung aus juristischem Blickwinkel zu betrachten. Es kommt daher für den Gang dieser Arbeit nicht darauf an, dass der Unternehmensbegriff in verschiedenen Variationen auch im Gesetz oftmals anzutreffen ist (vgl. z.B. § 14 BGB, §§ 2, 311, 312 HGB, §§ 3, 15 ff., 291 ff. AktG, §§ 1 ff. GWB), wo er jedoch je nach Normzweck verschiedenartiger Auslegung bedarf[4].

2. Unternehmen, Volkswirtschaft und Anteilseigner

Für die Zwecke dieser Arbeit von entscheidender Bedeutung ist das Erwerbsprinzip. Volkswirtschaftlich gesehen bedingt es, dass im Rahmen des freien Spiels konkurrierender Kräfte tatsächliche oder erwartete Gewinnveränderungen Anpassungsvorgänge auslösen, wodurch Produktion und Konsum zum Ausgleich gebracht werden[5]. Ohne es zu beabsichtigen oder zu wissen, verfolgt der Einzelne in einem System der natürlichen Freiheit „wie von einer unsichtbaren Hand“ gelenkt, das Gesamtinteresse der Gesellschaft[6]. Äußere Zwänge, die die Freiheit des Einzelnen einschränken, sind nicht nötig, um ein Zusammenwirken der Individuen herbeizuführen, von dem jedermann profitiert[7].

Aus mikroökonomischem Blickwinkel ist die Leistungserstellung dagegen nur Mittel zum Zweck. Im Vordergrund steht, dass das Unternehmen durch seine Aktivitäten für seine Eigentümer einen Mehrwert, d.h. Gewinn oder

[2] *Schierenbeck*, S. 23; *Gutenberg*, S. 457 ff.
[3] *Schierenbeck*, S. 24 f.
[4] Vgl. etwa zur rechtlich gebotenen unterschiedlichen Auslegung des Unternehmensbegriffes im Konzernrecht: *Krieger* in Münchener Handbuch AG, § 68 Rn. 5, 13.
[5] Statt vieler: *Gutenberg*, S. 465.
[6] Grundlegend: *Smith*, S. 369 ff., S. 582.
[7] *Friedman*, S. 2.

Ertrag, erzielen soll[8]. Hierin liegt der Nutzen, den sich der Investor von den getätigten Aufwendungen verspricht. Er handelt dabei vernünftig (d.h. rational) im Sinne des „homo oeconomicus"-Modells, wenn er *erstens* mit einem gegebenen Aufwand einen möglichst hohen Ertrag zu erzielen sucht (Maximumprinzip), er *zweitens* bei gegebenem Ertrag den hierzu eingesetzten Aufwand möglichst gering hält (Minimumprinzip) oder er *drittens* – allgemein gesprochen – nach einem möglichst günstigen Verhältnis zwischen Aufwand und Ertrag strebt (generelles Extremumprinzip)[9]. Alle drei Formulierungen sind Ausdruck des ökonomischen Prinzips[10].

Die ökonomische Vernunft einer finanzwirtschaftlichen Maßnahme, d.h. die Rentabilität, ergibt sich aus ihrem Ergebnis (Gewinn, Jahresüberschuss, Cash Flow u.a.) im Verhältnis zum eingesetzten Kapital[11]. Für den Eigentümer eines Unternehmens werden in der betriebswirtschaftlichen Literatur zwei Grundformen von Rentabilität unterschieden, die am Maximumprinzip anknüpfen: die Vermögensmaximierung und die Entnahmemaximierung[12]. Die *Vermögensmaximierung* ist die Maximierung des Unternehmensvermögens am Ende des Handlungszeitraums (Totalperiode) bei gegebenem Einkommen, demgegenüber ist die *Entnahmemaximierung* die Maximierung der Periodenentnahmen während des Handlungszeitraums bei gegebenem Endvermögen[13]. Stets steht dabei als Ziel im Vordergrund, dass sich der ursprüngliche finanzielle Einsatz „rechnen" soll. Unternehmen sind deshalb vor allem eines: Renditeobjekte.

Im Gegensatz zu anderen Renditeobjekten – wie beispielsweise festverzinslichen Wertpapieren oder Immobilien – kennzeichnet sich ein Investment in Unternehmen oder Unternehmensanteile durch besondere Chancen, aber auch besondere Risiken[14]. Der Topos der Ungewissheit, der in den Wirtschaftswissenschaften stets eine Rolle spielt, ist also bei Investments in Unternehmen besonders stark ausgeprägt.

---

[8] *Gutenberg,* S. 465; *Perridon/Steiner,* S. 8. Von einer differenzierteren Betrachtung unternehmerischer Zielsetzungen soll hier abgesehen werden; denn auch andere Ziele als die Gewinnmaximierung – wie etwa die Erweiterung von Marktanteilen oder die Verbesserung des Images – dürfen dem Ziel der Gewinnmaximierung nicht entgegenstehen, wenn das Unternehmen langfristig wettbewerbsfähig sein möchte, vgl. *Heine/Herr,* S. 60.

[9] *Schierenbeck,* S. 3.

[10] *Schierenbeck,* S. 3.

[11] *Perridon/Steiner,* S. 12.

[12] *Perridon/Steiner,* S. 13, nennen als Mischform ferner die Wohlstandsmaximierung, die aber nur eine Kombination von Einkommens- und Vermögensmaximierung darstellt.

[13] *Perridon/Steiner,* S. 13.

[14] *Spremann,* Vermögensverwaltung, S. 71.

III. Theorie der Bewertung

Was ist Bewertung? Der Duden definiert „bewerten" als „dem [Geld]wert, der Qualität, Wichtigkeit nach [ein]schätzen, beurteilen"[15].

1. Gegenstand und Anlass der Bewertung

Bewertet werden kann demnach praktisch alles: Jedes Objekt, das Gegenstand eines Veräußerungsgeschäftes sein soll, wird vom Käufer dahingehend geprüft, ob es „sein Geld wert" ist. Der Verkäufer schätzt den Wert des Objektes ebenfalls ein, denn er will nicht „unter Wert" verkaufen. Können sich der Kaufinteressent und der potentielle Veräußerer nicht auf einen bestimmten Wert als Preis einigen, unterbleibt die Transaktion. Denn grundsätzlich ist niemand zum Abschluss eines Vertrages gezwungen.

In anderen Fällen wird eine Bewertung erforderlich, weil kraft Gesetzes bezogen auf ein bestimmtes Bewertungsobjekt ein Ausgleich oder eine Entschädigung stattzufinden hat. Zu bewerten ist beispielsweise ein Fahrzeug, das bei einem Unfall einen Schaden erlitten hat oder ein Hausgrundgrundstück, das anlässlich einer Ehescheidung oder eines Erbfalles im Vermögen einer ausgleichspflichtigen Person verbleibt.

Bewertungen beziehen sich also immer auf einen bestimmten Gegenstand und erfolgen immer aufgrund eines bestimmten Anlasses. Im Rahmen dieser wissenschaftlichen Arbeit geht es um Unternehmensbewertung. Auf den ersten Blick erscheint damit der Bewertungsgegenstand eindeutig. Auf den zweiten Blick jedoch erweist sich eine Differenzierung als erforderlich, auf die an späterer Stelle nochmals einzugehen ist: die Unterscheidung zwischen der Bewertung eines Unternehmens als ganzem und der Bewertung von Unternehmensanteilen. Auch die Differenzierung nach den verschiedenen Anlässen – insbesondere die Unterscheidung zwischen privatautonomen und gesetzlich veranlassten Bewertungen – wird an späterer Stelle nochmals eine Rolle spielen.

2. Ziel der Bewertung

Die Bewertung eines Gegenstandes erfolgt immer im Hinblick auf einen bestimmten Erkenntnisgegenstand als Bewertungsziel.

Insbesondere bei einem so komplexen Bewertungsgegenstand wie einem Unternehmen kann das Erkenntnisinteresse und damit das Ziel der Bewertung vielfältig sein. Beispielsweise kann von Rating-Agenturen seine Bonität, d.h. seine Qualität als Empfänger von Fremdkapital bewertet werden. Wenn im Fortgang dieser Arbeit von „Bewertung" gesprochen wird, gilt dagegen das Zentrum des Interesses dem Geldwert von Unternehmen aus Sicht ihrer Eigenkapitalgeber, d.h. ihrer Anteilseigner. Es geht also um die Frage: Welcher

---

[15] *Duden,* Stichwort „bewerten".

tatsächliche oder potentielle finanzielle (Gegen-) Wert oder Betrag ist Anteilseignern dafür zu zahlen ist, dass sie – freiwillig oder unfreiwillig – Eigentumsrechte oder sonstige Verfügungsrechte, die üblicherweise mit der Eigentümerposition verbunden sind, zugunsten eines Dritten aufgeben?

3. Kriterien der Bewertung

Vom Ziel der Bewertung zu unterscheiden sind die Bewertungskriterien. Es stellt sich die Frage, welche Umstände für erheblich zu befinden sind, um im Hinblick auf das Ziel der Bewertung eine Aussage treffen zu können.

Dass das Kriterium der Bewertung bezogen auf denselben Gegenstand höchst unterschiedlich ausfallen kann, mag folgendes Beispiel[16] verdeutlichen: Ziel der Bewertung soll die Bestimmung dessen sein, was jemand bereit ist, für eine Flasche Wasser zu bezahlen. Man stelle sich nun vor a) den Kunden (K) eines beliebigen Supermarktes und b) den dürstenden Wüstenreisenden (W), dessen Wasservorräte ausgegangen sind. Dem W wäre die Flasche Wasser erheblich mehr wert, als dem K. Denn W's subjektiver Nutzen, den er aus der Sache zieht, wäre erheblich höher. Das für ihn entscheidende Kriterium bei der Bewertung der Flasche Wasser ist, dass diese geeignet ist, einen Tod durch Verdursten abzuwenden. Entscheidungskriterien für den K sind dagegen der Geschmack und die Marke des Wassers und gegebenenfalls die Angebote der Konkurrenz. Es liegt auf der Hand, dass W einen erheblich höheren Preis bezahlen würde als K.

Die subjektive Wertschätzung – treffender noch: Wert*empfindung*[17] – eines Gegenstandes hängt also davon ab, wie ein Nachfrager eines Gegenstandes anhand bestimmter Kriterien dessen Nutzwert für sich einordnet und welche Alternativen ihm zur Verfügung stehen.

4. Bewertung und Markt

„Markt" im engeren Sinne ist jener Ort, an dem sich Verkäufer und Käufer von Waren zu Handelszwecken einfinden, beispielsweise ein Marktplatz, ein Versteigerungssaal oder eine Markthalle[18]. Im weiteren Sinne wird als Markt jeder Ort verstanden, an dem Angebot und Nachfrage bezüglich bestimmter Güter aufeinander treffen und im Wettbewerb der Preis für diese Güter ermittelt wird[19].

Wie aus dem obigen Beispiel mit der Flasche Wasser bekannt, ist jede Bewertung, die durch Marktteilnehmer erfolgt, eine subjektive, d.h. sie erfolgt nach Kriterien, die einer spezifischen Situation entspringen oder nach eigenem

---

[16] Vgl. *Seppelfricke,* S. 1.
[17] Vgl. *Seppelfricke,* S. 4.
[18] *Brockhaus* Wirtschaft, Stichwort „Markt".
[19] *Brockhaus* Wirtschaft, aaO.

Belieben selbst gewählt sind, oft sogar unbewusst. Diese variierenden Bedürfnisse und Präferenzen wirken sich unmittelbar aus auf den jeweiligen Grenzpreis des betreffenden Marktteilnehmers. Denn ein Käufer ist nur bereit, eine Transaktion einzugehen, wenn er das Eigentum an dem Gut höher bewertet als den zu zahlenden Preis[20]. Für den Verkäufer gilt dies selbstverständlich mit umgekehrtem Vorzeichen: er will sich auf keinen Preis „unter Wert" einlassen.

Welches Verhältnis zwischen den Begrifflichkeiten *Wert* und *Preis* besteht soll im folgenden dargestellt werden, bevor anschließend die Bedeutung subjektiver Bewertungen für die Preisbildung am Markt erläutert wird.

a) Wert und Preis

Für den Wert existieren zwei unterschiedliche Definitionen. Als subjektiven Wert bezeichnet die mikroökonomische Entscheidungstheorie den sogenannten Grenzpreis[21]. Hier geht es darum, was die nächstbeste Alternative (bei einem Verkauf) als Erlös bringen bzw. (bei einem Kauf) kosten würde[22]. Konkreter formuliert: wo liegt jener Preis, den der Nachfrager maximal für einen Gegenstand zu zahlen bereit ist bzw. welchen Preis will der Verkäufer mindestens für den Gegenstand erzielen[23]? Die Antwort auf diese Fragen ergibt sich notwendig aufgrund einer subjektiven Bewertung, ist also Ausdruck der spezifischen Wertschätzung aufgrund individueller Bewertungskriterien durch den jeweiligen Marktteilnehmer.

Von diesem subjektiven Wert im Sinne des Grenzpreises lässt sich jener Wertbegriff unterscheiden, der – etwas antiquiert – in der Rechtswissenschaft[24] bezeichnet wird als „gemeiner Wert" (moderner wäre das Präfix: „allgemeiner" Wert) oder „Verkehrswert". Auch dieses Konzept ist der Ökonomie bekannt, wenngleich nicht die juristische Terminologie dafür verwendet wird. Für *Spremann*[25] ist danach der Wert etwas, dem eine gewisse Gültigkeit zukommt, etwas, das für mehr als nur zwei Personen zutrifft und für mehr als nur einen Zeitpunkt besteht. Was wertvoll ist sollte für alle attraktiv sein und den Augenblick überdauern. In diesem Sinne gelte als „Wert" der *in Geld ausgedrückte Nutzen,* den das Objekt *erstens* aufgrund seiner Eigenschaften sowie *zweitens* aufgrund der prinzipiellen Umstände *für eine größere Anzahl von Personen* stiftet[26]. Es wird also eine abstrakt-generelle Betrachtungsweise eingenommen.

---

[20] *Seppelfricke,* S. 2.
[21] AaO, S. 138.
[22] AaO.
[23] *Drukarczyk,* S. 115.
[24] Vgl. *Mayer-Maly* in FS Demelius, S. 139, 145.
[25] *Spremann,* Finanzanalyse, S. 135.
[26] *Spremann,* Finanzanalyse, S. 137.

Vom „Wert“ wird üblicherweise der „Preis“ abgegrenzt. Er ist der in Geld bezifferte Tauschwert. Häufig ergibt er sich aufgrund von Verhandlungen, in denen Käufer und Verkäufer gleichermaßen darum bemüht sind, ein für sich günstiges Verhandlungsergebnis zu erzielen. Entscheidend jedoch ist die – im Gegensatz zum Wertbegriff – *konkrete* Betrachtungsweise: „Preis“ ist jener Geldbetrag, zu dem eine Transaktion tatsächlich stattfindet[27].

Völlig zu trennen sind die Begriffe *Wert* und *Preis* jedoch nicht. Denn kein Verkäufer möchte „unter Wert“ verkaufen und kein Käufer mehr bezahlen, als üblicherweise für einen vergleichbaren Gegenstand auf demselben Markt bezahlt wird. Sofern die Parteien über denselben Informationsstand verfügen und keine außergewöhnlichen Umstände vorliegen spricht deshalb eine grundsätzliche Vermutung dafür, dass zwischen den Vertragsparteien stets „marktgerechte“ Preise vereinbart werden.

b) Preisbildung am Markt

Voraussetzung jeder Transaktion ist der „Bedarf“, d.h. der Entschluss und die Fähigkeit eines potentiellen Käufers, tatsächlich am Markt als Nachfrager aufzutreten[28]. Dies setzt Zahlungsfähigkeit und Zahlungsbereitschaft voraus. Die Zahlungsbereitschaft hängt – wie gesehen – ab von der spezifischen Wertschätzung aufgrund individueller Bewertungskriterien durch den jeweiligen Marktteilnehmer und allgemeine Einflüsse. Gleiches gilt auf Seiten des Verkäufers für die je nach Einzelfall stark oder schwach ausgeprägte Bereitschaft, einen Gegenstand zu veräußern. In einem marktwirtschaftlichen System fließen auf diese Weise die subjektiven Wertempfindungen und Überzeugungen des Einzelnen – unabhängig von deren Ursachen – ein in das freie Spiel von Angebot und Nachfrage und beeinflussen so die Preisbildung am Markt.[29]

Dieses Phänomen gilt für *jeden* Markt – unabhängig davon, ob es sich um einen institutionalisierten Markt wie eine „Börse“ handelt oder jeden anderen Ort, an dem Angebot und Nachfrage zueinander finden.

5. Konsequenzen

Dem Marktpreis wohnt notwendig immer eine subjektive Komponente inne. Sie ergibt sich aus der Flexibilität des Preisbildungsmechanismus: in dessen Rahmen legt jeder Marktteilnehmer seinen eigenen Grenzpreis fest, d.h. jenen Preis, den er höchstens für den betreffenden Gegenstand zu zahlen bereit ist oder mindestens als Veräußerungserlös erzielen möchte. Die Festlegung dieses Grenzpreises spiegelt die subjektive Bewertung – oder emotionaler formuliert: die „Wertempfindung“ – des betreffenden Marktteilnehmers für den jeweiligen

[27] Vgl. *Mandl/Rabel*, S. 8; *Seppelfricke*, S. 1.
[28] Vgl. *Brockhaus* Wirtschaft, Stichwort „Bedarf“.
[29] Vgl. zum Ganzen statt vieler *Hardes/Schmitz/Uhly*, S. 38; *Stigler*, S. 15.

Gegenstand wider. Diese hängt nicht nur ab von den Umständen und Faktoren, die dem betreffenden Gegenstand unmittelbar anhaften. Die spezifischen Bedürfnisse des jeweiligen Marktteilnehmers sind ebenso entscheidend wie die allgemeine Wertschätzung des betreffenden Gegenstandes im Markt, von der sich die einzelnen Marktteilnehmer erfahrungsgemäß ebenfalls beeinflussen lassen und die nicht immer eindeutig und rational begründbar sind. In diese Kategorie fallen auch sämtliche Zufälligkeiten gesamtwirtschaftlicher, politischer und psychologischer Art.

IV. Wirtschaftswissenschaftliche „Werttheorien"

Als Gegenstand der wirtschaftswissenschaftlichen Forschung hat die Unternehmensbewertung unterschiedliche Stadien erlebt, die auch als „Werttheorien" bezeichnet werden[30]. Drei Entwicklungsphasen werden unterschieden: Phase 1: Objektive Unternehmenswertlehre, Phase 2: Subjektive Unternehmenswertlehre und Phase 3: Funktionale Unternehmenswertlehre[31].

1. Theorie vom objektiven Unternehmenswert

Die Theorie vom objektiven Wert, die in den fünfziger Jahren von *Mellerowicz*[32] vertreten wurde, ging davon aus, dass es einen objektiven Wert gibt, der für jedermann gültig ist. Dabei wird von der Prämisse ausgegangen, dass „unabhängig von den verschiedenen Interessenlagen von Käufer und Verkäufer" ein „objektiver Nutzen des Betriebes" festgestellt werden könne[33]. Nur Tatsachen, die in dem zu bewertenden Unternehmen selbst liegen dürfen danach berücksichtigt werden[34]. Folge dieses Verständnisses war, dass man sich zur Wertermittlung primär an den vergangenen und gegenwärtigen Verhältnissen des Unternehmens orientierte einschließlich des Substanzwertes, nicht aber an zukünftigen bzw. zu erwartenden Entwicklungen[35]. Dass die Prämisse vom „objektiven Nutzen" eine höchst zweifelhafte ist, ergibt sich bereits aus den obigen Betrachtungen zum Preisbildungsmechanismus und zum Grenzpreis[36]. Letzterer wurde definiert als jener Preis, den ein Nachfrager maximal für einen Gegenstand zu zahlen bereit ist. Er ist abhängig von den subjektiven Kriterien, die individuell die Wertschätzung für einen bestimmten Gegenstand ausmachen. Die objektive Wertlehre lässt sich also mit der subjektiven Natur jeder Bewertung nicht vereinbaren und wird deshalb heute nicht mehr vertreten.

---

[30] *Seppelfricke,* S. 4.
[31] *Mandl/Rabel,* S. 6.
[32] S. 12
[33] AaO.
[34] *Mandl/Rabel,* S. 6.
[35] *Mandl/Rabel,* aaO.
[36] Siehe oben III. 4. a).

2. Theorie vom subjektiven Unternehmenswert

Vor diesem Hintergrund entwickelte sich in den sechziger Jahren die subjektive Wertlehre[37]. Sie betont gerade, dass der Wert eines Gutes nur durch individuelles Wertempfinden erklärbar ist und deshalb ein Gut für jede Person einen anderen Wert habe, der nicht intersubjektiv nachvollziehbar sei[38]. Danach gilt der Unternehmenswert nicht mehr als allgemeingültiger Wert des Unternehmens an sich, sondern nur noch als Wert des Unternehmens für einen konkreten Käufer bzw. Verkäufer, d.h. für ein ganz bestimmtes Bewertungs-*subjekt*[39]. So wird aus der Perspektive des Kaufinteressenten gefragt, was gerade diesem Investor das zu bewertende Unternehmen an Vorteilen zu bringen verspricht, und was gerade dieser Investor aus einer anderweitigen Anlage seiner Mittel zu erzielen vermag[40]. Im subjektiven Unternehmenswert soll also erfasst werden, was das Unternehmen dem konkreten Bewertungssubjekt unter umfassender Berücksichtigung seiner subjektiven Ziele, Erwartungen und alternativen Kapitalverwendungsmöglichkeiten wert ist[41]. Hierbei handelt es sich um nichts anderes als den notwendig subjektiven Grenzpreis, d.h. den maximal zu zahlenden Preis aus der Sicht eines potentiellen Käufers bzw. den mindestens zu erzielenden Preis aus der Sicht eines potentiellen Verkäufers.

Subjektive Ziele, Möglichkeiten und Erwartungen einer Person bezogen auf ein Renditeobjekt lassen sich monetär ausdrücken. Die Vorstellung vom subjektiven Unternehmenswert betrachtet deshalb als maßgebliches Bewertungskriterium den Wert der zukünftigen Unternehmenserträge (sogenannte Zukunftserfolge)[42]. Diese können unter Zugrundelegung investitionstheoretischer Erkenntnisse gemessen und ihr Wert zum Bewertungsstichtag als Barwert bestimmt werden, wobei der Kalkulationszinsfuß aus der besten alternativen Kapitalverwendungsmöglichkeit abgeleitet wird[43].

Die Höhe der zukünftigen Unternehmenserträge ist im Zeitpunkt der Bewertung ungewiss. Die anzustellende Ertragsprognose hängt davon ab, welche Entwicklung des Unternehmens unterstellt wird. Dies wiederum ist davon abhängig, in welcher Form das Unternehmen nach dem Bewertungsstichtag fortgeführt wird.

In diesem Umstand liegt zugleich der Keim für die Kritik an der subjektiven Werttheorie. Denn unterschiedliche Fortführungskonzepte führen zu unterschiedlichen Bewertungsergebnissen. Es existieren aber auch Fälle, in denen ein Bedürfnis besteht nach einer Festlegung auf einen Wert, der unabhängig ist von subjektiven Momenten. Denn kann etwa die Höhe eines Pflichtteilsanspruches

---

[37] *Mandl/Rabel*, aaO; *Seppelfricke*, S. 4.
[38] *Seppelfricke*, aaO.
[39] *Mandl/Rabel*, aaO.
[40] *Moxter*, WISU 1978, 483.
[41] *Mandl/Rabel*, aaO.
[42] *Mandl/Rabel*, S. 8; *Seppelfricke*, S. 4.
[43] Statt vieler: *Mandl/Rabel*, aaO.

(§§ 2303 I, 2311 BGB) davon abhängen, ob nach dem Ableben des Erblassers ein talentierter oder ein weniger talentierter Geschäftsleiter die Führung des Unternehmens übernommen hat? Sicher nicht!

Dies zeigt, dass eine rein subjektiv ausgerichtete Unternehmenswertlehre ebenfalls schnell an ihre Grenzen stößt. Sie versagt in jenen Fällen, in denen zwischen konfligierenden Parteien mit unterschiedlichen Interessen und Einschätzungen in Bezug auf das Bewertungsobjekt zu vermitteln ist[44]. Hier soll die Bewertung gerade nicht nur die Interessen einer Partei berücksichtigen, sondern einen fairen Interessenausgleich zwischen allen betroffenen Parteien herbeiführen oder zumindest erleichtern[45].

3. Theorie von der funktionalen Unternehmensbewertung

In wissenschaftlichen Disputen, in denen sich zwei Positionen gegenüber stehen, entwickelt sich meist irgendwann im Verlaufe der Zeit eine vermittelnde Position, die die absoluten Aussagen früherer Dogmen aufgibt. Es wird erkannt, dass sowohl die eine, als auch die andere Ansicht gute Argumente für sich hat und die Lebenswirklichkeit zu komplex ist, um sie in einer einzigen simplen Theorie zu komprimieren. In eklektischer Manier wird je nach Situation mal auf die Gedanken der einen Theorie, mal auf jene der anderen zurückgegriffen.

Worauf kommt es nun bei der Frage nach der rechten Werttheorie an? Anfang der siebziger Jahre verlautbarte das Institut der Wirtschaftsprüfer, der mit einer Bewertung befasste Wirtschaftsprüfer müsse in dem von ihm angefertigten Gutachten offen legen, ob er eine sachverständig neutrale Form der Bestimmung des Unternehmenswertes abgibt oder aber ob er vom Käufer oder Verkäufer des zu bewertenden Unternehmens engagiert wurde und dessen Interessensstandpunkt vertritt[46]. In derselben Zeit entwickelte sich in der Wissenschaft die bis heute praktisch allgemein anerkannte Funktionenlehre. Sie betont die Zweckabhängigkeit des Unternehmenswertes und geht davon aus, dass Unternehmensbewertungen in der Realität zahlreichen Zwecken dienen[47]. Diese unterschiedlichen Bewertungszwecke haben maßgeblichen Einfluss auf die Anlage der Bewertung, die Verfahrenstechnik und damit auch auf das Bewertungsergebnis[48]. Vor jeder Unternehmensbewertung ist daher der Zweck der Bewertung genau festzulegen, wobei jeder typischen Zwecksetzung einer Unternehmensbewertung jeweils eine bestimmte „Funktion“ zugeordnet wird[49].

---

44 *Mandl/Rabel,* aaO.
45 *Mandl/Rabel,* aaO.
46 IdW WP-Handbuch 1973, S. 1092, 1100.
47 *Mandl/Rabel,* S. 9.
48 *Mandl/Rabel,* aaO.
49 *Mandl/Rabel,* aaO.

Heute differenzieren die vom IDW herausgegebenen „Grundsätze zur Durchführung von Unternehmensbewertungen (IDW S 1)[50]" – sogenannter IDW-Standard – nach den folgenden Funktionen, in denen ein Wirtschaftsprüfer bei der Bewertung von Unternehmen tätig werden kann[51]:

In der Funktion als *neutraler Gutachter* wird er als Sachverständiger tätig, der mit nachvollziehbarer Methodik einen „objektivierten", von den individuellen Wertvorstellungen betroffener Parteien unabhängigen Wert des Unternehmens ermittelt. Dabei zeigt die Wahl der Begrifflichkeit („objektiviert", statt „objektiv"), dass von dem Absolutheitsanspruch vergangener Tage Abstand genommen wurde, gleichwohl aber an der ursprünglichen Konzeption angeknüpft werden sollte. Demnach wird nun der objektivierte Unternehmenswert definiert als ein „typisierter Zukunftserfolgswert", der sich bei Fortführung des Unternehmens in unverändertem Konzept und mit allen realistischen Zukunftserwartungen im Rahmen seiner Marktchancen und -risiken, finanziellen Möglichkeiten sowie sonstigen Einflussfaktoren ergibt.

In der *Beratungsfunktion* ermittelt der Wirtschaftsprüfer einen subjektiven Entscheidungswert, der z.B. angeben kann, was – unter Berücksichtigung individueller Möglichkeiten und Planungen – ein bestimmter Investor für ein Unternehmen höchstens anlegen darf (Preisobergrenze) oder ein Verkäufer mindestens verlangen muss (Preisuntergrenze), um seine ökonomische Situation durch die Transaktion nicht zu verschlechtern.

In der *Schiedsgutachter*- bzw. *Vermittlerfunktion* wird der Wirtschaftsprüfer tätig, um in einer Konfliktsituation unter Berücksichtigung der verschiedenen subjektiven Wertvorstellungen der Parteien einen Einigungswert als Schiedsgutachter festzustellen oder als Vermittler vorzuschlagen.

V. Methoden und Techniken der Unternehmensbewertung

1. Bewertung auf der Grundlage von Einzelgegenständen

Ein Unternehmen kann als Summe seiner Einzelteile begriffen werden. Unternehmensbewertung vollzieht sich bei dieser Vorstellung als Bewertung jedes einzelnen selbständig bewertungsfähigen Gegenstandes des Unternehmens. Man spricht auch vom sogenannten Substanzwert. Er ergibt sich als Saldo aus der Summe der einzelnen bewerteten Vermögensgegenstände abzüglich des Fremdkapitals des Unternehmens.[52]

Einen juristischen „Anker" hat diese Methode im Steuerrecht. So setzt die steuerliche Bewertung des Betriebsvermögens gemäß § 98 a S. 1 BewG an an

---

[50] IDW-Standard S 1 vom 28.06.2000 bzw. IDW-Standard ES 1 n.F. vom 9.12.2004.

[51] IDW-Standard S 1 vom 28.06.2000, Tz. 12; IDW-Standard ES 1 n.F. vom 9.12.2004, Tz. 12.

[52] Vgl. *Großfeld*, Unternehmensbewertung, S. 36 ff.; *Rabel/Mandl*, S. 46 ff.; *Born*, S. 139 ff.; *Spremann*, Finanzanalyse, S. 141.

der „Summe der Werte, die für die zu dem Gewerbebetrieb gehörenden Wirtschaftsgüter und sonstigen aktiven Ansätze ermittelt sind". Die Wendung „aktive Ansätze" deutet bereits auf die betriebswirtschaftliche Wurzel des Substanzwertverfahrens hin. So ist es der Kaufmann gewöhnt, sich über sein Vermögen einen Überblick zu verschaffen, indem er einen Blick wirft auf die einzelnen Positionen in der Bilanz[53].

Als Unterarten des Substanzwertes werden der sogenannte Liquidationswert und der sogenannte Rekonstruktionswert unterschieden.

a) Liquidationswert und Rekonstruktionswert

Der Liquidationswert ergibt sich unter der Annahme, dass das Unternehmen zerschlagen wird und seine Gegenstände einzeln veräußert werden. Vor diesem Hintergrund sind die einzelnen Gegenstände mit jenem Wert anzusetzen, der voraussichtlich beim Verkauf erlöst werden würde. Auszugehen ist von der bestmöglichen Verwertung. Vom Veräußerungserlös der Vermögensgegenstände ist dann die Summe der Schulden und Liquidationskosten abzuziehen.[54]

Der Rekonstruktionswert fragt demgegenüber danach, wie viel es kosten würde, „dasselbe" Unternehmen mit sämtlichen seiner Vermögensgegenstände neu aufzubauen. Die einzelnen Vermögensgegenstände werden deshalb nicht mit dem Verkaufswert angesetzt, sondern mit dem Wiederbeschaffungswert (in der Regel dem Wiederbeschaffungs*alt*wert = Zeitwert, der der Abnutzung und technischen und wirtschaftlichen Wertminderung Rechnung trägt). Der Rekonstruktionswert wird aus diesen Gründen auch als „Wiederbeschaffungswert" bezeichnet.[55]

b) Kritik

Ein Unternehmen lediglich als die Summe seiner Einzelteile zu begreifen, ist eine Vorstellung, die in aller Regel an der Realität vorbei geht. Denn ein Unternehmen besteht nicht nur aus seinen bilanziell erfassten Vermögenswerten, sondern es bildet einen lebendigen Organismus, d.h. ein System von Menschen, immateriellen Werten und persönlichen Beziehungen. Von diesen abzusehen ist

[53] *Schmalenbach,* S. 57 ff.: „Man glaubt sich in dieser Vorstellung befestigt hauptsächlich deshalb, weil die Bilanz ja auch nichts anderes tut, als Einzelwerte zu einem Ganze zusammenzufügen." – Statt vieler zur nur bedingten Eignung der Bilanz als Spiegel der Vermögenslage des Unternehmens: *Großfeld,* Unternehmensbewertung, S. 50: Die Ansätze der Bilanz liegen häufig unter dem Zeitwert am Bewertungsstichtag, weshalb die Bilanz wenig über den Wert des Unternehmens aussagt. Ferner *Spremann,* Finanzanalyse, S. 141., unter Hinweis darauf, dass das Vorsichtsprinzip die Anlegung unterschiedlicher Maßstäbe auf Aktiv- und Passivseite begünstige. Vgl. ebenfalls *Spremann,* aaO, S. 112 ff., zur Differenzierung zwischen sog. Accounting Model und Economic Model.
[54] Vgl. statt vieler: *Rabel/Mandl,* S. 46 ff.
[55] AaO.

nur dann gerechtfertigt, wenn das Unternehmen stillgelegt und zerschlagen wird. Dann – und nur dann – ist Raum für das Konzept vom Liquidationswert.[56]

In der Regel soll ein Unternehmen fortgeführt werden („going concern"). Dann aber interessiert weniger die Substanz, die eine gegenwartsorientierte Größe darstellt. Vielmehr interessieren die für die Zukunft erwarteten Erträge, denn genau hierin liegt für einen künftigen Eigentümer der Nutzen des Unternehmens[57]. Die zukünftigen Erträge hängen aber weniger von den einzelnen Vermögensgegenständen ab, sondern stärker von zahlreichen anderen Faktoren, die nur schwierig greifbar sind. Hierzu zählen der gute Ruf des Unternehmens, seine Organisation, die Leistungskraft von Management und Mitarbeitern, der Kundenstamm und das Know-How – zusammenfassend bezeichnet als Firmenwert, Geschäftswert oder „Goodwill"[58]. Die aus dem Jahre 1810 stammende Definition dafür gilt nach wie vor: „The goodwill... is... the probability that the old customers will resort to the old place"[59]. In der deutschen Literatur ist die Rede vom „Wohlwollen der Kunden gegenüber einem Unternehmen"[60].

Wohlwollen in diesem Sinne lässt sich nicht bilanzieren – weder nach deutschem Handelsrecht, noch nach europäischen oder amerikanischen Bilanzgrundsätzen[61]. Es hilft deshalb auch wenig, wenn zum Teil in der Literatur die alte Formel „Wert = Buchwert" abgewandelt wird in „Wert = Buchwert + Goodwill"[62]. Diese Variation mag zwar schlüssig erscheinen. Sie lässt aber von der alten Substanzwertkonzeption nicht mehr viel Substanz übrig. Vielmehr ebnet sie durch die Hintertür bereits den Weg für die Abkehr vom Substanzwertverfahren. Denn schon die Definition des „Goodwill" ist zukunftsbezogen: Es geht um die Wahrscheinlichkeit, also die Prognose, dass die bisherigen Kunden des Unternehmens diesem auch in Zukunft die Treue halten werden. Diese Prognose ist kein Selbstzweck, sondern verbunden mit der

---

[56] Vgl. statt vieler: *Großfeld*, Unternehmensbewertung, S. 36 ff.; *Rabel/ Mandl*, S. 46 ff.; *Born*, S. 154 f.; *Spremann*, Finanzanalyse, S. 141.

[57] Vgl. *Münstermann*, S. 151: „Der Unternehmungswert ist ein Nutzwert. Er ist eine nach dem Prinzip der Bewertungseinheit gewonnene, subjektive und zukunftsbezogene Wertgröße und das Ergebnis eines Investitionskalküls." – Aus diesem Grunde muss auch das sog. Stuttgarter Verfahren, das von der Finanzverwaltung zur Bemessung von Steuerschulden angewandt wird, abgelehnt werden. Denn als Mischformel bezieht es das Betriebsvermögen als wesentliche Komponente mit ein und erfasst gleichzeitig die Zukunftsaussichten nur zum Teil (vgl. *Großfeld*, Unternehmensbewertung, S. 52, 260 f.).

[58] Vgl. statt vieler: *Großfeld*, Bilanzrecht, Rn. 290; *Spremann*, Finanzanalyse, S. 143.

[59] *Lord Eldon*, zitiert nach *Viel/Bredt/Renard*, S. 43.

[60] AaO.

[61] Eine Ausnahme hiervon kann in § 255 IV HGB gesehen werden, wonach im Anschluss an eine Unternehmensübernahme ausnahmsweise der Geschäfts- oder Firmenwert angesetzt werden kann. Die Bilanzierung selbst geschaffenen Geschäftswertes ist grundsätzlich auch nach IAS und US GAAP nicht möglich (*Großfeld*, Unternehmensbewertung, S. 51).

[62] Vgl. *Spremann*, Finanzanalyse, S. 143.

selbstverständlichen Erwartung, dass mit dem Kundenstamm auch in Zukunft Erträge generiert werden können. Unter welchen Voraussetzungen dies möglich ist, bedarf der unternehmerischen Einschätzung der künftigen Geschäftsentwicklung.

Damit bildet die um die Komponente „Goodwill" angereicherte Formel bereits einen gedanklichen Schritt in Richtung der Zukunftserfolgswertverfahren. Diese knüpfen an jener Frage an, die von primärem Interesse ist, auf die jedoch die erweiterte Substanzwertformel die Antwort schuldig bleibt: Wie können die zu erwartenden Zukunftserfolge geschätzt und zur Grundlage der Wertermittlung gemacht werden?

2. Zukunftserfolgswertverfahren

Während das Substanzwertverfahren aus besagten Gründen in der Praxis heute keine eigenständige Bedeutung mehr hat[63], hat die Bedeutung und Vielfalt der vertretenen Varianten des Zukunftserfolgswertverfahrens vor allem seit den siebziger Jahren stark zugenommen[64].

Das Zukunftserfolgswertverfahren beruht auf der bereits oben gewonnenen Erkenntnis, dass der Nutzen eines Unternehmens darin liegt, für seinen Eigentümer Erträge zu erwirtschaften[65]. So heißt es denn auch im Standard S 1 des Institutes der Wirtschaftsprüfer zutreffend[66]: „Der Wert eines Unternehmens bestimmt sich (...) durch den Barwert der mit dem Eigentum an dem Unternehmen verbundenen Nettozuflüsse an die Unternehmenseigner (Nettoeinnahmen der Unternehmenseigner). Demnach wird der Wert des Unternehmens allein aus seiner Eigenschaft abgeleitet, finanzielle Überschüsse für die Unternehmenseigner zu erwirtschaften. Dieser Wert ergibt sich grundsätzlich aufgrund der finanziellen Überschüsse, die bei Fortführung des Unternehmens und Veräußerung etwaigen nicht betriebsnotwendigen Vermögens erwirtschaftet werden (Zukunftserfolgswert)". Dabei wird in der Regel von einer unbegrenzten Lebensdauer des zu bewertenden Unternehmens ausgegangen[67].

Hieraus folgt, dass der Veräußerer mindestens ein Entgelt erzielen möchte, das ihm bei der Neuanlage einen ebensolchen finanziellen Nutzen verspricht, wie er ihn aus dem Unternehmen erzielte (Preis einer alternativen Investition); der Erwerber will nur so viel zahlen, wie er für eine andere Investition

---

[63] Statt vieler: IDW-Standard S 1 vom 28.06.2000, Tz. 6; IDW-Standard ES 1 n.F. vom 9.12.2004, Tz. 6. *Großfeld*, Unternehmensbewertung, S. 37.

[64] Vgl. *Born*, S. 75 ff.

[65] Vgl. statt vieler: *Münstermann*, S. 151; *Großfeld*, Unternehmensbewertung, S. 38.

[66] IDW-Standard S 1 vom 28.06.2000, Tz. 4 f.; IDW Standard-ES 1 n.F. vom 9.12.2004, Tz. 4 f.

[67] IDW-Standard S 1 vom 28.06.2000, Tz. 91; IDW-Standard ES 1 n.F. vom 9.12.2004, Tz. 94.

aufwenden müsste, um den gleichen Erfolg wie aus dem Unternehmen zu erhalten (ebenfalls Preis einer alternativen Investition)[68].

a) Ertragswertverfahren v. Discounted-Cash-Flow-Verfahren

Für die Ermittlung des Zukunftserfolgswertes als „Barwert der künftigen finanziellen Überschüsse" kommen folgende zwei Varianten in Betracht: das klassische Ertragswertverfahren und das moderne Discounted Cash-Flow-Verfahren[69]. Deren folgende Darstellung soll im Wesentlichen dem IDW Standard S 1 folgen. Die hierin enthaltenen Grundsätze sind zwar nicht rechtsverbindlich. Sie spiegeln aber aus der Sicht des Wirtschaftsprüferstandes die „Best Practice" der Unternehmensbewertung wider.

aa) Ertragswertverfahren

Das traditionelle Ertragswertverfahren ermittelt den Unternehmenswert durch Diskontierung der den Unternehmenseignern künftig zufließenden finanziellen Überschüsse, die aus den künftigen handelsrechtlichen Erfolgen (Ertragsüberschussrechnung) abgeleitet werden[70].

In einem ersten Schritt ist die Vergangenheitserfolgsrechnung zu bereinigen: Die Aufwendungen und Erträge des nicht betriebsnotwendigen Vermögens sind zu eliminieren[71]. Der Erfolg muss periodengerecht ausgewiesen werden. Die Ergebniswirkungen, die sich aus der Ausübung von Bilanzierungswahlrechten ergaben, werden korrigiert. Schließlich hat eine Bereinigung um personenbezogene und andere spezifische Erfolgsfaktoren zu erfolgen.[72]

Sodann sind die künftigen finanziellen Überschüsse zu prognostizieren. Hierbei wird ausgegangen von den Aufwands- und Ertragsplanungen für verschiedene Planungsphasen. Soweit möglich werden Erfolgsanalysen der einzelnen Produkte und Produktbereiche sowie Analysen der Entwicklungstendenzen der Aufwendungen und Erträge im Einzelnen vorgenommen, um daraus die Planungsrechnungen und Prognosen zu entwickeln. Im einzelnen wird unterschieden zwischen folgenden Detailplanungen: jenen der Umsatz-

---

[68] Vgl. *Großfeld*, Unternehmensbewertung, S. 38.

[69] Statt vieler: IDW-Standars S 1 vom 28.06.2000, Tz. 7; IDW-Standard ES 1 n.F. vom 9.12.2004, Tz. 7. *Großfeld*, Unternehmensbewertung, S. 46.

[70] IDW-Standard S 1 vom 28.06.2000, Tz. 107; IDW-Standard ES 1 n.F. vom 9.12.2004, Tz. 112.

[71] Einzelheiten hierzu: IDW-Standard S 1 vom 28.06.2000, Tz. 64 ff.; IDW-Standard ES 1 n.F. vom 9.12.2004, Tz. 68 ff.

[72] IDW-Standard S 1 vom 28.06.2000, Tz. 108; IDW-Standard ES 1 n.F. vom 9.12.2004, Tz. 113.

erlöse, Aufwendungen, Finanzplanung und Zinsprognose sowie persönlichen Ertragsteuern.[73]

bb) Discounted-Cash-Flow-Verfahren

Discounted-Cash-Flow-(DCF-)Verfahren fanden in Deutschland erst in den vergangenen 10-20 Jahren Verbreitung, bedingt vor allem durch die Praxis amerikanischer Investmentbanken[74]. Mittlerweile haben aber auch sie Eingang gefunden in den IDW-Standard[75]. DCF-Verfahren bestimmen den Unternehmenswert durch Diskontierung von Cashflows. Der Cashflow einer Periode ist definiert als Differenz zwischen den einzahlungswirksamen (baren) Erträgen und den auszahlungswirksamen (baren) Aufwendungen[76]. Cashflows stellen also jene Zahlungen („Geldströme") dar, die die Kapitalgeber aus den gesellschaftsrechtlich ausschüttbaren Einnahmeüberschüssen erwarten. Entscheidend sind demnach die *entziehbaren* Zahlungsüberschüsse und nicht – wie beim Ertragswertverfahren – die handelsrechtlichen Ergebnisse. Da letztere als bilanzielle Erfolgsgrößen stärker manipuliert werden können als die entziehbaren Überschüsse, erweist sich das DCF-Verfahren insgesamt gegenüber dem Ertragswertverfahren als überlegen[77].

Je nach Spielart des DCF-Verfahrens werden die erwarteten Zahlungen unterschiedlich definiert. Folgende Grundformen des DCF-Verfahrens existieren: Die Netto-Methode (auch indirekte Methode oder Equity-Ansatz genannt) und die Brutto-Methode (auch als direkte Methode oder Entity-Ansatz bezeichnet).[78]

Nach der Netto-Methode werden – wie beim Ertragswertverfahren – die finanziellen Überschüsse zunächst um die Fremdkapitalkosten vermindert und dann in einem Schritt diskontiert[79]. Die Brutto-Methode setzt dagegen an bei den nominellen finanziellen Überschüssen, d.h. jenen die nicht nur den

---

[73] IDW-Standard S 1 vom 28.06.2000, Tz. 109 ff.; IDW-Standard ES 1 n.F. vom 9.12.2004, Tz. 114 ff.; vgl. auch *Copeland/Koller/Murrin,* S. 285 ff.

[74] *Born,* S. XI.

[75] IDW-Standard S 1 vom 28.06.2000, Tz. 124 ff.; IDW-Standard ES 1 n.F. vom 9.12.2004, Tz. 135 ff.

[76] *Spremann,* Finanzanalyse, S. 110.

[77] So jedenfalls die Literaturmeinung: *Born,* S. 75; *Copeland/Koller/Murrin,* S. 107 f.; *Drucarczyk,* S. 141 f.; *Nowak,* S. 3, mwN.

[78] IDW-Standard S 1 vom 28.06.2000, Tz. 124; IDW-Standard ES 1 n.F. vom 9.12.2004, Tz. 135; *Drukarczyk,* S. 204 ff. (Überblick), S. 231 ff. und 273 ff. (betreffend die Varianten des entity-Ansatzes), S. 300 ff. (betreffend den equity-Ansatz); *Großfeld,* Unternehmensbewertung, S. 46 ff. (zu den Bewertungsverfahren allgemein), S. 159 ff. (zum DCF-Verfahren im speziellen), S. 68 f. und 162 f. (zu den wirtschaftlichen und rechtlichen Aspekten der Ausschüttbarkeit).

[79] IDW-Standard S 1 vom 28.06.2000, Tz. 105, 139; IDW-Standard ES 1 n.F. vom 9.12.2004, Tz. 109, 149; *Drukarczyk,* S. 300 ff.

Eigenkapitalgebern, sondern auch den Fremdkapitalgebern zur Verfügung stehen[80]. Nach ihrer Vorgehensweise werden entweder einzelne Komponenten der finanziellen Überschüsse mit unterschiedlichen Zinssätzen kapitalisiert (sogenannter Adjusted-Present-Value-Ansatz, kurz „APV")[81] oder es werden nur die finanziellen Überschüsse in einem Schritt diskontiert und anschließend um den Marktwert des Fremdkapitals gemindert (sogenannter Weighted-Average-Cost-of-Capital-Ansatz, kurz „WACC")[82]. Dabei sind die einzelnen Komponenten der finanziellen Überschüsse grundsätzlich mit einem risikoadäquaten Zinssatz zu kapitalisieren[83].

Im Regelfall kann davon ausgegangen werden, dass die einzelnen hier dargestellten Verfahren samt ihrer Unterarten bei identischen Grundannahmen und konsistenter Handhabung zu gleichen Ergebnissen führen[84].

b) Kapitalisierung

Die Kapitalisierung der geschätzten zukünftigen Überschüsse geschieht durch das finanzmathematische Instrument der Rentenrechnung, mit der jenes Kapital bestimmt wird, mit dem am Bewertungsstichtag die zukünftigen Überschüsse abgelöst werden können. Man spricht auch vom „Barwert" der zukünftigen Erfolge.[85]

Dahinter steht die ökonomische Überlegung, dass eine Zahlung in der Zukunft weniger wert ist als eine sofortige. Der Abschlag entspricht dem zwischenzeitlichen Zinsausfall. Die zukünftigen Überschüsse sind deshalb mit einem bestimmten Kapitalisierungszinssatz auf den Bewertungsstichtag „abzuzinsen". Hierdurch wird zugleich ein Vergleich geschaffen mit dem Wert der künftigen Überschüsse aus einer anderen Kapitalanlage.[86]

Bei der Bestimmung jenes Kapitalisierungszinssatzes wird danach unterschieden, ob ein objektivierter oder ein subjektiver Unternehmenswert ermittelt

---

[80] Vgl. *Drukarczyk*, S. 205; *Großfeld*, Unternehmensbewertung, S. 161.

[81] IDW-Standard S 1 vom 28.06.2000, Tz. 105, 137 f.; IDW-Standard ES 1 n.F. vom 9.12.2004, Tz. 109, 147 f.; *Drukarczyk*, S. 231 ff.

[82] IDW-Standard S 1 vom 28.06.2000, Tz. 105, 125 ff.; IDW-Standard ES 1 n.F. vom 9.12.2004, Tz. 109, 136 ff.; *Drukarczyk*, S. 273 ff.

[83] IDW-Standard S 1 vom 28.06.2000, Tz. 105; IDW-Standard ES 1 n.F. vom 9.12.2004, Tz. 109.

[84] Vgl. IDW-Standard S 1 vom 28.06.2000, Tz. 106; IDW-Standard ES 1 n.F. vom 9.12.2004, Tz. 111; *Drukarczyk*, S. 204; *Großfeld*, Unternehmensbewertung, S. 48; kritisch dagegen: *Born*, S. V (=Vorwort) sowie S. 179.

[85] Vgl. statt vieler *Aha*, S. 31; *Born*, S. 75 ff.; *Großfeld*, Unternehmensbewertung, S. 107, 114; insbesondere zur Geschichte des Ertragswertverfahrens: *Spremann*, Finanzanalyse, S. 146 ff.

[86] IDW-Standard S 1 vom 28.06.2000, Tz. 119; IDW-Standard ES 1 n.F. vom 9.12.2004, Tz. 124; *Großfeld*, Unternehmensbewertung, S. 107.

werden soll[87]. Für den objektivierten Unternehmenswert wird von dem landesüblichen Zinssatz für eine (quasi-) risikofreie Kapitalanlage ausgegangen (langfristig erzielbare Rendite öffentlicher Anleihen) und der auf diese Weise festgelegte Basiszinssatz um einen Risikozuschlag erhöht und um persönliche Ertragsteuern vermindert[88]. Dem zugrunde liegt die Vorstellung, dass der Kapitalisierungszinssatz die Rendite aus einer zur Investition in das zu bewertende Unternehmen adäquaten Alternativanlage repräsentiert[89]. Den Ausgangspunkt für die Bestimmung der Rendite der Alternativanlage bildet die beobachtete Rendite einer Anlage in Unternehmensanteile, insbesondere Kapitalmarktrenditen für Unternehmensbeteiligungen (in Form eines Aktienportfolios)[90]. – Bei der Ermittlung subjektiver Entscheidungswerte[91] richtet sich der Kapitalisierungszinssatz nach den individuellen Verhältnissen des jeweiligen Investors. Als Kapitalisierungszinssatz kommt dabei z.B. die individuelle Renditeerwartung des Investors bei einer Alternativinvestition gleicher Risikostruktur, der Zinssatz zur Ablösung vorgesehener Kredite oder ein Zinssatz in Betracht, der sich aus einer subjektiven Einschätzung der Komponenten (Basiszinssatz, Risikozuschlag) ableitet.

aa) Risikozuschlag

(1) Allgemeine Betrachtungen

Die Frage, wie dieser Zinssatz zu ermitteln ist, muss ausgehen von der Erkenntnis, dass jedes unternehmerische Engagement mit Risiken und Chancen verbunden ist. Denn die künftigen finanziellen Überschüsse können aufgrund der Ungewissheiten, mit denen die Zukunft behaftet ist, nicht mit Sicherheit vorhergesagt werden. Die Übernahme dieser unternehmerischen Unsicherheit (des Unternehmerrisikos) lassen sich die Marktteilnehmer durch Risikoprämien abgelten. Theorie und Praxis gehen übereinstimmend davon aus, dass die Wirtschaftssubjekte zukünftige Risiken stärker gewichten als zukünftige Chancen (Risikoaversion).[92]

Unter Berücksichtigung dieser Risikoeinstellung kann die Unsicherheit der künftigen Überschüsse grundsätzlich durch zwei Vorgehensweisen in die Bewertung eingehen: Als Abschlag vom Erwartungswert der finanziellen Überschüsse (Sicherheitsäquivalenzmethode, Ergebnisabschlagsmethode) oder

---

[87] IDW-Standard S 1 vom 28.06.2000, Tz. 120; IDW-Standard ES 1 n.F. vom 9.12.2004, Tz. 125.

[88] IDW-Standard S 1 vom 28.06.2000, Tz. 120 ff.; IDW-Standard ES 1 n.F. vom 9.12.2004, Tz. 127 ff.

[89] IDW-Standard ES 1 n.F. vom 9.12.2004, Tz. 125.

[90] IDW-Standard ES 1 n.F. vom 9.12.2004, Tz. 125 f.

[91] IDW-S 1 vom 28.06.2000, Tz. 123. IDW Standard ES 1 n.F. vom 9.12.2004, Tz. 134.

[92] IDW-Standard S 1 vom 28.06.2000, Tz. 94; IDW-Standard ES 1 n.F. vom 9.12.2004, Tz. 97.

als Zuschlag zum Kapitalisierungszinssatz (Zinszuschlagsmethode, Risikozuschlagsmethode).

Die konkrete Höhe des Risikozuschlags kann in der Praxis vielfach nur mit Hilfe von Typisierungen festgelegt werden. Am Markt beobachtete Risikoprämien können dabei als Anhaltspunkte dienen, die an die Besonderheiten des Bewertungsfalls anzupassen sind. Eine bloße Übernahme beobachteter Risikoprämien scheidet insbesondere dann aus, wenn sich das zu bewertende Unternehmen hinsichtlich seiner spezifischen Risikostruktur von den Unternehmen unterscheidet, für die Risikoprämien am Markt beobachtet worden sind. Geprägt wird die Risikostruktur durch interne und externe Einflüsse (z.B. Standort-, Umwelt- und Brancheneinflüsse, Kapitalstruktur, Kundenabhängigkeit, Produktprogramm, Fungibilität der Unternehmensanteile). Darüber hinaus müssen für die Vergangenheit beobachtete Risikoprämien angepasst werden, wenn für die Zukunft andere Einflüsse erwartet werden. Dabei hat der unternehmensspezifische Risikozuschlag sowohl das operative Risiko aus der Art der betrieblichen Tätigkeit als auch das vom Verschuldungsgrad beeinflusste Kapitalstrukturrisiko abzudecken.[93]

Allein die Vielfalt dieser risikorelevanten Faktoren lässt schon darauf schließen, dass die Bestimmung des Risikozuschlages mit erheblichen Schwierigkeiten verbunden ist. Will man nicht jeglicher subjektiver Wertung Tür und Tor öffnen, tut ein Versuch der Objektivierung Not. Objektivierung erfolgt durch die Anstellung von Vergleichen. So, wie idealerweise vor jedem Vertragsabschluss Käufer ebenso wie Verkäufer nochmals einen Preisvergleich anstellen. Denn bekanntlich möchte kein Käufer mehr bezahlen als anderswo üblich ist und kein Verkäufer möchte „unter Wert" verkaufen. Auf diese Weise hilft der Blick auf die Marktverhältnisse, eine „angemessene" Zahl zu finden bzw. zu entscheiden, ob die im Raum stehende Zahl „angemessen" ist.

(2) Capital Asset Pricing Model

Dieser Gedanke liegt auch dem sogenannten Kapitalmarktpreisbildungsmodell (Capital Asset Pricing Model, „CAPM") zugrunde. Der IDW-Standard S 1 empfiehlt diesen Weg der „marktgestützten Ermittlung des Risikozuschlags"[94]. Es soll genauer ermittelt werden, welche Risikoprämie der Markt dafür zahlt, dass jemand in Eigenkapital investiert wie es bei dem zu bewertenden Unternehmen besteht (unternehmensindividuelle Risikoprämie)[95].

Voraussetzung hierfür ist grundsätzlich die Börsennotierung des zu bewertenden Unternehmens. Denn dem CAPM zugrunde liegt ein Vergleich der

---

93 IDW-Standard S 1 vom 28.06.2000, Tz. 97; IDW-Standard ES 1 n.F. vom 9.12.2004, Tz. 100.

94 IDW-Standard S 1 vom 28.06.2000, Tz. 98, 135 f.; IDW-Standard ES 1 n.F. vom 9.12.2004, Tz. 101; 144.

95 *Großfeld*, Unternehmensbewertung, S. 134.

unternehmensindividuellen Aktienrendite mit jener des gesamten Aktienmarktes. Danach entsprechen die Eigenkapitalkosten der Summe aus risikolosem Basiszinssatz und unternehmensindividueller Risikoprämie (sogenannter unternehmensindividueller Betafaktor multipliziert mit der Marktrisikoprämie; diese entspricht der Differenz zwischen der Rendite des Marktportfolios und dem risikolosen Basiszinssatz). Dabei wird in der Praxis oft zur Vereinfachung anstelle der künftigen Rendite des Marktportfolios auf einen Aktienindex und auf Vergangenheitswerte zurückgegriffen. Der unternehmensindividuelle Betafaktor kann dann bei börsennotierten Unternehmen aus einer Regression zwischen den Aktienrenditen des zu bewertenden Unternehmens und der Rendite eines Aktienindex ermittelt werden.[96]

Diese abstrakten Beschreibungen, wie sie dem IDW-Standard zu entnehmen sind, bedürfen zum besseren Verständnis folgender Erläuterung: Grundlage des CAPM ist die Hypothese, dass in einem vollkommenen Kapitalmarkt der erwartete Ertrag des risikobehafteten Marktportfolios die Rendite einer risikofreien Kapitalanlage um einen Betrag übersteigt, nämlich die Risikoprämie für das Marktrisiko (sogenanntes systematisches Risiko). Das Risiko der einzelnen Aktien (sogenanntes unsystematisches Risiko) kann hiervon abweichen, wofür die Schwankungsbreite des Kursverlaufes im Vergleich zum Gesamtmarkt als Indiz gesehen wird. Die unterschiedlichen Risiken der einzelnen Aktien werden durch den Rendite-Schwankungskoeffizienten Beta (ß) ausgedrückt, wobei die Summe aller ß-Faktoren auf dem Gesamtmarkt – unabhängig von der Größe seiner Schwankungen – notwendig „1“ ist. Schwankt der Kurs eines Unternehmens identisch wie der Markt, liegt sein ß-Faktor bei 1. Bei stärkerer Schwankungsbreite, d.h. höherem unternehmensindividuellem Risiko, ist der ß-Faktor größer 1 mit der Folge eines niedrigeren Unternehmenswertes; der Risikozuschlag führt also beim Unternehmenswert zu einem Abschlag. Bei geringerer Schwankung, d.h. geringerem unternehmensindividuellem Risiko, liegt der ß-Faktor unter 1; durch die Diskontierung führt dies zu einem höheren Unternehmenswert.[97]

Illustriert sei dies an folgendem Beispiel[98]: Die Mehrrendite deutscher Aktien von 1954 bis 1988 war 5 %. Der ß-Faktor von Daimler-Benz am 23.9.1996 lag bei 0,84. Dies führt zu einem Risikozuschlag von 5 % x 0,84 = 4,2 %. Wenn man hierzu den Basiszinssatz von 7,5 % addiert, erhält man einen Kapitalisierungszinssatz von 11,7 %.[99]

---

[96] IDW-Standard S 1 vom 28.06.2000, Tz. 135 f.; IDW-Standard ES 1 n.F. vom 9.12.2004, Tz. 132.

[97] Vgl. *Born*, S. 111 ff.; *Großfeld*, Unternehmensbewertung, S. 134 ff.

[98] Zitiert nach *Großfeld*, Unternehmensbewertung, S. 137.

[99] Gleichwohl wurde bei der Fusion von Daimler-Benz und Chrysler ein Risikozuschlag von lediglich 3,5 % angewandt. Erklärt wurde dies damit, dass man unterschiedliche Betas erhalten habe. So führt etwa jede Veränderung in der Wahl des Zeitraums zu einer veränderten Mehrrendite des Akteinmarktes. – Damit zeigt dieses Beispiel zugleich, dass trotz

Kritik am CAPM ergibt sich aus seiner Vergangenheitsorientierung. So interessieren einen Investor nicht die vergangenen Marktrenditen und Schwankungsbreiten als solche, sondern nur insofern als sie ein Indiz darstellen für die *künftige* Marktrendite und das *künftige* Verhältnis der Volatilitäten. Ferner ist unsicher, ob die Betas einen hinreichend sicheren Bezug zum durchschnittlichen Marktrisiko aufweisen. Schließlich können sich Zweifel ergeben hinsichtlich des konkret auszuwählenden Indices, also der Frage, was der relevante (Kapital-)Markt eines bestimmten Unternehmens ist. Dies gilt einerseits angesichts der wachsenden Anzahl von Indices. Denn hierdurch wird entweder die Auswahlentscheidung erschwert oder aber es werden – je nach Index – unterschiedliche Betas gebildet. Umgekehrt stellt es sich als problematisch dar, wenn der betreffende Kapitalmarkt noch nicht sehr entwickelt ist und nur wenige Indices existieren. Denn dann fällt es schwer, nach Größe, Geschäft und Kapitalstruktur vergleichbare Unternehmen zu ermitteln.[100]

Diese Betrachtungen zeigen, dass im Bemühen um eine objektivierte Bestimmung des Risikozuschlages zwar ein Fortschritt erzielt wurde durch das CAPM, dieses aber tatsächlich nicht mehr ist, als ein „Modell". Wie jedes Modell kann es die komplexe Lebenswirklichkeit auch mit noch so viel mathematischer Genauigkeit nie zufriedenstellend beschreiben.

bb) Problem der Geldentwertung

Das Zahlenwerk eines Unternehmens und der effektive Wert der entziehbaren Überschüsse werden nicht ausschließlich bestimmt durch betriebswirtschaftliche Mengen- und Strukturveränderungen. Daneben spielt die Geldentwertung in Form der allgemeinen und besonderen Preissteigerungen eine entscheidende Rolle.

Preissteigerungen berühren nicht nur die allgemeine Kaufkraft der zu entziehenden Überschüsse, sondern beeinflussen auch die entziehbaren Überschüsse selbst. Denn auch die Preise der Produktionsfaktoren unterliegen regelmäßig der Teuerung. Dabei können die Preise der unterschiedlichen Produktionsfaktoren (v.a. Personal- und Materialkosten) schwächer, aber auch stärker als das allgemeine Preisniveau ansteigen. Die hierdurch bedingten erhöhten Aufwendungen will das zu bewertende Unternehmen auf die Preise seiner Produkte und Dienstleistungen abwälzen und damit seinen Kunden aufbürden. Ob und in wieweit dies jedoch gelingt, ist abhängig von der Marktstruktur, in der sich das Unternehmen bewegt und der Reputation, die seine Produkte und Dienstleistungen genießen.[101]

---

der Bemühung um Objektivierung stets Spielräume für subjektive Beurteilungen verbleiben. Somit ist auch das CAPM Manipulationen zugänglich.

[100] Vgl. *Born*, S. 113 ff.; *Großfeld*, Unternehmensbewertung, S. 138.

[101] Vgl. IDW-Standard S 1 vom 28.06.2000, Tz. 103; IDW-Standard ES 1 n.F. vom 9.12.2004, Tz. 106; *Drukarczyk*, S. 430.

Diesen Unsicherheitsfaktoren kann in der Unternehmensbewertung auf zweierlei Weise Rechnung getragen werden. Entweder werden die Überschüsse mit den nominalen Steigerungsraten in Anlehnung an die geschätzte künftige Inflationsrate angesetzt (sogenannte Nominalrechnung) oder aber nur auf der Grundlage des aktuellen Preisniveaus (sogenannte Realrechnung). In letzterem Fall bedarf es im Rahmen des Kapitalisierungszinssatzes eines Abschlags für die Geldentwertung (auch Inflationsabschlag genannt).[102]

Während auf die Einzelheiten hier nicht eingegangen zu werden braucht[103], so soll doch folgende Erkenntnis festgehalten werden: Bei der Anwendung von Zukunftserfolgswertverfahren ergibt sich stets aus dem Aspekt der Geldentwertung ein weiterer Faktor der Ungewissheit: Gestritten werden kann sowohl hinsichtlich der Frage der Teuerung der Produktionsfaktoren, als auch hinsichtlich der Frage, ob jene Teuerung auf der Absatzseite weitergegeben werden kann. Je nach angewendetem Verfahren stellt sich dann entweder die korrekte Ermittlung des Abschlages für die Geldentwertung innerhalb des Kalkulationszinssatzes als Problem dar (so bei der Realrechnung). Oder aber die Fragen der Teuerung und die Möglichkeit, diese an Kunden weitergeben zu können, müssen innerhalb der geschätzten Überschüsse richtig zum Ausdruck gebracht werden (so bei der Nominalrechnung).

c) Nicht betriebsnotwendiges Vermögen

Bei der Bewertung des gesamten Unternehmens zum Zukunftserfolgswert müssen laut dem IDW-Standard die nicht betriebsnotwendigen Vermögensgegenstände (auch „neutrales Vermögen" genannt) einschließlich der dazugehörigen Schulden unter Berücksichtigung ihrer bestmöglichen Verwertung gesondert bewertet werden[104]. Dem liegt der Gedanke zugrunde, dass sich bestimmte Gegenstände frei veräußern lassen, ohne dass hierdurch die eigentliche Unternehmensaufgabe berührt würde (funktionales Abgrenzungskriterium)[105]. Aus juristischer Sicht liegt der Grund für die gesonderte Bewertung darin, dass das Aufgehen der betreffenden Gegenstände im Überschusswert nicht dazu führen soll, dass den Ausscheidenden ein maßgeblicher Wert „zu Unrecht vorenthalten wird"[106].

Ein relativ eindeutiges Beispiel für nicht betriebsnotwendiges Vermögen bilden Werkswohnungen und Reservegrundstücke. Hiervon kann sich ein

---

102 IDW-Standard S 1 vom 28.06.2000, Tz. 101, 103; IDW-Standard ES 1 n.F. vom 9.12.2004, Tz. 104, 108; *Großfeld*, Unternehmensbewertung, S. 83, 146 ff.

103 Diesbezüglich sei insbesondere verwiesen auf *Drukarczyk*, S. 430 ff. und *Moxter*, S. 185 ff.

104 IDW-Standard S 1 vom 28.06.2000, Tz. 65; IDW-Standard ES 1 n.F. vom 9.12.2004, Tz. 69.

105 IDW-Standard S 1 vom 28.06.2000, Tz. 64; IDW-Standard ES 1 n.F. vom 9.12.2004, Tz. 68.

106 OLG Düsseldorf, AG 1999, 321 (324); *Großfeld*, Unternehmensbewertung, S. 168.

Unternehmen üblicherweise ohne Beeinträchtigung seines operativen Geschäfts trennen. Es wäre daher nicht gerechtfertigt, wenn ihr Wert im Überschusswert der zukünftigen Erträge aufgehen würde. Vielmehr ist der – höhere – Veräußerungswert anzusetzen.[107]

Dass grundsätzlich eine selbständige Bewertung des nicht betriebsnotwendigen Vermögens zu erfolgen hat, ist allgemeiner Konsens in Rechtsprechung und juristischer wie betriebswirtschaftlicher Literatur. Streitig ist dagegen die Abgrenzung in Einzelfällen. Ist ein Gaststättengrundstück, das der zu bewertenden Brauerei gehört, betriebsnotwendiges oder nicht betriebsnotwendiges Vermögen? – Im Einzelfall ist die Frage durch Gerichtsurteil zu entscheiden.

3. Der Realoptionsansatz

a) Hintergrund

Bei jungen, schnell wachsenden Unternehmen, die in „Zukunftsbranchen" tätig sind, fällt es meist besonders schwer, künftige Erfolge vorherzusagen. Manchmal ist dies nahezu unmöglich, da entweder keine Vergangenheitsdaten als Prognosebasis zur Verfügung stehen oder diese angesichts der Marktdynamik oder der Neuartigkeit der Produktpalette des Unternehmens für eine Prognose unbrauchbar sind[108]. Deshalb ist in diesen Fällen eine Bewertung nach einem der Zukunftserfolgswertverfahren kaum praktikabel. Gleichzeitig sind Zukunftserfolgswertverfahren nur bedingt in der Lage, strategische Unternehmenswerte abzubilden[109]. Sie gehen von einer festen Planung aus und lassen dabei die Möglichkeiten des Managements unberücksichtigt, flexibel auf unerwartete Entwicklungen zu reagieren und neue Geschäftschancen wahrzunehmen[110].

Copeland/Koller/Murrin[111] führen als Beispiel ins Feld, dass die Option auf die Öffnung oder Schließung eines Bergwerksbetriebs dessen gewöhnlichen Barwert, der sich aus dem erwarteten Cash-Flow ergibt, um 30 bis 40 Prozent steigern könne. Außerdem stelle die Option explizite Entscheidungsregeln zur Verfügung, zum Beispiel: „Inbetriebnahme des Bergwerks, wenn der Preis für Kryptonit auf über 100 Dollar je Unze steigt." *Brealey/Myers/Allen*[112] beschreiben ein anschauliches Beispiel aus der Computerindustrie.

Vor diesem Hintergrund wurde in der Betriebswirtschaftslehre der Realoptionsansatz entwickelt. Er geht davon aus, dass die einfache Barwertmethode den Wert eines Projektes häufig zu niedrig ansetze, weil sie die Vorteile

---

[107] Vgl. statt vieler *Großfeld*, aaO, S. 169 f.
[108] Vgl. *Nowak*, S. 120.
[109] AaO, S. 5.
[110] Vgl. *Brealey/Myers/Allen*, S. 258 f.; *Nowak*, S. 121 ff.
[111] S. 467.
[112] S. 260 ff.

operativer Flexibilität und weiterer strategischer Faktoren nicht angemessen erfasse[113]. Die heutigen Investitionsausgaben sind danach – mit *Luehrmann*[114] gesprochen – nicht nur aufgrund des erwarteten Zahlungsstromes zu bewerten, sondern auch aus den sich aus der Investition ergebenden Möglichkeiten. Dem kann finanzmathematisch dahingehend Rechnung getragen werden, dass der Unternehmenswert definiert wird als „DCF-Basiswert + Optionswert“ [115].

b) Kategorien

Grob vereinfachend lassen sich die folgenden Kategorien von Realoptionen unterscheiden[116]: die Erweiterungs- und Wachstumsoption einerseits und die Abbruchs- oder Einschränkungsoption andererseits.

Als Beispielsfall einer Erweiterungsoption nennt *Nowak*[117] das vertragliche Recht eines Joint Venture-Teilhabers zur Übernahme der Geschäftsanteile des beteiligten Partners. Ein solches Investitionsprogramm, das bei positiver Marktentwicklung die Möglichkeit der Expansion einräumt, ist mehr wert, als ein Investitionsprogramm ohne diese Option[118]. „Wachstumsoptionen“ werden eröffnet durch die Schaffung „kritischer Ressourcen“, wie etwa technologisches Know-How, Markennamen, Distributionsnetze, Marktkenntnisse, kritisches Produktionsvolumen[119]. So ist zum Beispiel die Grundlagenforschung[120] vielfach zwingende Voraussetzung für den Zugang zu Wachstumsmärkten der Zukunft. Ein Unternehmen, das in einen neuen Markt eintritt, erwirbt Wachstumsoptionen, die ihm die Möglichkeit geben, durch Folgeinvestitionen die Brutto-Cashflows eventueller Folgeprojekte zu erwirtschaften, ohne dass es zu solchen Investitionen verpflichtet wäre[121]. Wachstumsoptionen messen damit den *strategischen Wert* einer Investition, die den Grundstein einer Kette zusammenhängender Investitionsmöglichkeiten legt[122].

In umgekehrter Weise ist eine Handlungsalternative wirtschaftlich vorteilhaft, die es dem Investor bei negativer Geschäftsentwicklung ermöglicht, aus seinem Investment auszusteigen. So ist ein Projekt, das bei ungünstigem wirtschaftlichem Umfeld die Möglichkeit zum Abbruch oder zur Einschränkung

---

[113] *Copeland/Koller/Murrin,* S. 467.
[114] 75 Harv.Bus.Rev. (1997), 132 (136).
[115] *Brealey/Myers/Allen,* S. 259, 73; *Nowak,* S. 123.
[116] Weitere Fallgruppen und Details bei *Brealey/Myers/Allen,* S. 261 ff.; *Copeland/Koller/-Murrin*, S. 472 ff.; *Nowak,* S. 123 ff.
[117] S. 124.
[118] AaO; *Copeland/Koller/Murrin,* S. 473.
[119] *Meise,* S. 110.
[120] *Meise,* aaO, nennt als Beispiel die Gentechnologie.
[121] *Meise,* S. 111.
[122] *Meise,* aaO, mwN.

einräumt, mehr wert als ein Investitionsprogramm, das auch bei negativer Entwicklung durchgeführt werden muss.[123]

c) Problem der Quantifizierung von Realoptionen

Einen Basiswert, der im Wege eines Zukunftserfolgswertverfahrens ermittelt worden ist, um einen durch Realoptionen ermittelten Optionswert zu ergänzen, bereitet in der Bewertungspraxis diverse Anwendungsprobleme[124]. Bereits die Identifikation der einem Unternehmen realistischerweise zur Verfügung stehenden Realoptionen bereitet Schwierigkeiten; hinzu tritt der Umstand, dass die Werthaltigkeit der Handlungsalternativen entscheidend vom Verhalten der Mitbewerber abhängt, die über die gleichen Optionen verfügen[125].

Das entscheidende Problem stellt jedoch die Quantifizierbarkeit von Realoptionen dar. Während zur Wertermittlung von Finanzoptionen mittlerweile ausgefeilte finanzmathematische Modelle existieren – insbesondere jenes von *Black* und *Scholes* –,[126] so erweist sich deren Übertragbarkeit in die Theorie der Realoptionen als bedenklich. Denn im Gegensatz zu Finanzkontrakten, die als konkret formulierte Verträge zwischen Geschäftspartnern rechtsgeschäftlich abgeschlossen wurden, sind Realoptionen „offen“: ihr „Ausübungspreis“ ist nicht im voraus fixiert, sondern unterliegt ständigen Veränderungen, eine Laufzeit ist nicht festgelegt und sie können möglicherweise auch von anderen Mitbewerbern „ausgeübt“ werden.[127]

Aus diesen Gründen ist eine genaue Quantifizierung nur schwer umsetzbar, um nicht zu sagen: nahezu unmöglich. Der eigentliche Wert der Realoptionstheorie liegt deshalb in der Verdeutlichung der strategischen Wertkomponenten bei Unternehmensbewertungen. So kann die Realoptionstheorie insbesondere zeigen, dass Unsicherheit und Flexibilität vom Management nicht ausschließlich als Risiko gesehen werden müssen, sondern immer zugleich auch eine Chance bedeuten.[128]

4. Bewertung mittels Verhältniskennzahlen (Multiplikatoren): der Direct Comparison-Ansatz

Die Zukunftserfolgswertverfahren, wie sie oben in ihren unterschiedlichen Spielarten vorgestellt wurden, knüpfen unmittelbar an am Nutzwert eines Unternehmens. Anhand der Eigenschaft, in Zukunft Erträge oder Zahlungsströme zu generieren und unter Berücksichtigung des hierfür einzugehenden Risikos wird der (gegenwärtige) Barwert ermittelt. – Einen hiervon unter-

[123] *Copeland/Kolle/Murrin*, S. 472; *Nowak*, S. 125.
[124] *Nowak*, S. 132.
[125] *Nowak*, S. 132 f.
[126] *Brealey/Myers/Allen*, S. 47, 575 ff.
[127] Vgl. *Nowak*, S. 133, mwN.
[128] *Nowak*, S. 134, mwN.

schiedlichen Weg beschreiten dagegen Bewertungsverfahren, die einen Vergleich mit solchen anderen Unternehmen anstellen, die ihrerseits von Dritter Seite Gegenstand einer Bewertung gewesen sind und deren Bewertung bereits in einem Preis zum Ausdruck gekommen ist. Man fasst die vielfältigen Varianten deshalb zusammen als „vergleichsorientierte Bewertungsverfahren“[129] oder unter den Begriffen „Direct Comparison-Approach“[130], „Comparative Company Approach“[131] bzw. „Market Approach“[132]. Ihm liegt folgende Idee zurunde: „While the comparable firms are not identical, they are similar and should therefore have similar prices.“[133]

a) Vergleichsobjekte

Um einen sinnvollen Vergleich anstellen zu können, müssen die Vergleichsunternehmen zu derselben Branche gehören, ähnliche Wachstumsraten aufweisen und über eine vergleichbare Risikostruktur verfügen[134]. Mit welchen anderen Unternehmen das zu bewertende verglichen werden soll, hängt schließlich ab von der jeweiligen Variante des Bewertungskonzepts. Entscheidend ist, aus welcher Form von Transaktion sich der Preis, der für das Vergleichsunternehmen bzw. dessen Anteile gezahlt worden ist, herleitet: 1.) wurde im Rahmen eines (außerbörslichen) Erwerbes für ein gesamtes Unternehmen ein Kaufpreis zwischen den Vertragsparteien vereinbart, spricht man von der *Recent Acquisition Method;* 2.) stellt man ab auf den Aktienkurs, der an der Börse für die Papiere von notierten Unternehmen festgestellt wurde, ist die Rede von der *Similar Public Company Method;* 3.) wird der Emissionspreis der Aktien von neu an der Börse eingeführten Unternehmen zum Anknüpfungspunkt des Vergleiches gemacht, bezeichnet man das Verfahren als *Initial Public Offering Method.*[135]

b) Vergleichskriterien

Stehen die Vergleichsobjekte fest, kommt es darauf an, geeignete Vergleichskriterien zu finden. Die Charakteristika des Bewertungsobjekts seien zu isolieren, heißt es in der betriebswirtschaftlichen Literatur[136]. Es stellt sich also

---

[129] *Barthel,* DB 1996, 149. Vgl. auch IDW S 1 vom 28.06.2000, Tz. 144 f. sowie IDW-Standard ES 1 n.F. vom 9.12.2004, Tz. 154 f., wo Multiplikatorverfahren allerdings lediglich Raum gegeben wird für die Beurteilung der Plausibilität der nach DCF- oder Ertragswertverfahren ermittelten Ergebnisse.

[130] *Nowak,* S. 3.

[131] *Sanfleber-Decher,* WPg 1992, 597.

[132] AaO.

[133] *Hickman/Petry,* 19 Financial Management (1990), 76 (77).

[134] *Nowak,* S. 159.

[135] *Born,* S. 155; *Mandl/Rabel,* S. 44; *Nowak,* S. 159 ff.; *Sanfleber-Decher,* WPg 1992, 597 (598).

[136] *Nowak,* S. 161.

die Frage, *warum* den Vergleichsobjekten ein bestimmter Wert beigemessen wurde. Oder – um Terminologie zu verwenden, die aus juristischem Kontext bekannt ist –: Was waren bei der Preisbestimmung der Vergleichsunternehmen die *wertbildenden Faktoren*?

Im Hinblick auf den Nutzwert eines Unternehmens als Renditeobjekt werden regelmäßig Finanzkennzahlen als Vergleichskriterien herangezogen. Beispielsweise kann im Rahmen der Similar Public Company Method für jedes der börsennotierten Vergleichsunternehmen das Kurs-Gewinn-Verhältnis ermittelt und für die gesamte Vergleichsgruppe in einem Durchschnittswert zusammengeführt werden[137]. Wird nun der Gewinn des zu bewertenden Unternehmens mit dieser Kennziffer multipliziert, ergibt sich ein Anhaltspunkt für die Werthaltigkeit des zu bewertenden Unternehmens. Noch aussagekräftigere Kennzahlen – weil nicht am handelsrechtlichen Gewinn orientiert – sind das Ergebnis vor Zinsen und Steuern oder das Ergebnis vor Zinsen, Steuern und Abschreibungen bzw. der Cashflow. Es lässt sich dann die folgende Rechnung aufmachen: Wurde für einen bestimmten (Durchschnitts-)Cashflow bei den betreffenden Vergleichsunternehmen ein bestimmter durchschnittlicher Preis gezahlt, dann ergibt sich angesichts des Cashflows des zu bewertenden Unternehmens ein bestimmter Betrag als Unternehmenswert.[138]

Neben finanziellen Verhältniskennzahlen werden in der Praxis bei einigen Branchen, vor allem wenn es sich um junge Unternehmen handelt, auch nichtfinanzielle Kennzahlen angewendet. So ist etwa bei Online-Banken oder Telekommunikationsgesellschaften die Zahl der Kunden für den Wert des Unternehmens von maßgeblicher Bedeutung. Wesentlicher wertbildender Faktor bei Unternehmen, die im Internet als Anbieter von Werbung aktiv sind, ist die Zahl und Verweildauer der Nutzer, die innerhalb eines bestimmten Zeitabschnitts die Homepage besuchen.[139] Bei einem Versorgungsunternehmen kann die Gesamtlänge des Versorgungsnetzes der maßgebliche Faktor sein.

c) Anpassungen

Um den Besonderheiten des zu bewertenden Unternehmens Rechnung zu tragen, werden regelmäßig Zuschläge und Abschläge vorgenommen.

Gebräuchlich ist der sogenannte Immobilitätsabschlag (*discount for lack of marketability*), der dafür gemacht wird, dass die Anteile nicht börsennotierter Unternehmen nicht fungibel sind[140]. Gegebenenfalls wird ein weiterer Abschlag

---

[137] Insbesondere hierzu: *Nowak*, S. 177 ff.

[138] *Born*, S. 155; *Mandl/Rabel*, S. 43 f.; *Nowak*, S. 159 ff.; *Sanfleber-Decher*, WPg 1992, 597 (599 f.).

[139] *Born*, S. 159; *Großfeld*, Unternehmensbewertung, S. 213.

[140] *Born*, S. 163 f.; *Mandl/Rabel*, S. 44; *Sanfleber-Decher*, WPg 1992, 597 (603).

gemacht, wenn zusätzliche Beschränkungen über die Verfügungsmacht im Gesellschaftsvertrag festgelegt sind[141].

d) Stellungnahmen der Betriebswirtschaftslehre und Praxis in den USA

Zum Direct Comparison-Ansatz existieren unterschiedlichste Ansichten in Theorie und Praxis.

aa) Eher skeptische Tendenzen

Als Ausgangspunkt für die kritischen Stimmen in der Betriebswirtschaftslehre kann folgende Feststellung gelten: „Subjektive, im Rahmen der investitionstheoretischen Unternehmensbewertung zwingend zu berücksichtigende Aspekte bleiben beim Marktvergleich vollkommen unberücksichtigt.“[142] Mit dem Direct Comparison-Ansatz kann also keine Aussage darüber getroffen werden, ob speziell aus der Sicht eines bestimmten Investors oder Anteilseigners der Erwerb bzw. die Veräußerung des in Frage stehenden Unternehmens oder Unternehmensanteils empfehlenswert – d.h. wirtschaftlich vorteilhaft – ist. Spitzzüngig formuliert *Born*[143], durch die Übertragung der Spekulationen der Marktteilnehmer an der Börse hinsichtlich der Wettbewerbsunternehmen auf das zu bewertende Unternehmen, würden die Analysten – die an sich als „Aufklärer“ der „nicht wissenden Kapitalanleger“ den Wert ermitteln und begründen sollten – ihr Bewertungsurteil von den auf Nichtwissen beruhenden Spekulationen der Kapitalanleger ableiten. Gleichwohl vertritt derselbe Autor im Ergebnis, ein mithilfe von Verhältniskennzahlen ermittelter Marktwert könne zur Plausibilitätsprüfung eines mit der DCF-Methode ermittelten Unternehmenswertes dienen[144]. Ähnlich fällt das Fazit bei *Nowak*[145] aus: Der Direct Comparison Approach solle nur ergänzend zu den DCF-Verfahren erfolgen, um einen ersten Anhaltspunkt für den Unternehmenswert zu gewinnen; er stelle aber immer dann eine sinnvolle Bewertungsalternative dar, wenn die ertragswertorientierten Kapitalwertkalküle aufgrund sich schnell ändernder Umweltbedingungen oder fehlerhafter Prognosen versagten.

bb) Befürwortende Äußerungen

Durchweg positiv fällt dagegen die Beurteilung des Direct Comparison-Ansatzes durch zwei andere Stimmen der betriebswirtschaftlichen Literatur aus. In seinem Beitrag aus dem Jahr 1988 geht *Bretzke*[146] auf die Prognoserisiken bei komplexen Bewertungsaufgaben ein und kommt zu dem Ergebnis, dass auch in

[141] *Born*, aaO.
[142] *Nowak*, S. 182.
[143] S. 165.
[144] *Born*, S. 162.
[145] *Nowak*, S. 185.
[146] ZfbF 1988, 813 ff.

einem noch so ausgefeilten Zukunftserfolgswertverfahren, „in dem aus dem Nebel schlecht durchschauter ‚Kreuz- und Querkausalitäten', halb erkannter Wenn-Dann-Beziehungen und spekulativer Funktionsverläufe" zwar das finanzmathematisch klare Profil einer Wahrscheinlichkeitsrechnung entsteht, niemand aber Rechenschaft darüber ablegen kann, „ob er wirklich alle relevanten Aspekte erfasst hat und ob die von ihm vorgenommenen Gewichtungen, Verdunklungen und Aufhellungen zwingend waren". Unter der bezeichnenden Überschrift „Die versteckte Intelligenz einer Daumenregel" teilt der Autor mit, dass in der Praxis der Unternehmenswert häufig durch die einfache Multiplikation des Durchschnittsgewinnes der vergangenen drei Jahre mit einem bestimmten Bewertungsfaktor b ermittelt würde[147]. Diese Form von Multiplikatorverfahren, die – ähnlich dem Kurs-Gewinn-Verhältnis – die Amortisationsdauer („pay-off period") zum entscheidenden Kriterium erhebt, könne ein besserer Maßstab für die Opportunitätskosten einer Alternativinvestition sein als der landesübliche Zins beim Zukunftserfolgswertverfahren[148]. Die Forderung nach einer Vergleichbarkeit der Bewertungsobjekte sei bereits im Grundsatz erfüllt. Der Bewertungsfaktor b enthalte als Marktrate die aktuellen Kapitalkosten *und* den marktüblichen Risikozuschlag und er bringe darüber hinaus auch noch einen weiteren wertbestimmenden Faktor zum Ausdruck, der in anderen Kalkülen nicht vorkomme: das aktuelle Verhältnis von Angebot und Nachfrage nach Unternehmungen einer Branche[149].

Während Bretzkes Beitrag primär darauf gerichtet war, die Vorzüge des „einfachen" Multiplikatorverfahrens gegenüber den im Vergleich modernen Zukunftserfolgswertmethoden darzustellen, geht *Sanfleber-Decher* vier Jahre später einen Schritt weiter. In ihrem 1992 publizierten Aufsatz „Unternehmensbewertung in den USA" beschreibt die Autorin den Comparative Company Approach als den „in den USA vorherrschenden Ansatz"[150]. Erklärt wird die große Bedeutung des Verfahrens damit, dass in den USA erheblich mehr Unternehmen börsennotiert sind als in Deutschland[151]. Nach detaillierter Beschreibung der Methodik – auch unter Hinweis auf die in der Praxis bedeutsamen Einzelheiten – kommt die Autorin am Ende ihrer Ausführungen zu folgendem Ergebnis: Welche Methode im Endeffekt besser oder schlechter sei, könne nicht allgemeingültig entschieden werden; dies sei vom Einzelfall abhängig. Sicherlich könne jedoch der Market Approach wertvolle Anregungen für die Unternehmensbewertung in Deutschland geben, zumal anzunehmen sei,

---

[147] AaO, S. 818.
[148] S. 820.
[149] AaO.
[150] S. 597.
[151] AaO. Gut ein Jahrzehnt später, im Jahr 2003, schreibt dagegen *Seppelfricke* (S. 160): „In der Bundesrepublik fällt die Auswahl geeigneter börsennotierter Unternehmen ebenfalls kaum schwer... und erfahrene Branchenanalysten können sehr schnell die Hauptkonkurrenten mit ihren jeweiligen Unterschieden identifizieren."

dass dieser Ansatz wegen der Objektivität der zugrunde liegenden Daten breiten Anklang finden würde.[152]

5. Der Börsenkurs als Maßstab der Unternehmensbewertung

a) Börse und Börsenkurs im Recht

Börsen sind „marktmäßige Veranstaltungen“[153]. Nach der klassischen Konzeption erfordern sie die Präsenz der Marktteilnehmer zur selben Zeit am selben Ort. Im Zeitalter moderner Kommunikationstechnik ist dies in dieser strengen Form nicht mehr erforderlich. Heutzutage hinreichend, aber auch notwendig, um von einer „Börse“ sprechen zu können ist, dass zwischen Kaufleuten ein regelmäßiger Kauf und Verkauf von vertretbaren Waren, Wertpapieren oder anderen Handelsgegenständen stattfindet, bei dem sich der Handel zu bestimmten Zeiten nach vorgegebenen standardisierten Regeln vollzieht und das konzentrierte Marktgeschehen maßgeblich für die Preisbildung ist[154].

Die Errichtung und der Betrieb von Börsen unterliegen regelmäßig öffentlich-rechtlichen Reglementierungen. So bedarf nach deutschem Recht die Errichtung einer Börse der Genehmigung durch die zuständige oberste Landesbehörde (§ 1 I S. 1 BörsG). Einer speziellen Zulassung bedürfen auch die Teilnehmer am Börsenhandel als Handelssubjekte (§ 16 BörsG) und die zu handelnden Gegenstände als Handelsobjekte (§§ 30, 51 BörsG). Ein großer Teil der Vorschriften des deutschen Börsengesetzes wird von der Sorge um einen fairen und marktgerechten Börsenpreis getragen[155]. Dies beginnt damit, dass der Gesetzgeber den Begriff des Börsenpreises in § 24 I S. 1 BörsG legal definiert[156]: Preise für Wertpapiere, die während der Börsenzeit an einer Wertpapierbörse im amtlichen Markt oder im geregelten Markt oder Preise, die an einer Warenbörse ermittelt werden, sind Börsenpreise. In Absatz 2 der Vorschrift statuiert der Gesetzgeber die Anforderungen an Börsenpreise: Börsenpreise müssen ordnungsgemäß zustande kommen und der wirklichen Marktlage des Börsenhandels entsprechen (Satz 1). Insbesondere müssen den Handelsteilnehmern Angebote zugänglich und die Annahme der Angebote möglich sein (Satz 2). Die Börsenpreise und die ihnen zugrunde liegenden Umsätze sind den Handelsteilnehmern unverzüglich bekannt zu machen (Satz 3). – Diese Grundsätze gelten gemäß § 57 II S. 2 BörsG selbst bei jenen Wertpapieren, die den geringsten gesetzlichen Anforderungen unterliegen weil sie im Freiverkehr notiert sind.[157]

---

[152] WPg 1992, 597 (603).
[153] *Kümpel,* S. 1297.
[154] *E. Kindermann,* S. 10; vgl. auch *Kümpel,* aaO.
[155] *Hammen,* WM 2001, 929 (931).
[156] Für die im Freiverkehr zu handelnden Wertpapiere: siehe § 57 II S. 1 BörsG.
[157] Zum Ganzen: *Hammen,* aaO; *Naschke,* S. 65 ff.

Weitere Schutzmechanismen im Hinblick auf den Börsenpreis bilden das Verbot von Insidergeschäften gemäß § 14 WpHG und das Verbot der Kurs- und Marktpreismanipulation gemäß § 20 a WpHG. Tatsachen, die einen Verstoß hiergegen vermuten lassen, werden von der Handelsüberwachungsstelle der jeweiligen Börse unverzüglich an die Bundesanstalt für Finanzdienstleistungsaufsicht gemeldet (§ 4 V S. 5 BörsG).

Schließlich hat nach § 15 I S.1 WpHG der Vorstand einer im Inland notierten Aktiengesellschaft unverzüglich eine neue Tatsache zu veröffentlichen, die in seinem Tätigkeitsbereich eingetreten und nicht öffentlich bekannt ist, wenn sie wegen der Auswirkungen auf die Vermögens- und Finanzlage oder auf den allgemeinen Geschäftsverlauf der Gesellschaft geeignet ist, den Börsenpreis der Aktien erheblich zu beeinflussen (sogenannte *Ad hoc*-Publizität).

b) Börsenkurs und Unternehmensbewertung

aa) Ökonomie und Recht

Ein Blick in die wirtschaftswissenschaftliche Literatur zur Unternehmensbewertung mag den Juristen oder die Juristin auf den ersten Blick erstaunen: die Ökonomie interessiert sich im Kontext der Unternehmensbewertung nicht für den Börsenkurs. In praktisch allen Lehr- und Handbüchern zum Thema[158] wird der Börsenkurs allenfalls nur am Rande erwähnt[159]. – Ganz anders dagegen die rechtswissenschaftliche Literatur: wesentliche Abschnitte in Handbüchern, Urteilsanmerkungen, Aufsätze und ganze Dissertationen beschäftigen sich mit der Rolle des Börsenkurses bei Unternehmensbewertungen[160].

Die Ursache für dieses so unterschiedlich ausgeprägte Interesse liegt im verschiedenartigen Ansatz, den die beiden Disziplinen verfolgen: während es der Betriebswirtschaftslehre darauf ankommt, Aussagen zu treffen über die optimale Ressourcenverwendung, also die wirtschaftliche Vorteilhaftigkeit eines Investments[161], geht es der Rechtswissenschaft um die Findung eines Wertes, der dem Gerechtigkeitspostulat entspricht[162]. Aus wirtschaftswissenschaftlicher Sicht gilt deshalb: „Unternehmensbewertung ist zunächst Anwendung der Prinzipien der Investitions- und Finanzierungstheorie“[163]. Zugespitzt könnte man sagen: der (Finanz-) Analyst fragt sich: „Is it a *good* deal?“ – Demgegenüber fragt der Jurist, der um den bestmöglichen Ausgleich der widerstreitenden Interessen bemüht ist: „Is it a *fair* deal?“

---

[158] Z.B. *Born, Copeland/Koller/Murrin, Drukarczyk, Moxter.*

[159] Meist im Zusammenhang mit dem Capital Asset Pricing Model, der Similar Public Company Method oder dem Kurs-Gewinn-Verhältnis.

[160] Vgl. das Literaturverzeichnis dieser Arbeit.

[161] Siehe I. 1.

[162] Siehe I. 2.; vgl. ferner *Born,* S. 25; *Großfeld,* Unternehmensbewertung, S. 15 ff.

[163] *Drukarczyk,* S. 3.

bb) Der Börsenkurs als Marktpreis

Der Börsenkurs kommt bekanntlich zustande durch das Zusammenwirken von Angebot und Nachfrage. Unabhängig vom jeweiligen Segment und der Form der Kursfindung und unabhängig davon, ob auf dem Börsenparkett, telefonisch oder in elektronischen Systemen gehandelt wird: stets entsteht der Börsenkurs über den Preismechanismus als Marktpreis.

Erinnert sei hier an die oben gewonnene Erkenntnis, wonach hinter jedem Marktpreis die einzelnen – notwendig subjektiven – Bewertungen eines jeden Marktteilnehmers stehen[164]. Dies gilt selbstverständlich auch für die Börse: vor Abgabe ihrer Kauf- oder Verkaufsorder bewerten die Marktteilnehmer ihre Investitions- bzw. Desinvestitionsmöglichkeiten und entscheiden sich für einen bestimmten Grenzpreis als Limit. Je nach dem, wie die Limits gesetzt werden, steigt oder fällt der Börsenkurs.

Die Wirtschaftswissenschaft interessiert sich für die Hintergründe dieses „Auf und Ab“ an den Börsen. Sie fragt, warum in bestimmten Situationen eine besonders ausgeprägte Zahlungsbereitschaft vorhanden war, die den Börsenkurs in die Höhe trieb oder warum zu anderem Zeitpunkt die Kurse unter einem Überangebot nachgaben. Dieses Interesse für die Ursachen hinter den Börsenbewegungen ist nichts anderes als eine Frage nach den jeweiligen Motiven der Marktteilnehmer.

In der Literatur wurde dieses Thema bereits intensiv diskutiert: Kategorien von Anlegern wurden gebildet, etwa unterschieden zwischen „Chartisten“ und „Fundamentalisten“, „Informierten“ und „Nicht-Informierten“, „Arbitrageuren“ und „Noise Tradern“, „smart-money investors“ und „ordinary investors“[165]. Die Effizienz der Börsen wurde untersucht; genauer gesagt: die Fähigkeit der Kapitalmärkte, die zur Verfügung stehenden Informationen bei der Festlegung von Preisen zu nutzen (sogenannte Efficient Market Hypothesis)[166]. Neuerdings wurde mit Behavioral Finance eine eigenständige Denkschule entwickelt, die speziell die psychologischen Antriebsmomente hinter dem Börsengeschehen untersucht[167]. Für Juristen fasst *Großfeld*[168] zusammen: „Börsenkurse sind nicht berechenbar. Sie sind das unbeabsichtigte Ergebnis der beabsichtigten Handlungen unübersehbar vieler Akteure mit unbekannten materiellen, intellektuellen und psychologischen Ressourcen.“

Sicherlich ist die Börsenanalyse eine interessante Thematik. Doch welche Konsequenzen sind hieraus speziell aus juristischer Sicht zu ziehen? Dieser und weiteren Fragen sollen die nun folgenden Hauptteile dieser Arbeit nachgehen.

---

164 III. 5.
165 Vgl. etwa *Kasperzak*, S. 149.
166 *Bodie/Kane/Marcus*, S. 341.
167 AaO, S. 367 f.
168 Unternehmensbewertung, S. 184.

Erster Hauptteil: Bewertung und Unternehmensbewertung im deutschen Recht

Im folgenden soll zunächst dargestellt werden, nach welchen Grundsätzen im Allgemeinen Zivilrecht Bewertungsfragen entschieden werden, bevor der eigentliche Erkenntnisgegenstand dieser Arbeit, die rechtliche Seite der Unternehmensbewertung, untersucht wird.

1. Abschnitt: Bewertungen im Allgemeinen Zivilrecht

An mehreren Stellen im Gesetz nimmt der Gesetzgeber ausdrücklich Bezug auf eine Bewertung zum Markt- oder Börsenwert: § 385 BGB erlaubt bei einer vorangegangenen Hinterlegung nach Androhung der Versteigerung einen freihändigen Verkauf zum „Börsen- oder Marktpreis". Ein freihändiger Verkauf zum „Börsen- oder Marktpreis" ist gemäß §§ 1221, 1235 II, 1295 BGB auch im Falle der Verpfändung möglich. § 821 ZPO regelt als zwangsvollstreckungsrechtliche Vorschrift die Verwertung von Wertpapieren durch den Verkauf „aus freier Hand zum Tageskurs", „wenn sie einen Börsen- oder Marktpreis haben". Gleiches gilt beim Handelskauf: Bei Annahmeverzug ist der Verkäufer gemäß § 373 II HGB befugt, nach vorgängiger Androhung die Ware öffentlich versteigern zu lassen (1. Halbsatz); wenn die Ware einen „Börsen- oder Marktpreis" hat, ist auch ein Verkauf aus freier Hand möglich (2. Halbsatz). § 376 II HGB stellt im Falle des Fixhandelskaufes zur Bemessung des Schadensersatzes wegen Nichterfüllung ab auf den „Börsen- oder Marktpreis zur Zeit und am Orte der geschuldeten Leistung". Schließlich das Bilanzrecht: Gemäß § 253 III HGB sind bei Vermögensgegenständen des Umlaufvermögens Abschreibungen vorzunehmen, „um diese mit einem niedrigeren Wert anzusetzen, der sich aus einem Börsen- oder Marktpreis am Abschlussstichtag ergibt". – In all diesen Fällen bekennt sich der Gesetzgeber also ausdrücklich zu einer Bewertung nach „marktgängigen" Kriterien.

Im folgenden soll untersucht werden, wie die Rechtsordnung in anderweitigen Fällen, in denen kein ausdrückliches Bekenntnis des Gesetzgebers zum Markt- oder Börsenwert vorliegt, mit dem Problem der Bewertung umgeht und welche Schlüsse sich daraus ziehen lassen.

I. Bewertung in der Rechtsgeschäftslehre

Das Mittel zur Verwirklichung der Privatautonomie ist das „Rechtsgeschäft", ein Begriff, den die Rechtswissenschaft durch Abstraktion aus den in der Rechtsordnung normierten Akttypen gebildet hat[169]. In den Motiven zum ersten Entwurf des Bürgerlichen Gesetzbuches heißt es hierzu: „Rechtsgeschäft (...) ist

---

[169] *Flume*, S. 23.

eine Parteiwillenserklärung, gerichtet auf die Hervorbringung eines rechtlichen Erfolges, der nach der Rechtsordnung deswegen eintritt, weil er gewollt ist."[170]

Unter bestimmten Umständen lässt es das Zivilrecht zu, dass sich eine Partei von einer Willenserklärung lossagen kann. Wir sprechen von „Anfechtung". Eine solche ist möglich, wenn die Willenserklärung aufgrund einer Täuschung oder Drohung abgegeben wurde (§ 123 BGB), sie falsch übermittelt wurde (§ 120 BGB) oder sie auf einem Inhalts- oder Erklärungsirrtum beruht (§ 119 BGB).

Vorliegend von Interesse[171] ist der Eigenschaftsirrtum i.S.v. § 119 II BGB. Danach wird dem in § 119 I BGB geregelten Fall jener gleichgestellt und als Irrtum über den Inhalt der Erklärung behandelt, in dem über solche Eigenschaften der Person oder der Sache geirrt wurde, die im Verkehr als wesentlich angesehen werden. Als Beispiele werden diesbezüglich u.a. aufgezählt: das Herstellungsjahr und die Fahrleistung eines Kraftfahrzeugs, die Lage und Bebaubarkeit eines Grundstücks sowie der Umsatz eines Erwerbsgeschäfts[172]. Kurz: alle wertbildenden Faktoren, soweit sie die Sache unmittelbar kennzeichnen[173].

Bezeichnenderweise dagegen nicht zur Anfechtung berechtigt ein Irrtum über den Wert oder Marktpreis[174]. Anders als die o.g. wertbildenden Merkmale ist der Wert selbst nämlich keine Eigenschaft i.S.d. § 119 II BGB[175]. Daher ist der Irrtum über den Wert ein Fall des rechtlich unerheblichen Motivirrtums, d.h. eines Irrtums lediglich über die *Beweggründe,* die dem Willen zugrunde lagen, eine bestimmte Rechtsfolge herbeizuführen[176].

Dies zeigt, dass die Rechtsordnung es grundsätzlich vollständig in die Verantwortung der Vertragsparteien stellt, sich auf einen Preis zu einigen. Einen Weg zurück weg von der ursprünglichen Einigung unter Hinweis auf vermeintliche Irrtümer hinsichtlich des Wertes oder anderweitig üblichen (Markt-)Preises versagt die Rechtsprechung. Umso sorgfältiger muss jede Partei *vor* Vertragsabschluss ihre eigene Bewertung des betreffenden Gegenstandes durchführen. Zu einer gerichtlichen Bewertung, d.h. einer hoheitlichen Ermittlung des Wertes oder Marktpreises oder eines Rückgriffes auf bestimmte allgemeine Grundsätze zur Wertbestimmung, wird es in diesem Kontext erst gar nicht kommen. Anders formuliert: Bei Bewertungen innerhalb vertraglicher

---

170 Mot. I, 126 (Mugdan I, 421).
171 Vgl. bereits *Großfeld,* Unternehmensbewertung, S. 19.
172 *Heinrichs* in Palandt, BGB § 119 Rn. 27, mwN.
173 AaO, mwN.
174 AaO, mwN.
175 AaO; ständige Rechtsprechung.
176 AaO, Rn. 29.

Beziehungen gehen die vertraglichen vor (in den Grenzen von §§ 138, 242 BGB)[177].

Diese gerichtliche Abstinenz in Bewertungsfragen ist Spiegelbild der Privatautonomie. Denn die Privatautonomie kann nur soweit reichen, wie es keine Fremdbestimmung durch den Richter gibt[178]. Umgekehrt gibt erst die Anerkennung des vertraglich Gewollten durch die Rechtsordnung dem Einzelnen die Möglichkeit, seine Rechtsverhältnisse selbst schöpferisch zu gestalten und dient so der Selbstbestimmung des Menschen[179].

Als Fazit sei also festgehalten: Die Frage nach den Beweggründen, die eine Partei dazu veranlasst haben, einen bestimmten Preis vertraglich zu akzeptieren – also Bewertungsfragen – stehen im Kontext der Rechtsgeschäftslehre gar nicht zur gerichtlichen Disposition. Die Gerichtsbarkeit übt sich hierdurch in jener Zurückhaltung, die nach der liberalen Konzeption des BGB geboten ist. Dem Mensch als Individuum wird hierdurch ein maximales Maß an Selbstbestimmung zuteil.

II. Bewertung im Schadensersatzrecht

Auch im Schadensersatzrecht bestehen Bewertungsfragen. Zunächst gilt gemäß § 249 I BGB der Grundsatz der Naturalrestitution: Wer zum Schadensersatz verpflichtet ist, hat den Zustand herzustellen, der bestehen würde, wenn der zum Ersatze verpflichtende Umstand nicht eingetreten wäre.

In der Praxis ist jedoch die Entschädigung in Geld die Regel. Hierunter fällt die Vorschrift des § 251 I BGB, die abzielt auf Ersatz des sogenannten Wertinteresses (Summeninteresses)[180]. Danach hat der Ersatzpflichtige den Gläubiger in Geld zu entschädigen, soweit die Herstellung nicht möglich oder zur Entschädigung des Gläubigers nicht genügend ist. In diesem Falle kommt es darauf an, einen entstandenen Schaden finanziell zu bewerten. Denn zu ersetzen ist die Differenz zwischen dem Wert des Vermögens, wie es sich ohne das schädigende Ereignis darstellen würde, und dem durch das schädigende Ereignis verminderten Wert[181]. Wie genau der Wert dieser Entschädigung zu bestimmen ist, sagt das Gesetz nicht.

Bei Zerstörung oder Verlust eines Gegenstandes – so ist bei *Palandt/-Heinrichs* unter Hinweis auf BGHZ 92, 85; 117, 29 zu lesen – „bemisst sich der Ersatzanspruch nach dem Wiederbeschaffungswert (Verkehrswert)“[182]. Diesem Zitat ist zu entnehmen, dass die Begriffe „Wiederbeschaffungswert“ und „Verkehrswert“ offensichtlich Synonyme darstellen sollen. Diese Vermutung

[177] *Großfeld*, Unternehmensbewertung, S. 2.
[178] *Flume*, S. 6.
[179] *Flume*, S. 1, S. 6.
[180] *Heinrichs* in Palandt, BGB § 251 Rn. 10.
[181] BGH NJW 84, 2570; 85, 2413 (2415).
[182] *Heinrichs* in Palandt aaO sowie § 249, Rn. 21.

wird bei näherem Hinsehen im wesentlichen bestätigt. Im *Brockhaus Wirtschaft* wird der Wiederbeschaffungswert definiert als der Wert eines Wirtschaftsgutes am Tage der Wiederbeschaffung, der abgeleitet wird aus dem Wiederbeschaffungspreis am Beschaffungsmarkt unter Berücksichtigung der Beschaffungsnebenkosten[183]. Als „Verkehrswert" definiert der *Duden* jenen Wert, den ein Gut (...) im Geschäftsverkehr unter Berücksichtigung aller Umstände hat[184]. Ein kleiner Unterschied in diesen Begrifflichkeiten mag zwar im Aspekt der Beschaffungsnebenkosten liegen. Gleichwohl ist die synonyme Verwendung einleuchtend, denn im Kern unterscheiden sich die Begriffe nicht: beiden – Verkehrswert, wie Wiederbeschaffungswert – ist gemeinsam, dass offensichtlich jener Betrag gemeint ist, der für gewöhnlich auf einem Markt für den betreffenden Gegenstand verlangt und bezahlt wird. Dies ist nichts anderes als der „Marktwert".

Ebenfalls maßgebliche Bedeutung hat der Marktwert, wenn der betreffende Gegenstand nicht zerstört oder verloren gegangen ist, sondern lediglich beschädigt wurde. In diesem Fall sind nicht nur die Reparaturkosten zu ersetzen, sondern auch der merkantile Minderwert[185]. Dieser liegt darin, dass ursprünglich beschädigte, mittlerweile aber reparierte Gegenstände im Geschäftsverkehr in der Regel trotz ordnungsgemäßer Reparatur geringer bewertet werden als solche, die keinen Schaden erlitten[186]. Den Bewertungen des Geschäftsverkehrs – genauso gut könnte man sagen: des „Marktes" – wird also durch die Rechtsprechung konsequent Rechnung getragen[187].

Hinsichtlich des ersatzfähigen Schadens gilt, dass das „volle wirtschaftliche Interesse" des Geschädigten zu ersetzen ist[188]. Dabei zu betonen ist das Attribut „wirtschaftlich". Affektionsinteressen, d.h. persönliche Erinnerungs- oder Gefühlswerte, sind nicht zu berücksichtigen[189]. Auch der „Liebhaberwert" wird grundsätzlich als Kategorie des nicht ersatzfähigen Affektionsinteresses begriffen[190]. Ausnahmen werden in letzterem Fall jedoch dann gemacht, wenn sich für die Liebhaberei ein Markt gebildet hat, wie etwa bei Briefmarken, Jagdtrophäen oder Oldtimern. In diesem Fall besteht wiederum eine Ersatzpflicht in Höhe des Marktpreises[191].

---

[183] *Brockhaus* Wirtschaft, Stichwort „Wiederbeschaffungswert".

[184] *Duden* in 10 Bänden, Stichwort „Verkehrswert".

[185] *Heinrichs* in Palandt, BGB § 251 Rn. 12.

[186] AaO.

[187] Ebenfalls konsequent ist es, wenn die Rechtsprechung für die Geltendmachung des merkantilen Minderwertes verlangt, dass tatsächlich ein Markt vorhanden ist, auf dem sich der Minderwert in Gestalt eines geringeren Erlöses auswirken kann (*Heinrichs* in Palandt, BGB § 251 Rn. 12).

[188] *Heinrichs* in Palandt, BGB Vorb V § 249 Rn. 50.

[189] AaO.

[190] *Heinrichs* in Palandt, BGB § 251 Rn. 10.

[191] AaO.

Als Ergebnis vorgenannter Betrachtungen lässt sich demnach festhalten, dass die Maßgeblichkeit des Marktwertes ein festes Prinzip im Schadensersatzrecht darstellt.

III. Bewertung im Bereicherungsrecht

Kennzeichnet sich das Schadensersatzrecht dadurch, dass jemandes Vermögen durch ein Schadensereignis reduziert wurde, so liegt im Bereicherungsrecht die Sachlage genau umgekehrt: jemandes Vermögen wurde durch Leistung eines anderen oder in sonstiger Weise auf dessen Kosten ohne rechtlichen Grund vermehrt (so der Grundfall des § 812 I S. 1 BGB). Und so, wie im Schadensersatzrecht nicht immer die Naturalrestitution möglich ist, ist im Bereicherungsrecht nicht stets die Herausgabe des Erlangten möglich. In diesem Falle gilt § 818 II BGB: Ist die Herausgabe wegen der Beschaffenheit des Erlangten nicht möglich oder ist der Empfänger aus einem anderen Grunde zur Herausgabe außerstande, so hat er den Wert zu ersetzen. Was also ist „der Wert" im Bereicherungsrecht?

Allgemeine Vorgaben, wie „der Wert" festzusetzen ist, enthält das Gesetz selbst nicht. Erst ein Blick in die Rechtsprechung[192] gibt die Antwort: Zu ersetzen ist der „gemeine Wert", d.h. der „objektive Verkehrswert", den die Leistung nach ihrer tatsächlichen Beschaffenheit für jedermann hat. Dieser „gemeine Wert" – so ist im *Brockhaus Recht* weiter zu lesen – wird durch den Preis bestimmt ist, der im gewöhnlichen Geschäftsverkehr nach der Beschaffenheit des Wirtschaftsgutes bei einer Veräußerung zu erzielen wäre, wobei alle Umstände, die den Preis beeinflussen, zu berücksichtigen sind[193]. Diese Definition ist praktisch identisch mit der obigen vom Verkehrswert. Die Gleichsetzung von „gemeinem Wert" und „(objektivem) Verkehrswert" ist also Ausdruck der allgemeinen synonymen Verwendung beider Begriffe. Gemeint ist in beiden Fällen der Marktwert.

Der „Marktwert" dominiert also auch das Bereicherungsrecht.

IV. Bewertung im Erbrecht

Im Erbrecht wird die Frage nach der Wertermittlung insbesondere bei der Berechnung des Pflichtteils relevant. Dieser steht dem von der Erbfolge ausgeschlossenen Abkömmling des Erblassers zu (§ 2303 I S. 1 BGB) und besteht in der Hälfte des „Wertes" des gesetzlichen Erbteils (2303 I S. 2 BGB).

Zur Frage der Wertermittlung ordnet § 2311 I S. 1 BGB an, dass der Berechnung des Pflichtteils der Bestand und der Wert des Nachlasses zur Zeit des Erbfalls zugrunde gelegt wird. Soweit erforderlich, ist der Wert durch Schätzung zu ermitteln (§ 2311 II S. 1 BGB). Eine vom Erblasser getroffene

---

[192] BGH 82, 299.
[193] Brockhaus Recht, Stichwort „Gemeiner Wert".

Wertbestimmung ist nicht maßgebend (§ 2311 II S. 2 BGB). Auf welchen Grundlagen eine Schätzung erfolgen soll, sagt das Gesetz in allgemeiner Form dagegen nicht.

Als erkenntnisreich erweist sich dagegen ein Blick in die §§ 2049, 2312 BGB. In § 2049 I BGB heißt es: Hat der Erblasser angeordnet, dass einer der Miterben das Recht haben soll, ein zum Nachlasse gehörendes Landgut zu übernehmen, so ist im Zweifel anzunehmen, dass das Landgut zu dem *Ertragswert*[194] angesetzt werden soll. Absatz 2 der Norm erläutert: Der Ertragswert bestimmt sich nach dem Reinertrage, den das Landgut nach seiner bisherigen wirtschaftlichen Bestimmung bei ordnungsgemäßer Bewirtschaftung nachhaltig gewähren kann.

Hintergrund und Zweck dieser Regelung erschließen sich erst aus der Kommentarliteratur. Dabei steht zu Beginn die Erkenntnis, dass der Verkehrswert eines Landgutes häufig höher ist als sein Ertragswert[195]. Definiert wird der Ertragswert als ein nach betriebswirtschaftlichen Grundsätzen bestimmtes Vielfaches des Reinertrags, der (...) nach betriebswirtschaftlichen Jahresabschlüssen ermittelt wird[196]. Da hierbei auf die bisherige Nutzung abgestellt wird, bleibt ein höherer Verkehrswert (Verkaufs- oder Schätzwert), der sich aus einer beabsichtigten Nutzungsänderung ergeben kann (z.B. Benutzung des Landgutes als Baugelände oder durch bergwerkliche Aufschließung) außer Betracht[197]. Die darin liegende Begünstigung des übernehmenden Erben und die gleichzeitige Benachteiligung der weichenden Miterben rechtfertigt sich aus dem agrarpolitischen Interesse an der Erhaltung eines leistungsfähigen landwirtschaftlichen Betriebs in einer Hand[198].

Der Gesetzgeber legt also ausnahmsweise eine bestimmte Bewertungsmethode fest und tut dies aufgrund einer bestimmten rechtspolitischen Überzeugung.

V. Bewertung im ehelichen Güterrecht

Der Streifzug durch das BGB soll schließlich in das eheliche Güterrecht führen. Auch dort kann es notwendig werden, Bewertungen durchzuführen.

Kommt es zur Scheidung von Eheleuten, die im gesetzlichen Güterstand der Zugewinngemeinschaft (§§ 1363 ff. BGB) gelebt hatten, so findet ein Zugewinnausgleich statt (§§ 1372 ff. BGB). Dabei ist „Zugewinn" der Betrag, um den das Endvermögen eines Ehegatten das Anfangsvermögen übersteigt (§ 1373 BGB), wobei „Endvermögen" dasjenige Vermögen ist, das einem

[194] Hervorhebung durch Verfasser.
[195] *Heldrich* in Münchener Kommentar, BGB § 2049 Rn. 1.
[196] *Edenhofer* in Palandt, BGB § 2049 Rn. 3.
[197] *Werner* in Staudinger, BGB § 2049 Rn. 4.
[198] *Heldrich* in Münchener Kommentar, BGB § 2049 Rn. 2; *Edenhofer* in Palandt, BGB § 2049 Rn. 1.

Ehegatten nach Abzug der Verbindlichkeiten bei der Beendigung des Güterstandes gehört (§ 1375 I S. 1 BGB). Dabei wird der Berechnung des Anfangsvermögens der Wert zugrunde gelegt, den das beim Eintritt des Güterstands vorhandene Vermögen in diesem Zeitpunkt, das dem Anfangsvermögen hinzuzurechnende im Zeitpunkt des Erwerbs hatte (§ 1376 I BGB). Der Berechnung des Endvermögens wird der Wert zugrunde gelegt, den das bei Beendigung des Güterstands vorhandene Vermögen zu diesem Zeitpunkt, eine dem Endvermögen hinzuzurechnende Vermögensminderung in dem Zeitpunkt hatte, in dem sie eingetreten ist (§ 1376 II BGB). Übersteigt der Zugewinn des einen Ehegatten den Zugewinn des anderen, so steht die Hälfte des Überschusses dem anderen Ehegatten als Ausgleichsforderung zu (§ 1378 I BGB).

Die Wertermittlung der betreffenden Gegenstände im einzelnen ist nicht generell gesetzlich geregelt. Wird jedoch gegen den Eigentümer eines land- oder forstwirtschaftlichen Betriebes ein Ausgleichsanspruch geltend gemacht, so ordnet das Gesetz in § 1376 IV BGB ausdrücklich an, dass der Betrieb, wenn seine Weiterführung oder Wiederaufnahme durch den Eigentümer oder einen Abkömmling erwartet werden kann, mit dem *Ertragswert* anzusetzen ist.

Der Begriff des Ertragswertes taucht im ehelichen Güterrecht noch ein weiteres Mal auf und zwar im Kontext der fortgesetzten Gütergemeinschaft (§§ 1483 ff. BGB). Letztere liegt vor, wenn die Eheleute durch Vertrag vereinbaren, dass die Gütergemeinschaft nach dem Tode eines Ehegatten zwischen dem überlebenden Ehegatten und den gemeinschaftlichen Abkömmlingen fortgesetzt wird (§ 1483 I S. 1 BGB). Dabei kann jeder Ehegatte anordnen, dass ein anteilsberechtigter Abkömmling oder der überlebende Ehegatte das Recht haben soll, bei der Teilung das Gesamtgut oder einzelne dazu gehörende Gegenstände gegen Ersatz des Wertes zu übernehmen (§ 1515 I, III BGB). Gehört zu dem Gesamtgut ein Landgut, so kann angeordnet werden, dass das Landgut mit dem Ertragswert oder mit einem Preise, der den Ertragswert mindestens erreicht, angesetzt werden soll (§ 1515 II BGB).

Sowohl § 1376 IV BGB, als auch § 1515 II BGB verweisen auf § 2049 II BGB. Die agrarpolitische Zielsetzung der Zugrundelegung des Ertragswertes greift also auch im ehelichen Güterrecht ein.

VI. Bewertung im Gesellschaftsrecht des BGB

Scheidet ein Gesellschafter aus einer Gesellschaft bürgerlichen Rechts aus, so wächst sein Anteil am Gesellschaftsvermögen gemäß § 738 I S. 1 BGB den übrigen Gesellschaftern zu. Diese sind, so statuiert es Satz 2 der Vorschrift, verpflichtet, dem Ausscheidenden die Gegenstände, die er der Gesellschaft zur Nutzung überlassen hat, nach Maßgabe des § 732 BGB zurückzugeben, ihn von den gemeinschaftlichen Schulden zu befreien und ihm dasjenige zu bezahlen, was er bei der Auseinandersetzung erhalten würde, wenn die Gesellschaft zur Zeit seines Ausscheidens aufgelöst worden wäre.

So weit zum Wortlaut des Gesetzes, der offensichtlich den Liquidationserlös der Gesellschaft für maßgeblich erklärt[199]. Die Rechtsprechung hält sich hieran allerdings nicht. Im Sinne sachgerechter Ergebnisse setzt sie sich – ohne weitergehende Begründung – über den Gesetzeswortlaut hinweg[200] und zu Recht erntet sie hierfür von der Literatur einhellige Zustimmung[201]. Nach allgemeiner Ansicht wird für die Feststellung der Höhe des Abfindungsanspruches auf das „lebende Unternehmen" einschließlich seiner stillen Reserven und einschließlich des Goodwill abgestellt. Überzeugend wird etwa in der BGH-Entscheidung vom 20. September 1971[202] von dem Wert ausgegangen, der sich „bei einem Verkauf" des Unternehmens ergeben würde.

Damit geht der BGH implizit vom Marktwert als dem maßgeblichen Wertmaßstab aus.

VII. Schlussfolgerungen

1.) Im Grundlagenteil dieser Arbeit wurde festgehalten, dass dem Marktpreis notwendig immer eine subjektive Komponente innewohnt. Sie ergibt sich aus der Flexibilität des Preisbildungsmechanismus. So legt jeder einzelne Marktteilnehmer seinen eigenen – stets subjektiven – Grenzpreis fest und lässt sich dabei von subjektiven Bewertungskriterien leiten.[203]

2.) Angesichts der Ausführungen in diesem Abschnitt kann festgehalten werden, dass der Marktwert – trotz dieser subjektiven Komponente – seit jeher von der Rechtsordnung anerkannt ist. In den §§ 385, 1221, 1235 II, 1295 BGB, § 821 ZPO, §§ 253 III, 373 II, 376 II HGB stellt das Gesetz ausdrücklich ab auf den „Börsen- oder Marktpreis". Unter dem antiquierten Synonym „Verkehrswert" begegnet der Marktwert laufend in der Rechtsprechung. Praktisch immer wenn im Allgemeinen Zivilrecht die gerechte Entschädigung oder der gerechte Ausgleich zu quantifizieren ist, wird der Marktwert von der Rechtsordnung für maßgeblich anerkannt. Lediglich in seltenen Ausnahmefällen wird diese Praxis durch andere Wertungen überlagert, die jedoch stets auf einem besonderen rechtspolitischen Zweck beruhen. – Einen „inneren" oder „wahren" Wert kennt der Gesetzgeber dagegen nicht.

3.) Damit erweist sich das Recht als „blind" für die Motive der Marktteilnehmer. Diese Erkenntnis ist Allgemeingut in der Rechtsgeschäftslehre[204]: Der Motivirrtum ist unbeachtlich i.S.v. § 119 II BGB. Aber genauso

---

[199] *Kropff,* DB 1962, 155 (156), bezeichnet den Wortlaut als „missverständlich".
[200] RGZ 106, 128 (132); BGHZ 17, 130 (136); BGH WM 1971, 1450 (1450); BGH NJW 1974, 312; BGH NJW 1985, 192 (193).
[201] *Großfeld,* Unternehmensbewertung, S. 4 f.; *Hackmann,* S. 8; *K. Schmidt,* S. 1477; *Sudhoff/Hörstel,* S. 172 f.; *Wangler,* DB 2001, 1763, mwN.
[202] BGH WM 1971, 1450 (1450), zitiert u.a. in BGH NJW 1974, 312.
[203] Grundlagenteil, III. 5.
[204] Siehe I.

wenig interessiert sich das Recht für die Motive, die irgendeinem beliebigen Marktpreis zugrunde liegen: Generell handeln unterschiedliche Menschen bei ihren – preisbeeinflussenden – Kauf- und Verkaufsentscheidungen aufgrund unterschiedlicher Motive: So erwirbt etwa der eine ein bestimmtes Automobil weil er die zuverlässige Technik schätzt, der andere ist vom Design begeistert, der dritte entscheidet sich zum Kauf, um gegenüber dem Nachbarn aufzutrumpfen und der vierte erwirbt nur deshalb ein bestimmtes Fabrikat, weil schon sein Vater und sein Großvater Fahrzeuge derselben Marke gesteuert haben. Stets kommen Zahlungsbereitschaft und Zahlungsfähigkeit zusammen und wirken sich aus auf den Preis, der sich als Marktpreis bildet. Die einzelnen Hintergründe und Motive mögen zwar für die Marktforschung von Interesse sein. Für das Recht aber kommt es nur auf den Marktpreis „als solchen" an.

4.) Darüber hinaus entspricht die Orientierung von Ausgleich und Entschädigung am Marktwert dem Willen des Gesetzgebers. Dieser Wille des Gesetzgebers tritt an zahlreichen Stellen des geltenden Rechts zutage. Der Gesetzgeber setzt damit in den verschiedenen Einzelvorschriften das um, was er an anderer Stelle in genereller Form postuliert: das Bekenntnis zur Marktwirtschaft als Wirtschaftsordnung. Denn zwar ist das Grundgesetz wirtschaftspolitisch neutral[205]. Jedoch hat sich der Gesetzgeber auf deutscher wie auch auf europäischer Ebene ausdrücklich für die Marktwirtschaft als Wirtschaftsordnung entschieden. So heißt es etwa in § 1 des Gesetzes zur Förderung der Stabilität und des Wachstums der Wirtschaft (StWG), dass Bund und Länder ihre Maßnahmen *im Rahmen der marktwirtschaftlichen Ordnung* treffen. In Art. 4 I des EG-Vertrages ist zu lesen: Die Tätigkeit der Mitgliedstaaten und der Gemeinschaft (...) umfasst (...) die Einführung einer Wirtschaftspolitik, die (...) dem *Grundsatz einer offenen Marktwirtschaft mit freiem Wettbewerb* verpflichtet ist. Das Bekenntnis zur Marktwirtschaft als Wirtschaftsordnung ist damit Bestandteil des Europäischen Gemeinschaftsrechts, das für die Mitgliedstaaten – und zwar für sämtliche Institutionen gleich welcher Staatsgewalt, also auch die Gerichte – in jeder Hinsicht verbindlich ist[206]. – Wesentliches Kennzeichen der Marktwirtschaft ist ihre „bewegliche Preis- und Wertrechnung"[207]. Sie beruht gerade auf den Dispositionen eigenverantwortlich und unabhängig entscheidender Wirtschaftssubjekte. Konsequenz hiervon ist die Anfälligkeit des Preises auch gegenüber Faktoren, die ihre Ursache nicht im Bewertungsobjekt selbst tragen. Etabliert aber der Gesetzgeber eine marktwirtschaftliche Ordnung und bekennt er sich sogar explizit zu ihr, so nimmt er eben diese bewegliche Preis- und Wertrechnung in seinen Willen auf.

---

205 BVerfGE 4, 7 (17 f.); 7, 377 (400); 50, 290 (336).

206 Vgl. insbesondere die Costa/Enel-Entscheidung des EuGH, RS. 6/64, Slg. 1964, 1251 (1269 f.).

207 *Müller-Armack*, S. 111 f.

5.) Die Praxis der Rechtsprechung im Allgemeinen Zivilrecht, bei der Quantifizierung von Ausgleich und Entschädigung regelmäßig den Marktwert zugrunde zu legen, leuchtet ein. Denn der Entschädigungsberechtigte hat regelmäßig selbst ursprünglich einen Marktpreis bezahlt und muss insbesondere selbst einen Marktpreis aufwenden, um sich Ersatz zu beschaffen.

6.) Vor diesem Hintergrund ist die Maßgeblichkeit des Marktwertes für Ausgleich und Entschädigung als allgemeines Rechtsprinzip anzuerkennen. Zwar wurde die Bewertung von Unternehmen und ihren Anteilen in kapitalgesellschaftsrechtlichem Kontext bisher noch nicht näher betrachtet. Allerdings kann bereits an dieser Stelle festgehalten werden, dass *erstens* zahlreiche allgemeine Vorschriften ausdrücklich die Bewertung zu Markt- oder Börsenpreisen anordnen, *zweitens* der Gesetzgeber ganz bewusst eine marktwirtschaftliche Wirtschaftsordnung geschaffen hat und die damit einhergehende bewegliche Preis- und Wertrechnung in seinen Willen aufgenommen hat, *drittens* die Rechtsprechung seit jeher in den unterschiedlichsten Zusammenhängen die Praxis pflegt, bei Bewertungsproblemen Marktpreise zum Maßstab ihrer Entscheidungen zu machen und *viertens* aufgrund des Gedankens von der Ersatzbeschaffung das Konzept der Marktorientierung der materiellen Gerechtigkeit entspricht. – Damit liegen die Voraussetzungen vor, um die Maßgeblichkeit des Marktwertes für Ausgleich und Entschädigung als allgemeines Rechtsprinzip anzuerkennen[208]. Denn es handelt sich um einen Leitgedanken, der über eine Einzelregelung weit hinausgreift, der unabhängig von seiner Normierung eigene Überzeugungskraft besitzt und der im Wege einer Gesamtanalogie erschlossen werden kann[209].

[208] Einen Gegensatz zwischen dem „im Verkehr Üblichen" und dem „vom Recht her Erforderlichen" – wie *Großfeld* (Unternehmensbewertung, S. 21) ihn sieht – kann es deshalb nicht geben. Die Formulierungen, die Großfeld nach eigenem Bekunden § 276 I 2. HS. BGB a.F. (= § 276 II BGB n.F.) entnimmt, entstammen einem völlig anderen Kontext, nämlich der Legaldefinition der Fahrlässigkeit als „Außerachtlassung der im Verkehr erforderlichen Sorgfalt". In *diesem* rechtlichen Kontext mag es durchaus sein, dass das, was rechtlich geboten ist, nicht immer üblich ist (d.h. eine Vielzahl von Personen verstößt gegen die „erforderliche" Sorgfalt und verwirklicht damit Pflichtverletzungen). Bei Bewertungsfragen aber ist das „vom Recht her Erforderliche" grundsätzlich identisch mit dem „im Verkehr Üblichen".

[209] Vgl. *Larenz,* S. 74, 224, 309, 362.

2. Abschnitt: Unternehmensbewertung im deutschen Recht

Die folgenden Ausführungen sollen jenen bewertungsrechtlichen Spezialfall behandeln, der den eigentlichen Gegenstand dieser Arbeit bildet. Es soll das Unternehmen als Bewertungsobjekt in gesellschaftsrechtlichem Kontext untersucht und die spezifisch rechtliche Dimension von Unternehmensbewertungen aufgezeigt werden. Dabei ist insbesondere auf die soeben gewonnene Erkenntnis zurückzukommen, dass die Maßgeblichkeit des Marktwertes für Ausgleich und Entschädigung ein allgemeines Rechtsprinzip bildet. An die primär darstellenden Ausführungen zum deutschen Recht in diesem Teil schließen sich eine rechtsvergleichende Darstellung im Zweiten Hauptteil an sowie ein Dritter Hauptteil, der – aufbauend auf den vorangegangenen Teilen – einen eigenen marktorientierten Bewertungsansatz vorstellt.

I. Unternehmensbewertung als Rechtsproblem

Ist die Bewertung von Unternehmen ein Rechtsproblem? Die Beantwortung dieser Frage hängt ab vom jeweiligen Kontext.

Zunächst ist Unternehmensbewertung ein ökonomisches Problem[210]. Denn jede Unternehmensbewertung verfolgt den Zweck, den monetären Gegenwert eines Renditeobjektes zu ermitteln[211]. Derartige Fragestellungen sind typischerweise Gegenstand der Wirtschaftswissenschaften. Die wirtschaftswissenschaftliche Theorie wirkt dabei ein auf die unternehmerische Praxis. Sie bietet dem Praktiker das Handwerkszeug in Form von Bewertungsmethoden und detaillierten Vorgehensweisen[212]. Gleiches gilt für die berufsständischen Regeln, die in Stellungnahmen des Hauptfachausschusses des Institutes der Wirtschaftsprüfer (IDW), des Arbeitskreises Unternehmensbewertung des IDW und im Wirtschaftsprüfer-Handbuch niedergelegt sind. Von Bedeutung ist hier insbesondere der sogenannte IDW-Standard S 1. Diese berufsständischen Regeln gelten freilich nur für Unternehmensbewertungen, die durch Wirtschaftsprüfer durchgeführt werden, während Berater und Investmentbanker hieran nicht gebunden sind[213].

1. Justiziabilität von Unternehmensbewertungen

Unternehmensbewertung ist aber nicht ausschließlich ein „rein betriebswirtschaftliches Gebiet“[214], sondern gegebenenfalls *auch* ein Rechtsproblem[215].

---

[210] *Lausterer,* S. 23.
[211] Siehe Grundlagenteil, II.
[212] *Lausterer,* S. 23.
[213] Vgl. *Ballwieser,* S. 3.
[214] So aber *Dörner,* WPg 1983, 549.
[215] *Großfeld,* Unternehmensbewertung, S. 1, 15; *Ränsch,* AG 1984, 202 ff.; *Hüttemann,* ZHR 162 (1998), 563 ff.

Zum Rechtsproblem werden Unternehmensbewertungen immer dann, wenn sie den Gegenstand einer Gerichtsentscheidung bilden. *Wann* eine Unternehmensbewertung vor Gericht zu entscheiden ist und wann nicht, ist eine Frage der Vertragsfreiheit einerseits und der materiellen Ansprüche, die sich aus der objektiven Rechtsordnung ergeben, andererseits.

Bei Vorliegen vertraglicher Beziehungen haben die vertraglich vereinbarten Bewertungen grundsätzlich Vorrang gegenüber jeder staatlich verordneten Bewertung. Die Begründung hierfür ergibt sich aus dem Grundsatz der Vertragsfreiheit. Diese wurzelt in der verfassungsrechtlichen Gewährleistung der allgemeinen Handlungsfreiheit, Art. 2 I GG[216]. Die Vertragsfreiheit setzt sich zusammen aus den Komponenten der Abschlussfreiheit und Inhaltsfreiheit: den Parteien steht es frei, ob sie überhaupt einen Vertrag schließen wollen (kein Kontraktionszwang) und mit wem und zu welchen Konditionen dies gegebenenfalls geschehen soll[217]. Die Idee des Vertrages liegt nach *Flume*[218] darin, dass das vertraglich Vereinbarte deshalb gilt, weil die Vertragsschließenden, ein jeder in Selbstbestimmung, vereinbart haben, dass es so Rechtens sein soll. Die Inhaltsfreiheit bildet auf diese Weise das Einfallstor für Bewertungsfragen: Jeder Vertragspartei steht es frei, nach eigenen Kriterien den Vertragsgegenstand zu bewerten, einen subjektiven Grenzpreis zu ermitteln und auf dieser Grundlage eine vertragliche Einigung herbeizuführen[219].

Demgegenüber vermittelt die objektive Rechtsordnung dem Einzelnen bestimmte absolute Rechte. So schützt Art. 14 I GG das Eigentum. Prozessual sind die materiellen Gewährleistungen durch den Justizgewährungsanspruch abgesichert. Dieser gewährt wirkungsvollen Rechtsschutz auch in bürgerlichrechtlichen Streitigkeiten[220]. Der Einzelne hat demgemäß das Recht auf Zugang zu den Gerichten und eine grundsätzlich umfassende tatsächliche und rechtliche Prüfung des Streitgegenstandes sowie eine verbindliche Entscheidung durch den Richter[221]. Hiermit sind jene Fälle zu begründen, in denen am Ende ein Gericht über die Bewertung eines Unternehmens zu entscheiden hat.

Soweit die Frage der Unternehmensbewertung im Rahmen der Betätigung der Vertragsfreiheit relevant wird, ist sie tatsächlich ein rein betriebswirtschaftliches Phänomen, denn eine gerichtliche Kontrolle ist in diesen Fällen grundsätzlich

---

216 Statt vieler: *Starck* in v. Mangoldt/Klein, GG Art. 2 Rn. 136.

217 Vgl. statt vieler *Larenz/Wolf*, § 34 Rn. 22 ff.

218 *Flume*, § 1 Nr. 6 a).

219 Ein „Primat der Rechtswissenschaft hinsichtlich der Problematik der Unternehmensbewertung", wie *Gude* (S. 11) ihn vertritt, kann deshalb in dieser generellen Form nicht anerkannt werden. Auch *Großfelds* Formulierung (Unternehmensbewertung, S. 15) „Gewiss steht die Unternehmensbewertung der Wirtschaftswissenschaft nahe" ist unglücklich, denn Fragen der Unternehmensbewertung stehen nicht nur der Wirtschaftswissenschaft nahe. Sie sind qua definitionem ein Problem der Wirtschaftswissenschaft, das in bestimmtem Kontext darüber hinaus *auch* zu einem juristischen Problem wird.

220 Vgl. BVerfGE 80, 103 (107); 85, 337 (345); 97, 169 (185).

221 Vgl. BVerfGE 85, 337 (345).

nicht gegeben. Kann sich aber jemand auf ein absolutes Recht berufen und seinen Justizgewährungsanspruch geltend machen, wird die Unternehmensbewertung justiziabel und damit zum Rechtsproblem.

2. Dominierte v. nicht-dominierte Konfliktsituationen

Wann eine materiell-rechtliche Norm (etwa Art. 14 I GG) ein absolutes Recht verleiht und wann nicht, bedarf der gerichtlichen Wertung. Im Kontext von Unternehmensbewertungen ist hierbei die Kategorisierung zwischen dominierten und nicht-dominierten Konfliktsituationen weiterführend.[222]

In dominierten Konfliktsituationen kann eine Partei einseitig, d.h. auch gegen den erklärten Willen der anderen Partei, die Änderung der Eigentumsverhältnisse am Unternehmen bzw. den Unternehmensanteilen herbeiführen. Dies ist zum Beispiel dann der Fall, wenn ein Gesellschafter einer OHG durch Kündigung aus der Gesellschaft ausscheidet und die übrigen Gesellschafter die Gesellschaft fortsetzen. Voraussetzung für das Entstehen einer dominierten Konfliktsituation ist, dass einer Partei ein einseitig ausübbares Recht zur Herbeiführung der Änderung der Eigentumsverhältnisse zusteht. Dieses Recht kann der Partei entweder vertraglich eingeräumt sein oder von Gesetzes wegen zustehen. – Von nicht dominierten Bewertungsanlässen wird gesprochen, wenn keine der Parteien eine Veränderung der Eigentumsverhältnisse ohne Zustimmung der anderen Partei durchsetzen kann. Dies ist vor allem der Fall bei der typischen Kauf-Verkauf-Situation.[223]

Diese Differenzierung ist aus Sicht des Rechts vor allem deshalb erkenntnisreich, weil die Frage der Anknüpfung am Willen der Beteiligten auf das Verhältnis von Privatautonomie und fremdem Zwang abstellt. Für die Selbstbestimmung des Einzelnen ist dort kein Raum, wo er gezwungen ist, einen Eingriff in sein Eigentum am Unternehmen durch den Staat oder ein anderes Privatrechtssubjekt hinzunehmen. Gleiches muss gelten, wenn zwar der Einzelne die Letztentscheidung über den Ausstieg aus seinem Investment trifft, er aber aufgrund äußerer Sachzwänge quasi zu dieser Entscheidung genötigt wurde. Im Sonderfall des Delistings ist der Betroffene deshalb genauso schutzbedürftig wie derjenige eines Squeeze-Outs. In beiden Fällen müssen deshalb auch dieselben hohen Schutzstandards gelten. – Im Gegensatz zu derartigen Maßnahmen einseitiger Gestaltungsmacht stehen jene Fälle, in denen eine gesellschaftsrechtliche Umstrukturierung auf dem Verhandlungswege herbeigeführt wird und somit ein Interessengegensatz zwischen Mehrheits- und

---

[222] Diese Kategorisierung entstammt der betriebswirtschaftlichen Literatur, erweist sich aber gerade aus juristischer Sicht als besonders fruchtbar. Vgl. *Mandl/Rabel,* S. 13 f., mwN; *Dolezych,* S. 5; *Matschke,* BFuP 1981, 117; *Lausterer,* S. 31 f., spricht von „Bewertungen in Abhängigkeit vom Willen der Beteiligten“ und solchen, die „unabhängig vom Willen der Beteiligten“ erfolgen.

[223] *Mandl/Rabel,* S. 13 f.

Minderheitsaktionären gar nicht gegeben ist. In diese Kategorie fällt der Zusammenschluss zweier voneinander unabhängiger, gleichberechtigter Partner.[224]

II. Normative Ausgangspunkte

Im folgenden sollen die wichtigsten Normen des deutschen Rechts vorgestellt werden, die für Unternehmensbewertungen den Anlass bilden[225].

1. Ausscheiden von Gesellschaftern bei Personengesellschaften und Gesellschaften mit beschränkter Haftung

Beim Ausscheiden von Gesellschaftern aus Personengesellschaftern, hat der Ausscheidende einen Anspruch auf Abfindung. Dies ergibt sich aus § 738 I S. 2 BGB, gegebenenfalls i.V.m. §§ 105 III, § 161 II HGB.

Im Recht der Gesellschaft mit beschränkter Haftung fehlt eine entsprechende gesetzliche Anspruchsgrundlage. Das GmbH-Gesetz regelt lediglich die Sonderfälle des Ausschlusses oder Austritts bei unbeschränkter Nachschusspflicht (§ 27 GmbHG). Gleichwohl ist auch ohne gesetzliche Regelung seit langem die Möglichkeit eines Ausschlusses von GmbH-Gesellschaftern aus wichtigem Grund anerkannt[226]. Ebenfalls anerkannt ist ein außerordentliches Austrittsrecht, wenn Umstände vorliegen, die dem Gesellschafter den weiteren Verbleib in der Gesellschaft unzumutbar machen[227].

Stets ist eine Unternehmensbewertung zur Ermittlung der Höhe des Abfindungsanspruches erforderlich.

2. Bewertungen anlässlich von Sachgründungen und Kapitalerhöhungen gegen Sacheinlagen

Bei der Gründung oder Kapitalerhöhung einer Gesellschaft mit beschränkter Haftung oder einer Aktiengesellschaft besteht die Möglichkeit, ein Unternehmen in die Gesellschaft einzubringen. Es handelt sich dabei um einen Fall der Sachgründung (§ 5 IV GmbHG, § 27 AktG) bzw. der Kapitalerhöhung gegen Sacheinlagen (§ 56 GmbHG, § 183 AktG). Dass einer solchen Maßnahme eine Bewertung des einzubringenden Unternehmens vorangeht, liegt schon aus Gründen der Kapitalaufbringung und -erhaltung auf der Hand.

---

[224] Zu den Konsequenzen dieser Unterscheidung siehe den Dritten Hauptteil, 1. Abschnitt, II.

[225] Vorschriften des Steuerrechts und des Insolvenzrechts bleiben außer Betracht, da der Erkenntnisgegenstand dieser Arbeit auf zivil- bzw. wirtschaftsrechtliche Gleichordnungsverhältnisse beschränkt ist. – Zum Anwendungsbereich des Spruchverfahrensgesetzes siehe die Übersicht bei *Fritzsche/Dreier/Verfürth,* S. 154.

[226] BGHZ 9, 157 (159 ff.); 16, 317 (322); 32, 17 (22); 80, 346 (349 f.); ausführlich *Schröer,* S. 26, mwN.

[227] *Winter* in Scholz, GmbHG § 15 Rn. 114b.

3. Bewertungen anlässlich von Verschmelzungen (§§ 2 ff. UmwG)

Eine klassische Strukturmaßnahme, die Anlass für Bewertungsprobleme gibt, ist die Verschmelzung. Gemäß § 20 I UmwG gehen mit einer Verschmelzung das Vermögen und die Verbindlichkeiten des übertragenden Rechtsträgers auf den übernehmenden (Verschmelzung durch Aufnahme, §§ 5 ff UmwG) oder neuen (Verschmelzung durch Neugründung, §§ 36 ff UmwG) Rechtsträger über. Während ersterer erlischt, tritt letzterer im Wege der Universalsukzession (vgl. § 5 I Nr. 2 UmwG) an dessen Stelle. Die Anteilsinhaber des übertragenden Rechtsträgers werden Anteilsinhaber des übernehmenden oder neuen Rechtsträgers.

a) Überprüfung des Umtauschverhältnisses

Der Verschmelzungsvertrag, der von den Vertretungsorganen der beteiligten Gesellschaften abgeschlossen wird, wird nur wirksam, wenn die Anteilsinhaber der beteiligten Rechtsträger ihm durch Beschluss (Verschmelzungsbeschluss) zustimmen (§ 13 I S. 1 UmwG). Bei einer Beteiligung von Aktiengesellschaften bedarf der Verschmelzungsbeschluss der Hauptversammlung einer Mehrheit, die mindestens drei Viertel des bei der Beschlussfassung vertretenen Grundkapitals umfasst (§ 65 I S. 1 UmwG). Der Verschmelzungsvertrag muss u.a. Angaben enthalten zum Umtauschverhältnis der Anteile und gegebenenfalls die Höhe der baren Zuzahlung oder Angaben über die Mitgliedschaft bei dem übernehmenden Rechtsträger (§ 5 I Nr. 3 UmwG). Für die Anteilseigner stellt dies einen ganz zentralen Punkt des Verschmelzungsvertrages dar[228], denn hiervon sind ihre eigenen Vermögensinteressen unmittelbar betroffen.

Bei der Ermittlung des Umtauschverhältnisses ist von dem Grundgedanken auszugehen, dass den Anteilsinhabern der übertragenden Rechtsträger für den Verlust ihrer Anteile eine vermögensmäßig entsprechende Beteiligung am übernehmenden Rechtsträger zu gewähren ist, wobei dadurch weder deren Rechtsstellung noch die der Anteilsinhaber des übernehmenden Rechtsträgers beeinträchtigt werden soll: der Grundsatz der Gleichbehandlung unter sämtlichen Anteilsinhabern aller betroffenen Rechtsträger soll gewahrt werden[229]. Keinem Anteilsinhaber soll also ein Vor- oder Nachteil aus der Verschmelzung entstehen und jeder soll seinen bisherigen relativen Anteil an der Summe der verschmolzenen Vermögensmassen behalten[230]. Um dies sicherzustellen, vertraut das Gesetz nicht nur auf die „Richtigkeitsgewähr"[231] des Vertragsmechanismus bei der Aushandlung des Umtauschverhältnisses. Darüber hinaus ist das Umtauschverhältnis bzw. die Höhe einer anzubietenden Barabfindung Gegenstand sowohl des Verschmelzungsberichtes, der von den Vertretungsorganen der beteiligten Rechtsträgern zu verfassen ist (§ 8 I UmwG),

---

[228] *Lutter* in Lutter, UmwG § 5 Rn. 16; *Schröer* in Semler/Stengel, UmwG § 5 Rn. 18.

[229] AaO, Rn. 18, mwN.

[230] AaO.

[231] AaO.

als auch des Prüfungsberichtes, der von den Verschmelzungsprüfern erstellt wird (§§ 12 II, 9 UmwG). Der Prüfungsbericht ist mit einer Erklärung darüber abzuschließen, ob das vorgeschlagene Umtauschverhältnis der Anteile, gegebenenfalls die Höhe der baren Zuzahlung oder die Mitgliedschaft bei dem übernehmenden Rechtsträger als Gegenwert angemessen ist (§ 12 II S. 1 UmwG). Dabei ist anzugeben, nach welchen Methoden das vorgeschlagene Umtauschverhältnis ermittelt worden ist, aus welchen Gründen die Anwendung dieser Methoden angemessen ist und welches Umtauschverhältnis oder welcher Gegenwert sich bei der Anwendung verschiedener Methoden, sofern mehrere angewandt worden sind, jeweils ergeben würde; zugleich ist darzulegen, welches Gewicht den verschiedenen Methoden bei der Bestimmung des vorgeschlagenen Umtauschverhältnisses oder des Gegenwerts und der ihnen zugrunde liegenden Werte beigemessen worden ist und welche besonderen Schwierigkeiten bei der Bewertung der Rechtsträger aufgetreten sind (§ 12 II S. 2 UmwG).[232]

Treten Streitigkeiten auf hinsichtlich der Frage der Angemessenheit, steht der Rechtsweg offen. Zwar kann gemäß § 14 II UmwG eine Klage gegen die Wirksamkeit des Verschmelzungsbeschlusses eines übertragenden Rechtsträgers nicht darauf gestützt werden, dass das Umtauschverhältnis der Anteile zu niedrig bemessen ist oder dass die Mitgliedschaft bei dem übernehmenden Rechtsträger kein ausreichender Gegenwert für die Anteile oder die Mitgliedschaft bei dem übertragenden Rechtsträger ist. Jedoch eröffnet der Gesetzgeber zur Überprüfung eben dieser Fragen mit § 15 I UmwG das sogenannte Spruchverfahren.

b) Überprüfung der Barabfindung

Eine gerichtliche Nachprüfbarkeit im Wege des Spruchverfahrens ist auch gemäß § 34 i.V.m. § 29 UmwG gegeben. § 29 UmwG gewährt ein Austrittsrecht, wenn der aufnehmende Rechtsträger eine andere Rechtsform hat als der übertragende. Damit trägt der Gesetzgeber der Tatsache Rechnung, dass jede Veränderung der Rechtsform erhebliche Auswirkungen auf die Rechtsstellung des Anteilsinhabers hat und diesem daher eine Mitgliedschaft in dem übernehmenden Rechtsträger nicht ohne weiteres zumutbar ist[233]. In diesem Fall ist gemäß § 29 I S. 1 UmwG eine „angemessene Barabfindung“ anzubieten.

Dasselbe Recht zum Austritt besteht regelmäßig trotz Gleichartigkeit der Rechtsträger, wenn die Anteile an dem übernehmenden Rechtsträger, die an die

[232] Zu den europarechtlichen Vorgaben für die Unternehmensbewertung bei der Verschmelzung, die sich aus der Dritten gesellschaftsrechtlichen Richtlinie (Richtlinie 78/855 EWG) ergeben, vgl. *Gude*, S. 48 ff.

[233] *Grunewald* in Lutter, UmwG § 29 Rn. 2; *Hoffmann-Becking*, ZGR 1990, 487.

Stelle der Anteile an dem übertragenden Rechtsträger treten, Verfügungsbeschränkungen unterworfen sind[234].

Gemäß § 30 I UmwG muss die Barabfindung die Verhältnisse des übertragenden Rechtsträgers im Zeitpunkt der Beschlussfassung über die Verschmelzung berücksichtigen. Die Angemessenheit der Barabfindung ist durch Verschmelzungsprüfer zu prüfen, wobei die §§ 10 bis 12 entsprechend anzuwenden sind (§ 30 II S. 2 UmwG).

4. Die „angemessene Barabfindung" beim Formwechsel (§§ 190 ff. UmwG)

Ein Rechtsträger kann durch Formwechsel eine andere Rechtsform erhalten (§ 190 I UmwG). Charakteristisch für den Formwechsel ist die Identität des Rechtsträgers[235]. So ordnet § 202 I Nr. 1 UmwG an, dass der formwechselnde Rechtsträger in der im Umwandlungsbeschluss bestimmten Rechtsform weiter besteht. Grundsätzlich bleiben auch alle Anteilsinhaber an dem formwechselnden Rechtsträger beteiligt, so dass es an sich zu keiner Veränderung der Eigentumsverhältnisse kommt (§ 202 I Nr. 2 UmwG). Jedoch hat der formwechselnde Rechtsträger jenen Anteilseignern, die gegen den Umwandlungsbeschluss Widerspruch erklärt haben, gemäß § 207 I S. 1 UmwG den Erwerb seiner umgewandelten Anteile oder Mitgliedschaften gegen eine angemessene Barabfindung anzubieten. Kann der Rechtsträger aufgrund seiner neuen Rechtsform eigene Anteile oder Mitgliedschaften nicht erwerben, so ist die Barabfindung für den Fall anzubieten, dass der Anteilsinhaber sein Ausscheiden aus dem Rechtsträger erklärt (§ 207 I S. 2 UmwG).

Die gerichtliche Überprüfung der Barabfindung richtet sich nach § 212 UmwG. Macht ein Anteilseigner geltend, dass eine im Umwandlungsbeschluss bestimmte Barabfindung, die ihm nach § 207 I UmwG anzubieten war, zu niedrig bemessen sei, so hat auf seinen Antrag das Gericht nach den Vorschriften des Spruchverfahrensgesetzes die angemessene Barabfindung zu bestimmen. Hinsichtlich der Einzelheiten verweist § 208 UmwG auf § 30 UmwG.

5. Ausgleich und Abfindung bei Beherrschungs- und Gewinnabführungsverträgen

Durch einen Beherrschungsvertrag unterstellt eine Aktiengesellschaft oder eine Kommanditgesellschaft auf Aktien die Leitung ihrer Gesellschaft einem anderen Unternehmen; durch einen Gewinnabführungsvertrag verpflichtet sich die Gesellschaft, ihren ganzen Gewinn an ein anderes Unternehmen abzuführen (§ 291 I S. 1 AktG). Dabei bildet der Beherrschungsvertrag die Grundlage des vertraglichen Unterordnungskonzerns[236]. In der gesellschaftsrechtlichen Praxis

[234] *Grunewald,* aaO, Rn. 3.
[235] *Decher* in Lutter, UmwG Vor § 190 Rn. 2.
[236] *Krieger,* Münchener Handbuch AG, § 70 Rn. 1.

werden Beherrschungsverträge zumeist mit einem Gewinnabführungsvertrag verbunden (Organschaftsvertrag)[237]. Der Abschluss eines Unternehmensvertrages setzt die Zustimmung der Hauptversammlung voraus, wobei der Beschluss einer Mehrheit bedarf, die mindestens drei Viertel des bei der Beschlussfassung vertretenen Grundkapitals umfasst (§ 293 I S. 1, 2 AktG).

a) Der Ausgleich gemäß § 304 AktG

Ein Gewinnabführungsvertrag muss einen angemessenen Ausgleich für die außenstehenden Aktionäre durch eine auf die Anteile am Grundkapital bezogene wiederkehrende Geldleistung (Ausgleichszahlung) vorsehen (§ 304 I S. 1 AktG). Ein Beherrschungsvertrag muss, wenn die Gesellschaft nicht auch zur Abführung ihres ganzen Gewinns verpflichtet ist, den außenstehenden Aktionären als angemessenen Ausgleich einen bestimmten jährlichen Gewinnanteil nach der für die Ausgleichszahlung bestimmten Höhe garantieren (§ 304 I S. 2 AktG).

Als Formen der Ausgleichszahlung werden der feste Ausgleich und der variable Ausgleich unterschieden[238]. Der gesetzliche Normalfall ist die Zusicherung eines festen Betrags, dessen Bemessung sich an den Ertragsaussichten der Gesellschaft zu orientieren hat (fester Ausgleich, § 304 II S. 1 AktG)[239]. Wenn das herrschende Unternehmen ebenfalls eine Aktiengesellschaft oder Kommanditgesellschaft auf Aktien ist, kann stattdessen auch der Betrag garantiert werden, der bei einer den Wertverhältnissen der Aktien entsprechenden Umrechnung auf die Aktien des herrschenden Unternehmens jeweils als Gewinnanteil entfällt (variabler Ausgleich, § 304 II S. 2 u. 3 AktG)[240]. Die Angemessenheit der Umrechnung bestimmt sich hierbei nach dem Verhältnis, in dem bei einer Verschmelzung auf eine Aktie der Gesellschaft Aktien der anderen Gesellschaft zu gewähren wären (§ 304 II S. 3 AktG). Die auf eine Aktie der Obergesellschaft entfallende Dividende ist also entsprechend dem Wertverhältnis zwischen einer Aktie des herrschenden Unternehmens und einer Aktie der abhängigen Gesellschaft zu erhöhen oder zu vermindern[241]. Erforderlich ist dafür die Durchführung einer Unternehmensbewertung für beide Gesellschaften[242].

b) Die Abfindung gemäß § 305 AktG

Außer der Verpflichtung zum Ausgleich nach § 304 AktG muss ein Beherrschungs- oder ein Gewinnabführungsvertrag gemäß § 305 I AktG die

---

[237] *Krieger*, aaO.
[238] *Krieger*, aaO, Rn. 66; *Lutter/Drygala*, AG 1995, 49 ff.
[239] *Krieger*, aaO, Rn. 67, 69 ff.
[240] *Krieger*, aaO Rn. 67, 76 ff.
[241] *Krieger*, aaO Rn. 76.
[242] *Krieger*, aaO.

Verpflichtung des anderen Vertragsteils enthalten, auf Verlangen eines außenstehenden Aktionärs dessen Aktien gegen eine im Vertrag bestimmte angemessene Abfindung zu erwerben. Gemäß § 305 II S. 1 AktG kommen als angemessene Abfindung die Gewährung eigener Aktien oder eine Barabfindung in Betracht. Werden als Abfindung Aktien einer anderen Gesellschaft gewährt, so ist die Abfindung als angemessen anzusehen, wenn die Aktien in dem Verhältnis gewährt werden, in dem bei einer Verschmelzung auf eine Aktie der Gesellschaft Aktien der anderen Gesellschaft zu gewähren wären, wobei Spitzenbeträge durch bare Zuzahlungen ausgeglichen werden können (§ 305 III S. 1 AktG). § 305 II S. 2 AktG statuiert, dass die angemessene Barabfindung die „Verhältnisse der Gesellschaft im Zeitpunkt der Beschlussfassung ihrer Hauptversammlung über den Vertrag berücksichtigen" muss.

c) Kontrollmechanismen

§ 293 a I S. 1 AktG sieht vor, dass der Vorstand jeder an einem Unternehmensvertrag beteiligten Aktiengesellschaft oder Kommanditgesellschaft auf Aktien, soweit die Zustimmung der Hauptversammlung nach § 293 AktG erforderlich ist, einen ausführlichen schriftlichen Bericht zu erstatten hat, in dem der Abschluss des Unternehmensvertrags, der Vertrag im einzelnen und insbesondere Art und Höhe des Ausgleichs nach § 304 AktG und der Abfindung nach § 305 AktG rechtlich und wirtschaftlich erläutert und begründet werden. Gemäß § 293 b I AktG ist der Unternehmensvertrag regelmäßig für jede vertragsschließende Aktiengesellschaft oder Kommanditgesellschaft auf Aktien durch einen oder mehrere sachverständige Prüfer (Vertragsprüfer) zu prüfen.

Gemäß § 293 e I AktG ist der Prüfungsbericht mit einer Erklärung darüber abzuschließen, ob die vorgeschlagene Abfindung angemessen ist. Dabei ist – wie bei § 12 UmwG – anzugeben, nach welchen Methoden die Abfindung ermittelt worden ist, aus welchen Gründen die Anwendung dieser Methoden angemessen ist und welche Abfindung sich gegebenenfalls bei der Anwendung verschiedener Methoden jeweils ergeben würde. Zugleich ist darzulegen, welches Gewicht den verschiedenen Methoden bei der Bestimmung der vorgeschlagenen Abfindung und der ihnen zugrunde liegenden Werte beigemessen worden ist und welche besonderen Schwierigkeiten bei der Bewertung aufgetreten sind. Eine gesetzliche Festlegung auf bestimmte Methoden besteht dabei nicht.[243]

Ist der im Vertrag bestimmte Ausgleich nicht angemessen oder sieht der Vertrag überhaupt keine oder eine § 305 I, II, III AktG nicht entsprechende Abfindung vor, so hat das in § 2 SpruchG bestimmte Gericht auf Antrag den vertraglich geschuldeten Ausgleich bzw. die vertraglich zu gewährende

---

243 Zur Regelung von § 293 e AktG und § 12 UmwG als vermeintlichem Argument gegen die Zugrundelegung von Börsenkursen siehe Dritter Hauptteil, 2. Abschnitt, I. 1. a) aa).

Abfindung zu bestimmen (§§ 304 III S. 3, 305 V S. 2 AktG). Dabei hat das Gericht in den Fällen des § 305 II Nr. 2 AktG, wenn der Vertrag die Gewährung von Aktien der herrschenden oder mit Mehrheit beteiligten Gesellschaft vorsieht, das Verhältnis, in dem diese Aktien zu gewähren sind, wenn der Vertrag nicht die Gewährung von Aktien der herrschenden oder mit Mehrheit beteiligten Gesellschaft vorsieht, die angemessene Barabfindung zu bestimmen.

6. Die „angemessene Abfindung" bei der Eingliederung (§§ 319 ff. AktG)

Gemäß § 319 I AktG kann die Hauptversammlung einer Aktiengesellschaft die Eingliederung der Gesellschaft in eine andere Aktiengesellschaft mit Sitz im Inland (Hauptgesellschaft) beschließen. Voraussetzung hierfür ist, dass sich Aktien der Gesellschaft, auf die zusammen 95 Prozent des Grundkapitals entfallen, in der Hand der zukünftigen Hauptgesellschaft befinden (§ 320 I S. 1 AktG). Mit der Eintragung der Eingliederung in das Handelsregister gehen alle Aktien, die sich nicht in der Hand der Hauptgesellschaft befinden, auf diese über (§ 320 a S. 1 AktG).

§ 320 b AktG regelt die Details der Entschädigung: Danach haben die ausgeschiedenen Aktionäre Anspruch auf eine angemessene Abfindung (S. 1). Als Abfindung sind ihnen eigene Aktien der Hauptgesellschaft zu gewähren (S. 2). Ist die Hauptgesellschaft eine abhängige Gesellschaft, so sind den ausgeschiedenen Aktionären nach deren Wahl eigene Aktien der Hauptgesellschaft oder eine angemessene Barabfindung zu gewähren (S. 3). Werden als Abfindung Aktien der Hauptgesellschaft gewährt, so ist die Abfindung als angemessen anzusehen, wenn die Aktien in dem Verhältnis gewährt werden, in dem bei einer Verschmelzung auf eine Aktie der Gesellschaft Aktien der Hauptgesellschaft zu gewähren wären, wobei Spitzenbeträge durch bare Zuzahlungen ausgeglichen werden können (S. 4). Die Barabfindung muss die Verhältnisse der Gesellschaft im Zeitpunkt der Beschlussfassung ihrer Hauptversammlung über die Eingliederung berücksichtigen (S. 5).

Die Art und Höhe der Abfindung ist im Eingliederungsbericht des Vorstands rechtlich und wirtschaftlich zu erläutern und zu begründen (§ 320 IV S. 2 AktG). Die Eingliederung ist durch einen oder mehrere sachverständige Prüfer (Eingliederungsprüfer) zu prüfen (§ 320 III S.1, 2 AktG). Ist die angebotene Abfindung nicht angemessen, so hat gemäß § 320 b II S. 2 AktG das in § 2 SpruchG bestimmte Gericht die Abfindung zu bestimmen.

7. Die „angemessene Barabfindung" beim Squeeze-Out (§§ 327 a ff. AktG, §§ 39 a f. WpÜG)

Gemäß § 327 a AktG kann ein Hauptaktionär, dem mindestens 95 Prozent des Grundkapitals einer Aktiengesellschaft oder Kommanditgesellschaft auf Aktien gehören, durch Beschluss der Hauptversammlung die verbleibenden Aktien der Minderheitsaktionäre erwerben. Mit der Eintragung des Übertragungsbeschlusses in das Handelsregister gehen alle Aktien der Minderheitsaktionäre auf den Hauptaktionär über (§ 327 e III S. 1 AktG).

Den Minderheitsaktionären ist im Gegenzug eine „angemessene Barabfindung" zu gewähren (§ 327 a I S. 1 AktG). Sie wird vom Hauptaktionär der Höhe nach festgelegt und muss nach dem Wortlaut des Gesetzes „die Verhältnisse der Gesellschaft im Zeitpunkt der Beschlussfassung ihrer Hauptversammlung berücksichtigen" (§ 327 b I S. 1 AktG). Die Angemessenheit der Barabfindung ist durch einen oder mehrere sachverständige Prüfer zu prüfen (§ 327 c II S. 2 AktG). Hinsichtlich der Einzelheiten verweist § 327 c II S. 4 auf die o.g. Vorschriften, die bei Unternehmensverträgen einschlägig sind.

§ 327 f AktG regelt die gerichtliche Nachprüfung der Abfindung. Ist sie nicht angemessen, so hat das in § 2 SpruchG bestimmte Gericht auf Antrag die angemessene Barabfindung zu bestimmen.

Eine gesetzliche Vermutung für die Angemessenheit der Abfindung im Fall des Squeeze-Out schuf der Gesetzgeber durch § 39 a WpÜG[244]. Die Vorschrift, die im Zuge der Umsetzung der EU-Übernahmerichtlinie[245] eingeführt wurde, gibt einem Bieter, dem nach einem Übernahme- oder Pflichtangebot Aktien der Zielgesellschaft in Höhe von mindestens 95 Prozent des stimmberechtigten Grundkapitals gehören, das Recht, sich die übrigen stimmberechtigten Aktien durch Gerichtsbeschluss übertragen zu lassen. Der diesbezüglich erforderliche Antrag auf Übertragung der Aktien muss innerhalb von drei Monaten nach Ablauf der Annahmefrist gestellt werden. Die Art der Abfindung hat der Gegenleistung des Übernahme- oder Pflichtangebotes zu entsprechen, wobei eine Geldleistung stets wahlweise anzubieten ist. Die im Rahmen des Übernahme- oder Pflichtangebotes gewährte Gegenleistung gilt dabei als angemessene Abfindung, wenn der Bieter aufgrund des Angebotes Aktien in Höhe von mindestens 90 Prozent des vom Angebot betroffenen Grundkapitals erworben hat.[246]

8. Die angemessene Gegenleistung beim Sell-Out (§ 39 c WpÜG)

Ebenfalls im Zuge der Umsetzung der EU-Übernahmerichtlinie[247] schuf der deutsche Gesetzgeber mit § 39 c WpÜG ein Andienungsrecht für Minderheitsaktionäre (sogenanntes „Sell-Out")[248]. Danach haben Minderheitsaktionäre

---

[244] Eingefügt durch Art. 1 Nr. 17 des Gesetzes vom 08. Juli 2006, BGBl. I 1426.

[245] Richtlinie 2004/25/EG des Europäischen Parlaments und des Rates vom 21. April 2004 betreffend Übernahmeangebote; ABl. Nr. L 142/12 vom 30. April 2004, Art. 15 und 16.

[246] Das englische Recht arbeitet schon seit langem mit einer solchen sogenannten *Fairness Presumption* (siehe hierzu im Zweiten Hauptteil, 2. Abschnitt, II.).

[247] Richtlinie 2004/25/EG des Europäischen Parlaments und des Rates vom 21. April 2004 betreffend Übernahmeangebote; ABl. Nr. L 142/12 vom 30. April 2004, Art. 15 und 16.

[248] Ebenfalls eingefügt durch Art. 1 Nr. 17 des Gesetzes vom 08. Juli 2006, BGBl. I 1426.

das Recht, nach einem erfolgreichen Übernahmeangebot die von ihnen noch gehaltenen Anteile an den neuen Mehrheitsaktionär zu veräußern.

Die Regelung soll dazu beitragen, die verbliebenen Aktionäre vor einem Missbrauch der beherrschenden Stellung des Mehrheitsaktionärs zu schützen. So soll sichergestellt werden, dass die Minderheitsaktionäre einerseits nicht gezwungen sind, ihre Anteile an der Zielgesellschaft schon im Rahmen des Angebotsverfahrens an den Bieter und späteren Mehrheitsaktionär zu verkaufen, um überhaupt eine Ausstiegsoption zu haben, sie andererseits aber auch bei einem späteren Verkauf ihrer Anteile an den Bieter immer noch einen angemessenen Preis erhalten. Letzteres kann im Falle eines nach einem Übernahmeangebot illiquide gewordenen Marktes bei einer Veräußerung über die Börse schwierig sein.[249]

Hinsichtlich der Voraussetzungen des Andienungsrechts hat sich der deutsche Gesetzgeber entschieden, eng an die Squeeze-Out-Regelung anzuknüpfen, wie sie in § 39 a WpÜG statuiert wurde. So können nach Maßgabe des Gesetzes die Minderheitsaktionäre das Angebot innerhalb von drei Monaten nach Ablauf der Annahmefrist annehmen, sofern der Bieter berechtigt ist, einen Antrag nach § 39 a WpÜG zu stellen. Demnach ist auch in diesem Kontext entscheidend, dass dem Bieter im Anschluss an das Übernahme- oder Pflichtangebot 95 Prozent des stimmberechtigten Grundkapitals gehören[250]. In der Rechtsfolge ergibt sich, dass die Minderheitsaktionäre ihre Aktien zu denselben Konditionen veräußern können, die für das Übernahme- oder Pflichtangebot gegolten haben. Der Bieter muss also für die Anteile eine gleich hohe Gegenleistung aufbringen, wie jene, die er schon den anderen Aktionären im Rahmen des Übernahme- oder Pflichtangebotes gewährt hat[251].

Auch in diesem Kontext orientieren sich folglich Gesetz- und Richtliniengeber an einem Marktpreis, der bereits vom Bieter wie auch von den veräußernden Aktionären für angemessen befunden worden ist.

---

[249] Zur Begründung für die Sell-Out-Regelung siehe schon die Empfehlung der Hochrangigen Gruppe von Experten auf dem Gebiet des Gesellschaftsrechts über die Abwicklung von Übernahmeangeboten vom 10. Januar 2002, *http://www.europa.eu.int/comm/internal_market/en/company/company/news/hlg012002_de.pdf*, kurz: „Winter-Bericht", S. 72 f.

[250] Als Voraussetzungen für das Andienungsrecht konnten die EU-Mitgliedstaaten alternativ wie kumulativ bestimmen, dass der Bieter nach einem Übernahmeangebot 90 oder 95 Prozent des stimmberechtigten Kapitals und der Stimmrechte der Zielgesellschaft halten muss oder dass der Bieter durch Annahme des Angebots Wertpapiere erworben oder sich zu deren Erwerb vertraglich verpflichtet hat, die mindestens 90 Prozent des stimmberechtigten Kapitals und der Stimmrechte entsprechen, die Gegenstand des Angebotes waren, also von dem Bieter oder ihm zuzurechnenden Personen bei Abgabe des Angebots noch nicht gehalten werden. (Art. 16 II i.V.m. Art. 15 II Unterabs. 1 Satz 2 lit. b) der Richtlinie)

[251] Zum Zusammenspiel von Übernahmeangebot und Pflichtangebot siehe auch Art. 16 III i.V.m. Art. 15 V der Richtlinie.

9. Sonderproblem *Delisting*

Der Begriff *Delisting* beschreibt den Rückzug einer Aktiengesellschaft aus dem Amtlichen Handel und dem geregelten Markt an allen Börsen[252]. Hierdurch wird dem Aktionär die Möglichkeit genommen, den Wert seiner Aktien jederzeit durch Veräußerung zu realisieren. Für die Minderheits- und Kleinaktionäre, deren Engagement bei einer Aktiengesellschaft allein in der Wahrnehmung von Anlageinteressen besteht, bringt der Wegfall des Marktes wirtschaftlich gravierende Nachteile mit sich, die auch nicht durch die Einbeziehung der Aktien in den Freihandel ausgeglichen werden können[253]. Der Verkehrswert und die jederzeitige Möglichkeit seiner Realisierung aber sind Eigenschaften, die wie das Aktieneigentum selbst verfassungsrechtlichen Schutz genießen (Art. 14 I GG)[254].

Vor diesem Hintergrund erklärt der BGH einerseits, dass ein Delisting nur mit Zustimmung der Hauptversammlung, nicht aber allein durch die Geschäftsleitung herbeigeführt werden kann[255]. Des weiteren verlangt er zur Sicherstellung eines hinreichenden Schutzes der Minderheitsaktionäre, dass jenen mit dem Beschlussantrag ein Angebot über den Kauf ihrer Aktien durch die Gesellschaft oder durch den Großaktionär vorgelegt wird[256]. Als Form der gerichtlichen Überprüfung des angebotenen Preises erklärt der BGH die Regeln des Spruchverfahrens für anwendbar[257].

Nach der *Rhenag*-Entscheidung des OLG Düsseldorf[258] gelten dieselben Grundsätze auch beim sogenannten „kalten Delisting", d.h. der Aufspaltung einer Aktiengesellschaft bei gleichzeitigem Wegfall der Börsennotierung der übertragenen Gesellschaft. Den Minderheitsaktionären ist daher auch in diesem Falle ein Abfindungsangebot für ihre Aktien zu unterbreiten, dessen Angemessenheit im Rahmen eines Spruchverfahrens überprüft werden kann.

10. Die „angemessene Gegenleistung" i.S.v. § 31 WpÜG

Das WpÜG unterscheidet zwischen (freiwilligen) Erwerbsangeboten, Übernahmeangeboten und Pflichtangeboten. Während bei (freiwilligen) Erwerbsangeboten der Bieter hinsichtlich der Gegenleistung frei ist[259], gilt bei Übernahmeangeboten und Pflichtangeboten § 31 WpÜG (bei Pflichtangeboten über § 39 WpÜG). Danach hat der Bieter den Aktionären eine „angemessene Gegenleistung" anzubieten. Zwar besteht in diesen Fällen kein rechtlicher

---

[252] BGH NJW 2003, 1032 (1034) – *Macrotron.*
[253] AaO.
[254] AaO.
[255] AaO.
[256] AaO, S. 1035.
[257] AaO.
[258] ZIP 2005, 300 ff.
[259] Hierzu im einzelnen *Mielke* in Beckmann/Kersting/Mielke, Rn. B 7.

Zwang zur Desinvestition. Ein tatsächlicher oder erwarteter Wechsel in den Herrschaftsverhältnissen einer Gesellschaft kann aber gleichwohl ein Bedürfnis nach einem Ausstieg hervorrufen. Vor diesem Hintergrund ist es verständlich, dass der Gesetzgeber den anzubietenden Preis nicht allein in das Ermessen des Bieters stellt.

Übernahmeangebote sind Angebote, die auf einen Kontrollerwerb gerichtet sind (§ 29 I WpÜG). Kontrolle in diesem Sinne ist das Halten von mindestens 30 Prozent der Stimmrechte an der Zielgesellschaft (§ 29 II WpÜG). Wer die Kontrolle in diesem Sinne über eine Zielgesellschaft erlangt hat, ohne vorher ein Übernahmeangebot abgegeben zu haben, muss ein Pflichtangebot abgeben (§ 35 WpÜG). Bei der Bestimmung der Angemessenheit der Gegenleistung sind grundsätzlich der durchschnittliche Börsenkurs der Aktien der Zielgesellschaft und Erwerbe von Aktien der Zielgesellschaft durch den Bieter, mit ihm gemeinsam handelnder Personen oder deren Tochterunternehmen zu berücksichtigen (§ 31 I S. 2 WpÜG). § 3 WpÜG-AngebotsVO spezifiziert diese Vorgabe dahingehend, dass die Gegenleistung den nach den §§ 4 bis 6 WpÜG-AngebotsVO festgelegten Mindestwert nicht unterschreiten darf. Als Mindestwert kommen dabei – jeweils bezogen auf den maßgeblichen Dreimonatszeitraum – in Betracht: die höchste vom Bieter (…) bei Vorerwerben gewährte oder vereinbarte Gegenleistung (§ 4 WpÜG-AngebotsVO), der gewichtete durchschnittliche inländische Börsenkurs der Aktien der Zielgesellschaft (§ 5 WpÜG-AngebotsVO) und der durchschnittliche Börsenkurs, der an einem ausländischen organisierten Markt i.S.v. § 2 VII WpÜG festgestellt worden ist (§ 6 WpÜG-AngebotsVO). Die Gegenleistung hat in einer Geldleistung in Euro oder in liquiden Aktien zu bestehen, die zum Handel an einem organisierten Markt zugelassen sind (§ 31 II S. 1 WpÜG).

In Ausnahmefällen sieht der Verordnungsgeber von der Orientierung am Börsenkurs ab und ordnet an, dass die Bemessung der Gegenleistung auf der Grundlage einer Bewertung der Zielgesellschaft zu erfolgen hat. Dies ist gemäß § 5 IV WpÜG-AngebotsVO der Fall, wenn für die Aktien der Zielgesellschaft während der letzten drei Monate vor der maßgeblichen Angebotsveröffentlichung an weniger als einem Drittel der Börsentage Börsenkurse festgestellt worden sind und mehrere nacheinander festgestellte Börsenkurse um mehr als 5 Prozent voneinander abweichen. § 6 VI WpÜG-AngebotsVO erstreckt den Anwendungsbereich dieser Norm auch auf ausländische Börsenkurse. Gemäß § 7 WpÜG-AngebotsVO sind die §§ 5 und 6 WpÜG-AngebotsVO entsprechend anzuwenden, wenn die vom Bieter angebotene Gegenleistung in Aktien besteht.

11. Zwischenergebnis

Abgesehen von den Vorschriften des WpÜG, die ausdrücklich auf den Börsenkurs Bezug nehmen, beschränkt sich der deutsche Gesetzgeber darauf, einen Anspruch auf eine „angemessene" Entschädigung zu statuieren. Feste

Regeln für die Ermittlung des Unternehmenswertes hat er – etwa im Gegensatz zum französischen Gesetzgeber[260] – nicht aufgestellt. Damit kann die Rechtsprechung auch neueren Entwicklungen in der Unternehmensbewertung Rechnung tragen, ohne legislative Fesseln sprengen zu müssen[261]. Auch eine weitestgehende Orientierung der Bewertung am Börsenkurs ist möglich[262]. Welche Entwicklung die Praxis der Rechtsanwendung gemacht hat, soll im folgenden dargestellt werden.

III. Praxis der Rechtsprechung und Stimmen der Literatur

1. Bewertung bei Personengesellschaften

Im Recht der Personengesellschaften bekennt sich die Rechtsprechung[263] teilweise ausdrücklich dazu, bei Bewertungen den „Verkehrswert" zu ermitteln. So heißt es etwa in der BGH-Entscheidung vom 20. September 1971[264], es sei „bei einem lebensfähigen Unternehmen im allgemeinen der Wert zugrunde zu legen, der sich bei einem Verkauf des Unternehmens als Einheit ergeben würde". Sofern der Begriff des „wahren" oder „inneren" Wertes fällt, dann im Personengesellschaftsecht regelmäßig in Abgrenzung zu jenem Wert, der sich als Summe aus den Buchwerten der Bilanz ergibt. Es wird damit zum Ausdruck gebracht, dass stille Reserven und Goodwill zu berücksichtigen sind.

Dem ist uneingeschränkt zuzustimmen. Denn auch bei einer freiwilligen Veräußerung des Unternehmens würden Käufer und Verkäufer bei der Kaufpreisermittlung die stillen Reserven und den Goodwill als wertbildende Faktoren berücksichtigen. Ebenfalls Zustimmung verdient die Rechtsprechung, soweit sie sich bei der Bewertung von einem fiktiven Verkauf des Unternehmens leiten lässt. Damit macht sie klar, dass sie sich an den Gesetzen des Marktes orientiert.

Es gibt allerdings auch negative Beispiele wie die Entscheidung des BGH vom 17. Januar 1973[265]. Dort wird zwar im Tenor richtigerweise die Zugrundelegung des Liquidationswertes bei einem fortzuführenden Unternehmen abgelehnt. An anderer Stelle heißt es jedoch: „Es gibt für Handelsunternehmen wegen ihrer individuellen Verschiedenheit keinen Markt, auf dem sich ein Preis bilden könnte." Diese Feststellung bildet für das Gericht den Ausgangspunkt, um zu betriebswirtschaftlichen Bewertungsmethoden Stellung zu beziehen, die quasi als Ersatz für den Marktwert angesehen werden.

---

[260] Siehe hierzu den Zweiten Hauptteil, 1. Abschnitt, II. 4.

[261] Vgl. BGH WM 1978, 401 (405) = BGHZ 71, 40 (51); zum Fehlen gesetzlicher Vorgaben für die Bewertung speziell bei der Bestimmung des angemessenen Umtauschverhältnisses vgl. *Hoffmann-Becking*, ZGR 1990, 482 (483).

[262] Vgl. im einzelnen: *Gude*, S. 60, 67, 73, 89, 100, 106, 110, 140; siehe dort auch S. 140 ff. zum Erfordernis der Einheitlichkeit der Bewertungsmaßstäbe.

[263] Vgl. schon RG DR 41, 1301; BGH WM 1971, 1450 (1450); BGH NJW 1974, 312.

[264] BGH WM 1971, 1450 (1450); siehe bereits 1. Abschnitt, VI.

[265] WM 1973, 306 (306).

Es fallen die Begriffe „Substanzwert“, „Ertragswert“ und „End- oder Gesamtwert“ als Verbindung der beiden vorgenannten Methoden. – Das Urteil bildet damit ein Beispiel dafür, dass häufig nicht hinreichend differenziert wird zwischen dem eigentlichen Bewertungsziel (Ermittlung des Marktwertes) und den zu seiner Ermittlung verwandten Bewertungsmitteln (Auswahl geeigneter Bewertungsmethoden, die im gegebenen Sachverhalt auch bei einem privatautonomen Veräußerungsakt angewandt worden wären und Durchführung der Bewertung).

2. Bewertung bei Gesellschaften mit beschränkter Haftung

Auch beim Ausschluss aus einer GmbH gilt: Soweit nicht zulässigerweise durch Gesellschaftsvertrag oder Einvernehmen der Beteiligten eine anderweitige Regelung getroffen wurde, bemisst sich in diesen Fällen die Abfindung nach dem „Verkehrswert“ des Geschäftsanteils[266].

3. Bewertung bei börsennotierten Aktiengesellschaften

Bei börsennotierten Aktiengesellschaften steht neben anderen Bewertungskonzepten der Börsenkurs als Bewertungsinstrument zur Verfügung. Welche Bedeutung ihm tatsächlich zukommen soll, beschäftigt Theorie und Praxis seit Jahrzehnten.

a) Die *Feldmühle*-Entscheidung als Ausgangspunkt der Debatte

Bereits im Jahre 1962 war das Bundesverfassungsgericht mit der Abfindung von Minderheitsaktionären bei Unternehmensumwandlungen befasst. In seinem *Feldmühle*-Urteil erklärte es auf die Vorlage des Amtsgerichts Düsseldorf hin die §§ 9, 12, 15 UmwG a.F. als mit der Gewährleistung des Art. 14 GG für vereinbar und bescheinigte dem Gesetzgeber, er habe dafür Vorsorge getroffen, dass die zum Ausscheiden gezwungenen Aktionäre für den Verlust ihrer Rechtsposition wirtschaftlich „voll entschädigt“ würden[267]. Unter einer „vollen Abfindung“ sei das zu verstehen, was die „gesellschaftsrechtliche Beteiligung an dem arbeitenden Unternehmen wert“ sei[268].

Diese beiden Formulierungen enthalten zwar selbst weder eine positive, noch eine negative Stellungnahme zur Bedeutung des Börsenkurses als Abfindungsgrundlage. Gleichwohl bilden sie den Ausgangspunkt der Diskussion, denn sowohl Befürworter, als auch Gegner des Börsenkurses nehmen für sich in Anspruch, eben diesen verfassungsgerichtlichen Vorgaben Rechnung zu tragen.

---

266 Ausdrücklich *Zätzsch* in Müller/Hense, GmbH-Handbuch, § 13 Rn. 120; vgl. BGHZ 9, 157 (168); 16, 317 (322); 116, 359 (370).
267 BVerfGE 14, 263 (283 ff.).
268 BVerfGE aaO, 284.

b) Mitte der 60er Jahre: Oberlandesgericht Hamm v. Kammergericht Berlin

Mitte der sechziger Jahre tritt der Konflikt über die Bedeutung des Börsenkurses in zwei (genauer gesagt: drei) Beschlüssen zutage. Zu beantworten ist die Frage nach der „angemessenen Abfindung“ i.S.v. § 12 UmwG bei der Umwandlung einer börsennotierten Aktiengesellschaft. Das Oberlandesgericht Hamm befürwortet eine Orientierung der Abfindung am Börsenkurs. Das Kammergericht Berlin vertritt die Gegenansicht.

Das Oberlandesgericht Hamm betont, dass eine Aktie nicht nur eine Beteiligung an einem Unternehmen sei, von dessen Wert sie bestimmt würde. Darüber hinaus trüge sie eigene Wertbildungsfaktoren in sich. Der Börsenkurs würde aufgrund von Angebot und Nachfrage ermittelt und sei der Preis, der sich im Verkehr für die einzelne Aktie bilde. Da an der Börse zugelassene Wertpapiere mindestens zu diesem Kurs gehandelt würden, sei er dem Verkehrswert der Aktie in aller Regel zugrunde zu legen. Von dieser Vorstellung gehe auch die Gesetzgebung aus; denn in verschiedenen Vorschriften sei bestimmt, dass ein Gegenstand, der einen Markt- oder Börsenpreis habe, von Dritten zu diesem Preis verkauft werden müsse: §§ 385[269], 1221[270], 1235 II[271], 1295 BGB[272], § 821 ZPO[273], §§ 373 II[274], 376 II[275] HGB (...); gehörten Aktien zum Nachlass, würde ihr Börsenkurs auch für die Berechnung des Pflichtteils zugrunde gelegt. Eine „angemessene Abfindung“ im Sinne einer „vollen Entschädigung“ sei so zu bemessen, dass durch die Umwandlung vermögensmäßig gesehen der übernehmende Hauptgesellschafter keine Vorteile und die ausscheidenden Aktionäre keine Nachteile hätten. Wäre dem Hauptgesellschafter durch das Gesetz nicht die Möglichkeit eröffnet worden, die ihm noch nicht gehörenden Aktien im Wege der Umwandlung zu erwerben, hätte er sie nicht unter Börsenkurs kaufen können und die ausgeschiedenen Aktionäre hätten mindestens diesen Preis erhalten. Hieraus folge, dass dieser Kurs der Aktie die Mindesthöhe der Entschädigung darstelle. Lediglich Zufälligkeiten und spekulative Einflüsse, die den Kurs beeinflusst hätten weil die Umwandlung bevorstand, seien auszuschalten.[276]

---

[269] Freihändiger Verkauf zum „Börsen- oder Marktpreis“ nach Androhung der Versteigerung im Falle vorangegangener Hinterlegung.

[270] Freihändiger Verkauf zum „Börsen- oder Marktpreis“ nach Androhung der Versteigerung im Falle vorangegangener Verpfändung.

[271] Bei Existenz eines „Börsen- oder Marktpreises“: Verweis auf § 1221 BGB.

[272] Bei Existenz eines „Börsen- oder Marktpreises“ freihändiger Verkauf von Orderpapieren nach § 1221 BGB.

[273] Verkauf von gepfändeten Wertpapieren, wenn sie einen „Börsen- oder Marktpreis“ haben, „aus freier Hand zum Tageskurse“.

[274] Verkauf einer Ware zum „Börsen- oder Marktpreis“ bei Annahmeverzug des Käufers.

[275] Unterschied zwischen Kaufpreis und „Börsen- oder Marktpreis“ als Schadensersatz.

[276] OLG Hamm, Beschluss vom 23. Januar 1963 = AG 1963, 218 (218 f.); an diesen Grundsätzen festhaltend: Beschluss vom 15. Mai 1963 = AG 1964, 41 f.

Dem widerspricht das Kammergericht in seinem Beschluss vom 28. April 1964. Entgegen der Ansicht des Klägers, der sich die Auffassung des Oberlandesgerichts Hamm zueigen gemacht hatte, urteilte das Kammergericht, der Börsenkurs dürfe bei der Feststellung der Abfindung nach § 12 UmwG nicht berücksichtigt werden und zwar auch nicht als Hilfsgröße. Als Gründe führt es an: Der „Abfindungskurs" sei abhängig von dem Zeitpunkt der Umwandlung und der herrschenden Markttendenz. Würde die Umwandlungsbekanntgabe in eine Haussezeit fallen, so wäre der Abfindungskurs ungleich höher, als wenn sie in eine Baissezeit fallen würde. Wieso der Wert einer deutschen Aktiengesellschaft abhängig sei von der Gesundheit eines verantwortlichen Politikers oder einer kriegerischen Auseinandersetzung in einem entfernten Kontinent, sei nicht einzusehen. Erinnert wird an den Kurssturz bei den sogenannten Berlinwerten nach dem Ultimatum Chruschtschows vom 27. November 1957, Berlin neutralisieren zu wollen. Dadurch sei der Wert der Berliner Aktiengesellschaften nicht im geringsten beeinträchtigt worden. Die angemessene Abfindung i.S.v. § 12 UmwG sei deshalb unabhängig vom Börsenkurs der betreffenden Aktie festzusetzen. Dies müsse nicht nur gelten, wenn der Börsenkurs niedriger als der objektive Wert des Unternehmens sei, sondern auch, wenn er höher sei.[277]

c) Das Grundsatzurteil des Bundesgerichtshofes vom 30. März 1967

Als Revisionsinstanz hatte am 30. März 1967 der BGH über die Auslegung von § 12 UmwG zu befinden. Dabei macht er folgende Aussagen[278]: „Die volle Abfindung gewährleisten die Grundsätze, die Rechtsprechung und Schrifttum zur Abfindung eines aus einer Personalgesellschaft ausscheidenden Gesellschafters entwickelt haben. Danach ist nicht der Schmelz- (Liquidations-) Wert, sondern der Wert des Unternehmens als lebende wirtschaftliche Einheit zu ermitteln. Stille Reserven sind aufzulösen, der innere Geschäftswert (...) ist zu berücksichtigen. Nicht die Buchwerte, sondern die wahren Werte sind anzusetzen. Dabei ist der Wert zu ermitteln, der sich bei einer möglichst vorteilhaften Verwertung des Gesellschaftsvermögens im ganzen ergeben würde."

Dem Börsenkurs misst das Gericht dagegen keinerlei Bedeutung bei[279]: „Der Börsenkurs kann sich mit dem wahren Wert der Aktien decken, er kann aber auch niedriger oder höher sein. Er ergibt sich aus dem im Augenblick der Kursbildung vorhandenen Verhältnis von Angebot und Nachfrage, das von der Größe oder Enge des Marktes, von zufallsbedingten Umsätzen, von spekulativen Einflüssen und sonstigen nicht wertbezogenen Faktoren wie politischen Ereignissen, Gerüchten, Informationen, psychologischen Momenten oder einer allgemeinen Tendenz abhängt. Außerdem unterliegt der Börsenkurs unbe-

277 KG Berlin, AG 1964, 217 (219 f.).
278 AG 1967, 264.
279 AaO.

rechenbaren Schwankungen und Entwicklungen (…). Das schließt es aus, der Berechnung der angemessenen Abfindung den Börsenkurs zugrunde zu legen."

Diese Worte prägten die Rechtsprechung bis Ende der neunziger Jahre[280].

d) Die Entscheidung *März/EKU* als Wegbereiter

Gewissermaßen den Wegbereiter für die Wende in Richtung einer Anerkennung des Börsenkurses als Abfindungsgrundlage bildet die Entscheidung *März/EKU* des Bayerischen Obersten Landesgerichts vom 29. September 1998.[281]

Die EKU AG hatte durch einen Beherrschungs- und Gewinnabführungsvertrag die Leitung ihrer Geschäfte der März AG unterstellt und sich verpflichtet, an diese ihren ganzen Gewinn abzuführen. Gestützt auf ein Privatgutachten auf der Grundlage des Ertragswertverfahrens bot die März AG im Unternehmensvertrag 1625 DM als Abfindung an. Der Börsenkurs lag bei ca. 2300 DM[282].

In dem Spruchverfahren kam das Bayerische Oberste Landesgericht zu dem Ergebnis, dass das Privatgutachten als Entscheidungsgrundlage nicht geeignet sei. Aus diesen Gründen wäre an sich die Einholung eines neuen Bewertungsgutachtens erforderlich gewesen, so das Gericht. Dies war jedoch nicht möglich. Denn zu der in derartigen Fällen üblichen Vereinbarung über die Sachverständigenvergütung (§ 7 ZSEG), nach der die Vertragsteile des Unternehmensvertrages die erhöhten Kosten übernehmen, kam es nicht, da die beteiligten Unternehmen ihre Zustimmung hierzu verweigert hatten. Die Gutachterkosten den Antragstellern aufzubürden, wäre unzumutbar gewesen. Deshalb dürfe aber der Senat nicht von der Entscheidung über eine angemessene Barabfindung absehen, so das Gericht.[283]

Sodann folgen Ausführungen zu den großen Unsicherheiten, mit denen Unternehmensbewertungen behaftet sind. Prognosen über die zukünftige Unternehmensentwicklung seien naturgemäß unsicher und auch gleiche Faktoren würden von verschiedenen Gutachtern verschieden bewertet und gewichtet. Dies führe zwangsläufig zu der Überlegung, ob der Börsenkurs am Stichtag den Unternehmenswert tatsächlich umso viel unzuverlässiger

---

[280] BGHZ 71, 40 (51) – *Kali+Salz;* OLG Düsseldorf AG 1995, 84 (85 f.) – *DAT/Altana;* OLG Düsseldorf WM 1984, 732 (733) – *Thyssen/Rheinstahl;* OLG Düsseldorf WM 1992, 986 (990); OLG Celle NZG 1998, 987 (988); LG Frankfurt AG 1987, 315 (316); LG Frankfurt AG 1985, 58 (58) – *Triumpf-Adler/Adlerwerke;* LG Frankfurt AG 1983, 136 (137) – *Gutehoffnungshütte/Roland Druckmaschinen;* LG Dortmund AG 1982, 257 (258) – *Krupp Südwestfalen;* LG Hannover AG 1977, 346 (347); OLG Düsseldorf DB 1973, 1391 (1392).

[281] BayObLG ZIP 1998, 1872 ff.

[282] Im Zeitpunkt der Zustimmung der Hauptversammlung zum Unternehmensvertrag am 25. Juni 1990 lag der Kurs bei 2200 DM (S. 1872, 1874). Am Gutachtenstichtag, dem 30. September 1990, lag er bei 2375 DM (S. 1872, 1876).

[283] AaO, 1875.

wiedergebe als ein Bewertungsgutachten[284]. Der Börsenkurs sei ein Marktpreis, der zeige, wie die Aktie bewertet würde und von dem auch in der Praxis bei internationalen Unternehmenszusammenschlüssen ausgegangen würde. Die Verhältnisse seit der Grundsatzentscheidung des Bundesgerichtshofes aus dem Jahre 1967 hätten sich insofern grundlegend geändert, als die Aktie heute ein in weiten Bevölkerungsschichten verbreitetes Wertpapier sei und die Umsätze an den Aktienmärkten sprunghaft zugenommen hätten. Zwar werde der Börsenkurs auch von Zufälligkeiten beeinflusst, dies aber nehme schon jeder Aktienerwerber in Kauf. Habe die Aktie, deren Wert festgestellt werden soll, einen Börsenkurs, der auch aussagekräftig sei, weil er nicht von einem zu engen Markt oder Manipulationen beeinflusst wird, so würde er den „Verkehrswert" mindestens ebenso zutreffend angeben, wie eine langwierige Berechnung des Unternehmenswertes durch Sachverständige nach der Ertragswertmethode. Das Gericht erkannte deshalb unter Einbeziehung der Kursentwicklung der vorangegangenen zwei bis zweieinhalb Jahre auf eine Abfindung i.H.v. 2200 DM.[285]

e) Die entscheidende Wende im Fall *DAT/Altana*

Zur entscheidenden Wende kam es im Fall *DAT/Altana.*

aa) Sachverhalt

Dem lag folgender Sachverhalt zugrunde[286]:

Im Jahre 1988 schloss die frühere Deutsch-Atlantische Telegraphen-Aktiengesellschaft (im folgenden: DAT AG) und ihre Hauptaktionärin Altana AG, die über 91,3 Prozent der Aktien verfügte, einen Beherrschungs- und Gewinnabführungsvertrag i.S.d. § 291 AktG. Die Altana AG garantierte für jede DAT-Aktie im Nennbetrag von 50 DM einen jährlichen Ausgleich (§ 304 II S. 2 AktG) in Höhe des 1,3-fachen der auf eine Altana-Aktie im Nennbetrag von 50 DM entfallenden Dividende. Außerdem verpflichtete sich die Altana AG, den außenstehenden Aktionären eine Abfindung (§ 305 AktG) im Verhältnis 10:13 zu zahlen. Ferner bot sie den außenstehenden Aktionären der DAT AG anstelle der Abfindung in Aktien eine Barabfindung i.H.v. 550 DM je DAT-Aktie an.

Hiergegen wehrten sich die Beschwerdeführer. Sie machten geltend, es müsse ein Abfindungsverhältnis von 10:23 zugrunde gelegt werden. Die DAT AG sei im Vergleich zu ihrer Muttergesellschaft in einem besonders zukunftsträchtigen Markt tätig, was der Börsenkurs belege. Am 5. Juli 1988, dem Tag an dem die Hauptversammlung der DAT AG über den Unternehmensvertrag beschloss, betrug der Börsenkurs der DAT-Aktie 1150 DM. Er hatte im gesamten ersten Halbjahr 1988 nur einmal kurz unter der Marke von 1000 DM gelegen. Außerdem machte die Beschwerdeführerin geltend, die Altana AG habe

---

[284] AaO.
[285] 1875 f.
[286] BVerfG ZIP 1999, 1436 ff.

außerbörslich im Vorfeld der Konzernierungsmaßnahme selbst Aktien der DAT AG zu Preisen erworben, die weit höher als das Abfindungsangebot gewesen seien.

Noch vor Abschluss dieses Spruchstellenverfahrens erwarb die Altana AG weitere DAT-Aktien, so dass sich ihr Anteil an der DAT AG Anfang 1990 auf 95,006 Prozent erhöhte. Die Hauptversammlung der DAT AG beschloss daraufhin im Juni 1990 die Eingliederung der Gesellschaft in die Altana AG. Zuvor hatte sich die Altana AG verpflichtet, den ausscheidenden Aktionären der DAT AG als „angemessene Abfindung“ für je zehn Aktien der DAT AG über nominal 50 DM 14 Aktien der Altana AG über nominal 50 DM zu gewähren. Ferner bot sie den Minderheitsaktionären der DAT AG „freiwillig“ an, deren Aktien im Nennbetrag von 50 DM zum Preis von 600 DM zu übernehmen. Die Beschwerdeführerin hielt auch diese Abfindungsangebote für zu niedrig und strengte ein weiteres Spruchverfahren an zur Bestimmung einer angemessenen Abfindung für die Eingliederung.

bb) Die Entscheidungen der Vorinstanzen und die einzelnen Rügen

Im Ergebnis ohne Erfolg wendete sich die Beschwerdeführerin zunächst an das Landgericht und das Oberlandesgericht Düsseldorf. Das Oberlandesgericht betonte in seinen beiden Beschlüssen vom 2. August 1994, der Börsenkurs sei für die Bemessung der Verschmelzungswertrelation und damit der Abfindung nicht von Bedeutung[287]. Der Börsenkurs hänge von einer Vielzahl nicht wertbezogener Außeneinflüsse ab wie politischen Ereignissen, der allgemeinen Börsentendenz sowie psychologischen Momenten. Zudem werde er von der Größe oder Enge des Marktes beeinflusst und ermögliche keine Aussage über den wahren Wert der Aktien[288]. Ebenfalls unerheblich sei der Vortrag, die Altana AG habe nach dem für die Unternehmensbewertung maßgeblichen Stichtag in erheblichem Umfang Aktien außerhalb der Börse zu einem über dem Abfindungskurs liegenden Kaufpreis erworben. Dies sei kein Verstoß gegen § 53 a AktG, weil diese Vorschrift lediglich das Verhalten der AG und ihrer Organe zum einzelnen Aktionär betreffe[289]. Sodann nimmt das Oberlandesgericht Stellung zu den Werten, die im Wege des Ertragswertverfahrens ermittelt worden waren und kommt zu dem Schluss, dass die angebotene Abfindung angemessen sei[290].

Die Beschwerdeführerin rügte die angegriffenen Beschlüsse als „exemplarisch für die verfassungswidrige Praxis der Oberlandesgerichte“ und machte u.a. eine Verletzung ihrer Grundrechte aus Art. 14 I GG geltend[291]. Grundsätzlich bezeichne der Marktpreis die Untergrenze des Wertes, der einem

[287] OLG Düsseldorf, AG 1995, 84 (84); 85 (86).
[288] OLG Düsseldorf, AG 1995, 85 (86).
[289] OLG Düsseldorf, AG 1995, 84 (84); 85 (87).
[290] OLG Düsseldorf, AG 1995, 84 (85); 85 (88).
[291] Zitiert nach BVerfG, ZIP 1999, 1436 (1438).

Wirtschaftsgut zukomme. Für das Aktieneigentum könne schwerlich anderes gelten.[292]

cc) Die Entscheidung des Bundesverfassungsgerichts

Das Bundesverfassungsgericht gab der Verfassungsbeschwerde mit Beschluss vom 27. April 1999 statt.

Zu der Eigentumsgewährleistung des Art. 14 I GG gehöre auch das in der Aktie verkörperte Anteilseigentum, das im Rahmen seiner gesellschaftsrechtlichen Ausgestaltung durch Privatnützigkeit und Verfügungsbefugnis gekennzeichnet sei. Aus der mitgliedschaftlichen Stellung, auf die sich der Schutz erstrecke, erwüchsen dem Aktionär im Rahmen der gesetzlichen Vorschriften und der Satzung Leitungsbefugnisse und vermögensrechtliche Ansprüche[293]. Als verfassungsmäßige Inhalts- und Schrankenbestimmung des Eigentums qualifiziert das Gericht die §§ 291 ff. und §§ 320 ff. AktG a.F. Aus gewichtigen Gründen des Gemeinwohls könne es der Gesetzgeber für angebracht halten, die Interessen der Minderheitsaktionäre an der Erhaltung der Vermögenssubstanz hinter die Interessen an einer freien Entfaltung der unternehmerischen Initiative im Konzern zurücktreten zu lassen. Als Entschädigung für den Verlust der Rechtsposition komme aber nur eine „volle Abfindung“ oder „volle wirtschaftliche Entschädigung“ in Betracht. Der Ausscheidende müsse erhalten, was seine gesellschaftliche Beteiligung an dem arbeitenden Unternehmen wert sei. Das *Kali+Salz*-Urteil und eine gewichtige Literaturstimme werden damit zitiert, dass eine Entschädigung nur dann als „volle“ bezeichnet werden könne, wenn sie den „wirklichen“ oder „wahren“ Wert der Unternehmensbeteiligung an dem arbeitenden Unternehmen unter Einschluss der stillen Reserven und des inneren Geschäftswerts widerspiegele.[294]

Mit diesen Worten statuiert das Gericht zugleich die Voraussetzungen für eine verfassungskonforme Anwendung der §§ 291 ff. und §§ 320 ff. AktG. Hieran mangelte es im vorliegenden Fall. Im Sinne einer vollständigen Kompensation der grundrechtlich relevanten Einbuße sei das auszugleichen, was dem Minderheitsaktionär an Eigentum i.S.v. Art. 14 I GG verloren ginge. Diese „volle“ Entschädigung dürfe „jedenfalls nicht unter dem Verkehrswert liegen“. Dieser aber könne bei börsennotierten Unternehmen „nicht ohne Rücksicht auf den Börsenkurs festgesetzt werden“.[295]

Als weitergehende Begründung der vorgenannten Feststellungen, dürfte die Aussage zu verstehen sein, der Ausgleich für außenstehende Aktionäre müsse so bemessen sein, dass sie auch künftig solche Renditen erhielten, die sie erhalten

---

[292] AaO, 1439.
[293] AaO.
[294] AaO, 1439 f.
[295] AaO, 1440.

hätten, wenn der Unternehmensvertrag nicht geschlossen worden wäre. Über die Abfindung zum „wirklichen“ oder „wahren“ Wert hinaus müsse die Abfindung so bemessen sein, dass die Minderheitsaktionäre jedenfalls nicht weniger erhielten, als sie bei einer freien Deinvestitionsentscheidung zum Zeitpunkt des Unternehmensvertrags oder der Eingliederung erhalten hätten. Eine geringere Abfindung würde der Dispositionsfreiheit über den Eigentumsgegenstand nicht hinreichend Rechnung tragen[296].

Keine Beziehung zum „wahren“ Wert des Anteilseigentums hätte der Preis, den ein Mehrheitsaktionär außerbörslich an Minderheitsaktionäre bezahle. Im Vorfeld und zur Vorbereitung einer gesellschaftsrechtlichen Maßnahme akzeptiere der Mehrheitsaktionär allein deshalb einen bestimmten (überhöhten) Preis für die ihm für ein erforderliches Quorum noch fehlenden Aktien, weil ihm sonst die beabsichtigte Konzernierungsmaßnahme unmöglich wäre. Eine solche Erwägung hätte aber für Dritte keine Bedeutung. Aus Sicht des Minderheitsaktionärs sei der vom Mehrheitsaktionär außerbörslich bezahlte (erhöhte) Preis mithin nur erzielbar, wenn es ihm gelänge, gerade seine Aktien an den Mehrheitsaktionär zu veräußern.[297]

Ein Börsenkurs dürfe aber bei der Ermittlung des Wertes der Unternehmensbeteiligung nicht unberücksichtigt bleiben. Dies ergebe sich daraus, dass die Entschädigung und folglich auch die Methode ihrer Berechnung dem entzogenen Eigentumsobjekt gerecht werden müsse. Das Aktieneigentum sei im Vergleich zu einer Beteiligung an einer Personenhandelsgesellschaft oder an einer Gesellschaft mit beschränkter Haftung nicht zuletzt durch seine Verkehrsfähigkeit geprägt, was vor allem für die börsennotierte Aktie gelte. Diese erfahre an der Börse aus dem Zusammenspiel von Angebot und Nachfrage eine Wertbestimmung, an der sich die Aktionäre bei ihren Investitionsentscheidungen orientierten. Insbesondere Kleinaktionären, die regelmäßig nicht über alle relevanten Informationen verfügten, stünde kein anderer Maßstab zur Verfügung, an dem sie den Wert dieses spezifischen Eigentumsobjekts messen könnten. Der Vermögensverlust, den der Minderheitsaktionär durch den Unternehmensvertrag oder die Eingliederung erleide, stelle sich für ihn als Verlust des Verkehrswerts der Aktie dar. Da der Verkehrswert aber die Untergrenze der wirtschaftlich vollen Entschädigung bilde, die Art. 14 I GG für die Entwertung oder Aufgabe der Anteilsrechte fordere, stehe es mit diesem Grundrecht grundsätzlich nicht in Einklang, eine Barabfindung festzusetzen, die niedriger ist als der Börsenkurs.[298]

---

[296] AaO.
[297] AaO, 1441.
[298] AaO.

dd) Umsetzung durch die Zivilgerichtsbarkeit

Zur Umsetzung dieser Vorgaben äußert sich der BGH in seinem Beschluss vom 12. März 2001[299]: Da nach dem Beschluss des Bundesverfassungsgerichts im Rahmen der Abfindung dem an der Börse gebildeten Verkehrswert aufgrund der Verkehrsfähigkeit der Aktie und der daran zu messenden Entschädigung des Aktionärs der Vorrang gebühre, sei der Minderheitsaktionär unter Berücksichtigung des Verkehrswerts der Aktie abzufinden, wenn dieser Wert höher ist, als der Schätzwert. Ist jedoch der Schätzwert höher als der Börsenwert, stehe dem Aktionär der höhere Betrag des quotal auf die Aktie bezogenen Schätzwerts zu. Der BGH spricht sich damit aus für den Börsenwert als Untergrenze der Abfindung. – Unter Zitierung einer weiteren Entscheidung des Bundesverfassungsgerichts[300] stellt das Gericht fest, dass diese Grundsätze auch für die Bemessung des variablen Ausgleichs i.S.v. § 304 II S. 2 AktG maßgebend seien[301].

Zur konkreten Art und Weise der Berechnung des Börsenwertes nimmt das Gericht wie folgt Stellung: „Zwar schreibe das Gesetz vor, die angemessene Barabfindung müsse die Verhältnisse der AG „im Zeitpunkt der Beschlussfassung ihrer Hauptversammlung (…) berücksichtigen. Zu den im Berücksichtigungszeitpunkt maßgeblichen Verhältnissen gehört jedoch nicht nur der Tageskurs, sondern auch ein auf diesen Tag bezogener Durchschnittswert."[302] Aus Gründen der Rechtssicherheit sieht sich der Senat veranlasst, auf einen auf den Stichtag i.S.d. § 305 III S.2 AktG bezogenen Durchschnittskurs abzustellen. Durch die Wahl eines solchen durchschnittlichen Referenzkurses würden Manipulationen erheblich erschwert, mit einiger Wahrscheinlichkeit sogar ausgeschlossen. Da der Referenzkurs auf den Tag zu beziehen sei, an dem die Hauptversammlung der beherrschten AG dem Abschluss des Unternehmensvertrages zugestimmt hat, müsse er aus den in einem Zeitraum festgestellten und berücksichtigungsfähigen Kursen gebildet werden, der in größtmöglicher Nähe zu diesem Stichtag liegt. Das Erfordernis dieser Nähe ließe es ferner geboten erscheinen, einen relativ kurzen Zeitraum zu wählen. Der Senat entscheidet sich für einen solchen von drei Monaten, der unmittelbar vor der Hauptversammlung der beherrschten AG liegt. Damit entscheidet er sich hinsichtlich des Anknüpfungsdatums entgegen dem Oberlandesgericht Stuttgart, das auf das Datum der Bekanntgabe der Strukturmaßnahme abgestellt hatte und den Landgerichten Dortmund und München I, die den Tag der Bekanntgabe des Umtauschverhältnisses bzw. der Abfindung zugrunde gelegt hatten[303]. In Bezug auf die Dauer des Referenzzeitraumes folgt der BGH dem Landgericht

---

299 ZIP 2001, 734.

300 Hartmann & Braun, Beschluss vom 8. September 1999, DB 1999, 2049 = ZIP 1999, 1804.

301 BGH, aaO.

302 AaO.

303 OLG Stuttgart, BB 2000, 1313 (1314); LG Dortmund, AG 2001, 544 (546); LG München I, DB 2000, 1016 (1017).

Dortmund[304] und lehnt damit gleichzeitig die vom Oberlandesgericht Düsseldorf[305] favorisierte Stichtagslösung ebenso ab wie einen Referenzkurs von fünf Monaten (so das OLG Stuttgart) oder einem Jahr (so das Landgericht München I). Um einen Referenzkurs zu erlangen, der eine kontinuierliche Entwicklung des Börsenkurses in dem maßgeblichen Zeitraum repräsentiere, so der BGH weiter, müssten außergewöhnliche Tagesausschläge oder sprunghafte Entwicklungen binnen weniger Tage, die sich nicht verfestigten unberücksichtigt bleiben.[306]

Seien Synergieeffekte bei der Preisbildung vom Markt berücksichtigt worden, müssten sie sowohl bei der Barabfindung als auch bei der Herstellung der Verschmelzungswertrelation bzw. des angemessenen Umtauschverhältnisses im Börsenpreis belassen werden. Denn es könne nicht festgestellt werden, welche Bedeutung ihnen der Markt im einzelnen beigemessen habe und in welchem Umfang sie sich auf den Preis ausgewirkt hätten.[307]

f) Literaturstimmen zum Börsenkurs

aa) Die Anfänge der Debatte in den 30er Jahren: *Rieger* v. *Meilicke*

Die rechtswissenschaftliche Debatte zur Eignung des Börsenkurses als Abfindungsgrundlage reicht weit zurück. So veröffentlicht die *Juristische Wochenschrift* im Jahre 1938 in derselben Ausgabe zwei Beiträge, die sich mit dem Thema auseinandersetzen und eine gegensätzliche Auffassung vertreten:

Rieger[308] beschreibt den Börsenkurs als „Preis", der eine der wichtigsten Institutionen unserer Wirtschaftsordnung sei. In der Forderung, dass der Börsenkurs „inneren Verhältnissen" zu entsprechen habe und daher eventuell verbessert werden müsse, sieht *Rieger* einen Irrtum: „der Kurs hat nichts zu entsprechen, er untersteht keinerlei Nachprüfung, ja es fehlt jedes materielle Kriterium, an dem wir seine Richtigkeit messen könnten. Er hat sich – wie jeder Preis – gegebenenfalls lediglich als Tatsache, als existent auszuweisen, und dann ist er autonom und unantastbar."[309] Zur Begründung dieser Auffassung wird ausgeführt: „(Der Kurs) ist der zusammengefasste Ausdruck aller Tatsachen und Möglichkeiten, die hinsichtlich der Urkursbildung am Markt der Wertpapiere ins Gewicht fallen, und es ist keine Frage, ob die Meinungen und Anschauungen der beteiligten Kreise richtig sind oder nicht... – eine höhere Instanz gibt es nicht."[310] Besonderen Nachdruck erhalten diese Gedanken durch weitere Ausführungen zur Bedeutung des Marktpreises für das „wirtschaftliche und

[304] AG 2001, 544 (546).
[305] ZIP 2000, 1525 (1526 ff.).
[306] BGH, aaO, 971 f.
[307] AaO, 972.
[308] JW 1938, 3016 ff.
[309] AaO, 3017.
[310] AaO.

Rechtsleben schlechthin“[311]. Zur Suche nach einem „wahren, wirtschaftlichen, inneren“ Wert schreibt *Rieger* plastisch: „man jagt einem Phantom nach, während die Lösung klar und sichtbar vor aller Augen liegt.“[312]

Meilicke[313] widerspricht dieser Auffassung und hat damit die Rechtsprechung und die damals herrschende Kommentarliteratur hinter sich[314]. Sein Hauptargument liegt darin, dass das Umwandlungsrecht kein Recht auf „Enteignung“ vermittle, sondern lediglich ein „Ausschlussrecht“. Wie bei der Auseinandersetzung zwischen den Gesellschaftern einer Personengesellschaft sei der Wert des Gesellschaftsvermögens als Ganzes und als wirtschaftliche Einheit unter Berücksichtigung des inneren Wertes festzustellen und hiervon der Anteil des Ausscheidenden zu errechnen. Bei der Feststellung, welchen Preis ein Käufer des ganzen Unternehmens zahlen würde, sei zu berücksichtigen, dass ein Käufer nicht die besonders teure Form der Kapitalgesellschaft fortzuführen bräuchte, sondern sich einer steuerlich günstigeren Rechtsform, etwa der Rechtsform des Personenunternehmens bedienen könnte.[315]

bb) Mitte der 60er Jahre: *H.H. Kindermann* v. *Busse von Colbe*

Offensichtlich veranlasst durch die konträren Entscheidungen des OLG Hamm und des KG im Jahr 1964[316] veröffentlicht *Die Aktiengesellschaft* in demselben Jahr zwei Beiträge.

H. H. Kindermann[317] leitet seinen Beitrag damit ein, dass das Gesetz und seine Motive für die Bemessung dessen, was eine „angemessene Abfindung“ i.S.v. § 12 UmwG darstelle, nichts hergäben. Jedoch wäre nach § 5 der ersten DVO vom 14. 12. 1934 die Abfindung „unter Berücksichtigung des Wertes ihrer Aktien“ zu bemessen gewesen. Im Umwandlungsgesetz von 1956 sei dieser Zusatz nicht enthalten. Dies könne nur die Bedeutung haben, dass der Gesetzgeber der Auslegung hätte vorbeugen wollen, dass die Abfindung beschränkt werde, wenn der Kurswert der Aktien nicht dem inneren Wert des Unternehmens entspricht[318]. Auch dürfe aus dem Charakter des Umwandlungsgesetzes geschlossen werden, dass die Abfindungsfrage allein unter gesellschaftsrechtlichen Gesichtspunkten zu beantworten sei. Insofern enthielte § 738 BGB einen allgemeinen Rechtsgedanken[319]. Wäre der Börsenkurs Maßstab der Abfindung, wäre deren Höhe von dem Zeitpunkt der Umwandlung und der gerade herrschenden Börsentendenz abhängig. Die Abhängigkeit des

311 AaO, 3018.
312 AaO.
313 JW 1938, 3018 f.
314 Nachweise aaO.
315 JW 1938, 3018 f.
316 Siehe oben b).
317 AG 1964, 178.
318 AaO, 179, mwN.
319 AaO, 180, mwN.

Kurses von Umständen, die mit dem Wert des Unternehmens nichts zu tun hätten, sei offensichtlich[320]. Die „angemessene Abfindung" nach § 12 UmwG sei deshalb unabhängig vom Börsenkurs der betreffenden Aktien und richte sich ausschließlich nach dem „inneren Wert". Dies gelte nicht nur, wenn der Börsenkurs niedriger als der innere Wert der Aktien, sondern auch wenn er höher sei.[321]

Dem widerspricht *Busse von Colbe*[322]. § 738 II BGB könne bei börsennotierten Anteilen keine Bedeutung zukommen. Denn der Gesetzgeber habe mit der Vorschrift lediglich eine Abfindung zum Nominal- oder Bilanzwert für den Fall ausschließen wollen, dass im Gesellschaftsvertrag die Ermittlungsmethode für den Auseinandersetzungsanspruch nicht fixiert sei. Fehle ein Marktpreis, bliebe nicht viel anderes übrig, als das Unternehmen als ganzes zu bewerten.[323] – Der Kurs, der sich an der Börse für einzelne Aktien einer von einem Mehrheitsbesitzer beherrschten AG bilde, sei der Wert, den das Börsenpublikum den Aktien als Träger dieses beschränkten Gesellschafterrechtes im Umsatzzeitpunkt beimesse. Der Kurs bräuchte nicht für den Mehrheitsanteil repräsentativ zu sein[324]. Wenn man überhaupt von einem objektiven Wert sprechen wolle, so könne man höchstens den Preis als objektiv bezeichnen, der auf dem Markt – im Falle der Aktien also an der Börse – aus Angebot und Nachfrage zustande komme[325]. Hielte der nach der Umwandlung strebende Mehrheitsaktionär die Kurse für überhöht, könne er warten, bis sie auf ein ihm akzeptables Niveau gefallen seien. Niedrige Kurse während der Baisse zum Erwerb auszunutzen sei das gute Recht eines jeden, das auch dem Mehrheitsaktionär nicht streitig zu machen sei. Die ausscheidenden Aktionäre könnten in diesem Falle einen von ihnen empfundenen Wertverlust – weil möglicherweise nach ihrer subjektiven Wertschätzung der Wert der Aktien höher war als ihr Börsenkurs – wenigstens zum Teil ausgleichen. Denn mit dem als Abfindung erhaltenen Geld könnten sie andere Aktien erwerben, die in der Baisse gleichfalls unterbewertet erschienen.[326]

cc) Entwicklung des Meinungsstandes bis Ende der 90er Jahre

Noch Mitte der neunziger Jahre war die Literatur durch eine überwiegende Ablehnung des Börsenkurses als Wertmaßstab gekennzeichnet.

Bei *Großfeld*[327] ist 1994 zu lesen: „Auch ein Börsenwert des Unternehmens (...) oder der Börsenkurs einer Aktie sind als Wertansatz untauglich (...); denn

---

[320] AaO.
[321] AaO, 181.
[322] AG 1964, 263.
[323] AaO, 264.
[324] AaO, 265.
[325] AaO, 266.
[326] AaO, 267.
[327] Unternehmens- und Anteilsbewertung im Gesellschaftsrecht, 3. Auflage, S. 34.

der Börsenkurs hängt von Zufälligkeiten ab. Er kann beeinflusst sein durch Vorgänge, die mit dem Wert des Unternehmens nichts zu tun haben“. Der Börsenkurs eigne sich daher nicht für die gesellschaftsrechtlichen Unternehmensbewertungen. Dies gelte ebenfalls für einen von spekulativen Einflüssen angeblich „bereinigten“ Börsenkurs. Auch als allgemeine Untergrenze tauge der Börsenkurs nicht, denn er sei zu unsicher, leicht manipulierbar, könne auf einer Verheimlichung der wirklichen Ertragslage, aber auch auf illusionären Erwartungen, auf „Börsenphantasie“ beruhen[328]. In besonderer Deutlichkeit gegen den Börsenkurs sprechen sich auch 1985 *Biedenkopf* und *Koppensteiner*[329] aus: Für die Bewertung der Gesellschaft scheide er „nicht nur als allgemeiner Maßstab“, „sondern überhaupt“ aus. „Denn der Börsenkurs kann durch Faktoren beeinflusst sein, die mit dem wahren Wert des Unternehmens nichts zu tun haben.“ Weitere Literaturstimmen beschränken sich darauf, zur Unmaßgeblichkeit des Börsenkurses auf die BGH-Entscheidung aus dem Jahre 1967 zu verweisen[330] oder deren Argumentation mehr oder weniger wortgleich zu wiederholen[331]. *Mertens*[332] verteidigt mit Eifer das IDW-Konzept vom „objektivierten Wert“ und *Hüffer*[333] bezeichnet noch 1997 die Ungeeignetheit des Kurswertes der Aktien zur Bestimmung der Abfindung als „ganz herrschende Meinung“.

Im Verlauf der Zeit melden sich jedoch durchaus mehrere beachtliche Stimmen zu Wort, um dieser Ansicht zu widersprechen[334]. So beschreibt *Götz*[335] bereits 1996 die Rechtsstellung des „freien Aktionärs“ als „zwar diejenige eines Miteigentümers, nicht jedoch diejenige eines Mitunternehmers“. Da er nicht quotaler Träger des Unternehmens sei, dürfe er auch nicht nach geringeren Unternehmenswerten abgefunden werden, sondern nach dem Wert seines Aktienbesitzes, so wie er im Kapitalmarkt, an der Börse, festgestellt wird. Auch im Gesetz sei nirgendwo davon die Rede, dass ein Unternehmenswert durch Wirtschaftsprüfer zu ermitteln sei; die Rede sei vielmehr davon, dass Aktien gegen eine angemessene Abfindung zu erwerben seien[336]. 1997 kritisiert *Aha*[337] das Konzept vom „wahren“ Unternehmenswert, indem er den Kreis der „wertbezogenen Faktoren“ weiter fasst als die bisherige Rechtsprechung und darauf hinweist, dass niemand auf die Idee käme, zur Bestimmung des „wahren“ Wertes eines Goldbarrens oder einer Tonne Getreide einen Gutachter zu

---

[328] AaO, S. 34 f.

[329] Kölner Kommentar, AktG § 305 Rn. 15 (1985).

[330] *Dielmann/König,* AG 1984, 57; *Kamprad,* AG 1986, 321 (322).

[331] *Kort,* ZGR 1999, 402 (414 f.).

[332] *Mertens,* AG 1992, 321 (329).

[333] AktG 1997, 3. Auflage, § 305, Rn. 20.

[334] Von einer „nur vereinzelt in der Literatur vertretenen Mindermeinung“ kann deshalb 1999 keine Rede mehr sein; so aber *Riegger,* DB 1999, 1889.

[335] DB 1996, 259 (261).

[336] AaO, 261 f.

[337] AG 1997, 26 (27 f.).

beauftragen. Ein weiteres Jahr später äußert sich *Emmerich*[338]: jedenfalls für einen außenstehenden Aktionär ohne nennenswerten Einfluss auf die Geschicke seiner Gesellschaft spiegele normalerweise der Börsenkurs (...) den Wert seiner Beteiligung exakt wider, da seine Aktien für ihn genau so viel wert seien, wie er dafür bei einer Veräußerung an der Börse erlösen könne. Dem Rechtssatz, dass der Börsenkurs für die Abfindung nicht maßgeblich sei, könne daher nur in dem Sinne zugestimmt werden, dass der Börsenkurs lediglich die Untergrenze markiere, die bei dem Angebot der Abfindung nicht unterschritten werden dürfe. Im Januar 1999 – und damit im Anschluss an die Entscheidung des Bayerischen Obersten Landesgerichts vom 29. September 1998 und noch vor dem Beschluss des Bundesverfassungsgerichts vom 27. April 1999 – ordnet schließlich *Luttermann*[339] die Problematik systematisch in einen größeren theoretischen Kontext ein. Seine Kernaussage: der Börsenkurs „markiert" den aktuellen Marktwert des Aktieneigentums und in der Marktwirtschaft ist der Marktpreis auch für die Lösung von Rechtsfragen maßgeblich.[340]

dd) *DAT/Altana* und die Wende im Schrifttum

Der *DAT/Altana*-Beschluss des Bundesverfassungsgerichts veranlasste verständlicherweise eine Wiederbelebung der alten Debatte zum Börsenkurs. Zahllose Stellungnahmen wurden von der Literatur im Gefolge der Entscheidung abgegeben. Dabei ist insgesamt ein Umschwenken der bis dato noch herrschenden Meinung festzustellen.

Als Beispiel sei *Großfeld* angeführt, der 2002[341] in der vierten Auflage seiner Schrift zur Unternehmensbewertung schreibt, die Ablehnung des Börsenkurses sei aus der Sicht des Juristen immer zu scharf gewesen; denn nach § 287 I S. 1 ZPO seien bei der Bewertung „alle Umstände" zu berücksichtigen. Zu ihnen gehöre der Börsenwert. Vor allem angesichts der „Wende vom Gesellschaftsrecht zum Kapitalmarktrecht" sei es richtig, den Börsenkurs zu berücksichtigen. Er sei ein real gezahlter Preis, der allen Verfahren den „Markttest" voraushabe. Die „Wahrheit der Börse" – so fasst *Großfeld*[342] das Ergebnis des zähen Prozesses im Ringen um Erkenntnis zusammen – sei „nicht geringer, als die eines Gutachters".

---

338 *Emmerich/Habersack*, AktG § 305 Rn. 34 f.

339 ZIP 1999, 45 ff.

340 Ebenfalls im Sinne einer Berücksichtigung des Börsenkurses äußern sich *Ammon*, FGPrax 1998, 121 f.; *Rodloff*, DB 1999, 1149 (1153); *Steinhauer*, AG 1999, 299 ff. und *Zeidler*, NZG 1998, 949; aus empirischer Sicht von besonderem Interesse: *Dörfler/Gahler/Unterstraßer/Wirichs* (BB 1994, 156 ff.): die Autoren untersuchten Gutachtenwerte, Abfindungsangebote und Börsenkurse in Deutschland im Zeitraum von 1980 bis 1992 mit folgendem Ergebnis (aaO, 162): „Obwohl meist ein Aufschlag auf das Bewertungsgutachten gegeben wird, wird dieser Aufschlag in seiner ‚Großzügigkeit' wieder dadurch relativiert, dass der Gutachtenwert bereits deutlich unter dem Börsenwert liegt".

341 Unternehmensbewertung, S. 180.

342 Unternehmensbewertung, S. 186.

Zwar ist bei der Auswertung der Literaturstimmen nicht immer klar, ob der jeweilige Autor den Paradigmenwechsel in der Rechtsprechung selbst mit vollzieht – also überzeugt ist von den Urteilsgründen – oder ob er lediglich die Grundsätze des Bundesverfassungsgerichts als neuartige verbindliche Gegebenheiten darstellen möchte. Jedoch fällt auf, dass die ganz große Mehrheit der Autoren[343] den entscheidenden Tenor des Bundesverfassungsgerichts – d.h. dem Börsenkurs Bedeutung beizumessen – entweder ausdrücklich befürwortet oder jedenfalls nicht in Frage stellt. Als Mindermeinung ist daher *Henze*[344] anzusehen, der das aufgehobene BGH-Urteil verteidigt: er hält die Gleichsetzung von Börsenkurs und Verkehrswert nach wie vor für „zweifelhaft“, warnt vor „spekulativen Faktoren“ und schließt seinen Beitrag mit den Worten, der Entscheidung des Bundesverfassungsgerichts werde nur derjenige zu folgen geneigt sein, der über die dargelegten Bedenken „großzügig hinwegsieht“. In derselben Festschrift erweist sich demgegenüber *Busse von Colbe*[345] als leidenschaftlicher Befürworter der Entscheidung. Bereits in der Überschrift seines Beitrags kommt dies zum Ausdruck: „Der Vernunft eine Gasse (...)“ heißt es schon programmatisch im Titel.

ee) Stellungnahmen des Schrifttums zur Umsetzung der Rechtsprechung des Bundesverfassungsgerichts

Während im Grundsatz das Urteil des Bundesverfassungsgerichts weitestgehende Befürwortung fand, ließ es hinsichtlich seiner konkreten zivilgerichtlichen Umsetzung genügend Raum für rechtswissenschaftlichen Diskurs.[346]

Ausgiebig erörtert werden in der Literatur insbesondere die Länge der Referenzperiode sowie deren Endpunkt. Hier wird vom Stichtagsmodell[347] über Zeitpannen von wenigen Tagen[348] und einigen Monaten[349] bis zu einem Ein-

---

343 *Bilda* in Münchener Kommentar, AktG § 305 Rn. 66; *Hüffer*, AktG § 305 Rn. 20 a ff.; *Koppensteiner* in Kölner Kommentar, AktG § 305 Rn. 98 ff.; *Großfeld*, Unternehmensbewertung, S. 186; *Krieger*, BB 2002, 53 (56); *Kallmeyer*, AG 2000, 59 (60); *Luttermann*, JZ 1999, 945 (946); *Piltz*, ZGR 2001, 185 (213); *Siepe* in Börsig/Coenenberg, S. 89 f.

344 In FS Lutter, S. 1101 (1111); einen Mitstreiter findet *Henze* noch in *Riegger*, DB 1999, 1889 f.

345 In FS Lutter, S. 1053 ff.

346 Siehe dazu auch den Dritten Hauptteil, 1. Abschnitt, II u. 2. Abschnitt, I.

347 *Bauer*, NZG 2001, 891 (892); *Bilda*, JR 2002, 17 (18); *Piltz*, ZGR 2001, 185 (201).

348 *Busse von Colbe* in FS Lutter, S. 1053 (1063): 5 bis 10 Börsentage.

349 *Krieger*, BB 2002, 53 (56), unter Hinweis auf das Übernahmerecht: 3 Monate; *Wilken*, ZIP 1999, 1443 (1444): 30 oder 100 Tage; *Noack*, L/M, Art. 14 (Ca), Nr. 45 (8/2001), Bl. 1 (7): „geräumiger Halbjahreszeitraum“; *Wilm*, NZG 2000, 234 (239): mindestens 6 Monate, eher ein Jahr oder darüber hinaus.

oder Mehr-Jahres-Zeitraum[350] praktisch alles vertreten. Der Bundesgerichtshof geht von einem Dreimonatszeitraum aus, den er entgegen der obergerichtlichen Rechtsprechung ab dem Tag der Hauptversammlung ansetzt. Dieses Anknüpfungsdatum wird von der Literatur[351] praktisch einhellig – lediglich mit leicht variierenden Begründungen – abgelehnt.[352]

Nicht ganz so zahlreiche Literaturstimmen setzen sich mit dem grundsätzlichen Verhältnis der Bewertungsmethoden auseinander. Der Bundesgerichtshof hatte sich diesbezüglich in seinem Beschluss vom 12. März 2001 im Sinne des Günstigkeitsprinzips geäußert[353]. Danach ist der Minderheitsaktionär unter Berücksichtigung des Verkehrswerts der Aktie (d.h. Börsenkurs) abzufinden, wenn dieser Wert höher ist als der Schätzwert (d.h. der gutachterlich ermittelte Wert); bei höherem Schätzwert sei jener maßgeblich. Diverse Autoren[354] blenden diese Frage völlig aus oder sehen sich jedenfalls nicht in der Lage, eindeutig Farbe zu bekennen. Dies mag zwar damit zu erklären sein, dass im Fall *DAT/Altana* der Börsenkurs eindeutig über dem gutachterlich ermittelten Wert lag und die Frage somit an sich nicht entscheidungserheblich war. Die teilweise Vernachlässigung dieses Aspekts erstaunt aber deshalb, weil es sich um ein Problem ganz grundsätzlicher Natur handelt. Es ergibt sich bereits unmittelbar aus der Entscheidung des Bundesverfassungsgerichts, zu der *Krieger*[355] bereits 1999 treffend anmerkte: „Unklar geblieben ist die Frage, ob der Börsenkurs zugleich als Regelwert zugrunde gelegt werden kann oder ob er nur eine Untergrenze darstellt und eine Überschreitung nötig ist, wenn etwa der Ertragswert der Beteiligung höher liegt. Die Gründe der Entscheidung lassen unterschiedliche Deutungen zu: Für eine Interpretation des Börsenkurses als Regelwert spricht die Bemerkung, der Vermögensverlust, den der Minderheitsaktionär durch den Unternehmensvertrag erleide, stelle sich ‚für ihn als Verlust des Verkehrswerts der Aktie dar', dieser sei ‚mit dem Börsenkurs der Aktie regelmäßig identisch'. Dagegen sprechen Formulierungen, die zwischen dem ‚wahren' Wert und dem Verkehrswert zu unterscheiden scheinen, und möglicherweise so zu verstehen sind, dass der

---

[350] *Bungert/Eckert,* BB 2000, 1845 (1849): ein Jahr; *Luttermann,* JZ 1999, 945 (946): nicht unter 12 Monaten; ders., ZIP 2001, 869 (872): mindestens 1 Jahr, möglichst 2-3 Jahre; *Vetter,* AG 1999, 569 (571 f.): 2-3 Jahre.

[351] *Krieger,* BB 2002, 53 (56); *Bauer,* NZG 2001, 891 (893); *Bungert,* BB 2001, 1163 (1165); *Meilicke/Heidel,* DB 2001, 973 (974); *Vetter,* DB 2001, 1347 (1348 f.); *Wenger,* EWiR 2001, 605 (606); *Drüke,* DB 2000, 713 (714).

[352] Siehe auch die Ausführungen im Dritten Hauptteil, 2. Abschnitt, I.

[353] DB 2001, 696 ff. – Siehe auch hierzu die Ausführungen im Dritten Hauptteil, 2. Abschnitt, I. und 3. Abschnitt.

[354] Etwa *Bungert/Eckert,* BB 2000, 1845 ff.; *Hüttemann,* ZGR 2001, 454 ff.; *Kallmeyer,* AG 2000, 59 ff.; *Meilicke/Heidel,* DB 2001, 973 ff.; *Wilm,* NZG 2000, 234 ff.

[355] Münchener Handbuch AG, § 70 Rn. 106.

‚wahre' Wert abzufinden sei, wenn er höher liege als der ‚Verkehrswert'."[356] Konsequent wäre es, so *Krieger*[357] weiter, künftig für den Regelfall allein auf den Börsenkurs abzustellen und eine Überschreitung des Börsenpreises nur in Ausnahmefällen zu fordern (...)[358].

IV. Fazit

1.) Für Unternehmensbewertungen gibt es im deutschen Recht zahlreiche Anlässe. Die ganz überwiegende Mehrzahl der Anlässe ist gesetzlich fixiert. Dagegen sind im Recht der GmbH und beim Delisting Bewertungsanlässe durch Rechtsfortbildung oder Analogiebildung geschaffen worden, die jedoch ihrer Struktur nach den gesetzlichen Bewertungsanlässen vergleichbar sind. – Konkrete Bewertungsmethoden gibt der deutsche Gesetzgeber der Rechtsprechung nicht vor. Vielmehr bedient er sich eines unbestimmten Rechtsbegriffes, indem er das Erfordernis einer „angemessenen" Entschädigung statuiert.

2.) Besonders auffallend im deutschen Recht ist der Topos vom „wahren" oder „inneren" Wert. Was genau hinter dieser Begrifflichkeit zu verstehen ist, bedarf stets der näheren Betrachtung. Denn in Rechtsprechung und Literatur wird sehr uneinheitlich damit umgegangen. Teilweise wird der „wahre" Wert des Unternehmens dem Buchwert gegenüber gestellt. Er wird so als Gegensatz verstanden zum bilanziellen Eigenkapital. Auf diese Weise wird betont, dass ein Unternehmen regelmäßig mehr wert ist, als das Ergebnis einer rein bilanztechnischen Betrachtung. Denn die stillen Reserven und der Geschäftswert des Unternehmens dürfen bei der Wertermittlung nicht unterschlagen werden. Diese Erkenntnis ist jedoch in Betriebswirtschaftslehre und Rechtsprechung bereits allgemein anerkannt. Von einem „wahren" Wert zu sprechen, der stille Reserven und Geschäftswert einschließt, als Gegensatz zu einem „unwahren" Buchwert, der dies nicht tut, ist daher müßig. Es sollte daher besser gesprochen werden vom Buchwert einerseits und vom „Marktwert des arbeitenden Unternehmens" andererseits. – Im Recht der Aktiengesellschaften wird der Begriff des „wahren" Wertes häufig dem Börsenkurs gegenüber gestellt. In diesem Kontext ist der „wahre" Wert ein sprachliches Vehikel jener Vertreter in Literatur und Rechtsprechung, die den Börsenkurs als Abfindungsgrundlage ablehnen und stattdessen eine Bewertung nach den Zukunftserfolgswertverfahren propagieren. Sie sehen in dem gutachterlich ermittelten Unter-

---

[356] Unrichtig ist deshalb die Interpretation anderer Autoren (etwa *Martens,* AG 2003, 593), die bereits dem Urteil des Bundesverfassungsgerichts eine Stellungnahme zugunsten des Günstigkeitsprinzips entnehmen.

[357] AaO.

[358] In diesem Sinne äußern sich später auch *Busse von Colbe* in FS Lutter, S. 1053 (1065); *Piltz,* ZGR 2001, 185 (196); *Vollrath* in FS Widmann, S. 117 (123). Die Gegenansicht vertreten *Bilda* in Münchener Kommentar, AktG § 305 Rn. 66; *Martens,* AG 2003, 593; *Reuter,* DB 2001, 2483 (2485).

nehmenswert den „wahren“ Wert, der vom Börsenkurs nach oben oder unten abweichen könne.

3.) Aus heutiger Sicht zu erstaunen vermag, dass die Diskussion über die Tauglichkeit des Börsenkurses als Abfindungsgrundlage eine sehr alte ist. Sie lässt sich zurückverfolgen bis in die dreißiger Jahre und erlebte in den sechziger Jahren eine Renaissance, die im Grundsatzurteil des BGH vom 30. März 1967 ihren vorläufigen Höhepunkt fand. Dabei ist mit Interesse festzustellen, dass die Argumente damals im wesentlichen dieselben waren wie heute. – Während noch Mitte der neunziger Jahre die Ablehnung des Börsenkurses als „ganz herrschende Meinung“ bezeichnet werden kann, wendet sich das Blatt gegen Ende der Dekade. Es mehren sich die gegenläufigen Literaturstimmen und mit der Entscheidung *März/EKU* des BayObLG ist im Jahre 1998 plötzlich ein Gerichtsurteil in der Welt, das – wenn auch beschränkt auf den konkreten Fall – zur Bestimmung der Abfindungshöhe den Börsenkurs heranzieht. Zu einem Paradigmenwechsel kommt es schließlich durch die Entscheidung *DAT/Altana* vom 27. April 1999. Hier entscheidet das Bundesverfassungsgericht, dass es mit Art. 14 GG unvereinbar ist, bei der Bestimmung der Abfindung oder des Ausgleichs den Börsenkurs außer Betracht zu lassen. Die Literatur schließt sich der neuen Rechtsprechung ganz überwiegend an oder verzichtet jedenfalls auf ausdrückliche Kritik.

4.) Was fortan die Literatur bewegte und zum Gegenstand gerichtlicher Entscheidungen wurde, sind die Folgeprobleme, die sich aus der Entscheidung des Bundesverfassungsgerichts ergaben. Hierzu zählt die Grundsatzfrage, ob der Börsenkurs auch abseits verfassungsrechtlicher Überlegungen ein Regelwert sein soll oder ob er lediglich als Untergrenze der festzusetzenden Abfindung zu fungieren hat. Außerdem besteht Bedarf an rechtswissenschaftlicher Klärung hinsichtlich der Dauer und des Anknüpfungsdatums der Referenzperiode bei der Ermittlung des Durchschnittsbörsenkurses und bezüglich der Frage, unter welchen Voraussetzungen bestimmte Börsennotierungen ausnahmsweise doch nicht in die Bemessung des Entschädigungsbetrages einzubeziehen sind.

5.) Letztere Frage knüpft unmittelbar an jener Erkenntnis an, die im ersten Abschnitt dieses Teils gewonnen wurde: Dort wurde erkannt, dass die Maßgeblichkeit des Marktwertes für Ausgleich und Entschädigung ein allgemeines Rechtsprinzip darstellt. Weicht ein Gericht vom Börsenkurs oder einem anderweitig ausgehandelten Marktpreis zugunsten eines vermeintlich „wahren“ Wertes ab, so wird hierdurch jenes Prinzip durchbrochen. Ob hierfür ein Anlass besteht und ob eine solche Durchbrechung gerechtfertigt ist, soll im Dritten Hauptteil dieser Arbeit untersucht werden. Zuvor soll in einem Zweiten Hauptteil dargestellt werden, wie mit dem Problem der Unternehmensbewertung in den Rechtsprechungen von Frankreich, England und den USA umgegangen wird. Die hierbei gewonnenen Erkenntnisse sollen später für die Entwicklung eines eigenen marktorientierten Bewertungsansatzes fruchtbar gemacht werden.

Zweiter Hauptteil: Rechtsvergleichender Teil

1. Abschnitt: Unternehmensbewertung im französischen Recht

I. Normative Ausgangspunkte

Die bedeutendsten normativen Ausgangspunkte von Unternehmensbewertungen im französischen Recht sind – im Börsenrecht: – Art. L. 433-4 des Code monétaire et financier einschließlich der Regelungen der Art. 236 f. des Règlement géneral de l'Autorité des Marchés Financiers[359], – im Kapitalgesellschaftsrecht: – Art. 236-10 des Code de Commerce sowie – im bürgerlichen Recht: – Art. 1861 ff. des Code Civil.

1. Art. L. 433-4 des Code monétaire et financier und Art. 236 f. des Règlement général de l'Autorité des Marchés Financiers

a) Voraussetzungen

aa) Art. L. 433-4 des Code monétaire et financier

Art. L. 433-4 befindet sich im vierten Buch („Les marchés" – Die Märkte) des Code monétaire et financier (im folgenden: C. mon. et fin.) und zwar dort in jenem Kapitel des dritten Titels, in dem sogenannte Besondere Maßnahmen auf geregelten Märkten („Opérations spécifiques aux marchés réglementés) behandelt werden. Die Norm ist übertitelt mit „Offres publiques de retrait et retrait obligatoire". Der Begriff „retrait", der wörtlich zu übersetzen ist mit „Entziehung, Rücknahme", bezeichnet die Übernahme der Aktien von Minderheitsaktionären durch den Mehrheitsaktionär und zwar im Kontext eines öffentlichen Angebotes („offre publique"). Dies kann einerseits durch ein öffentliches Angebot geschehen, das den Minderheitsaktionären die Wahl lässt, ob sie ihre Aktien an den Mehrheitsaktionär veräußern wollen („offre publique de retrait") oder aber im Wege des Zwangsausschlusses („retrait obligatoire"). Voraussetzung für letztere Option ist, dass nicht mehr als 5 Prozent des Kapitals oder der Stimmrechte von den Minderheitsaktionären gehalten werden.

Neben den genannten materiellrechtlichen Vorgaben enthält Art. L. 433-4 C. mon. et fin. eine Ermächtigung an den Verordnungsgeber. Auf dieser Grundlage basiert das Règlement géneral de l'Autorité des Marchés Financiers (im folgenden: Règl. gén. AMF). Dieses Regelwerk bildet die Rechtsgrundlage für die Maßnahmen der Autorité des Marchés Financiers (im folgenden: AMF), der französischen Aufsichtsbehörde für den Finanzmarkt (vergleichbar der Bundesanstalt für Finanzdienstleistungsaufsicht in Deutschland und der Financial Services Authority im Vereinigten Königreich).

---

[359] Verordnung der „Autorité des Marchés Financiers" (Finanzmarktbehörde). Die Autorité des Marchés Financiers ist die fusionierte Nachfolgeorganisation des „Conseil des Marchés Financiers" (Finanzmarktrat) und der „Commission des Opérations de Bourse" (Kommission für Börsengeschäfte). Grundlage der Neustrukturierung der Finanzmarktaufsicht war das Gesetz Nr. 2003-706 vom 1. August 2003, Art. 46-V.

bb) Art. 236 f. des Règlement général de l'Autorité des Marchés Financiers

Aus dem Règl. gén. AMF ergibt sich, dass sowohl die Minderheitsaktionäre (Art. 236-1, 236-2 Règl. gén. AMF), als auch der Mehrheitsaktionär (Art. 236-3, 236-4 Règl. gén. AMF) ein öffentliches Verfahren zur Übertragung der Minderheitsanteile auf den Mehrheitsaktionär einleiten können. Voraussetzung ist ein Erreichen der 95 Prozent-Schwelle und dass die Titel zum Handel auf einem geregelten Markt zugelassen sind oder zugelassen waren[360]. Eine automatische Verpflichtung des Mehrheitsaktionärs zur Abgabe eines Angebotes besteht allerdings nicht per se. Erforderlich ist vielmehr ein Ersuchen des Minderheitsaktionärs gegenüber der AMF (Art. 236-1 Abs. 1, 236-2 Abs. 1 Règl. gén. AMF). Die AMF prüft sodann, ob durch das relative Gewicht der Mehrheitsaktionäre ein so enger Markt besteht, dass keine hinreichende Liquidität vorhanden ist, um einen Ausstieg zu normalen Bedingungen zu gewährleisten[361]. Bei Vorliegen dieser Voraussetzungen wird der Mehrheitsaktionär zur Angebotsabgabe verpflichtet (Art. 236-1 Abs. 3, 236-2 Abs. 2 Règl. gén. AMF).

Ein Recht des Mehrheitsaktionärs zum Anteilserwerb gegen den Willen der Minderheitsaktionäre ergibt sich erst aus Art. 237-1 Règl. gén. AMF. Danach muss das öffentliche Angebotsverfahren im o.g. Sinne (Art. 236-1, 236-2, 236-3, 236-4 Règl. gén. AMF) abgeschlossen sein und der Mehrheitsaktionär entweder bei Beginn des öffentlichen Angebotsverfahrens unmittelbar den Zwangsausschluss angekündigt (sogenannter „retrait automatique“[362]) oder aber sich diesen zumindest ausdrücklich vorbehalten (sogenannter „retrait éventuel“[363]) haben.

Solange es sich nicht um ein freiwilliges Angebot handelt, erfolgt die Überprüfung des angebotenen Betrages unabhängig davon, wer Initiator des öffentlichen Angebots war. Dabei hat der Bieter das Bewertungsgutachten eines unabhängigen Experten vorzulegen. Letzterer wird vom Bieter ausgewählt, jedoch hat die AMF ein Widerspruchsrecht. Die Letztkontrolle des gebotenen Preises erfolgt sodann durch die AMF selbst[364].

---

[360] Insofern gibt der Verordnungsgeber lediglich nochmals die Vorgaben des Gesetzgebers wieder.

[361] *Le Cannu,* Kommentierung zum Règl. gén. CMF, 5-6-1, Nr. 1., der Vorgängervorschrift des damaligen Conseil des Marchés Financiers; Code des Sociétés, S. 1206.

[362] Terminologie nach *Bonneau/Faugérolas,* Rn. 438; siehe dort auch zu weiteren Einzelheiten.

[363] Terminologie nach *Bonneau/Faugérolas,* Rn. 439; siehe dort auch zu weiteren Einzelheiten.

[364] *Le Cannu,* Kommentierung zum Règl. gén. CMF, 5-6-1, Nr. 3., Code des Sociétés, S. 1206.

b) Die „méthode multicritères"

In Art. L. 433-4 Abs. 2 C. mon. et fin. und dessen wortgleichem Art. 237-1 Règl. gén. AMF statuiert der französische Gesetzgeber die sogenannte „méthode multicritères". Hierbei handelt es sich um einen Ansatz, der in einer Unternehmensbewertung ausdrücklich die Berücksichtigung mehrerer Bewertungsfaktoren verlangt.

aa) Die gesetzliche Regelung in Art. L. 433-4 Abs. 2 C. mon. et fin. und Art. 237-1 Règl. gén. AMF

Gemäß der méthode multicritères i.S.v. Art. L. 433-4 Abs. 2 C. mon. et fin. und Art. 237-1 Règl. gén. AMF gilt: „...; l'évaluation des titres, effectué selon les méthodes objectives pratiquées en cas de cession d'actifs tient compte, selon une pondération approprié à chaque cas, de la valeur des actifs, des bénéfices réalisés, de la valeur boursière, de l'existence de filiales et des perspectives de l'activité."[365] – Der französische Gesetzgeber gibt vor, dass die Bewertung der Anteile nach objektiven Methoden, wie sie im Fall der Übertragung von Aktiva angewandt werden[366], zu erfolgen hat und dass den folgenden Faktoren, die je nach Einzelfall angemessen zu gewichten sind, Rechnung zu tragen ist: dem Wert der Aktiva, den realisierten Erträgen, dem Börsenwert, dem Bestehen von Niederlassungen bzw. Tochtergesellschaften und den Zukunftsaussichten des Tätigkeitsfeldes.

Art. L. 433-4 C. mon. et fin. statuiert ferner: „L'indemnisation est égale, par titre, au résultat de l'évaluation précité ou, s'il est plus élevé, au prix proposé lors de l'offre ou la demande de retrait." Zu deutsch: Die Entschädigung pro Anteil richtet sich entweder nach dem Ergebnis der nach den vorgenannten Grundsätzen durchgeführten Bewertung oder aber nach einem höheren Preis,

---

365 Die Regelung geht zurück auf das Gesetz L. no. 96-597 vom 2. Juli 1996.

366 Derjenige Teil der Norm, der vorsieht, dass nach solchen Methoden zu verfahren sei, „wie sie im Fall der Übertragung von Aktiva angewandt werden", darf nicht missverstanden werden. Die zunächst nahe liegende Vermutung, der Gesetzgeber wolle sich hiermit für solche Methoden aussprechen, die bei der Übertragung einzelner bilanziell erfasster Gegenstände angewandt werden (d.h. eine Bewertung nach dem Substanzwert) findet in Rechtsprechung und Literatur keine Bestätigung. Im Gegenteil: Der Begriff „actif net réévalué" bezeichnet zwar grundsätzlich durchaus im buchhalterischen Sinne die Summe der bilanzierten Aktiva abzüglich Schulden und zuzüglich der stillen Reserven. Er wird jedoch auch in einem weiteren Sinne verstanden, wonach er darüber hinaus Gegenstände umfasst, die keinen eigenständigen Posten in der Bilanz bilden (insbesondere Goodwill). In diesem Fall führt die Neubewertung („réévaluation") notwendig auch zur Berücksichtigung der Rentabilität des Unternehmens. Im Ergebnis geht es dem Gesetzgeber also wohl schlicht darum anzuordnen, dass sich die Bewertung auf das Unternehmen als Ganzes beziehen soll. Vgl. zu den unterschiedlichen Verständnisweisen des Begriffs „actif net réévalué": *Frison-Roche/ Nussenbaum,* Revue de droit bancaire et de la bourse 1995, S. 56 Rn. 41.

sofern ein solcher im Rahmen des o.g. öffentlichen Angebotsverfahrens i.S.v. Art. 236-1, 236-2, 236-3, 236-4 Règl. gén. AMF angeboten worden ist.

bb) Anwendungsbereich

Nach dem Wortlaut des Gesetzes bezieht sich die Regelung der méthode multicritères ausschließlich auf den Fall des Zwangsausschlusses i.S.v. Art. L. 433-4 Abs. 2 C. mon. et fin. Ihr Anwendungsbereich ist jedoch keineswegs hierauf beschränkt. Vielmehr findet sie unterschiedslos Anwendung sowohl bei jeder Form von öffentlichen Angeboten i.S.v. Art. L. 433-4 C. mon. et fin., als auch den Fällen der Ermittlung der Umtauschparitäten bei Fusionen gem. Art. 236-8 C.Com.[367] Die méthode multicritères bildet damit ein vom einzelnen Anwendungsfall verselbständigtes Phänomen der französischen Rechtsdogmatik.

cc) Historische Wurzeln

Art. L. 433-4 C. mon. et fin. geht zurück auf das Jahr 1993[368], in dem der französische Gesetzgeber mit dem Erlass der Vorgängervorschrift dieser Norm den Zwangsausschluss einführte. Damit wurde die méthode multicritères erstmals gesetzlich verankert. Ihre Wurzeln liegen jedoch noch früher.

Als Geburtsstunde der méthode multicritères gilt eine Empfehlung der damaligen Börsenkommission („Commission des Opérations de Bourse“, einer Vorgängerorganisation der heutigen Behörde für Finanzmarktaufsicht)[369]. Diese veröffentlichte im Jahre 1977 eine Verlautbarung[370], die sich auf die Umtauschverhältnisse bei Einlagen und Fusionen bezog. Sie richtete sich an jene Prüfer, die seit dem Gesetz vom 5. Januar 1988 als sogenannte Fusionskommissare („commissaire à la fusion“) fungieren[371]. Im einzelnen heißt es darin: „Sauf cas exceptionnels, l'emploi de plusieurs critères parait nécessaire sans que leur nombre soit excessif et de nature à compliquer inutilement le calcul de la parité d'échange et son appréciation par les actionnaires.“[372] Zu deutsch: Abgesehen von Ausnahmefällen erscheint die Anwendung von mehreren Kriterien notwendig; dabei soll deren Anzahl jedoch nicht übermäßig sein und nicht dazu führen, dass die Berechnung des Umtauschverhältnisses und ihre Beurteilung durch die Aktionäre unnötig verkompliziert werden. – Wohl kaum wird der Börsenkommission damals bewusst gewesen sein, dass sie mit

---

[367] *D. Schmidt*, Rn. 219 f., 224. Siehe hierzu unter 2.

[368] Art. 16-1 des Gesetzes Nr. 93-1444 vom 31. Dezember 1993, neu gefasst durch Art. 33-4 des Gesetzes Nr.96-597 vom 2. Juli 1996.

[369] *Baj*, Dictionnaire Joly Bourse et produits financiers 2002/2003, Band 3 Rn. 64; *Guyon*, Revue des Sociétés 1991, S. 137 (138).

[370] Bulletin mensuel de la Commission des Opérations de Bourse, Nr. 95, Juli/August 1977.

[371] Vgl. *D. Schmidt*, Rn. 219.

[372] Bulletin mensuel de la Commission des Opérations de Bourse, aaO, Empfehlung VI Nr.1.

diesen Zeilen das Fundament gelegt hat für ein Konzept, das später in Gesetzgebung, Rechtsprechung und Bewertungspraxis zum Gemeingut wurde.

Einige Jahre später befasste sich das höchste französische Gericht, der „Conseil Constitutionnel“ (Verfassungsrat), mit dem Recht der Unternehmensbewertung. Erstaunlicherweise äußerte es sich in methodischer Hinsicht sogar noch präziser als die Börsenkommission. Den Entscheidungen zugrunde lagen die Verstaatlichungsmaßnahmen der sozialistischen Regierung und deren Rückabwicklung nach dem darauf folgenden Regierungswechsel. Bereits in seinen Urteilen zur Verstaatlichung vom 16. Januar und 11. Februar 1982 äußerte sich der Verfassungsrat dahingehend, dass es verfassungsrechtlich zulässig sei, die zu gewährende Abfindung nicht ausschließlich am Börsenkurs der zu verstaatlichenden Gesellschaft zu orientieren, sondern auch an den gewährten Dividenden[373]. Anlässlich der Reprivatisierung hatte das Gericht das entsprechende Ermächtigungsgesetz auszulegen und schrieb dabei der Regierung vor, dass sie ihre Unternehmensbeteiligungen nicht unter Wert abstoßen dürfe. So durfte laut Urteil vom 26. Juni 1986 der Veräußerungspreis den „wirklichen Wert“ nicht unterschreiten[374]. Zur Bemessung des wirklichen Wertes seien objektive Methoden anzuwenden, die auch in der Praxis üblich sind. In einzelfallspezifischer Gewichtung seien zu berücksichtigen: der Börsenwert der Anteile, der Wert der Aktiva, die realisierten Gewinne, das Bestehen von Niederlassungen und die Zukunftsaussichten. – Die Ähnlichkeit mit der sieben Jahre später erlassenen Vorschrift, die sich heute in Art. L. 433-4 Abs. 2 C. mon. et fin. wieder findet, fällt ins Auge.

In der Literatur[375] wurde der Verfassungsrat für seine detaillierte Entscheidung gelobt: zwar ginge es im vorliegenden Falle um Vermögensübertragungen vom öffentlichen Sektor auf den privaten. Die Ausführungen des Verfassungsrates seien aber gleichwohl auch als Vorbild für die Zivilgerichtsbarkeit geeignet.

2. Art. L. 236-10 des Code de Commerce

Die Regelung in Art. 236-10 C.Com. geht ursprünglich zurück auf Art. 377 des Gesetzes vom 24. Juli 1966 und befindet sich nunmehr im sechsten Kapitel des Code de Commerce (im folgenden: C.Com.), wo das Recht der Fusionen und Aufspaltungen geregelt ist.

Gemäß Abs. 1 der Vorschrift werden durch Gerichtsbeschluss Fusionskommissare („commissaire à la fusion“) bestellt, die einen schriftlichen Bericht über die Modalitäten der Fusion zu erstellen haben. Diese Kommissare

---

[373] Conseil Constitutionnel, Entscheidung Nr. 82-139 vom 11. Februar 1982, Rn. 6; Entscheidung Nr. 81-132 vom 16. Januar 1982, Rn. 70 (jeweils zitiert nach www.legifrance.gouv.fr).

[374] Conseil Constitutionnel, Revue des Sociétés 1986, 607.

[375] *Guyon,* Revue des Sociétés 1986, 609 (612).

überprüfen, ob die relativen Werte, die den Aktien der beteiligten Gesellschaften beigemessen wurden, angemessen („pernitentes“) sind und ob das Umtauschverhältnis gerecht („équitable“) ist (Abs. 2). Gemäß Abs. 3 müssen die den Aktionären zu unterbreitenden Berichte die Methoden angeben, denen zur Festlegung des Umtauschverhältnisses gefolgt wurde, angeben, ob jene Methoden im Einzelfall angemessen sind und die Werte nennen, die die jeweilige Methode ergibt; dabei ist hinzuweisen auf die relative Bedeutung jener Methoden bei der Bestimmung des erhaltenen Ergebnisses (...). Darüber hinaus (Abs. 4) beurteilen die Fusionskommissare den Wert von Sacheinlagen (...).

3. Vorschriften des Code Civil und der Europäischen Menschen rechtskonvention

Auch im Allgemeinen Zivilrecht gibt es Situationen, in denen Bewertungsfragen auftreten. In diesem Kontext ist primär auf die Art. 1861 ff. des Code Civil (im folgenden: C.Civ.) hinzuweisen. Die Vorschriften regeln die Abtretung von GbR-Anteilen und den Rückzug oder Tod eines Gesellschafters. Satz 1 von Art. 1861 C.Civ. enthält zunächst den Grundsatz, wonach Gesellschaftsanteile nur mit der Zustimmung aller Gesellschafter übertragen werden können; gem. Satz 2 kann von diesem Grundsatz jedoch in der Satzung abgewichen werden. Ähnlich ist die Struktur von Art. 1869 C.Civ. Danach kann, sofern keine andersartige Bestimmung in der Satzung getroffen wurde, die Mitgliedschaft als Gesellschafter nur aufgrund eines einstimmigen Beschlusses oder aus wichtigem Grund beendet werden. Art. 1870 f. C.Civ. enthält schließlich den Grundsatz, dass im Todesfalle eines Gesellschafters die Gesellschaft mit dessen Erben fortgesetzt wird, wobei auch hiervon ausdrücklich Ausnahmen zugelassen sind. – In sämtlichen dieser Konstellationen kann es zum Streit über den Wert der Gesellschaft kommen.

Hinsichtlich der Durchführung der Bewertung gilt Art. 1843-4 C.Civ. Darin beschränkt sich der Gesetzgeber auf die Anordnung, dass der Wert durch einen unabhängigen Bewertungsexperten zu bestimmen ist. Dieser ist entweder von den Parteien zu benennen oder, sofern sich diese nicht einigen können, im Wege unanfechtbarer Verfügung durch den Gerichtspräsidenten zu bestellen. Methodische Vorgaben zur Durchführung der Bewertung enthält die Norm dagegen nicht.

Schließlich sei als weitere Schlüsselvorschrift des französischen Rechts Art. 545 C.Civ. genannt. Im Kontext der Enteignung statuiert die Norm auf einfachgesetzlicher Stufe den Grundsatz der gerechten Entschädigung („principe de juste indemnisation“). Die Bedeutung der Regelung wird allerdings dadurch reduziert, dass dieselbe Gewährleistung auch enthalten ist in Art. 17 der Europäischen Menschenrechtskonvention (EMRK) sowie Art. 1 des ersten Zusatzprotokolls zur EMRK. Die EMRK ist samt ihrer Protokolle Bestandteil der französischen Verfassung und hat somit Vorrang gegenüber den innerstaatlichen einfachen Gesetzen[376].

II. Praxis der Rechtsprechung und Stimmen der Literatur

1. Das Grundsatzurteil *ADAM/Société Générale*

Im Gegensatz zu den – insbesondere für ein Verfassungsgericht – sehr detaillierten Äußerungen des Verfassungsrates ist die französische Zivilgerichtsbarkeit seit jeher sehr zurückhaltend, was die Kontrolle von Unternehmensbewertungen betrifft[377].

So bekannte sich etwa im Falle eines öffentlichen Angebotes das Appellationsgericht („Cour d'Appel") von Paris mit Urteil vom 18. November 1977[378] ausdrücklich dazu, dass der Mehrheitsaktionär frei sei in der Wahl der Bewertungsmethode. Er sei lediglich verpflichtet, den gewählten Ansatz offen zu legen. Demgegenüber wird der betroffene Minderheitsaktionär nicht mit dem Anliegen gehört, eine andere Methodik hätte ein ihm günstigeres Ergebnis herbeigeführt. – Diese Entscheidung erging allerdings zu einer Zeit, in der noch nicht das Rechtsinstitut des Zwangsausschlusses bestand. Ihr zugrunde lag ein öffentliches Angebot für Aktien, die weder an der Börse notiert waren, noch außerbörslich gehandelt wurden. Wie das Appellationsgericht ausdrücklich feststellte, war der klagende Minderheitsaktionär frei darin, das Angebot anzunehmen oder nicht[379]. Er hatte es – im Gegensatz zu heute – außerdem nicht zu befürchten, dass sich der Mehrheitsaktionär die im Rahmen des öffentlichen Angebotes erstellte Bewertung bei einem anschließenden Zwangsausschlussverfahren zunutze machen könnte.

Knapp zwei Jahrzehnte später lag dem Appellationsgericht von Paris abermals ein bewertungsrechtlicher Rechtsstreit zur Entscheidung vor. In seinem Urteil vom 16. Mai 1995 folgte das Gericht seiner früheren Linie, wenngleich die Umstände völlig andere waren als damals. So hatte nunmehr der Gesetzgeber den Zwangsausschluss eingeführt, der auch den Gegenstand des vorliegenden Rechtsstreits bildete, und zugleich war dem Gericht mit der méthode multicritères eine gesetzliche Richtschnur für die Bewertung vorgegeben[380]. Die hierbei ergangene Entscheidung wird wegen ihrer Tragweite in der Literatur als bewertungsrechtliche Grundsatzentscheidung angesehen[381]. Ihre besondere Bedeutung auch für die Zukunft erlangte die Entscheidung dadurch, dass gegen sie Revision eingelegt wurde und zwar ohne Erfolg. Auf

---

[376] Vgl. statt vieler: *Chantebout*, S. 560 f.

[377] *Guyon*, Revue des Sociétés 1986, 609 (612); *Frison-Roche/Nussenbaum*, Revue de droit bancaire et de la bourse 1995, S. 56 Rn. 84; *D. Schmidt*, Rn. 214.

[378] *Cour d'Appel de Paris*, Bulletin Joly 1978, 180 ff.

[379] *Cour d'Appel de Paris*, aaO, 181.

[380] Siehe oben I. 1. b)

[381] Vgl. *Frison-Roche/Nussenbaum*, Recueil Dalloz 1998, 334 (336).

diese Weise befasste sich erstmals der französische Kassationsgerichtshof („Cour de Cassation") mit der aufgeworfenen Thematik. Mit Beschluss vom 29. April 1997 bestätigte dieser die Entscheidung des Appellationsgerichts ohne jede Einschränkung.

Es lag folgender Sachverhalt zugrunde: Die Société Générale, die 94,5 Prozent der Aktien der Société Générale Alsacienne de Banque hielt, beantragte am 9. November 1994 beim Conseil des Bourses de valeurs (dem Rat der Wertpapierbörsen, der Vorvorgängerinstitution der AMF), die Erlaubnis zur Abgabe eines öffentlichen Angebotes. Gegenstand des Angebotes sollten jene Aktien des Tochterunternehmens sein, die sich noch im Eigentum der nunmehr klagenden Minderheitsaktionäre befanden. Pro Aktie sollten 185 französische Francs bezahlt werden[382]. Die Prämie betrug damit zwischen 28 und 46 Prozent, da sich der Börsenkurs zwischen 127 und 144 französischen Francs bewegt hatte. Eine Bewertung der Aktiva einschließlich stiller Reserven („plus-values latentes") hatte dagegen einen anteiligen Betrag pro Aktie i.H.v. 224 französischen Francs ergeben. Dem öffentlichen Angebotsverfahren sollte unmittelbar der Ausschluss der verbleibenden Aktionäre folgen („retrait automatique"). Am Ende des Angebotsverfahrens, das vom 8. bis 23. Dezember 1994 andauerte, hielt die Société Générale 98,85 Prozent der Anteile. Die Notierung der Titel an der Börse wurde daraufhin eingestellt. Am 17. Januar 1995 prüfte der Rat der Wertpapierbörsen den geplanten Zwangsausschluss und gab dem Antrag der Beklagten statt.[383]

Gegen diese Entscheidung erhoben die Minderheitsaktionäre – viele von ihnen vertreten durch die *Association de défense des actionnaires minoritaires*, kurz *ADAM* – Anfechtungsklage zum Appellationsgericht. Als dieses ihren Antrag auf Festsetzung einer höheren Abfindung ablehnte, legten sie beim Kassationsgerichtshof gegen die Entscheidung Revision ein. Der Kassationsgerichtshof erkannte jedoch keinen der drei folgenden Gründe, auf denen die Klage respektive die Revision aufbaute, als stichhaltig an.

a) Differenzierung zwischen „offre de retrait" und „retrait obligatoire"

Nach der Auffassung der Kläger wäre in den Rechtsfolgen zu differenzieren gewesen zwischen einerseits dem öffentlichen Angebotsverfahren („offre de retrait") und andererseits dem Zwangsausschluss („retrait obligatoire").

Insofern führten sie an, dass die jeweiligen Verfahrensarten, d.h. das öffentliche Angebotsverfahren einerseits und der Zwangsausschlusses andererseits von unterschiedlicher Rechtsnatur seien. So bildet unstreitig das öffentliche Angebotsverfahren ein börsliches Geschäft, das sich auf einen

---

[382] Die Art und Weise der Ermittlung dieses Betrages geht aus dem Urteil nicht hervor.

[383] *Cour d'Appel de Paris,* Revue des Sociétés 1995, 536 f.; hinsichtlich der Bewertung aufgrund der Aktiva einschließlich stiller Reserven: aaO, 545; bezüglich der Höhe der gewährten Prämie im Vergleich zum Börsenkurs: aaO, 547.

handelbaren Titel bezieht und das den freiwilligen Abschluss eines Vertrages impliziert, wobei lediglich der hierbei öffentlich angebotene Preis („prix“) von unabhängiger Stelle als angemessen („acceptable“) anerkannt worden sein muss. Demgegenüber ist der Zwangsausschluss – was ebenfalls unstreitig ist – ein gesetzlich gestattetes Enteignungsverfahren, dem sich der Minderheitsaktionär nicht entziehen kann und bei dem der Eigentumsübergang gegen eine Entschädigung („indemnité“) stattfindet.[384]

Hieraus leiteten die Kläger ab, dass auch unterschiedliche Rechtsfolgen zu gelten hätten. Insbesondere hätte eine eigenständige Bewertung der Aktien anlässlich des Zwangsausschlusses stattzufinden. Das Pariser Appellationsgericht sah sich von dieser Argumentation ebenso wenig überzeugt wie später der Kassationsgerichtshof. So legte das Appellationsgericht in seinem Urteil dar, dass dem Zwangsausschluss – wie oben dargestellt – stets von Gesetzes wegen ein öffentliches Angebotsverfahren vorangeht. Das öffentliche Angebotsverfahren und der Zwangsausschluss seien daher untrennbar miteinander verbunden („indissociable“) und unmittelbar nacheinander durchgeführt worden gemäß der Anzeige, die zu Beginn des öffentlichen Angebotsverfahrens den Minderheitsaktionären gemacht worden sei. Zunächst etwas vage folgert das Gericht aus diesen Erkenntnissen, dass der Zwangsausschluss einen börslichen Mechanismus („mécanisme boursier“) bilde, dessen Würdigung denselben Regeln zu folgen habe, wie die Marktvorgänge des öffentlichen Angebotsverfahrens („... règles analogues à celles de l'opération de marché qui constitue l'offre publique de retrait“).[385]

Konkretisiert wird dies wie folgt: Sofern in der Zeit zwischen dem öffentlichen Angebotsverfahren und dem Zwangsausschluss keine neuen Umstände eingetreten seien, dürfe beim Zwangsausschluss derselbe Wert zugrunde gelegt werden wie beim öffentlichen Angebotsverfahren. Insofern habe der Umstand, dass die für die Erlangung der Aktien zu erbringende Gegenleistung vom Gesetzgeber als „indemnité“ (Entschädigung) – und nicht etwa als „Preis“ (Anm. des Verfassers) – bezeichnet worden sei, keine inhaltliche Bedeutung. Die Minderheitsaktionäre haben demnach im Rahmen des Zwangsausschlussverfahrens grundsätzlich keinerlei Anspruch darauf, dass eine gegenüber dem öffentlichen Angebotsverfahren gesonderte Bewertung durchgeführt wird.[386]

b) Bewertungsmethodik im engeren Sinne

Zur Bewertungsmethodik im engeren Sinne, d.h. den Kriterien, die bei der Wertermittlung Anwendung finden, sagt das Appellationsgericht folgendes: Die Anwendung der méthode multicritères im Rahmen des öffentlichen Angebots-

[384] *Cour de Cassation,* Bulletin Joly Bourse 1997, 392.
[385] *Cour d'Appel de Paris,* Revue des Sociétés 1995, 543.
[386] *Cour d'Appel de Paris,* aaO; Cour de Cassation, aaO.

verfahrens ermögliche es, sicher zu stellen, dass die Preisfestsetzung angemessen („acceptable") sei. Sie strebe danach, einen Preis zu bestimmen, der nicht nur nicht abwegig sei mit Blick auf den Markt („non aberrant au regard du marché"), sondern der – durch die Einbeziehung auch anderer Kriterien aus der wirtschaftlichen Realität des Unternehmens – auch der Gerechtigkeit („équité") entspreche und nicht die Interessen der Minderheitsaktionäre verletze[387].

Einigkeit zwischen der Gerichtsbarkeit und der Klägerseite bestand dabei insofern, als dass im vorliegenden Rechtsstreit der Börsenkurs jedenfalls keine ausschlaggebende Bedeutung haben könne[388]. Dieser lag nämlich mit Werten zwischen 127 und 144 französischen Francs deutlich unter der bereits von der Beklagten angebotenen Größe von 185 französischen Francs. Im Hinblick auf den anteiligen Wert der bilanziellen Aktiva abzüglich Schulden und zuzüglich der stillen Reserven („actif net réévalue" – in der deutschen Diktion: Substanzwert), der insgesamt mit 224 französischen Francs pro Aktie erheblich über dem Angebot von 185 französischen Francs lag, äußert sich das Appellationsgericht wie folgt: Die Minderheitsaktionäre hätten unter dem Deckmantel des Prinzips der angemessenen Entschädigung („principe d'une indemnité équitable") und des Grundsatzes der Gleichheit unter Aktionären („égalité entre actionnaires") keinerlei Recht, zu verlangen, dass ausschließlich jenes Kriterium angewandt würde, dass ihnen am vorteilhaftesten ist[389]. Dem schließt sich auch der Kassationsgerichtshof an[390]. So stellt er ausdrücklich fest, dass eine Festsetzung der Abfindung auf der Grundlage der Aktiva des Unternehmens gesetzlich keineswegs geboten sei und betont stattdessen das Erfordernis der einzelfallabhängigen Abwägung aller o.g. Kriterien[391].

Um zu einer angemessenen Entschädigung zu gelangen, so in ausführlicherer Form das Appellationsgericht in seinen Entscheidungsgründen weiter, seien bekannte objektive Kriterien zu berücksichtigen, die auf homogene Weise anzuwenden und jedem Einzelfall anzupassen seien. Dabei stellt das Gericht in seinem Urteil ab auf den Wortlaut von Art. 6 a des Gesetzes vom 22. Januar 1988, der Vorgängervorschrift von Art. L. 433-4 C. mon. et fin. Die darin aufgeführten Kriterien sind bekanntlich nur zu „berücksichtigen" („tenir compte"). Nicht aber, so die Gesetzesauslegung, sei die Bewertung auf die genannten Kriterien zu stützen („fonder"). Hieraus folgert das Gericht, dass es keineswegs unzulässig sei, auch auf zusätzliche, nicht im Gesetz enthaltene Kriterien zurückzugreifen, sofern diese sachdienlich, homogen und dem Einzelfall entsprechend angepasst seien. Sofern diese Bedingungen nicht erfüllt

---

387 *Cour d'Appel de Paris,* aaO, 535.

388 *Cour de Cassation,* aaO, 393.

389 *Cour d'Appel de Paris,* Revue des Sociétés 1995, 548; seitdem ständige Rechtsprechung, vgl. etwa den Fall *Tissot/Poli* des Appellationsgerichts von Paris vom 5. Mai 1998, in dem mit derselben Formulierung eine Klage abgewiesen wurde (La Semaine Juridique Entreprise et Affaires 1998, 1019).

390 *Cour de Cassation,* aaO, 393.

391 *Cour de Cassation,* aaO, 393.

seien, sei es dagegen in gleicher Weise – nur eben mit umgekehrtem Vorzeichen – zulässig, gesetzliche Kriterien lediglich mit einer Gewichtung von Null oder fast Null in die Bewertung einzubeziehen.[392]

Diese dargelegten Regeln seien nicht nur im Rahmen des öffentlichen Angebotsverfahrens, sondern auch im Falle des Zwangsausschlusses anzuwenden. Das Gericht sah demnach keinen Gesetzesverstoß darin, dass vorliegend neben dem Substanzwert auch der Gegenwartswert zukünftiger Dividenden („l'actualisation de dividendes futurs"), börsliche Kennzahlen („multiples boursiers") und der Börsenkurs der Aktien („cours de bourse")[393] in die Bewertung einbezogen worden waren.[394]

c) Eigentumsgarantie i.S.d. Europäischen Menschenrechtskonvention

Den dritten Klage- bzw. Revisionsgrund bildete die Behauptung einer Verletzung der Eigentumsgarantie. Insofern verwiesen die Kläger als Rechtsgrundlage auf Art. 17 der EMRK sowie auf Art. 1 des ersten Zusatzprotokolls zur EMRK[395]. Die EMRK ist samt ihrer Protokolle Bestandteil der französischen Verfassung und hat somit Vorrang gegenüber den innerstaatlichen einfachen Gesetzen[396]. Folglich steht sie in der Hierarchie der Normen auch über Art. 545 C.Civ., der auf einfachgesetzlicher Stufe den Grundsatz der gerechten Entschädigung festschreibt[397]. Wohl wegen seiner Subsidiarität gegenüber der EMRK wird Art. 545 C.Civ. vom Appellationsgericht nicht genannt.

Besagte Vorschriften der EMRK garantieren, dass jede natürliche wie juristische Person einen Anspruch hat auf Respekt ihrer Güter und dass niemandem sein Eigentum entzogen werden darf, außer zu einem öffentlichen Zweck und zu Bedingungen, die dem Gesetz und den Prinzipien des internationalen Rechts entsprechen. Weiterhin haben die Staaten das Recht, die erforderlichen Gesetze zu erlassen, um zu gewährleisten, dass der Gebrauch des Eigentums im Sinne des Gemeinwohls geschieht.

---

392 *Cour d'Appel de Paris,* aaO, 544. Auch in jüngerer Zeit hat das Appellationsgericht von Paris diese Offenheit der méthode multicritères wiederholt, so etwa in seinem Urteil *ADAM/SA Legrand* vom 16. September 2003 (Bulletin Joly Bourse 2003, 755).

393 *Cour d'Appel de Paris,* aaO, 538. Das Appellationsgericht differenziert – erstaunlicherweise – streng zwischen dem Börsenkurs der Aktien einerseits und dem Börsenwert des Unternehmens andererseits; so könne bei einem engen Markt ein Mittelwert der Aktienkurse nicht gleichgesetzt werden mit dem vom Gesetzgeber statuierten Kriterium des Börsenwerts (aaO, 546).

394 *Cour d'Appel de Paris,* aaO.

395 *Cour de Cassation,* aaO, 393; Cour d'Appel de Paris, aaO, 538; In der Revisionsinstanz wurde nur noch eine Verletzung von Art. 1 des ersten Zusatzprotokolls zur EMRK gerügt.

396 Vgl. statt vieler: *Chantebout,* S. 560 f.

397 *Cour de Cassation,* aaO, 392.

Letzteren Aspekt greift der Klägervortrag auf. Das Gesetz, das den Zwangsausschluss gestatte, sei unanwendbar, da nicht mit den Grundsätzen der Eigentumsgarantie vereinbar. Denn der Ausschluss der Kleinaktionäre mit ihren Geschäftsanteilen erfolge nicht zu einem öffentlichen Zweck, sondern läge allein in privatem Interesse.[398]

Appellationsgericht und Kassationsgerichtshof widersprechen dem gleichermaßen, wobei der Kassationsgerichtshof sich darauf beschränkt, die wesentlichen Teile der angegriffenen Entscheidung des Appellationsgerichts wortgleich zu zitieren. Hiernach ergibt sich die Verpflichtung der Minderheitsaktionäre zur Übertragung ihrer Aktien auf die Mehrheitsaktionäre aus einer kapitalmarktrechtlichen Vorschrift, die die Beziehungen zwischen den Aktionären einer Gesellschaft regle, deren Titel an einem geregelten Markt notiert sind. Daraus leiten die beiden Gerichte ab, dass sich die Eigentumsübertragung gegen einen Preis, der in Zusammenhang mit dem Wert des Gutes steht, in einem legitimen Rahmen der Sozial- und Wirtschaftsordnung („dans un cadre légitime d'ordre social et économique") vollziehe. Dies entspreche dem erforderlichen öffentlichen Zweck und zwar obwohl die Gemeinschaft selbst sich nicht des übertragenen Gutes bediene oder davon profitiere.[399]

2. Literaturstimmen zu *ADAM/Société Générale*

In der französischen Literatur stieß das Urteil des Appellationsgerichts auf ein noch größeres Echo als die Entscheidung des Kassationsgerichtshofes. Dies dürfte vor allem darauf zurückzuführen sein, dass der Kassationsgerichtshof die angefochtene Entscheidung in jeder Hinsicht bestätigte und teilweise sogar wörtlich übernahm[400]. Dieser Ausgang in der Rechtsmittelinstanz wurde mit wenig Überraschung zur Kenntnis genommen und zwar wohl auch deshalb, weil schon das Urteil des Appellationsgerichts für seine hohe Präzision gelobt worden war[401].

a) Differenzierung zwischen „offre de retrait" und „retrait obligatoire"

Eine der Stimmen in der Literatur macht sich die Argumentation der Klägerseite zueigen und legt dar, dass das öffentliche Angebotsverfahren und der Zwangsausschluss ihrem Wesen nach völlig verschieden seien. Während im öffentlichen Angebotsverfahren durch Annahme des Angebots ein Vertrag zustande komme, der einen bestimmten Preis beinhalte, sei der Zwangsausschluss ein Enteignungsverfahren, das völlig anderen Regeln zu gehorchen

---

[398] *Cour de Cassation,* aaO, 393.

[399] *Cour de Cassation,* aaO, 393 f.; *Cour d'Appel de Paris,* aaO, 549.

[400] Vgl. *Germain/Frison-Roche,* Revue de droit bancaire et de la bourse 1997, 120; *Frison-Roche/Nussenbaum,* Recueil Dalloz 1998, 334 (336).

[401] *Faugérolas,* Bulletin Joly Bourse et Produits Financiers, 1997, 395; *de Vauplane,* Banque & Droit Juli-August 1997, 32.

habe. Ein im öffentlichen Angebotsverfahren als angemessen („acceptable") festgestellter Preis sei nicht notwendig auch gerecht („équitable").[402]

Überwiegend wird jedoch in der Literatur die Auffassung der Gerichte geteilt[403]: Eine separate Bewertung sei nicht erforderlich, denn insofern sei dem Gesetz keine entsprechende Vorgabe zu entnehmen[404] und der Zwangsausschluss dürfe den Minderheitsaktionären keine „zweite Chance" auf einen höheren Preis geben[405]. Vielmehr sei dem Gesetzgeber sogar das Problem bekannt gewesen und man sei in den Beratungen zum Gesetz davon ausgegangen, dass der Zwangsausschluss zu demselben „prix" (Preis) erfolgen würde wie das öffentliche Angebotsverfahren[406]. Anderes könne nur gelten beim „retrait éventuel", d.h. wenn der Zwangsausschluss nicht zwingend und unmittelbar dem öffentlichen Angebot folgt[407].

b) Bewertungsmethodik im engeren Sinne

Hinsichtlich der Bewertungsmethodik im engeren Sinne wird in der Literatur insbesondere die Bedeutung des Substanzwertes behandelt. Der Substanzwert hatte im zu entscheidenden Fall deshalb eine besondere Bedeutung, weil er über jenen Werten lag, die sich aufgrund anderer Kriterien ergaben (das zu bewertende Unternehmen verfügte nicht über Goodwill, sondern über Badwill). Wie oben dargestellt, erkennt die französische Rechtsprechung den Substanzwert nicht als Untergrenze an. Von der Literatur erntet sie hierfür praktisch einhellige Zustimmung. Die Gerichte hätten richtigerweise festgestellt, dass das Gesetz den Substanzwert keineswegs als Untergrenze vorgebe[408]. Ihn als einziges Bewertungskriterium heranzuziehen, würde Sinn und Buchstaben des Gesetzes widersprechen[409]. Nicht jede der Stimmen in der Literatur äußert sich jedoch derart apodiktisch. Während der Rechtsprechung im Ergebnis zwar zugestimmt wurde, wird diese Zustimmung zugleich teilweise von einer weiteren Voraussetzung abhängig gemacht. Der Substanzwert sei in denjenigen Fällen keine Untergrenze, in denen es nicht effektiv möglich ist, die Aktiva zu den in der Bilanz ausgewiesenen Werten zu übertragen[410]. Die Vertreter dieser einschränkenden Ansicht gehen aber offensichtlich davon aus, dass im

402 Vgl. *Frison-Roche/Nussenbaum,* Recueil Dalloz 1998, 334 (336 f.).
403 Ausführlich *Bucher,* Revue des Sociétés 1998, 341 (343); *Faugérolas,* Bulletin Joly Bourse et Produits Financiers 1997, 395; *Hovasse,* Droit des Sociétés Juni 1997, 23 (24).
404 *Bucher,* aaO.
405 *De Vauplane,* Banque & Droit Juli-August 1997, 32 (33).
406 *Bucher,* aaO.
407 *Bucher,* aaO.
408 *Faugérolas,* Bulletin Joly Bourse et Produits Financiers 1997, 395 (396).
409 *Bucher,* aaO.
410 *Frison-Roche/Nussenbaum,* Revue de droit bancaire et de la bourse 1995, 56, Rn. 71; *Hovasse,* Droit des Sociétés Juni 1997, 23 (24 f.).

vorliegenden Fall eine solche Möglichkeit der bilanzwertäquivalenten Übertragung nicht bestand.

Zur Bedeutung des Börsenkurses als Maßstab für die Bemessung der Abfindung äußert sich die Literatur praktisch überhaupt nicht. Dies ist hier auch nicht verwunderlich. Denn wie oben dargestellt lag bereits der von der Klägerseite angebotene Preis erheblich über dem Börsenkurs der Zielgesellschaft.

Von besonderem Interesse sind schließlich die folgenden Beobachtungen zur Prüfdichte der gerichtlichen Entscheidungen. Wie das Autorenpaar *Frison-Roche/Nussenbaum*[411] erkennt, vollzieht die Gerichtsbarkeit bei der Beurteilung des angemessenen Wertes lediglich eine formelle Kontrolle („contrôle formel") des Bewertungsgutachtens, nicht jedoch eine grundlegende („contrôle au fond"). Das Bewertungsergebnis muss lediglich auf mehrere Kriterien gestützt sein, wobei deren Aufzählung im Gesetz nicht enumerativ, sondern nur beispielhaft ist. Darüber hinaus kann eine freie Gewichtung dieser Kriterien vorgenommen werden. *D. Schmidt* greift diese Beobachtung auf und brandmarkt sie als „wenig verträglich mit dem Ziel einer gerechten und legitimen Unternehmensbewertung"[412].

c) Eigentumsgarantie i.S.d. Europäischen Menschenrechtskonvention

Zustimmung jedenfalls im Ergebnis, nicht aber gänzlich in der Begründung – so lässt sich das Echo der Literatur charakterisieren, soweit es sich auf die Thematik der Eigentumsgarantie i.S.d. EMRK bezieht.

Am ehesten im Einklang mit der Begründung der Gerichte steht jene Literaturstimme, die betont, dass die Regeln über den Zwangsausschluss – da Bestandteile des Börsenrechts – eingebettet sind in die Wirtschaftsordnung. Hieraus wird der Schluss gezogen, dass es sich um Ausnahmetatbestände vom gemeinen Recht handele[413]. Offensichtlich geht der Autor davon aus, in diesen Ausnahmefällen sei die EMRK einschließlich ihrer Zusatzprotokolle nicht anwendbar.

Dagegen verlangen andere Stimmen durchaus die Einhaltung der EMRK einschließlich ihrer Zusatzprotokolle. Gleichzeitig benennen sie aber ein öffentliches Interesse, aufgrund dessen ein Verstoß gegen höherrangiges Recht nicht gegeben sei. So sei etwa die „Liquidität der Märkte" ein öffentliches Interesse, das die Enteignung der Minderheitsaktionäre rechtfertigen könne[414]. Sicher ebenso überzeugend argumentiert *Bucher*[415], der Zwangsausschluss von Minderheitsaktionären führe beim Mehrheitsaktionär zu einer größeren Flexibi-

---

411 *Frison-Roche/Nussenbaum*, Recueil Dalloz 1998, 334 (337).
412 *D. Schmidt*, Rn. 214.
413 *De Vauplane*, Banque & Droit Juli-August 1997, 32 (33).
414 *Frison-Roche/Nussenbaum*, Recueil Dalloz 1998, 334 (337).
415 *Bucher*, Revue des Sociétés 1998, 341 (345).

lität in der Unternehmensführung und fördere damit insgesamt die Funktionsfähigkeit der Handelsgesellschaften im allgemeinen.

Jene Stimme in der Literatur[416], schließlich, die kein öffentliches Interesse am Zwangsausschluss zu erkennen vermag, scheut sich, die einzig logische Konsequenz ihrer Auffassung zu ziehen. Eine Ablehnung des Zwangsauschlusses als solchem, nämlich, wird auch vom jenem Autor im Ergebnis nicht vertreten.

Abschließend sei angemerkt, dass in späteren Urteilen auch das Appellationsgericht von Paris dazu übergegangen ist, ausdrücklich auf das allgemeine öffentliche Interesse der Funktionsfähigkeit des Marktes als Rechtfertigungsgrund abzustellen. Wie es ausdrücklich sagt, brauche der öffentliche Nutzen nicht in jedem konkreten Einzelfall dargelegt zu werden.[417]

3. Zur Bedeutung des Börsenkurses

In der deutschen Rechtsordnung kommt seit der *DAT/Altana*-Entscheidung des Bundesverfassungsgerichtes dem Börsenkurs bei der Ermittlung des angemessenen Abfindungsbetrages große Bedeutung zu. Seit diesem Präzedenzfall ist die Frage, welche Rolle ihm generell neben den anderen Bewertungsfaktoren beizumessen ist, Gegenstand zahlreicher und kontroverser Stellungnahmen. Es ist daher von besonderem Interesse, wie mit diesem Rechtsproblem in der französischen Rechtsordnung umgegangen wird. Dabei ist zu differenzieren zwischen öffentlichen Angeboten und Zwangsausschlüssen einerseits und Fusionen andererseits. Abschließend ist einzugehen auf die Rolle des Börsenkurses bei der Bewertung von Vorzugsaktien.

a) Der Börsenkurs bei öffentlichen Angeboten und Zwangsausschlüssen

Im Rechtsstreit *ADAM/Société Générale* wird der Börsenkurs nur am Rande erwähnt. Seine offensichtlich geringe Bedeutung nicht nur in jenem Fall[418], sondern praktisch immer bei öffentlichen Angeboten und Zwangsausschlüssen erklärt sich damit, dass bereits das öffentliche Angebot des Mehrheitsaktionärs stets über der aktuellen Notierung der Zielgesellschaft liegt. Dies leuchtet ein, denn schließlich möchte er die Minderheitsaktionäre mit einem attraktiven Angebot zum freiwilligen Verkauf ihrer Aktien bewegen[419]. Bildet der von ihm angebotene Preis dagegen keinen hinreichenden Anreiz für die Aktionäre zur Veräußerung ihrer Aktien, läuft der Mehrheitsaktionär Gefahr, die erforderliche 95-Prozent-Schwelle nicht zu erreichen. In aller Regel unmittelbar im Anschluss an das öffentliche Angebot erfolgt der Zwangsausschluss, nachdem dieser

---

[416] *Viandier,* Revue de Jurisprudence de Droit des Affaires 1995, S. 646, Rn. 17.
[417] Urteil vom 16. September 2003, Bulletin Joly Bourse 2003, 754.
[418] Vgl. etwa auch das Urteil *Champy* des Appellationsgerichts von Paris vom 7. November 1990, Bulletin Joly 1991, 62 ff.
[419] Vgl. *Bucher,* Bulletin Joly Bourse 2003, 762 (768).

bereits mit der Kundgabe des öffentlichen Angebotes angekündigt worden war („retrait obligatoire automatique"). Hierbei darf die festzusetzende Abfindung schon kraft Gesetzes den zuvor öffentlich angebotenen Preis nicht unterschreiten (Art. L. 433-4 S. 2 C. mon. et fin.). Wie oben dargestellt ist sogar grundsätzlich beim retrait obligatoire automatique derselbe Wert anzusetzen, der vorher als Preis öffentlich angeboten worden war[420]. Eine Abfindung pro Aktie, die unterhalb des Börsenkurses liegt, ist also in diesem Rahmen ausgeschlossen.

Anders läge die Situation beim „retrait obligatoire éventuel", also jener Konstellation, in der sich der Zwangsausschluss nicht unmittelbar an das öffentliche Angebot anschließt, sondern zu späterem Zeitpunkt aufgrund eines erneuten Beschlusses erfolgt. Hierbei wäre eine weitere Bewertung erforderlich mit selbstverständlich offenem Ergebnis[421]. In der Praxis jedoch ist der retrait obligatoire éventuel absolut unüblich[422]. Bezeichnenderweise werden in einem Praktikerhandbuch zahlreiche Fundstellen angegeben zu Fällen des retrait obligatoire automatique[423], aber keine einzige zum retrait obligatoire éventuel[424].

Ein Zwangsausschluss, bei dem der Abfindungsbetrag je Aktie unterhalb des Börsenkurses liegt, dürfte demnach in Frankreich weder in der Vergangenheit stattgefunden haben, noch mit größerer Wahrscheinlichkeit in Zukunft zu erwarten sein.

b) Der Börsenkurs bei Fusionen – der Fall *ADAM/SA La Redoute*

Auf eine nicht hinreichende Berücksichtigung des Börsenkurses war der Klageantrag im Falle einer Fusion gestützt. Wieder befand sich – neben verschiedenen Einzelpersonen und einer Kapitalanlagegesellschaft – die Aktionärsvereinigung *ADAM* in der Klägerrolle und abermals sorgte der Rechtsstreit in der Öffentlichkeit für großes Aufsehen[425]. Dem Sachverhalt lag eine Fusion durch Aufnahme zugrunde. Dabei sollten den Minderheitsaktionären der aufzunehmenden Gesellschaft (SA La Redoute) im Rahmen einer Kapitalerhöhung Aktien der aufnehmenden Gesellschaft (SA Pinault Printemps) gewährt werden.

Auf der Klägerseite wurde u.a. geltend gemacht, dass bei der Ermittlung des Umtauschverhältnisses anhand der méthode multicritères der Wert der Aktien der aufzunehmenden Gesellschaft mit einem Betrag unterhalb des Börsenkurses angesetzt worden war[426]. Das Handelsgericht („Tribunal de Commerce") von

420 Siehe oben 1. a) und 2. a).
421 Siehe oben insbesondere 2. a).
422 Ausdrücklich: *Bonneau/Faugérolas*, Rn. 438 f.
423 *Bonneau/Faugérolas*, Rn. 438, dortige Fußnote 345.
424 *Bonneau/Faugérolas*, Rn. 439.
425 Ausdrücklich: *Le Cannu*, Bulletin Joly Juni 1994, 655.
426 Bulletin Joly 1994, 651 ff.

Roubaix wies die Klage mit Urteil vom 6. Mai 1994 als unbegründet zurück[427]. Zur Begründung führte es folgendes aus: Es wäre ökonomisch irrational, anlässlich eines Fusionsverfahrens das Umtauschverhältnis allein nach dem Börsenkurs zu bestimmen, denn hierdurch würde man die Interessen sowohl der aufnehmenden, als auch der aufgenommenen Gesellschaft verkennen. Das Umtauschverhältnis könne auf der Grundlage des Börsenkurses der aufgenommenen Gesellschaft als Preisuntergrenze nicht gerechterweise festgesetzt werden, denn der Börsenkurs sei generell fragwürdig wegen seiner zeitlichen Vorgriffe und den Spekulationen der Börsenakteure, wobei egal sei, ob die Spekulationen in die positive oder die negative Richtung gingen. Deshalb entfremde sich der Börsenkurs vom wirklichen Wert des Unternehmens.[428] Im Ergebnis enthalte deshalb das ermittelte Umtauschverhältnis keinen offensichtlichen Fehler („erreur flagrante et manifeste")[429].

Die Ausführungen zum Börsenkurs werden von einer Stimme in der Literatur[430] aufgegriffen und zaghaft in Frage gestellt. Der Begriff des „wirklichen Wertes" sei sehr schwammig. Den Börsenkurs als Gegensatz zum wirklichen Wert zu begreifen sei eine Verkürzung des Problems. Gerade weil der wirkliche Wert keine objektive Tatsache sei, sei die méthode multicritères anzuwenden. Bei dieser Kritik an der Begründung des Urteils bleibt es dann aber auch. Literaturstimmen, die sich den Klägervortrag vollständig zueigen machen und ausdrücklich die alleinige Maßgeblichkeit des Börsenkurses als Grundlage zur Bestimmung des Umtauschverhältnisses vertreten, sind dagegen nicht ersichtlich[431].

Auch der Überprüfung durch die Revisionsinstanz hielt die Entscheidung ohne Einschränkung Stand. So bestätigt das Appellationsgericht von Douai in seinem Urteil vom 7. Juli 1994, dass eine Benachteiligung der Minderheitsaktionäre nicht festzustellen sei. Zwar hätten diese keine Gegenleistung in Höhe des Börsenwertes ihrer Aktien erhalten. Jedoch hätten die Fusionskommissare nach Betrachtung unterschiedlicher Bewertungskriterien in Gemäßheit der Empfehlungen der Börsenaufsicht die Einschätzung gewonnen, dass die Minderheitsaktionäre gerecht behandelt worden seien.[432]

---

[427] AaO.
[428] AaO, 652.
[429] AaO, 655.
[430] *Le Cannu*, Bulletin Joly 1994, 655 (657).
[431] In einem anderen Rechtsstreit, dem Fall *SA Aux trois quartiers*, hatten die Hauptversammlungen beschlossen, den Börsenkurs als das alleinige Bewertungskriterium zugrunde zu legen. Hierfür erhielten sie auch die Zustimmung des Fusionskommissars. Das Handelsgericht von Paris annullierte die Beschlüsse mit einstweiliger Verfügung vom 6. Juni 1988 und wurde in dieser Entscheidung wenige Tage später durch das Appellationsgericht von Paris bestätigt. Zur Begründung wurde ausgeführt, neben dem Börsenkurs hätten weitere Bewertungskriterien angewandt werden müssen. (Recueil Dalloz Sirey 1988, 505 ff.)
[432] *Cour d'Appell de Douai*, Bulletin Joly 1994, 997.

Die Oberflächlichkeit dieser Begründung mag erstaunen. Einmal mehr bestätigt sich die geringe Prüfdichte, mit der die französischen Gerichte die Bewertungsgutachten unter die Lupe nehmen[433]. *D. Schmidt*[434] hat offensichtlich anlässlich dieses Falles die Rechtsprechung der vergangenen drei Jahrzehnte untersucht. Als Ergebnis ergab sich, dass kein einziger Fall ersichtlich ist, in dem ein Gericht jemals über den bloßen contrôle formel hinausgegangen wäre. Ebenfalls anlässlich dieses Falles zieht *Le Cannu*[435] den Schluss, dass die wichtigste Kontrollinstanz bei Fusionen nicht die Gerichte sind, sondern die Fusionskommissare.

c) Zum Börsenkurs bei der Bewertung von Vorzugsaktien – der Fall *ADAM/Legrand*

Das Sonderproblem der Bewertung von Vorzugsaktien lag dem Fall *ADAM/Legrand* zugrunde, mit dem das Appellationsgericht von Paris gleich mehrfach befasst war.

Die am 3. Mai 2001 ergangene Entscheidung gehört zu den höchst seltenen[436], in denen die Zulässigkeitserklärung eines öffentlichen Umtauschangebotes durch den Finanzmarktrat später vom Appellationsgericht annulliert wurde. Das Hauptmotiv der Annullierung war die nach Auffassung des Appellationsgerichtes nicht hinreichende Begründung der Zulassungsentscheidung. In dem Antrag der beteiligten Investmentbanken stellte sich das Problem der Bemessung des Abschlages der Vorzugsaktien gegenüber den Stammaktien. Der Finanzmarktrat hatte dem Antrag stattgegeben. Damit bestätigte er, dass es hierbei vorrangig auf den wertmäßigen Unterschied der beiden Aktiengattungen ankäme, wie er sich im Börsenkurs widerspiegle. Er hatte dies sogar ausdrücklich begründet: Der Abschlag, der an der Börse auf Vorzugsaktien gegenüber Stammaktien gemacht werde, sei ein objektives Element des Marktes („élément objectif de marché"), das über einen langen Zeitraum festgestellt worden sei. Aufgrund seiner Liquidität, der Höhe des Umsatzes und seiner Korrelation mit dem Markt der Stammaktie sei der Markt der Vorzugsaktie ein besonders schlüssiges Kriterium zur Bemessung des Abschlages.[437]

Das Appellationsgericht folgt dieser Argumentation nicht. Es bemängelt, dass den Besonderheiten der Vorzugsaktien nicht hinreichend Rechnung getragen worden sei[438]. Dieser Kritikpunkt wird erst klar bei der Lektüre des Folgeurteils. Dieses erging am 16. September 2003, als das Gericht erneut mit der Sache

---

433 *D. Schmidt*, Rn. 224.
434 *D. Schmidt*, Rn. 225.
435 *Le Cannu*, Bulletin Joly 1994, 655 (657).
436 *Viandier*, La Semaine Juridique Entreprise et Affaires 2001, 1048.
437 Urteil des Appellationsgerichts von Paris vom 3. Mai 2001, La Semaine Juridique Entreprise et Affaires 2001, 1048.
438 AaO.

befasst war[439]. Nach dem neu gefassten Angebot der Investmentbanken sollten die Vorzugsaktien mit einem Betrag von 114,13 Euro bewertet werden, die Stämme mit 136,73 Euro. Dies ergab einen Abschlag von 16,5 Prozent. Die erneut klagenden Minderheitsaktionäre aber machten geltend, dass die Vorzugsaktien gegenüber den Stämmen eine um 60 Prozent höhere Dividendenrentabilität aufwiesen. Dies sei eine Besonderheit der Vorzugsaktien, die bei der Bewertung noch immer nicht hinreichend berücksichtigt worden sei.[440]

Doch die neue Zulassungsentscheidung, die der Finanzmarktrat in der Zwischenzeit getroffen hatte, genügte den Richtern, die nun die Kläger mit ihrem Begehren abwiesen. Beide Aktiengattungen waren auf der Grundlage mehrerer verschiedener Kriterien bewertet worden. Dabei sei nun auch den Besonderheiten der Vorzugsaktien Rechnung getragen worden und zwar auch in hinreichendem Maße. Zur Begründung der Ablehnung des weitergehenden Klägerantrages führte das Gericht aus, das Vorzugsrecht bezöge sich lediglich auf eine höhere Dividende, im Hinblick auf das Stammkapital und den Liquiditätserlös aber hätten die Vorzugsaktien dieselben Rechte wie die Stämme. Deshalb sei es korrekt gewesen, erst das gesamte Unternehmen zu bewerten und dann auf dieser Grundlage unterschiedliche Werte für die jeweiligen Aktiengattungen zu ermitteln. Im Zusammenhang mit dem zweiten Bewertungsschritt weist das Gericht die Argumentation der Klägerseite mit Nachdruck zurück: keineswegs könne ernsthaft behauptet werden, das Stimmrecht der Stammaktien sei ohne Wert. Im Gegenteil: neben dem Abschlag, wie er sich für die Vorzugsaktien der Société Legrand sowie bei vergleichbaren Verfahren an der Börse ergibt, wurde überdies auf einen sogenannten inneren Wert („valeur intrensèque") der Vorzugsaktien abgestellt. Dieser wurde definiert als der Wert der Stammaktien erhöht um den Wert des Vorzugsrechts und verringert um den Wert des Stimmrechts. Insgesamt ergebe diese Analyse nach den Grundsätzen der méthode multicritères, dass der ermittelte Abschlag von 16,5 Prozent gerecht und objektiv sei.[441]

Von der Literatur erfährt die Rechtsprechung volle Unterstützung. Ihre erste Entscheidung wird begrüßt, weil sie zu Recht klar mache, dass der Börsenkurs nur ein Kriterium von mehreren sei, das eine Ungleichbehandlung der Aktionärsgruppen rechtfertigen könne[442]. Für die Folgeentscheidung erhält das Pariser Gericht auch Zustimmung speziell wegen seiner detaillierten Ausführungen. So wird hervorgehoben, dass das Gericht hinsichtlich der Bemessung des Abschlages sämtliche Argumente würdigt, die bereits vom Finanzmarktrat zur Rechtfertigung der Zulassungsentscheidung vorgetragen

[439] Bulletin Joly Bourse 2003, 750 ff.
[440] AaO, 751, 754.
[441] AaO, 755 f.
[442] *Viandier,* La Semaine Juridique Entreprise et Affaires 2001, 1048 (1050).

worden waren[443]. Schließlich wird die Folgeentscheidung gelobt als mustergültige Umsetzung der méthode multicritères. Das Gericht habe mit der Entscheidung richtigerweise gezeigt, dass es nicht seine Aufgabe sei, nach jenen Methoden zu suchen, die den Minderheitsaktionären am vorteilhaftesten sind, sondern den für alle Parteien gerechtesten Preis zu ermitteln[444].

4. Entwicklungen im Recht der nicht notierten Anteile – der Fall *Marlène Pour*

In der Entscheidung *Marlène Pour* vom 21. Oktober 1997[445] ging es um die Bewertung nicht notierter Geschäftsanteile. Eine Bewertung auf der Grundlage mehrerer Kriterien wäre deshalb gesetzlich nicht erforderlich gewesen. Der Kassationsgerichtshof hielt dies aber dennoch offensichtlich für geboten und formulierte bei dieser Gelegenheit in erfreulicher Deutlichkeit das Ziel der Bewertung. Im einzelnen heißt es: „La valeur de parts sociales non cotées en bourse doit être apprécié en tenant compte de tous les éléments dont l'ensemble permet d'obtenir une évaluation aussi proche que possible de celle qu'aurait entraîné le jeu de l'offre et de la demande sur un marché réel. " Zu deutsch: Der Wert nicht börsennotierter Anteile muss in der Weise ermittelt werden, dass sämtliche Faktoren berücksichtigt werden, deren Gesamtheit es erlaubt, eine Bewertung zu erhalten, die derjenigen Bewertung so nahe wie möglich kommt, die sich durch das Spiel von Angebot und Nachfrage auf einem wirklichen Markt ergeben hätte.

Germain und *Frison-Roche*[446] bemerken in ihrer Anmerkung zu dem Urteil, dass das Gericht die Bewertungsmethodik der börsennotierten Aktiengesellschaften übertrage auf die Bewertung der nicht notierten Unternehmen. Die Entscheidung, so schreiben sie, erinnere an die Diskussionen rund um die méthode multicritères. Nach vorgenannter Entscheidung sei das Eigenkapital jedenfalls nur ein einzelnes Bewertungselement, während daneben der Firmenwert ebenfalls berücksichtigt werden könne.

Die beiden Kommentatoren stellen damit ausschließlich darauf ab, dass die Rechtsprechung für die Wertermittlung auf mehrere Bewertungskriterien zurückgreift. Erstaunlicherweise unkommentiert bleibt die eindeutige Definition des Bewertungsziels. Hier hat der französische Kassationsgerichtshof eine klare Botschaft formuliert: Bewertungen sollen so *marktnah* wie möglich erfolgen.

---

[443] *Bucher*, Bulletin Joly Bourse 2003, 762 (768).
[444] *Viandier*, La Semaine Juridique Entreprise et Affaires 2003, 1969 (1970).
[445] Revue de Droit Bancaire 1997, 238.
[446] AaO.

III. Fazit

1.) Die Kontrolle von Unternehmensbewertungen erfolgt in Frankreich primär durch die Finanzmarktaufsicht und unabhängige Bewertungsexperten. Bei öffentlichen Angeboten und Zwangsausschlüssen wird diese Aufgabe wahrgenommen durch die „Autorité des Marchés Financiers" (Finanzmarktbehörde). Stehen die Umtauschparitäten bei Fusionen zur Diskussion, bilden die gerichtlich bestellten unabhängigen „commissaires à la fusion" (Fusionskommissare) die erste und wichtigste Kontrollinstanz. – Erst in einem zweiten Schritt können zur Anfechtung der Entscheidungen vorgenannter Instanzen die Gerichte angerufen werden. Die Aussicht auf Erfolg ist jedoch sehr gering. Denn die Rechtsprechung begnügt sich bisher mit einer nur formelle Kontrolle („contrôle formel") der angefochtenen Entscheidungen. Zwar wurde im Jahre 2001 mit dem *Legrand*-Urteil eine Entscheidung des Finanzmarktrates annulliert, worin teilweise die Tendenz zu einer engeren Prüfdichte der gerichtlichen Entscheidungen gesehen wird. Diese jüngste und sehr zaghafte Entwicklung ändert aber nichts an dem eindeutigen Ergebnis, dass die dritte Gewalt in Frankreich bei der Kontrolle von Unternehmensbewertungen eine erheblich geringere Rolle spielt als in Deutschland.

2.) Aus deutscher Sicht erstaunt das französische Recht damit, dass es für Unternehmensbewertungen vergleichsweise detaillierte gesetzliche Regeln aufstellt. So statuiert der französische Gesetzgeber mit Art. L. 433-4 Abs. 2 C. mon. et fin. ausdrücklich die sogenannte „méthode multicritères". Deren Anwendungsbereich ist nicht auf den in Art. L. 433-4 Abs. 2 C. mon. et fin. geregelten Fall des Zwangsausschlusses beschränkt, sondern umfasst darüber hinaus sämtliche anderen öffentliche Angebote ebenso wie die Fälle der Ermittlung der Umtauschparitäten bei Fusionen. Die méthode multicritères bildet damit ein vom einzelnen Anwendungsfall verselbständigtes Phänomen der französischen Rechtsdogmatik. Gemäß dem Wortlaut des Art. L. 433-4 Abs. 2 C. mon. et fin. haben Unternehmensbewertungen nach objektiven Methoden zu erfolgen und den folgenden Faktoren, die je nach Einzelfall angemessen zu gewichten sind, Rechnung zu tragen: dem Wert der Aktiva, den realisierten Erträgen, dem Börsenwert, dem Bestehen von Niederlassungen bzw. Tochtergesellschaften und den Zukunftsaussichten des Tätigkeitsfeldes. – Damit statuiert der französische Gesetzgeber erheblich engere Vorgaben als der deutsche, der sich bekanntlich auf den unbestimmten Rechtsbegriff der „Angemessenheit" beschränkt.

3.) Neben dem Umstand, dass im französischen Recht überhaupt Bewertungskriterien kodifiziert sind, erstaunen auch die Bewertungskriterien selbst. Aus deutscher Sicht plausibel erscheinen vor allem der Börsenkurs und die in Zukunft erwarteten Erträge bzw. Zahlungsströme. Letzterer Gedanke mag zwar enthalten sein im Kriterium „Zukunftsaussichten des Tätigkeitsfeldes". Jedoch macht es einen nicht unerheblichen Unterschied, ob auf das Tätigkeitsfeld insgesamt abgestellt wird oder auf die Ertragsperspektiven des konkret zu bewertenden Unternehmens. Die bereits realisierten Erträge, also jene die in der Vergangenheit liegen, ebenfalls in die Bewertung mit einzubeziehen, ist mit moderner Bewertungsmethodik ebenso wenig vereinbar wie die regelmäßige Berücksichtigung des Substanzwertes. Beide Faktoren haben im deutschen Recht eher die Funktion von Kontrollwerten; – die in der Vergangenheit realisierten Erträge für die Plausibiltitätsprüfung der *künftigen* und der Liquidationswert als Wertuntergrenze bei fehlendem Goodwill. Wenig verständlich ist auch, weshalb der Gesetzgeber Niederlassungen bzw. Tochtergesellschaften ausdrücklich erwähnen zu müssen glaubte. Denn diese können je nach Einzelfall problemlos entweder mit ihren einzelnen Merkmalen bei der Bewertung des Gesamtunternehmens einfließen oder aber den Gegenstand eines eigenständigen Bewertungsverfahrens bilden.

4.) Diese engen und teilweise wenig sachgemäß erscheinenden Vorgaben des Gesetzestextes hat die Rechtsprechung offensichtlich als Fesseln empfunden. Sie knüpft an einer anderen Stelle des gesetzlichen Wortlautes an, indem sie betont, dass die genannten Kriterien nur zu „berücksichtigen“ und darüber hinaus je nach Einzelfall „angemessen zu gewichten“ sind. So lässt es die Rechtsprechung zu, wenn manches der gesetzlichen Kriterien „mit Null“ gewichtet wird, d.h. überhaupt nicht einfließt, und umgekehrt andere nicht im Gesetz enthaltene aber gleichwohl „sachdienliche“ Kriterien gleichwohl Eingang finden in die Bewertungen. Die méthode multicritères wird so zu einem sehr flexiblen Instrument und reduziert sich inhaltlich darauf, dass *überhaupt* mehrere Kriterien bei einer Unternehmensbewertung anzuwenden sind. Dies geht freilich auf Kosten der methodischen Stringenz, die der Wortlaut von Art. L. 433-4 Abs. 2 C. mon. et fin. bei der ersten Lektüre verspricht. So bieten die Vorgaben des französischen Gesetzgebers im Ergebnis kein höheres Maß an Vorhersehbarkeit und damit an Rechtssicherheit als der deutsche unbestimmte Rechtsbegriff der Angemessenheit. Gleichzeitig aber hat die Rechtsprechung mit der flexiblen Handhabung der méthode multicritères einen Freiraum geschaffen, der im wesentlichen jenem im deutschen Recht entspricht und der angesichts der Komplexität von Unternehmensbewertungen im Sinne der Einzelfallgerechtigkeit auch erforderlich erscheint.

5.) Aus den dargestellten Urteilen hat sich als wesentlicher Unterschied zwischen der deutschen und der französischen Rechtsprechung ergeben, dass die französische bei der Festsetzung einer Abfindung keine festen Untergrenzen kennt. So bildete im Fall *Société Générale* der Substanzwert ebenso wenig eine Untergrenze, wie im Fall *La Redoute* der Börsenkurs. Zu erklären mag dies sein mit dem Präfix „multi“ im Gesetzestext. So sagt die Rechtsprechung zwar einerseits, dass die méthode multicritères flexibel anzuwenden ist und auf bestimmte Kriterien im Einzelfall gegebenenfalls verzichtet werden kann oder sogar muss. Die Festsetzung einer Mindestschwelle aber würde dazu führen, dass das jeweils betroffene Kriterium de facto das alleinig entscheidende würde. Die Gerichtsbarkeit sähe sich möglicherweise dem Vorwurf ausgesetzt, den Sinn des Gesetzes zu missachten. Denn nach der ohnehin schon weiten Auslegung wird man sich aus Sicht des Gesetzgebers jedenfalls auf den Standpunkt stellen können, das Gesetz solle gerade durch die Anwendung *mehrerer* Kriterien der Objektivierung des gefundenen Wertes dienen. – In diesem Zusammenhang ist ferner von Interesse, dass sich die französische Rechtsprechung vergleichsweise offen zeigt gegenüber Finanzkennzahlen als Determinanten des Unternehmenswertes. Auch dies mag unter anderem darauf zurückzuführen sein, dass der Gesetzgeber den Beteiligten explizit einen bunten Strauß an Bewertungskriterien an die Hand gegeben hat und sich dessen Vielfalt durch die flexible Handhabe der méthode multicritères in der Rechtsprechung noch weiter vergrößert hat. So durfte der Bewertungspraxis schnell klar geworden sein, dass auch vergleichende Kriterien auf der Grundlage von Finanzkennzahlen sachgerecht sein und vor Aufsichtsinstanzen und Gerichten Bestand haben können.

6.) Hinsichtlich der Bedeutung des Börsenkurses für die Festsetzung der angemessenen Entschädigung fällt auf, dass in Frankreich nicht dieselbe Debatte entbrannt ist wie in Deutschland. Dies mag einleuchten wenn man sich den Gesetzestext vor Augen führt: wenn schon der Gesetzgeber die Anwendung *mehrerer* Kriterien vorschreibt, dann scheint es tatsächlich mit dem Gesetz schwer vereinbar, ausschließlich oder primär den Börsenkurs für maßgeblich zu erklären. Auf der anderen Seite werden die im Gesetz aufgezählten Kriterien höchst flexibel gehandhabt. Nach der *Société Générale*-Rechtsprechung ist es möglich, bestimmte Kriterien gering oder gar „mit fast Null" zu gewichten und weitere nicht im Gesetz vorgesehene Kriterien anzuwenden, sofern diese nur ebenso „sachdienlich" wie die im Gesetz aufgezählten sind. Ob aber der Börsenkurs als Maßstab zur Ermittlung von Abfindungen oder Umtauschparitäten tatsächlich „sachdienlich" ist, wäre die in einem zweiten Schritt zu klärende Frage. Trotz der angreifbaren Thesen des Handelsgerichts von Roubaix von der Irrationalität und der generellen Kritikwürdigkeit des Börsenkurses blieb in der französischen Rechtswissenschaft eine so intensive Diskussion wie in Deutschland aus. Auch das Pariser Appellationsgericht, das es ablehnte bei der Differenzierung zwischen Stamm- und Vorzugsaktien vornehmlich auf den Börsenkurs abzustellen, gab der Literatur keinen wesentlichen Impuls. – Dieser nur schwach ausgeprägte Diskurs um den Börsenkurs als Bewertungsmaßstab dürfte mehrere Gründe haben. Zunächst ist hierbei der Umstand zu nennen, dass sich in den Konstellationen des Zwangsausschlusses das Problem gar nicht stellt. Denn der Zwangsausschluss folgt in der französischen Praxis unmittelbar auf ein öffentliches Angebot und der hierbei gebotene Preis, der auch für den Zwangsausschluss maßgeblich ist, liegt stets über dem Börsenkurs. Somit gibt es schon quantitativ erheblich weniger Fälle, die einen Anlass bilden können für eine wissenschaftliche Auseinandersetzung mit der Problematik. Fälle dagegen, die Anlass hierzu geben könnten, sind vor allem die Bemessung der Umtauschparitäten bei Fusionen. Insofern fällt bei näherem Hinsehen auf, dass in Frankreich kein Fall ersichtlich ist, in dem sich das Problem in derselben Schärfe gestellt hat wie im deutschen Präzedenzfall *DAT/Altana*. Dort betrug der gerichtlich für angemessen befundene Wert pro Aktie gerade rund 60 Prozent des Börsenkurses. Dagegen war die Abweichung im Fall *La Redoute* erheblich geringer: angeboten wurde ein Umtauschverhältnis von 0,91 : 1 (primär orientiert am Ertragswert der Unternehmen); eine Orientierung am Börsenkurs hätte ein Verhältnis von 1 : 1 ergeben. Diese vergleichsweise geringe Diskrepanz bildete wohl keinen hinreichenden Nährboden, um eine so lebhafte Debatte um die Bedeutung des Börsenkurses auszulösen wie in Deutschland.

7.) Als großer Fortschritt im Recht der Unternehmensbewertung ist die Entscheidung *Marlène Pour* zu werten. In dem Fall, in dem es um die Bewertung nicht notierter Geschäftsanteile ging, differenziert der Kassationsgerichtshof klar zwischen Bewertungskriterien und Bewertungsziel. Im Hinblick auf die Bewertungskriterien wird klar gestellt, dass dem Firmenwert eine eigenständige Bedeutung neben anderen Faktoren zukommt. Erfreulich eindeutig fällt das Urteil des Gerichts zum Bewertungsziel aus: Bewertungen sollen so *marktnah* wie möglich erfolgen.

2. Abschnitt: Unternehmensbewertung im englischen Recht

Im deutschen Recht begegneten uns klar umrissene Tatbestände, die mit dem unbestimmten Rechtsbegriff der *Angemessenheit* das „Tor“ zur Bewertungsproblematik bilden. Im französischen Recht erschließt sich mit der *méthode multicritères* sogar ein vom einzelnen Anwendungsfall verselbständigtes Phänomen der Rechtsdogmatik. Dagegen erweist sich die Bewertung von Unternehmen und ihren Anteilen im Kontext des englischen Rechts als ein Erkenntnisgegenstand, der erheblich schwieriger greifbar ist. Denn jene Schnittstellen, an denen die betriebswirtschaftliche Übung der Unternehmensbewertung auch zugleich eine juristische Dimension hat, sind dort weit weniger konturiert. So tauchen Bewertungsfragen in rechtlichem Gewande teilweise an einer Stelle auf, wo sie jedenfalls aus kontinentaleuropäischer Sicht nicht zu erwarten sind und umgekehrt spielen sie in manch „klassischem“ Sachverhalt des deutschen und französischen Rechts gar keine Rolle.

I. Bewertungen aufgrund von Section 459 des Companies Act von 1985

Eine Unternehmensbewertung kann im englischen Recht notwendig werden, wenn ein sogenannter „unfair prejudice“ i.S.v. Sec. 459 des Companies Act von 1985 (im folgenden: Sec., CA 1985) gerichtlich festgestellt wurde. „Unfair prejudice“ bedeutet wörtlich „ungerechtfertigter Nachteil“. Was damit genau gemeint ist, erschließt sich aus dem Titel des Gesetzesabschnitts, in dem sich die Vorschrift befindet. Der 17. Abschnitt des Companies Act von 1985 ist überschrieben mit „Protection of Company's Members against Unfair Prejudice". Gemeint sind damit Nachteile, die von den Anteilseignern einer Gesellschaft erlitten werden können.

Der Gesetzgeber möchte also jene Anteilseigner, die einen „ungerechtfertigten Nachteil“ erlitten haben, schützen. Er gibt den benachteiligten Gesellschaftern deshalb die Möglichkeit, sich gem. Sec. 459 CA 1985 an das zuständige Gericht zu wenden und einen Gerichtsbeschluss zu beantragen[447]. Die Voraussetzungen von Sec. 459 I CA 1985 sind sehr vage und generalklauselartig formuliert: „A member of a company may apply to the court by petition for an order under this Part on the ground that the company's affairs are being or have been conducted in a manner which is unfairly prejudicial to the interests of its members generally or of some part of its members (...) or that any actual or proposed act or omission of the company (...) is or would be so prejudicial." Sieht das Gericht den Tatbestand der „ungerechtfertigten Benachteiligung“ als erfüllt an, kann es für Abhilfe sorgen. Auf der Rechtsfolgenseite bildet insofern Sec. 461 I CA 1985 eine Generalklausel, die es dem Gericht erlaubt, auf die unterschiedlichsten Benachteiligungen mit den unterschiedlichsten Anordnungen zu reagieren: „If the court is satisfied that a petition under this Part is well founded, it may make such order as it thinks fit

[447] Zum rechtshistorischen Hintergrund der Vorschrift siehe *Dine*, S. 244.

for giving relief in respect of the matters complained of." Absatz 2 der Vorschrift typisiert bestimmte Entscheidungsformen und sieht unter anderem in Nr. (d) – gewissermaßen als letztes Mittel – folgendes vor: „...the court's order may provide for the purchase of the shares of any members of the company by other members or by the company itself and, in the case of the purchase by the company itself, the reduction of the company's capital accordingly." – Der Inhalt des Gerichtsbeschlusses kann also dahin gehen, dass die übrigen Gesellschafter oder die Gesellschaft selbst dazu verpflichtet werden, die Anteile des oder der benachteiligten Gesellschafter zu erwerben. – Weitere Vorgaben, insbesondere zur Bestimmung der Gegenleistung für den Anteilserwerb, macht der Gesetzgeber nicht.

1. Der Präzedenzfall *O'Neill v Phillips*

In der englischen Literatur[448] gilt die Entscheidung *O'Neill v Phillips*[449] als bewertungsrechtlicher Präzedenzfall. Es handelt sich dabei um den ersten Fall, in dem das House of Lords zur Auslegung der Sec. 459-461 CA 1985 Stellung bezog[450].

a) Sachverhalt

Es lag im wesentlichen folgender Sachverhalt zugrunde[451]: Der Beklagte Phillips war zunächst Alleininhaber und Geschäftsführer einer limited company. Dann übertrug er seinem Mitarbeiter O'Neill aufgrund dessen guter Leistungen 25 Prozent der Anteile und nahm ihn in die Geschäftsleitung auf. Später zog sich Phillips ganz aus der Geschäftsleitung zurück und versprach O'Neill die Übertragung von weiteren 25 Prozent der Geschäftsanteile für den Fall der Erfüllung einer Zielvereinbarung. Als diese im folgenden Geschäftsverlauf nicht erreicht wurde, stieg Phillips erneut in die Geschäftsleitung ein und degradierte O'Neill vom Alleingeschäftsführer zum einfachen Mitglied der Geschäftsleitung, die fortan wieder von Phillips geführt wurde.

Eine ungerechtfertigte Benachteiligung i.S.v. Sec. 459 CA 1985, wie vom Kläger behauptet, hat das Gericht nicht anerkannt. Eine solche liegt nach seinen Ausführungen erst vor, wenn vertragliche Vereinbarungen nicht eingehalten würden, nicht aber bei einem bloßen Zerwürfnis zwischen den Gesellschaftern. Es bestand demnach auch keine Verpflichtung für den Beklagten, dem Kläger ein Angebot zum Erwerb seiner Anteile zu machen. An sich hätten deshalb weitergehende bewertungsrechtliche Fragen nicht entschieden zu werden brauchen, wie das Gericht ausdrücklich feststellt. Es betonte jedoch gleichzeitig

[448] *Joffe, S. 193.*
[449] Butterworths Company Law Cases 1999, Band 2, S. 1; Westlaw 1999, 477304.
[450] Westlaw, aaO, 1.
[451] Westlaw, aaO, 2.

die große Praxisrelevanz des „offer to buy“ i.S.v. Sec. 459 CA 1985 und sah sich deshalb zu einem ausführlichen obiter dictum veranlasst.[452]

Zunächst wies der federführende Richter Lord Hoffmann darauf hin, dass die Parteien immer wenn möglich ermutigt werden sollten, sich in frühem Stadium über den Übergang des Geschäftsanteils gütlich zu einigen[453]. In der Mehrzahl der Fälle liege ein „ungerechtfertigter Nachteil“ des ausgeschlossenen Mitglieds der Geschäftsleitung nicht im Ausschluss selbst, sondern in dem Umstand, dass der Ausschluss ohne ein gleichzeitiges „angemessenes Angebot“ zum Erwerb des Geschäftsanteils („resonable offer“) erfolge[454]. Aus diesen Gründen sei es wichtig, dass die Beteiligten wüssten, was ein resonable offer darstelle. In den folgenden Ausführungen erläutert Lord Hoffmann dann fünf Aspekte, die bei der Erstellung eines „Angebotes“[455] durch den Mehrheitsaktionär zu beachten seien, damit es als „resonable offer“ bezeichnet werden könne.

Erstens[456]: Das Angebot muss darauf gerichtet sein, die Anteile zu einem „fairen Wert“ („fair value“) zu erwerben. Dies ist in der Regel ein Wert, der dem wertmäßigen Anteil des Geschäftsanteils am Gesamunternehmen entspricht („pro rata basis“). Es darf also grundsätzlich kein Abschlag dafür gemacht werden, dass es sich lediglich um eine Minderheitsbeteiligung handelt. Lediglich in besonders begründeten Ausnahmefällen könne anderes gelten[457]. Zweitens[458]: Sofern sich die Parteien nicht einigen können, soll der Wert durch einen Sachverständigen („competent expert“) festgesetzt werden. Letzterer wird einvernehmlich von den Parteien beauftragt oder bei fehlendem Einvernehmen durch einen Dritten – etwa den Präsidenten der Wirtschaftsprüferkammer – bestellt. Drittens[459]: Der Sachverständige soll tatsächlich als Sachverständiger tätig werden und nicht als Schiedsrichter („... the offer should be to have the value determined by the expert as an expert.“). Lord Hoffmann erläutert wörtlich: „I do not think that the offer should provide for the full machinery of arbitration...The objective should be economy and expedition, even if this carries the possibility of a rough edge for one side or the other (...) compared with a more elaborate procedure”. Wirtschaftlichkeit und Schnelligkeit sind dem Gericht also wichtiger als eine präzise Begründung. Viertens[460]: Unter dem Gesichtspunkt der Waffengleichheit („equality of arms“) fordert der Lord, dass

---

[452] AaO, 8.
[453] Westlaw, aaO, 9.
[454] AaO.
[455] Man wird sich sicher darüber streiten können, ob ein solches „Angebot“ auch als Angebot im vertragsrechtlichen Sinne zu qualifizieren wäre.
[456] AaO.
[457] Vgl. insofern *Joffe,* S. 211: Ausnahmefälle kommen in der englischen Rechtsprechung etwa dann vor, wenn der Kläger seinen Ausschluss provoziert hat oder er selbst seinen Anteil unter Berücksichtigung eines Preisabschlages erworben hat.
[458] Westlaw, aaO.
[459] AaO, 9 f.
[460] AaO, 10.

beide Parteien dieselben Möglichkeiten haben müssen, sich Informationen zu verschaffen und gegenüber dem Sachverständigen zur Sache vortragen zu dürfen. Schließlich folgen als fünfter und letzter Punkt Ausführungen zur Tragung der Kosten des Sachverständigen.

b) Rechtsvergleichende Würdigung

Auffallend an dieser Aufzählung ist, dass nur eine der höchstgerichtlichen Vorgaben materieller Art ist. So muss der „offer", um als „reasonable" qualifiziert werden zu können, auf einen Erwerb zum „fair value" gerichtet sein. Alle weiteren Vorgaben sind dagegen verfahrenstechnischer Art. Das Gericht geht also offensichtlich davon aus, dass der Sachverständige schon auf seine Weise zu einem fairen Wert gelangen wird. Abgesehen vom Grundsatz der pro rata basis wird eine bestimmte Marschroute – etwa welches Verfahren vorzugsweise anzuwenden ist oder welche Aspekte bei der Bewertung zu berücksichtigen sind – nicht vorgegeben. Im Gegenteil: Der Sachverständige, in dessen Händen das Schicksal der Bewertung vollständig zu liegen scheint, wird sogar zu einer eher schnellen als gründlichen Arbeitsweise animiert. In der Literatur[461] wird dies begrüßt: „... in the absence of a reasoned valuation it will be extremely difficult, if not impossible, for either party to dispute the valuation: thus a valuation without reasons is likely also to promote finality." Eine Bewertung ohne Begründung fördert die Letztverbindlichkeit, so das Credo. – Dieser Gedankengang ist zwar logisch, aus rechtsstaatlicher Sicht jedoch höchst zweifelhaft: Wird auf eine Begründung verzichtet, so ist die Bewertung kaum überprüfbar. Eine Bewertung aber, die keine Angriffspunkte bietet, kann von der unterlegenen Partei nur schicksalsergeben als letztverbindlich hingenommen werden. Denn der Weg in die Revision würde bekanntlich die Geltendmachung von Rechtsfehlern erfordern, die bei einer fehlenden Begründung aber nicht nachweisbar sind. Die fehlende Begründung selbst wäre wiederum kein anerkannter Revisionsgrund.

2. Der Präzedenzfall *North Holdings v Southern Tropics*

Ein weiteres interessantes Beispiel für die Reichweite der gerichtlichen Überprüfung bildet der Präzedenzfall *North Holdings v Southern Tropics,* der am 17. Juni 1999 vom Appellationsgericht entschieden wurde.

a) Sachverhalt

Zugrunde lag folgender Sachverhalt[462]. C, ein renommierter Friseur, gründete mit seiner Frau die *Southern Tropics Ltd.* Gemeinsam hielten sie 65 Prozent der Anteile, die übrigen 35 Prozent erwarb die *North Holdings Ltd.* als stimmrechtslose Anteile. C und seine Frau wurden zu Geschäftsführern bestellt.

---

[461] *Joffe,* S. 196.
[462] *Supreme Court of Judicature, Court of Appeal,* Westlaw 1999, 477759, 1 ff.

Die beiden eröffneten wenig später in denselben Räumlichkeiten ein weiteres Unternehmen, die *Kasmare Ltd.*, jedoch ohne Beteiligung der North Holdings. Unter dem Namen *Southern Tropics* betrieben C und seine Frau mit mäßigem Erfolg einen Friseursalon, als *Kasmare Ltd.* vertrieben sie umso erfolgreicher Haarpflegeprodukte. Im Rahmen der Unternehmensgründung erhielt die Kasmare Ltd. von der Southern Tropics einen Kredit i.H.v. 38.000 britischen Pfund. Ferner machte sie Gebrauch von diversen Vermögensgegenständen und Namensrechten der Southern Tropics Ltd. und beanspruchte die Arbeitszeit des C und dessen Frau. Als die North Holdings hiervon erfuhr, verlangte sie, dass die Southern Tropics gem. Sec. 461 II Nr. d CA 1985 jene 35 Prozent der Geschäftsanteile, die sie an Southern Tropics hielt, zurückkaufe. Wie der Gesellschaftsvertrag ausdrücklich vorsah, sollte in einem solchen Falle ein unabhängiger Wirtschaftsprüfer die stimmrechtslosen Geschäftsanteile bewerten. Streit entstand in Zusammenhang mit dem Bewertungsobjekt. C und seine Frau hatten zugegeben, dass die Kasmare Ltd. von der Southern Tropics Vermögensvorteile erlangt hatte. Das Ehepaar war auch damit einverstanden, dass der Wirtschaftsprüfer zur Ermittlung des „fair selling value“ die Umstände, die den Wert der Anteile unstreitig beeinträchtigt hatten, berichtigend – d.h. werterhöhend – in seine Bewertung einbeziehen würde. Soweit die beiden Geschäftsführer nicht ihre ganze Arbeitskraft für die Southern Tropics Ltd. eingesetzt hatten, sollte ein Schadensersatzanspruch buchhalterisch ermittelt werden[463]. Auf diesen Grundlagen basierte das Angebot, das die Southern Tropics Ltd. für den Erwerb der stimmrechtslosen Anteile abgegeben hatte.

Die North Holdings Ltd. war jedoch hiermit nicht zufrieden zu stellen. Nach ihrem Antrag seien nicht nur die Nachteile zu ersetzen, die die Southern Tropics Ltd. durch den Geschäftsbetrieb der Kasmare Ltd. erlitten hatte. Darüber hinaus wollte sie auch an der Ertragskraft der Kasmare Ltd. teilhaben. Rechtsdogmatisch argumentierte die North Holdings Ltd., das Unternehmen der Kasmare Ltd. sei in dem Ausmaß, in dem die fremden Vermögenswerte genutzt wurden in einem treuhänderischen Verhältnis für Rechnung der Southern Tropics Ltd. geführt worden („To the extent that the assets of Southern Tropics had been used to generate Kasmare's business that business was held on trust for Southern Tropics.“).[464] – Die sehr guten Geschäftsergebnisse der Kasmare Ltd. hätten somit in das Ergebnis der Southern Tropics Ltd. Eingang gefunden und bei dieser einen höheren Unternehmens- und Anteilswert bewirkt.

Das Gericht hatte hier lediglich darüber zu befinden, ob der Rechtsbehelf der North Holdings Ltd. zulässig war. Als unzulässig zu verwerfen wäre er dann gewesen, wenn der Kläger „unvernünftigerweise“ („unreasonably“) das Angebot der Beklagten abgelehnt hätte[465]. Das Gericht bejahte die Zulässigkeit und zwar mit folgender Begründung: die Frage, ob der Geschäftsbetrieb der Kasmare Ltd.

---

[463] AaO, 6.
[464] AaO, 6 f.
[465] AaO, 4.

tatsächlich als in einem treuhänderischen Verhältnis für Rechnung der Southern Tropics Ltd. geführt worden anzusehen sei, sei eine Rechtsfrage. Wörtlich sagt das Gericht: „That is a decision that should be taken by the court not an accountant.“

b) Rechtsvergleichende Würdigung

Der Tenor dieses Beschlusses mag banal sein. Vielleicht möchte man ihn als Selbstverständlichkeit ansehen und möglicherweise liegt hierin der Grund, weshalb die Entscheidung in der Literatur nur mäßige Beachtung gefunden hat. Interessant aber – gerade aus deutscher Sicht – sind die weitergehenden Erkenntnisse, die sich aus der Entscheidung gewinnen lassen. So fällt auf, dass das Gericht streng unterscheidet zwischen rechtlichen Fragen einerseits und Fragen der Bewertung andererseits. Ebenfalls erstaunlich ist, dass die Frage, ob ein Angebot „unvernünftigerweise“ abgelehnt worden ist, bereits auf der Ebene der Zulässigkeit diskutiert wird. Damit wird die gesamte Diskussion um die richtige Bewertung zur bloßen Sachentscheidungsvoraussetzung degradiert. Schon aus diesem rein prozessrechtlichen Umstand lässt sich auf einen umso größeren Beurteilungsspielraum der Wirtschaftsprüfer schließen. Die gleiche Schlussfolgerung ergibt sich im Umkehrschluss aus Teilen des Wortlautes der Gerichtsentscheidung („That is a decision that should be taken by the court not an accountant.“): Offensichtlich können bestimmte *andere* „Entscheidungen“ – nämlich jene zur Bewertung als solcher – durchaus von den Wirtschaftsprüfern getroffen werden. Das Gericht reklamiert demnach nicht die alleinige Entscheidungsgewalt für sich, sondern geht wohl von einer arbeitsteiligen Beziehung zwischen Richtern und Wirtschaftsprüfern aus. Hierin ist ein gewichtiger Unterschied zum deutschen Zivilprozessrecht festzustellen, dem bekanntlich die Vorstellung zugrunde liegt, dass der Sachverständige nicht mehr ist als ein „Gehilfe des Gerichts“[466].

3. Blick in die Bewertungspraxis

Wie gesehen findet in der englischen Rechtsprechungspraxis eine strenge Trennung statt zwischen juristischen Fragen einerseits und betriebswirtschaftlichen andererseits. Dieser Umstand schlägt sich auch in der englischen juristischen Literatur nieder, die Fragen der Unternehmensbewertung einschließlich ihrer methodischen Grundlagen und finanzmathematischen Feinheiten nur vergleichsweise wenig Beachtung schenkt.

Um gleichwohl auch diesen Fragen auf den Grund zu gehen, bietet sich ein Blick in die Bewertungspraxis an. Hierbei sind zunächst die üblichen gerichtlichen Vorgaben zu betrachten, bevor sodann die Grundzüge der in den Gutachten angewandten Bewertungspraktiken dargestellt werden können.

---

[466] Siehe Dritter Hauptteil, 1. Abschnitt, I. 3.

a) „Court Order"

In einem „Final Order"[467] des High Court of Justice, Chancery Division, Companies Court – gewissermaßen der Kammer für Handelssachen des englischen High Court – wurde gemäß Sec. 461 II Nr. d CA 1985 der Zwangserwerb von Geschäftsanteilen angeordnet. In der Verfügung heißt es wörtlich: „It is ordered that (…) shall value the Petitioner's shares by reference to the assets (including good will), profitability and future prospects of the Company as at 19 October 2000 and without any discount for the fact that Petitioner's shareholding is a minority holding (…)." Das Gericht gibt also vor, dass die Bewertung zu erfolgen hat anhand der Vermögenswerte einschließlich des Goodwills, der Rentabilität und der Zukunftsaussichten der Gesellschaft. Ferner wird ein bestimmter Zeitpunkt für maßgeblich erklärt und ein Bewertungsabschlag aufgrund des Umstandes, dass der ausscheidende Anteilseigner lediglich Minderheitsgesellschafter war, für unzulässig erklärt. Im übrigen blieb es dem Bewerter überlassen, wie er welche Methode gewichtet und mit welchen Variablen er operiert.

b) „Experts report on value of shares"

In einem exemplarischen „Experts' report on value of shares"[468] gehen die Wirtschaftsprüfer zunächst auf die ihnen gemachten Vorgaben ein und beschreiben sodann die von ihnen in Betracht gezogenen Bewertungsmethoden.

Diese sind[469]: 1.) eine Bewertung auf der Grundlage der ausgeschütteten Gewinne („dividend basis"), 2.) auf Zahlungsstrombasis („discounted cash flow basis"), 3.) auf der Grundlage der Vermögenswerte („asset basis"), 4.) gestützt auf die nachhaltig zu erzielenden Erträge („maintainable earnings") und 5.) Mischformen („hybrid valuations"). Gleichzeitig wird erläutert, weshalb der einen Methode gegenüber der anderen der Vorzug gegeben wurde: So wurde eine Bewertung auf der Grundlage der ausgeschütteten Gewinne deshalb abgelehnt, weil das Unternehmen keine Politik der regelmäßigen Gewinnausschüttung betrieb und außerdem die Gesellschaft als ganze zu bewerten war. Eine DCF-Bewertung konnte mangels verfügbarer Daten nicht durchgeführt werden und eine Substanzwertanalyse unterblieb, weil nach den Vorgaben davon auszugehen war, dass das Unternehmen fortgeführt würde. Im Normalfall, ebenso wie im vorliegenden, sei eine Bewertung vorzunehmen auf der Grundlage der nachhaltig zu erzielenden Erträge[470]. Diese seien mit einem Faktor zu kapitalisieren, der an späterer Stelle des Gutachtens näher erläutert wird. Eine „Mischbewertung" sei gegebenenfalls insoweit durchzuführen, als

---

[467] Abgedruckt bei *Joffe*, S. 317.

[468] AaO, S. 320 ff.

[469] AaO, S. 322 f.

[470] Im vorliegenden Fall spricht sich der Bewerter dafür aus, die Gewinne *vor* Steuern zugrunde zu legen. Gleichzeitig wird aber deutlich, dass wohl in ähnlicher Häufigkeit von den Gewinnen *nach* Steuern ausgegangen wird (aaO, S. 323).

dass bestimmte Vermögensgegenstände für das operative Geschäft nicht benötigt würden. Diese seien dann separat mit dem Substanzwert anzusetzen, während im übrigen das Ertragswertverfahren anzuwenden sei.

c) Schlussfolgerungen

Im Ergebnis bleibt daher folgendes festzuhalten: Während sich die englischen Gerichte auf eher allgemeine Anordnungen beschränken und das Ergebnis des erstellten Bewertungsgutachtens – im Gegensatz zur deutschen Praxis – kaum mehr zur Disposition stellen, sind die bewertungsmethodischen Grundsätze, die in England zum Einsatz kommen, dieselben wie in Deutschland. Angesichts der Internationalität der Betriebswirtschaftslehre stellt letztere Erkenntnis freilich keine Überraschung dar.

II. „Compulsory Purchase" gem. Section 429 des Companies Act von 1985

Der Zwangsausschluss von Minderheitsaktionären, von deutschen Juristen oft mit dem Anglizismus „squeeze-out" bezeichnet, firmiert in der englischen Literatur hauptsächlich unter dem Begriff „compulsory purchase"[471]. Die einschlägigen Vorschriften, Sec. 429 f. CA 1985, befinden sich im Teil 13A des Companies Act von 1985, jenem Teil in dem der Gesetzgeber Übernahmeangebote geregelt hat. Der Umstand, dass der derzeitig geltende Companies Act aus dem Jahre 1985 stammt, darf jedoch nicht darüber hinwegtäuschen, dass die Regelung zum Zwangsausschluss erheblich älter ist: Bereits aus den Jahren 1925/1926 stammt eine Empfehlung des *Company Law Amendment Committee* (*Greene Committee*), wonach ein Zwangsausschluss der verbleibenden Minderheitsaktionäre im Anschluss an eine Übernahme ermöglicht werden sollte[472]. Wenige Jahre später setzte der Gesetzgeber diese Empfehlung im Companies Act von 1929 um. Dessen Sec. 155 CA 1929 war bereits im wesentlichen wortgleich mit der heutigen Schlüsselnorm, Sec. 429 I CA 1985.

1. Tatbestandliche Voraussetzungen

In Sec. 429 I CA 1985 heißt es: „If (...) the offeror has by virtue of acceptances of the offer acquired or contracted to acquire not less than nine-tenths in value of the shares to which the offer relates he may give notice to the holder of any shares to which the offer relates which the offeror has not acquired or contracted to acquire that he desires to acquire those shares." In Absatz 3, Halbsatz 2 heißt es weiter: „(...) no such notice shall be given after the end of the period of two months beginning with the date on which he has acquired or contracted to acquire shares which satisfy that minimum." Folglich gilt: Wenn der Bieter aufgrund der Annahme seines Angebotes nicht weniger als 90 Prozent der Aktien, auf die sich sein Angebot bezogen hat, erworben hat (wobei der

[471] *Dine*, S. 292; *Lowry/Dignam*, S. 73.
[472] *Lowry/Dignam*, aaO.

schuldrechtliche Anspruch auf die Übertragung ausreichend ist), kann er innerhalb von zwei Monaten nach Erreichen der 90 Prozent-Schwelle den übrigen Aktionären mitteilen, dass er auch ihre Aktien erwerben möchte.

Interessant aus rechtsvergleichender Sicht: Auf der Tatbestandsseite der englischen Regelung kommt es nicht an auf das Erreichen eines absoluten prozentualen Anteilswertes, wie etwa im deutschen und französischen Recht, wo mindestens 95 Prozent der gesamten Unternehmensanteile beim Mehrheitsaktionär liegen müssen[473]. Für den Zwangsausschluss nach englischem Recht ist es hinreichend aber auch erforderlich, dass 90 Prozent der Anteile erworben wurden, auf die sich das Angebot bezog. Dass sich das Angebot stets auf sämtliche Aktien derselben Gattung beziehen muss, die noch nicht in der Hand des Bieters sind, ergibt sich aus Sec. 428 I CA 1985.

2. Rechtsfolge

Als Rechtsfolge statuiert der Gesetzgeber in Sec. 430 II CA 1985: „The offeror shall be entitled and bound to acquire those shares on the terms of the offer." – Der Bieter ist berechtigt und verpflichtet, die bisher noch nicht erworbenen Aktien zu den gleichen Bedingungen – und somit zu dem gleichen Preis – zu erwerben, die für das öffentliche Angebot gegolten haben.

3. Ausnahme: „Applications to the court" gemäß Sec. 430C des Companies Act von 1985

Nur ausnahmsweise tritt diese Rechtsfolge nicht ein. Dies ergibt sich aus dem Anwendungsvorbehalt, den Sec. 430 I CA 1985 unter Hinweis auf Sec. 430C CA 1985 („applications to the court") statuiert. So kann gemäß Sec. 430C CA 1985 das zuständige Gericht – und zwar ohne dass der Gesetzgeber hieran genaue Voraussetzungen knüpft – auf Antrag anordnen, dass der Bieter *nicht* berechtigt sein soll, die Aktien zu erwerben; alternativ kann es die Bedingungen des Erwerbs abändern. Besonders erfolgversprechend sind derartige Anträge von Minderheitsaktionären jedoch nicht[474]. Zwar existiert mit der Entscheidung *Re Chez Nico*[475] aus dem Jahre 1991 ein viel beachteter Fall, in dem dem Antrag eines Minderheitsaktionärs stattgegeben wurde. Dabei ging es jedoch um die verfahrenstechnische Frage, ob die erforderliche 90 Prozent-Schwelle innerhalb der einzuhaltenden Frist erreicht und damit das Angebot ordnungsgemäß

---

[473] Zum deutschen Recht siehe Erster Hauptteil, 2. Abschnitt, II. 7. Zum französischen Recht siehe diesen Zweiten Hauptteil, 1. Abschnitt, I. 2.

[474] *Davies,* S. 746 („...with rare exceptions all unsuccessful... It is therefore not surprising that in recent years there seem to have been fewer."); *Lowry/Dignam,* S. 74 („an extremely difficult action to succeed").

[475] Butterworths Company Law Cases 1992, S. 92 ff.

angenommen worden war[476]. Dagegen sind Rechtsmittel, mit denen sich ein Minderheitsaktionär gegen den Wert wendet, zu dem er abgefunden werden soll, seit jeher ohne Erfolg geblieben. Dies gilt seit Inkrafttreten von Sec. 155 CA 1929, der Vorgängervorschrift von Sec. 429 I CA 1985. So heißt es bereits in dem Präzedenzfall[477] *Re Hoare,* der im Jahre 1934 vom obersten Zivilgerichtshof entschieden wurde: „(...) the view of the Legislature is that where not less than nine-tenths of the shareholders in the transferor company approve the scheme or accept the offer *prima facie* (...) the offer must be taken to be a proper one (...)“[478] Der Beweis des ersten Anscheins spricht also dafür, dass das gemachte Angebot fair ist, wenn 90 Prozent der repräsentierten Aktionäre zugestimmt haben. „The onus is on them of giving a reason why their shares should not be acquired by the transferee company."[479] fährt das Gericht fort und stellt damit nochmals ausdrücklich die Beweislastverteilung klar. Dass dieser Beweis kaum angetreten werden kann ergibt sich aus den folgenden richterlichen Ausführungen: „(...) it seems to me impossible to suppose that the court, in the absence of very strong grounds, is to be entitled to set up its own view of the fairness of the scheme in opposition to so very large a majority of the shareholders who are concerned. Accordingly, without expressing a final opinion on the matter, because there may be special circumstances in special cases, I am unable to see that I have any right to order otherwise in such a case as I have before me, unless it is affirmatively established that, notwithstanding the views of a very large majority of shareholders the scheme is unfair.“[480] – An diese Grundsätze hat sich die Rechtsprechung bisher gehalten und dabei mehrfach die Kernaussagen dieses Präzedenzfalls wortgleich wiederholt[481].

Zur Begründung ihrer Anträge hatten die klagenden Minderheitsaktionäre regelmäßig auf die Bilanzen des Zielunternehmens verwiesen und geltend gemacht, diese würden bestimmte Vermögenswerte nicht richtig widerspiegeln[482]. Doch schon in *Re Hoare* hatte das Gericht diese Argumentation verworfen: „It is manifest that, from modern balance sheets very little real information can be obtained as to the capital value of assets, even treating the companies as going concerns, and of course on the footing of a liquidation the

[476] Strittig war u.a., ob ein „Angebot“ i.S.v. Sec. 428 ff. CA 1985 die gleichen Merkmale aufweisen müsse, wie ein Angebot im vertragsrechtlichen Sinne. Das Gericht bejahte dies und qualifizierte damit eine *invitatio ad offerendum* als nicht hinreichend für die Erfüllung des Tatbestandes.

[477] "The case in which the broad general principle was laid down" – in dieser Form wird die Bedeutung von *Re Hoare* in der Entscheidung *Re Press Caps* (Westlaw 1949, 10071) gewürdigt.

[478] The Law Times 1934, 375.

[479] AaO.

[480] AaO.

[481] *Re Sussex Brick,* Westlaw 1960, 19104, 2; *Re Press Caps,* Westlaw 1949, 10071, 1.

[482] *Re Hoare,* The Law Times 1934, 375; *Re Press Caps,* aaO; *Re Sussex Brick,* Westlaw 1960, 19104, 2.

balance sheet figures are almost useless."[483] Diese Passage des Urteils wirkt ebenfalls meinungsbildend für die zukünftige Rechtsprechung. So wird sie etwa im Fall *Re Sussex Brick* wörtlich zitiert[484]. Auch in der Entscheidung *Re Press Caps* wird ein Kläger mit dem Antrag nicht gehört, dass ein Grundstück in der Bilanz zu niedrig angesetzt sei[485]. Darüber hinaus macht das Gericht in letzterem Fall die folgenden grundlegenden Feststellungen zum Marktpreis im allgemeinen und zum Börsenkurs im speziellen: „A valuation is only an expression of opinion. It may be made on a number of bases, but the final test of what is the value of a thing is what it will fetch if sold. In some cases a sale has to be made (...) but if there exists a market, as, for instance, the Stock Exchange in the case of shares, in respect of which there is a quotation (...) there may be no need to sell, and prima facie the Stock Exchange markings can be taken as a satisfactory indication of the value of the shares. (...) It therefore follows that to succeed the applicants must go behind the Stock Exchange markings, and this undoubtedly is a heavy onus."[486] – Das Gericht stellt zunächst sinngemäß klar, dass sich ein Wert nicht primär aus den Verfahren ergibt, die einer bestimmten Bewertung zugrunde liegen, sondern aus dem tatsächlich erzielten Preis. Sofern ein Markt wie etwa die Börse existiere, könnten die Börsennotierungen als ein akzeptables Indiz für den Wert der Aktien angesehen werden. Dieses Indiz zu erschüttern sei sehr schwierig, denn dafür müsste man – sinngemäß übersetzt – der Börsennotierung auf den Grund gehen. Da dem Kläger ein solcher Gegenbeweis nicht gelungen war, blieb es bei der Rechtsfolge, dass aufgrund der erreichten 90 Prozent-Schwelle der Bieter verpflichtet und berechtigt war, die verbleibenden Minderheitsaktionäre auszukaufen – und zwar zu den Bedingungen des öffentlichen Angebots. Hierzu gehört selbstverständlich auch der im Rahmen des öffentlichen Angebots pro Aktie gebotene Preis. Als Konsequenz dieser Regelung ergibt sich, dass im englischen Recht eine eigenständige Unternehmensbewertung aufgrund eines Zwangsausschlusses grundsätzlich nicht erforderlich ist[487].

---

483 *Re Hoare,* aaO.

484 *Re Sussex Brick,* aaO.

485 *Re Press Caps,* aaO, 3 f.

486 AaO, 7.

487 Eine eher theoretische Ausnahme hiervon kommt für den in Sec. 430C V CA 1985 geregelten Fall in Betracht: Wenn der Schwellenwert von 90 Prozent deshalb nicht erreicht wird, weil bestimmte Aktionäre nicht ausfindig zu machen sind, kann der Zwangsausschluss unter engen Voraussetzungen per Gerichtsentscheid gestattet werden. Eine der Voraussetzungen besteht darin, dass die angebotene Gegenleistung angemessen und vernünftig („fair and reasonable") sein muss. – Ein weiterer Sonderfall kann sich aufgrund von Sec. 430 IV, 430B IV CA 1985 ergeben: Wenn die für die Aktien angebotene Gegenleistung nicht in Geld bestand und sie aus tatsächlichen oder rechtlichen Gründen nicht mehr erbracht werden kann, tritt an ihre Stelle ein Geldbetrag, der der Gegenleistung im Zeitpunkt der Mitteilung (Sec. 429 CA 1985) gleichwertig („equivalent") sein muss. (Vgl. zu Sec. 430B IV CA 1985: *Rock Nominees Ltd v RCO Plc,* Butterworths Company Law Cases 2003, Band 2, S. 493, wo das Gericht sein Urteil ausdrücklich auf das Ergebnis des Bewertungsgutachtens stützt.)

4. Schlussfolgerungen

Die ratio legis der englischen Regelung zum Zwangsausschluss – in der Literatur[488] auch als „equitable price presumption" („Vermutung des gerechten Preises") bezeichnet – lässt sich wie folgt zusammenfassen: Wenn so viele Aktionäre bereit sind, ihre Aktien freiwillig abzugeben, dass der Bieter hierdurch 90 Prozent der ausstehenden Aktien erlangt, dann ist der gebotene Preis per se ein marktgerechter Preis.

Diese Regelungsstruktur überzeugt[489]. Der englische Gesetzgeber hat damit nicht nur eine aus materieller Sicht sachgerechte Lösung getroffen, sondern auch eine vom Verfahren her begrüßenswert einfache, die gleichzeitig für den Bieter ein hohes Maß an Rechtssicherheit schafft: Dieser weiß von vornherein, was ihn der Anteilserwerb bei einer erfolgreichen Übernahme kosten wird. Er hat es in der Hand, zwischen Kosten und Nutzen der geplanten Transaktion und den Risiken und Chancen eines von ihm zu bestimmenden Preises abzuwägen. Auch dem Aspekt der materiellen Gerechtigkeit wird hierbei hinreichend Rechnung getragen, denn ein angemessener Schutz der Vermögensinteressen der Aktionäre ist quasi „automatisch" gewährleistet. Der Bieter möchte nämlich mit seinem Angebot erfolgreich sein und dies ist er nur, wenn er die 90 Prozent-Schwelle erreicht. Er wird deshalb von vornherein einen so hohen Preis offerieren, um wertmäßig 90 Prozent der Aktionäre von der Attraktivität des Angebotes zu überzeugen. Dies wird ihm nur gelingen, wenn er einen Preis bietet, der den Börsenkurs der Aktie der Zielgesellschaft im Zeitpunkt vor der Abgabe des Angebotes beträchtlich überschreitet. Nur hierauf kann es aus der Perspektive des Schutzes von Minderheitsaktionären ankommen, denn ein Minderheitsaktionär hat regelmäßig für seine Aktien einen an der Börse festgestellten Preis bezahlt, der im Börsenkurs zum Ausdruck kommt. Völlig zu Recht klammert die englische Rechtsprechung deshalb Betrachtungen zum Wert einzelner Bilanzpositionen der Zielgesellschaft aus.

Hat der Bieter Erfolg, liegt in der überwältigenden Annahme seines Angebotes durch die Aktionäre die Bestätigung für die Angemessenheit des gebotenen Preises. Das englische Recht erkennt folglich den von einer Vielzahl von Personen für attraktiv befundenen und tatsächlich gezahlten Preis als Beweis für dessen Angemessenheit an. Gerichte und Gutachter brauchen dann in langwierigen Prozessen mit der Angelegenheit nicht mehr befasst zu werden. Insgesamt ist demnach mit der englischen Regelung der Rechtssicherheit ebenso gedient wie der materiellen Gerechtigkeit. Außerdem ist ein Verfahren wie das englische dem Gedanken der Privatautonomie näher als eine Festsetzung des

---

488 *McCahery/Renneboog/Ritter/Haller,* S. 637.

489 Vgl. zum Vorbildcharakter des englischen Regelungsmodells für die Europäische Übernahmerichtlinie: *McCahery/Renneboog/Ritter/Haller,* S. 643 f.

Abfindungswertes durch Hoheitsakt im Wege eines staatlichen Gerichtsverfahrens.[490]

III. „Non-cash consideration" i.S.v. Section 103 des Companies Act von 1985

Section 103 CA 1985 regelt die Voraussetzungen von Aktienemissionen gegen Sacheinlagen. Dabei unterscheidet der englische Gesetzgeber streng zwischen gewöhnlichen Sachgründungen bzw. Kapitalerhöhungen gegen Sacheinlagen einerseits und den Sonderfällen der „arrangements" und „mergers" andererseits.

1. Gewöhnliche Sachgründungen und Kapitalerhöhungen gegen Sacheinlagen

Im Falle einer gewöhnlichen Sachgründung oder Kapitalerhöhung gegen Sacheinlagen darf eine public company gemäß Sec. 103 I CA 1985 Aktien erst dann zuteilen, wenn der Wert der als Einlage zu erbringenden Gegenleistung gemäß Sec. 108 CA 1985 unabhängig ermittelt, hierüber innerhalb von sechs Monaten vor der Aktienzuteilung ein Bericht erstattet wurde und eine Ausfertigung dieses Berichtes den Zeichnern der Aktien zugeleitet worden ist.[491]

Da auch im englischen Recht die Möglichkeit besteht, ein Unternehmen als Sacheinlage gegen Anteile einer Kapitalgesellschaft einzubringen[492], entsteht in einem solchen Kontext die Notwendigkeit, den Wert des einzubringenden Unternehmens zu ermitteln. Sec. 108 I, IV CA 1985 sieht vor: „The valuation and report required by sec. 103 (…) shall be made by an independent person (…) The valuer's report shall state a) the nominal value of the shares to be wholly or partly paid for by the consideration in question; b) the amount of any premium payable on the shares; c) the description of the consideration and, as respects so much of the consideration as he himself has valued, a description of that part of the consideration, the method used to value it and the date of the valuation (…)". – Ein unabhängiger Wirtschaftsprüfer soll also in einem Bewertungsbericht Stellung nehmen zum Nominalwert der betreffenden Aktien bzw. zur Höhe einer Prämie und er muss die zu leistende Sacheinlage beschreiben unter Angabe des Wertes, den er ihr beimisst und unter Nennung der angewandten Bewertungsmethode und des Bewertungszeitpunktes.

---

490 In Deutschland war eine solche Regelung bereits im Rahmen des WpÜG-Gesetzgebungsverfahrens in der Diskussion. Eingeführt wurde sie jedoch hierzulande erst kürzlich im Zuge der Umsetzung der EU-Übernahmerichtlinie. (Siehe Erster Hauptteil, 2. Abschnitt, II. 7.)

491 Aus Sec. 44 I CA 1985 ergibt sich, dass außer in den Fällen der Neugründung oder Kapitalerhöhung Sec. 108 CA 1985 auch Anwendung findet beim Rechtsformwechsel ("re-registration of private company as public").

492 *Pennington,* S. 172.

Unabhängig von der Art der Strukturmaßnahme und unabhängig davon, ob die betroffene Gesellschaft „public" oder „private" ist, ist stets der zuständige Gerichtsbeamte („registrar of companies") des Handelsgerichts mit der Sache zu befassen. Die hierbei stattfindende Kontrolle ist jedoch eher formeller Art. So kommt es primär darauf an, dass die Geschäftsleitung des betroffenen Unternehmens sich ordnungsgemäß ein eigenständiges Urteil zum Wert der Sacheinlage gebildet hat und dies entsprechend dokumentiert ist[493]. Die inhaltliche Kontrolle durch das Gericht fällt sehr oberflächlich aus. Von Interesse ist lediglich, ob eine missbräuchliche Überbewertung („abusive overvaluation") vorliegt[494]. Dagegen wird durch das Gericht nicht sichergestellt, dass die Gegenleistung dem Wert entspricht, der als auf die Aktien eingezahlt verbucht wird[495]. Im Ergebnis behandeln die Gerichte Bewertungsfragen also als eine Angelegenheit, die zwischen der Gesellschaft und den Zeichnern der Aktien zu verhandeln ist[496]. Der hierbei bestehende große Spielraum für privatautonome Vereinbarungen wird deutlich in dem Urteil *Re Wragg*[497]. Dort heißt es: „The value received by the company is measured by the price at which the company agreed (...); and whilst the transaction is unimpeached that is the only value which this Court can take into consideration."

Eine Stimme in der englischen Literatur[498] kritisiert diese Praxis: Jene Personen, die die Aktien der Gesellschaft gegen Bargeld erwerben, seien nicht hinreichend geschützt, wenn gleichzeitig eine Emission im Wege der Sachgründung bzw. Kapitalerhöhung gegen Sacheinlagen erfolge und die Gerichte den Wert der Sacheinlagen nicht genau prüften. In einer Fußnote[499] relativiert jedoch der Autor seine Kritik: Das Problem der „Verwässerung" („stock watering") sei nicht mehr so akut wie am Ende des 19. Jahrhunderts – der Zeit, aus der die zitierten Präzedenzfälle stammen. Denn mittlerweile stellten der Gesetzgeber ebenso wie die Börse strenge Anforderungen an die von den Unternehmen zu veröffentlichenden Prospekte. – Die betreffenden Anteilseigner werden also in die Lage versetzt, sich ein eigenes fundiertes Urteil zu bilden vor der Abstimmung über eine geplante Transaktion. Entsprechend werden sie ihre Zustimmung verweigern, wenn der Wert ihrer Anteile nicht marktgerecht angesetzt ist.

---

493 *Pennington,* S. 177.

494 *High Court of Justice, Chancery Division, Re Theatrical Trust,* Westlaw 1895, 9633, 1; Court of Appeal, *Re Wragg,* Westlaw 1897, 11444, 1; *Pennington,* S. 175.

495 *Pennington,* aaO.

496 AaO.

497 *Re Wragg,* 1897 Westlaw 11444, 1.

498 *Pennington,* S. 176.

499 *Pennington,* S. 176, Fn. 19.

2. Die Sonderfälle der „arrangements“ und „mergers“

Wie gesehen statuiert der englische Gesetzgeber in Absatz 1 von Sec. 103 CA 1985 die grundsätzliche Pflicht, im Rahmen einer Aktienemission gegen Sacheinlagen eine unabhängige Bewertung durchzuführen. Hiervon macht er bei sogenannten „arrangements“ und „mergers“ eine Ausnahme.

So heißt es in Absatz 3 von Sec. 103 CA 1985: „Subsection (1) does not apply to the allotment of shares by a company in connection with an *arrangement*[500] providing for the allotment of shares in that company on terms that the whole or part of the consideration for the shares allotted is to be provided by the transfer to that company of all or some of the shares (...) in another company (...)“. In Absatz 4 fährt der Gesetzgeber fort: „But subsection (3) does not exclude the application of subsection (1) unless under the arrangement it is open to all the holders of the shares in the other company in question (...) to take part in the arrangement.“ – Absatz 1 von Sec. 103 CA 1985 findet also keine Anwendung auf Emissionen, bei denen der Gesellschaft für die emittierten Aktien als Gegenleistung die Aktien einer anderen Gesellschaft übertragen werden, sofern die Möglichkeit des Aktientausches jedem der Aktionäre der anderen Gesellschaft offen steht und die Transaktion im Rahmen eines „arrangement“ erfolgt. Ein arrangement ist eine Strukturmaßnahme eigener Art, die der Gesetzgeber Gesellschaften vorbehält, denen die Liquidation droht (Sec. 425 VI a CA 1985). Im einzelnen heißt es in Sec. 425 II CA 1985: "If a majority in number representing three-fourths in value of the creditors (...) or members (...) agree to any (...) arrangement, the (...) arrangement, if sanctioned by the court, is binding on all creditors (...) or on the members (...) and also on the company (...). – Demnach kann eine Mehrheit der Eigen- (oder Fremd-)kapitalgeber, die 75 Prozent des Eigen- (bzw. Fremd-)kapitals repräsentiert, mit gerichtlicher Zustimmung eine Vergleichsregelung herbeiführen, deren Ziel auf die Abwendung der Insolvenz gerichtet ist. Dieser Wortlaut lässt zunächst nicht darauf schließen, dass der Gegenstand der zu treffenden Vergleichsregelung in der Verschmelzung zweier Gesellschaften bestehen kann[501]. Dass dies möglich ist, ergibt sich jedoch ausdrücklich aus Sec. 427 II CA 1985, wo die Fälle der „reconstruction“, „amalgamation“ und des „undertaking transfer“ geregelt sind. Auf diese Weise kann eine entsprechend gestaltete Vergleichsregelung dieselbe Wirkung erzielen wie ein Übernahmeangebot[502].

Neben dem arrangement gilt derselbe Ausnahmetatbestand gemäß Absatz 5 von Sec. 103 CA 1985 für den Fall des merger: „Subsection (1) also does not apply to the allotment of shares by a company in connection with its proposed merger with another company; (...)" Im folgenden Halbsatz definiert der Gesetzgber sogleich, was er unter einem „merger" im Sinne dieser Vorschrift

---

[500] Hervorhebung durch den Verfasser.
[501] *Davies,* S. 793 f.
[502] *Davies,* aaO.

versteht: „(…); that is, where one of the companies proposes to acquire all the assets and liabilities of the other in exchange for the issue of shares or other securities of that one to shareholders of the other, with or without any cash payment to shareholders.“ Eine Fusion im englischen Recht darf also nicht verwechselt werden mit der Spielart der Verschmelzung durch Neugründung (§§ 2 Nr. 2, 36 ff. UmwG im deutschen Umwandlungsrecht). Sie lässt sich vielmehr mit der Verschmelzung durch Aufnahme (§§ 2 Nr. 1, 4 ff. UmwG) vergleichen.[503]

3. Schlussfolgerungen

Bei Sachgründungen oder Kapitalerhöhungen gegen Sacheinlagen gilt unter englischem Recht folgendes: Während eine profunde gerichtliche Kontrolle der Bewertungen anlässlich der Eintragung der Transaktion im Handelsregister nicht stattfindet, hat grundsätzlich vor der Ausgabe der neuen Aktien gemäß Sec. 103 I CA 1985 eine Bewertung durch einen unabhängigen Gutachter stattzufinden.

Wenn der Gesetzgeber von dieser Pflicht in Sec. 103 III, V CA 1985 Ausnahmen zulässt, dann ist dies mit *Davies*[504] damit zu erklären sein, dass in diesen Fällen nach dem City Code on Mergers and Takeovers oder nach den kapitalmarktrechtlichen Regelungen der Londoner Börse eine adäquate Bewertung gesichert ist. Wenn gleichwohl in manchen Konstellationen ein beträchtliches Risiko der Verwässerung verbleibt[505], dann dürfte dies der Gesetzgeber bewusst in Kauf genommen haben, um mit der getroffenen Regelung gewünschte Strukturmaßnahmen zu fördern. In diesen Fällen spricht die Zustimmung eines hohen Anteils der Aktionäre nicht nur für die Vorteilhaftigkeit der Transaktion insgesamt, sondern insbesondere auch für das festgesetzte Wertverhältnis.

IV. Rule 9.5 des City Code on Takeovers and Mergers

Der City Code on Takeovers and Mergers (im folgenden: CCTM) bildet eine Eigenart der englischen Wirtschafts- und Finanzaufsicht. Es handelt sich um das Regelwerk des sogenannten Panels on Takeovers and Mergers (im folgenden: PTM), das – weil ebenfalls eine englische Eigenart – im folgenden kurz vorgestellt werden soll, bevor auf die bewertungsrelevanten Vorschriften des CCTM eingegangen wird.

---

[503] Der englische Gesetzgeber hat in Sec. 103 CA 1985 verständlicherweise eine recht enge Legaldefinition des „merger“-Begriffes gewählt. So umfasst der Begriff weder den Teilerwerb von Vermögensgegenständen oder Geschäftsteilen, noch jenen Fall, in dem zwar das ganze Unternehmen der Gesellschaft erworben wird, aber nur manchen der Aktionäre im Gegenzug Aktien angeboten werden, anderen dagegen Bargeld. (*Pennington*, S. 181)

[504] *Davies*, S. 236.

[505] *Davies*, S. 634.

1. Das Panel on Takeovers and Mergers

Das PTM ist eine Organisation, die nicht kraft Gesetzes errichtet wurde, sondern auf eine Initiative der Bank von England und der Finanzdienstleistungsbranche zurückgeht. Seine Wurzeln liegen in den sechziger Jahren. Damals war anlässlich mehrerer umstrittener Übernahmen der Eindruck entstanden, dass bestimmte angewandte Praktiken auf unfaire Weise die Aktionäre der betroffenen Unternehmen benachteiligt hätten. Als Reaktion hierauf wurde im Jahr 1968 unter Federführung des Gouverneurs der Bank von England und des Vorstandsvorsitzenden der Londoner Börse das PTM ins Leben gerufen.[506]

Seine Aufgabe besteht in erster Linie darin, bei Übernahmen und Fusionen die Gleichbehandlung aller Aktionäre sicherzustellen. Seine 17 Mitglieder sind alle Praktiker des Finanzgeschäfts. In ihrem nebenberuflich ausgeübten Amt überwachen sie die Einhaltung des CCTM. Dieser vom PTM entwickelte Verhaltenskodex für Übernahmen und Fusionen bildet den Maßstab für die Entscheidungen des PTM. Zwar kann das PTM als nichtgesetzliche Organisation an sich keine hoheitlichen Entscheidungen treffen. Die Autorität seiner Maßnahmen speist sich jedoch aus zwei Quellen: Einerseits finden Verlautbarungen des PTM aufgrund seiner hohen Reputation höchste Aufmerksamkeit im Markt; deshalb sind die betreffenden Unternehmen darum bemüht, kritische Verlautbarungen des PTM bereits im Vorfeld durch Wohlverhalten zu vermeiden. Andererseits ist das PTM de facto anerkannt von der englischen Finanzaufsichtsbehörde, der Financial Services Authority (im folgenden: FSA), und weiteren Selbstverwaltungskörperschaften, die von der FSA spezielle Befugnisse ableiten. Auf diese Weise hat es etwa ein börsennotiertes Unternehmen, das gegen die Regeln des CCTM verstößt, zu befürchten, dass die Londoner Börse seine Zulassung suspendiert oder aufhebt. Verallgemeinernd kann gesagt werden, dass praktisch jedes Unternehmen, das im Finanzdienstleistungsgeschäft tätig ist oder das sich auf einem geregelten Markt Kapital beschafft und deswegen der Aufsicht der FSA unterliegt, de facto an die Regeln des CCTM gebunden ist.[507]

Angesichts der sich daraus ergebenden Verbindlichkeit des CCTM und der Entscheidungen des PTM, hat sich mittlerweile auch die Gerichtsbarkeit veranlasst gesehen, eine beschränkte Rechtskontrolle gegenüber dem PTM auszuüben. So wird gegebenenfalls im Anschluss an eine Übernahme geprüft, ob bei den Entscheidungen des PTM grobe Verfahrensverstöße vorlagen.[508]

---

[506] *Murley* in Button, Practitioner's Guide CCMT, S. 1 ff.; *Davies,* S. 706 ff.; *Lowry/Dignam,* S. 74 f.; www.thetakeoverpanel.org.uk.

[507] Introduction to the CCTM, Nr. 1 ff.; *Murley,* aaO, S. 15 f.; *Davies,* S. 706 f.; *Dine,* S. 291; *Lowry/Dignam,* S. 75 f.

[508] *Dine,* aaO; *Lowry/Dignam,* S. 76.

2. Der Anwendungsbereich des City Code on Takeovers and Mergers

Der Anwendungsbereich des CCTM ist nicht – wie man vielleicht meinen könnte – auf börsennotierte Unternehmen beschränkt. Zwar bilden diese in der Praxis den Hauptanwendungsfall. Gemäß Nr. 4 (a) der Introduction to the City Code on Mergers and Takeovers (im folgenden Intro CCTM) sind jedoch sämtliche, d.h. auch nicht notierte public companies vom Anwendungsbereich des CCTM umfasst. Unter bestimmten engen Voraussetzungen, die in Nr. 4 (a) (i)-(iv) Intro CCTM genau aufgezählt sind, ist der CCTM sogar auf private companies anwendbar. Dies gilt etwa dann, wenn das Eigenkapital einer private company innerhalb der vergangenen zehn Jahre offiziell zur Notierung zugelassen war oder bestimmte Transaktionen in Prospekten oder Zeitungen regelmäßig publik gemacht worden sind. Gleichzeitig behält sich das PTM vor, seinen Kompetenzbereich individuell von Fall zu Fall neu festzulegen. So heißt es im letzten Absatz von Nr. 4 (a) Intro CCTM: „The Panel appreciates that the provisions of the Code may not be appropriate to all statutory and chartered companies or to all private companies falling within the categories above and will, therefore, apply the Code with a degree of flexibility in suitable cases."

Aus Nr. 4 (b) Intro CCTM ergibt sich, dass der CCTM auf jede Übernahme und Fusion anwendbar ist, unabhängig von ihrer konkreten Ausgestaltung. So stellt das PTM klar, dass der CCTM anwendbar ist bei praktisch jeder Transaktion, durch die die Kontrolle über eine Gesellschaft erlangt oder verfestigt wird (also etwa auch bei Teilangeboten oder Angeboten einer Muttergesellschaft für die Anteile ihrer Tochtergesellschaft).

3. Pflichtangebote gem. Rule 9.5 des City Code on Takeovers and Mergers

Die Rule 9.5 CCTM befindet sich in Section F des CCTM und ist damit Bestandteil der Regelungen über das Pflichtangebot. Die tatbestandlichen Voraussetzungen für die Pflicht zur Abgabe eines Angebotes ergeben sich aus Rule 9.1 CCTM: Danach ist – sofern das PTM keine Ausnahme bewilligt – 1.) jeder, der Unternehmensanteile erwirbt, die ihm 30 Prozent oder mehr der Stimmrechte gewähren und 2.) jeder, der nicht weniger als 30 Prozent und nicht mehr als 50 Prozent der Stimmrechte hält und der zusätzliche Anteile erwirbt, die den Prozentsatz seiner Stimmrechte erhöhen, verpflichtet, das Angebot auch auf die anderen Anteilseigner und gegebenenfalls auf stimmberechtigte Fremdkapitalgeber zu erstrecken.

Aus Rule 9.5 CCTM ergibt sich die Höhe der Gegenleistung, die im Rahmen eines Pflichtangebotes geboten werden muss. Wörtlich heißt es in Rule 9.5 (a) CCTM: „Offers made under this Rule must, in respect of each class of share capital involved, be in cash or be accompanied by a cash alternative at not less than the highest price paid by the offeror (...) for shares of that class during the offer period and within 12 months prior to its commencement." – Das Angebot muss also seinem Wert nach mindestens dem höchsten Preis entsprechen, der innerhalb des Zeitraums des Angebotes und den davor liegenden 12 Monaten geboten worden ist. Nur in besonderen Fällen kann das PTM gemäß Rule 9.5 (b) CCTM gestatten, dass ein „angepasster Preis" („adjusted price") angeboten wird.

Die weiterführenden Anmerkungen („Notes") zu Rule 9.5 CCTM spezifizieren diese Vorgaben. Danach gilt: Wenn Anteile für eine andere Gegenleistung als Geld erworben wurden, muss gleichwohl ein Barangebot gemacht oder Bargeld in mindestens demselben Wert wie das ursprüngliche Angebot als Alternative geboten werden. Der Wert ist durch eine unabhängige Bewertung festzustellen. Wurden Anteile im Austausch gegen notierte Wertpapiere erworben, dann wird der Preis regelmäßig festgestellt durch einen Vergleich mit dem mittleren Marktpreis des notierten Wertpapiers im Zeitpunkt des Erwerbs. Aspekte, die das PTM gegebenenfalls dazu bewegen können, einen adjusted price zu gestatten, sind folgende: das Volumen und der Zeitpunkt der Erwerbe, die Haltung der Geschäftsleitung der Zielgesellschaft, Aktienkäufe zu hohen Preisen durch die Geschäftsleiter der Ziel- oder der Bietergesellschaft und die Zahl der Anteile, die in den vorangegangenen Monaten erworben wurden.

4. Schlussfolgerungen

Was ergibt sich als Essenz dieser Betrachtungen? Der CCMT ist ein Regelwerk geschaffen von Marktteilnehmern für Marktteilnehmer. Es sollte daher keine Überraschung darin liegen, wenn bei näherem Hinsehen auffällt, dass das Regelwerk praktisch immer auf Marktpreise abstellt. Eine unabhängige Bewertung per Gutachter kommt nur ausnahmsweise in Betracht und auch die Ausnahmetatbestände, die ein Absehen vom Höchstpreis zulassen, stellen primär ab auf die Bewegungen am Markt und die tatsächlich gezahlten Preise.

Dagegen wird die Prognose zukünftiger Erträge, der im CCTM ebenfalls eine detaillierte Vorschrift (Section K, Rule 28) gewidmet ist, weniger als eigenständiges Bewertungskriterium begriffen, sondern vielmehr als Bestimmungsfaktor des Börsenkurses. So heißt es bei *Weaver*[509]: „A forecast of the current year's profits underpins the value of any target company's shares and, where a bidder is offering paper, a forecast by the bidder can be crucial in supporting its own share price and thus supporting the value of its offer." Der gleiche Gedanke gilt für die selbständige Bewertung bestimmter Vermögensgegenstände. Auch insofern enthält der CCTM eine Regelung (Section L, Rule 29), zu der *Weaver*[510] kommentiert: „Valuations given in connection with an offer typically apply to companies whose share prices tend to be influenced by asset values as opposed to profits."[511] – In beiden Fällen schafft die Offenlegung der geschätzten Erträge bzw. der Summe des Unternehmensvermögens jene

---

[509] In Button, Practitioner's Guide CCMT, S. 253.

[510] AaO, S. 265.

[511] Als Beispiel hierfür nennt *Weaver* u.a. Grundstücksbesitzgesellschaften. Vgl. ferner zu Rule 28 und 29 des CCTM: *Fisher/Bewsey/Waters/Overy*, S. 180 f.

Transparenz, die der Aktienmarkt verlangt[512]. Stets steht aber der Börsenkurs im Zentrum des Interesses.

V. Bewertung und „negligence"

Im englischen Recht fällt auf, dass Bewertungsstreitigkeiten, die vor Gericht ausgetragen werden, häufig in Zusammenhang stehen mit dem Vorwurf der „negligence". „Negligence" bedeutet übersetzt „Nachlässigkeit", „Fahrlässigkeit". Diesem Vorwurf sind häufig die Urheber von Bewertungsgutachten ausgesetzt.

1. Voraussetzungen der „negligence"

Der Begriff „negligence" ist vielschichtig. Einerseits bezeichnet er das bloße Tatbestandsmerkmal der Fahrlässigkeit im allgemeinen Schadensersatzrecht. Andererseits bildet die negligence ein selbständiges schadensersatzrechtliches Rechtsinstitut eigener Art („the tort of negligence")[513]. Letztere Kategorie bildet den Ausgangspunkt für die Klagen gegen die Urheber von Bewertungsgutachten.

Um eine Schadensersatzklage auf „negligence" stützen zu können, muss der Kläger folgende Voraussetzungen nachweisen: 1.) Das Vorliegen einer Sorgfaltspflicht, die den Beklagten gegenüber dem Kläger trifft; 2.) die Verletzung dieser Sorgfaltspflicht; und 3.) einen darauf beruhenden Schaden beim Kläger.[514]

2. *Goldstein v Levy Gee*

Der oberste Gerichtshof von England und Wales hatte am 1. Juli 2003 über den Fall *Goldstein v Levy Gee* zu entscheiden. Darin ging es um negligence im Zusammenhang mit einem Gutachten über eine Unternehmensbewertung.

Es lag der folgende Sachverhalt zugrunde: Die Herren Goldstein und Leigh hatten im Jahre 1974 eine Grundstücks- und Beteiligungsgesellschaft gegründet, die Marchday Group plc. In späteren Jahren mehrten sich die Konflikte, und so gab Goldstein 1988 seinen Posten als Geschäftsführer auf. Er war fortan lediglich einfacher Angestellter. Nach weiterem Streit im Jahre 1997 kündigte die Gesellschaft den Anstellungsvertrag mit ihm. Dies löste die gesellschafts-

---

[512] Gleiches gilt für die Offenlegungspflicht, die sich aus Rule 3 CCTM ergibt. Danach sind die Geschäftsleitung des Zielunternehmens ebenso wie jene des Bieterunternehmens verpflichtet, unabhängigen Rat einzuholen und diesen gegenüber ihren Anteilseignern publik zu machen.

[513] *Keenan*, S. 490.

[514] AaO.

vertraglich[515] vereinbarte Rechtsfolge aus, dass Goldstein seine Gesellschaftsanteile an Herrn Leigh und dessen Familie zu veräußern hatte. Wie der Gesellschaftsvertrag vorsah, war deren Wert von den Wirtschaftsprüfern der Gesellschaft festzusetzen, die als Sachverständige und nicht als Schiedsrichter fungieren sollten. Ein Abschlag aus demjenigen Grunde, dass der Anteil des ausscheidenden Gesellschafters – der zwischenzeitlich nur noch 47 Prozent betrug – lediglich eine Minderheitsbeteiligung darstellte, war gesellschaftsvertraglich ausgeschlossen. Mandatierte Wirtschaftsprüfungsgesellschaft war Levy Gee, die spätere Beklagte. Sie ermittelte einen Wert von 52,52 britischen Pfund pro Aktie.[516]

Golstein verklagte Levy Gee auf Schadensersatz wegen negligence. Er machte geltend, dass die Bewertung in den folgenden Punkten fehlerhaft sei: 1.) Die Beklagte hatte einen Abschlag dafür vorgesehen, dass die Immobilien in ihrer Gesamtheit zu veräußern wären („portfolio value discount") und nicht als Einzelobjekte; dies führte zu einem um 10 Prozent geringeren Wert. 2.) Ferner machte sie einen Abschlag von 12,5 Prozent dafür, dass die Gesellschaft nicht öffentlich notiert war. 3.) Außerdem berücksichtigte sie Grunderwerbsteuern wertmindernd, obwohl gar kein Verkauf der Grundstücke zu erwarten war.[517]

Das Gericht machte sich diese Kritikpunkte weitgehend zueigen. Ein portfolio value discount sei überhaupt nicht anzuerkennen[518]. Einen Abschlag wegen der nicht vorhandenen Notierung vorzunehmen sei im vorliegenden Gutachten unlogisch gewesen, da die Bewertung von der Summe der Einzelobjekte ausging, nicht aber von dem Unternehmen als ganzem; ein „sachkundiger Wirtschaftsprüfer" („competent accountant") hätte wegen der nicht vorhandenen Notierung der Gesellschaft einen Wert zwischen 0 und 12,5 Prozent angenommen[519]. Ferner hätte sich ein sachkundiger Wirtschaftsprüfer die Frage gestellt, ob es richtig sein könne, einen Abschlag wegen der Grunderwerbsteuer vorzunehmen; insofern sei von einem anwendbaren Steuersatz zwischen 35 und 65 Prozent auszugehen[520].

Trotz dieser erheblichen Unzulänglichkeiten in der Begründung des gutachterlich ermittelten Wertes gab das Gericht der Klage am Ende nicht statt. Vielmehr griff es zurück auf die Grundsätze, die im Rechtsstreit *Merivale Moore v Strutt & Parker*[521] entwickelt worden waren. Diesem Urteil entnimmt das Gericht, dass es für die Annahme von negligence allein auf das Ergebnis des

---

[515] Zur Üblichkeit solcher Vereinbarungen in englischen Gesellschaftsverträgen: *Bolton*, New Law Journal v. 28.05.2004, 816.
[516] *High Court of Justice*, Professional Negligence and Liability Reports 2003, 691 ff.
[517] AaO, 697 f.
[518] AaO, 713.
[519] AaO, 718 f.
[520] AaO, 714.
[521] *Court of Appeal*, Professional Negligence and Liability Reports 2000, S. 498 ff.

Gutachtens ankommt und nicht auf die Methodik der Ergebnisfindung[522]. In der Literatur werden diese beiden Alternativen bezeichnet als „product v procedure“[523]. Indem das Gericht dem „product approach“ folgt, betrachtet es den gutachterlich ermittelten Wert unabhängig von seinem Zustandekommen und gleicht ihn ab mit den Ergebnissen zweier Vergleichsrechnungen. Hierzu bedient es sich der oben genannten Variablen und stellt eine Berechnung an auf der Grundlage der niedrigsten Werte und eine andere auf der Grundlage der Höchstwerte. So ergab sich als Wert pro Aktie in britischen Pfund einmal der Betrag von 50,46 und zum anderen jener i.H.v. 61,55[524]. Der gutachterlich ermittelte Betrag i.H.v. 52,52 britischen Pfund lag innerhalb dieser Bandbreite (im Urteil ist bildhaft die Rede von „bracket“ = Klammer). Deshalb erkannte das Gericht nicht auf negligence[525].

3. Schlussfolgerungen

Die Entscheidung *Goldstein v Levy Gee* zeigt für den Fall der Unternehmensbewertung ein typisches Phänomen des englischen Rechts: Sehr schnell wird versucht, Angehörige eines beratenden Berufes, die als Sachverständige fungiert haben, gerichtlich zu belangen. Ähnliche Fälle, in denen nicht ein Unternehmen zur Bewertung anstand, sondern praktisch immer Grundstücke, sind zahlreich[526]. Stets begegnete die bewertungsrechtliche Streitigkeit im Gewande des Versuches einer Schadloshaltung am Experten.

Grundlegende Bedeutung außerhalb der Unternehmensbewertung hat die Entscheidung *Zubaida v Hargreaves*[527] erlangt. In ihr ging es abermals um eine Grundstücksbewertung, im Rahmen derer der Vorwurf der negligence erhoben worden war. In dem ergangenen Urteil formulierte Lord Hoffmann die folgende wichtige Erkenntnis: „Valuation is not an exact science; it involves questions of judgment on which experts may differ without forfeiting their claim to professional competence.“[528] – Bewertung ist keine exakte Wissenschaft; sie beinhaltet Fragen des Meinens, die auch von Experten unterschiedlich gesehen werden können, ohne dass deswegen deren Anspruch auf berufliche Sachkunde leiden würde.

---

522 *High Court of Justice,* aaO, 704 f.
523 *Bolton,* New Law Journal v. 28.05.2004, 816 (818).
524 *High Court of Justice,* aaO, 720.
525 AaO, 721.
526 Neben *Merivale Moore Plc v Strutt & Parker* (siehe Fn. 76) seien beispielhaft genannt: *Mount Banking Corp Ltd v Brian Cooper & Co* (Westlaw 1992, 894595), *South Australia Asset Management Corp v York Montague Ltd.* (Westlaw 1996, 1092200), *Zubaida v Hargreaves* (Westlaw 1994, 1063452; Estate Gazette Law Report 1995, 127 ff.), *Currys Group Plc v Martin* (Westlaw 1999, 1457303), *Arab Bank Plc v John D Wood (Commercial) Ltd* (Westlaw 1999, 1019584), *Banque Bruxelles Lambert SA v Eagle Star Insurance Co Ltd et al.* (Estate Gazette Law Report 1995, 129 ff.).
527 Estate Gazette Law Report 1995, 127 ff.
528 aaO, 128.

Unabhängig vom Gegenstand der Bewertung und selbst unabhängig vom Kontext der negligence ist diese Erkenntnis verallgemeinerungsfähig: Wann immer Experten unterschiedlicher Meinung sind, kann es nicht *den* „richtigen“ oder „wahren“ Wert geben. Und selbst bei der Frage, ob ein Wert „noch vertretbar“ oder „nicht mehr vertretbar“ ist, können sich gelehrte Geister scheiden.

VI. Fazit

Neben den Ergebnissen, die bereits in den vorangegangenen Ausführungen festgehalten wurden, verdienen es die folgenden Erkenntnisse, nochmals zusammenfassend und in rechtsvergleichender Zusammenschau gewürdigt zu werden. Vorab sei die Beobachtung festgestellt, dass Fragen der Unternehmensbewertung in der englischen Rechtsordnung nicht in demselben Maße Gegenstand kontroverser Debatte sind, wie insbesondere in der deutschen. Warum dies so ist, ergibt sich unmittelbar aus den zentralen Eigenarten des englischen Rechts im Umgang mit Bewertungsfragen.

1.) Ein ganz wesentlicher Unterschied zwischen dem englischen Recht und insbesondere dem deutschen liegt darin, dass die englischen Gerichte Bewertungsprobleme weniger als Rechtsprobleme begreifen, sondern primär als betriebswirtschaftliche Fragestellungen. Zwar erteilen die Richter regelmäßig grobe Anweisungen an die mandatierten Gutachter. Geläufig ist insofern vor allem die Vorgabe, den Umstand, dass eine Beteiligung lediglich eine Minderheitsbeteiligung darstellt, nicht wertmindernd anzusetzen. Insgesamt aber ist festzustellen, dass die Rolle des Gutachters bei der Ermittlung des Unternehmenswertes im englischen Zivilprozess eine sehr viel dominantere ist als im deutschen. Denn das Ergebnis seines Gutachtens wird regelmäßig unverändert und ohne ausführliche gerichtliche Würdigung dem Urteil zugrunde gelegt. Ein englischer Rechtsanwalt, befragt zur gerichtlichen Überprüfung von Bewertungsgutachten, sei an dieser Stelle zitiert mit den Worten: „They [die Gutachten] are not opened up.“ Aus rechtlicher Sicht bleibt die Bewertung also eine „magic box“. Vielleicht passt auch das Bild von der Büchse der Pandora, die die englischen Richter lieber geschlossen halten. Denn wenn sie geöffnet würde, multiplizierten sich die Komplexität und der Aufwand des Rechtsstreits. – Dagegen sind die deutschen Richter zu einer intensiveren Auseinandersetzung mit Unternehmensbewertungen gezwungen. Denn im deutschen Recht hat ein Gericht einen Rechtsstreit bekanntlich von Verfassungs wegen in eigener Verantwortung zu entscheiden und zwar auch hinsichtlich der Einzelfragen, zu deren Prüfung Sachverständige hinzugezogen wurden[529]. Im Gegensatz zu den englischen Richtern geben deshalb deren deutsche Kollegen nicht nur die Grundlinien der Bewertung vor, sondern entscheiden „nach eigener Überzeugung“ auch über Aspekte wie prognostizierte Unternehmenskennzahlen, gewichtete Kapitalkosten oder Beta-Faktoren. Im englischen Prozess urteilt

---

[529] Siehe Dritter Hauptteil, 1. Abschnitt.

hierüber de facto letztverbindlich der Wirtschaftsprüfer. Seine Rolle ist folglich mehr als die eines bloßen „Gehilfen des Gerichts". Wenn auf diese Weise ganz wesentliche Aspekte der Entscheidungsfindung von der Richterbank an Sachverständige delegiert werden, dann verwundert es im Ergebnis nicht, wenn in englischen Urteilen nur wenig zu Bewertungsfragen zu lesen steht und sich in der Folge auch die juristische Literatur des Themas nur wenig annimmt.

2.) Ein ganz wesentliches Kennzeichen des englischen Rechts im Zusammenhang mit Unternehmensbewertungen liegt in der ausgeprägten Marktorientierung. – Dies gilt einerseits für die *Rechtsprechung.* So sprechen die englischen Gerichte in ihren Urteilen nicht von „wahren" oder „inneren" Werten, sondern von „fairen" Werten. Damit unterscheidet sich die englische Judikative in erfreulicher Form von der deutschen, die mit ihrem Anspruch *den* „wahren" Wert zu festzustellen einem Phantom hinterherläuft. Denn Bewertungen sind immer nichts mehr als Meinungen, wie schon 1949 in der Entscheidung *Re Press Caps* richtig festgestellt wurde. Wenn aber unterschiedliche Meinungen zum Wert eines Gegenstandes existieren können, dann bedarf es eines bestimmten sachlichen Kriteriums, warum der eine und nicht der andere Wert für rechtsverbindlich erklärt werden soll. Die englische Rechtsprechung bekennt sich hier in überzeugender Weise zum tatsächlich erzielbaren Preis als Grundlage ihrer Bewertungsentscheidungen. In logischer Konsequenz erkennt sie auch seit jeher den Börsenkurs als Wertmaßstab börsennotierter Geschäftsanteile an.

3.) Die Marktorientierung des englischen *Gesetzgebers* ergibt sich vor allem daraus, dass diversen Vorschriften – mal mehr oder mal weniger deutlich – die sogenannte „fairness presumption" (Vermutung des gerechten Preises) zugrunde liegt. Besonders eindeutig ist dies im Falle des Zwangsausschlusses, der als Rechtsinstitut unmittelbar mit dem Übernahmerecht verknüpft ist. Gemäß Sec. 429 f. CA 1985 gilt: Wenn der Bieter in einem Übernahmeverfahren aufgrund der Annahme seines Angebotes nicht weniger als 90 Prozent der Aktien, auf die sich sein Angebot bezog, erworben hat, kann er innerhalb von zwei Monaten zu demselben Preis auch die übrigen Aktien erwerben. Eine eigenständige Unternehmensbewertung in einem gerichtlichen Verfahren wird so gar nicht erst notwendig. Die ratio legis dieser Vorschrift ist dabei folgende: Wenn so viele Aktionäre bereit sind, ihre Aktien freiwillig abzugeben, dass der Bieter hierdurch 90 Prozent der ausstehenden Aktien erlangt, dann ist der gebotene Preis per se ein marktgerechter Preis. Diese überzeugende Regelungstechnik schafft nicht nur ein Maximum an Rechtssicherheit, sondern sorgt auch automatisch für einen angemessenen Schutz der Vermögensinteressen der Aktionäre. Außerdem ist ein solches Verfahren dem Gedanken der Privatautonomie näher als eine Festsetzung des Abfindungswertes durch Hoheitsakt im Wege eines staatlichen Gerichtsverfahrens. – Auch bei der Bewertung von Sacheinlagen kommt es üblicherweise nicht zu einer gerichtlichen Bewertung. Hier überlässt es der Gesetzgeber soweit wie möglich den Beteiligten, den Wert des einzubringenden Vermögensgegenstandes eigenverantwortlich zu bestimmen. So schuf er mit Sec. 103 III, V CA 1985 Ausnahmeregelungen für „mergers“ (Fusionen) und „arrangements“ (Vergleichsregelungen zur Abwendung der Liquidation) und sorgt somit dafür, dass keine staatlich verordnete Bewertung der Realisierung der betreffenden Strukturmaßnahme im Weg stehen kann. – Schließlich sind dem City Code on Mergers and Takeovers Regelungen über Bewertungen zu entnehmen. Von besonderem Interesse ist Rule 9.5 des City Code – jene Regelung, die sich auf Pflichtangebote bezieht. Zentral ist dabei die grundsätzliche Vorgabe, dass im Rahmen eines Pflichtangebotes grundsätzlich der höchste Preis geboten werden muss, der innerhalb der vorangegangenen zwölf Monate bezahlt worden ist. Eine unabhängige Bewertung per Gutachter kommt nur ausnahmsweise in Betracht und auch die Ausnahmetatbestände, die ein Absehen vom Höchstpreis zulassen, stellen primär ab auf die Bewegungen am Markt und die tatsächlich gezahlten Preise. Wurden Anteile im Austausch gegen notierte Wertpapiere erworben, dann wird der Preis regelmäßig festgestellt durch einen Vergleich mit dem mittleren Marktpreis des notierten Wertpapiers. Dagegen werden die Prognose zukünftiger Erträge ebenso wie der Gesamtwert der Vermögensgegenstände weniger als eigenständige Bewertungskriterien begriffen, sondern vielmehr als Bestimmungsfaktoren des Börsenkurses. Ihre Ermittlung und Offenlegung sind nicht Selbstzweck, sondern sollen primär dem Informationsinteresse des Kapitalmarktes dienen, auf dem sich der Börsenkurs in einem von Transparenz gekennzeichneten Umfeld bilden soll.

4.) Bleibt im Ergebnis also festzuhalten, dass in England sowohl bei der Formulierung abstrakt-genereller Regelungen, als auch in der Rechtsprechung im Einzelfall stets soweit irgend möglich an Marktwerten angeknüpft wird, so vermag dies zugleich die nur wenig ausgeprägte Diskussion um Bewertungsfragen zu erklären. Denn ein Gesetzgeber, der Regelungen schafft, die eigenständige Bewertungen gar nicht erforderlich machen und eine Rechtsprechung, die gar nicht erst für sich den Anspruch erhebt, „wahre“ oder „innere“ Werte zu erkennen, provozieren in der rechtswissenschaftlichen Literatur verständlicherweise nur wenig Widerspruch.

3. Abschnitt: Unternehmensbewertung im US-amerikanischen Recht

In den USA fällt das Gesellschaftsrecht in die Kompetenz der einzelnen Bundesstaaten. Von besonderem Erkenntnisinteresse ist der Bundesstaat Delaware, denn dort ist etwa die Hälfte der börsennotierten US-amerikanischen Gesellschaften inkorporiert[530]. Aus diesem Grunde konzentriert sich die folgende Darstellung auf die Rechtslage im Staat Delaware. Zunächst sind die einschlägigen gesetzlichen Vorschriften zu untersuchen (I.), sodann die Rechtsprechung des *Delaware Chancery Court* und *Delaware Supreme Court* (II.). Zu umstrittenen Fragen wird auch die einschlägige Literatur dargestellt.

Soweit die in den USA geltenden gesetzlichen Rahmenbedingungen betroffen sind, kommt neben dem Gesetzesrecht von Delaware dem sogenannten Model Business Corporation Act (MBCA)[531] große Bedeutung zu. Dieses Modellgesetz wurde von der *American Bar Association* verabschiedet und dient den Gesetzgebern in den einzelnen Bundesstaaten als Vorlage. Je nach Bundesstaat wurde der MBCA in mehr oder weniger veränderter Form gesetzlich umgesetzt[532]. Vor allem in kleineren Bundesstaaten wurde der MBCA oft ohne wesentliche Veränderungen als Gesetz beschlossen[533]. Deshalb sollen im folgenden neben dem Gesetzesrecht von Delaware auch die jeweils vergleichbaren Tatbestände des MBCA vorgestellt werden.

I. Normative Ausgangspunkte

1. Section 262 Delaware General Corporation Law

Die wichtigste Vorschrift, die den Ausgangspunkt von Unternehmensbewertungen im US-Staat Delaware bildet, ist Section 262 Delaware General Corporation Law (DGCL). Im einzelnen heißt es dort: „Any stockholder of a corporation of this State who holds shares of stock on the date of the making of a demand pursuant to subsection (d) of this section with respect to such shares, who continuously holds such shares through the effective date of the merger or consolidation (...) and who has neither voted in favour of the merger or consolidation nor consented thereto in writing pursuant to Section 228 of this title shall be entitled to an appraisal by the Court of Chancery of the fair value of the stockholder's shares of stock under the circumstances described in subsections (b) and (c) of this section." – Danach besteht unter den im folgenden darzustellenden Voraussetzungen ein Anspruch auf eine gerichtliche Unternehmensbewertung.

---

530 *Subramanian,* 20/1 J. Law, Econ. Org. (2004), 32 (33 f.).

531 Der MBCA wird in seiner überarbeiteten Fassung auch als *Revised* MBCA (teilweise abgekürzt als RMBCA) bezeichnet. Soweit im folgenden auf den MBCA Bezug genommen wird, ist die überarbeitete Version aus dem Jahre 2002 gemeint.

532 MBCA, S. XXII.

533 *Hamilton/Booth,* S. 613.

a) „Mergers“ und „Consolidations“

Die Begriffe „merger“ und „consolidation“ beschreiben die Strukturmaßnahmen, die den Auslöser gerichtlicher Unternehmensbewertungen (sogenannte „appraisals“) bilden. Was darunter im einzelnen zu verstehen ist, ergibt sich aus Section 251 (a) DGCL: „Any two or more corporations existing under the laws of this State may merge into a single corporation, which may be any one of the constituent corporations or may consolidate into a new corporation formed by the consolidation, pursuant to an agreement of merger or consolidation (...)” Demnach ist der Merger im Sinne dieser Vorschrift der Verschmelzung durch Aufnahme vergleichbar, die Consolidation der Verschmelzung durch Neugründung. Section 252 DGCL erlaubt explizit grenzüberschreitende Strukturmaßnahmen dieser Art, allerdings unter dem Vorbehalt, dass auch nach der Rechtsordnung des anderen Staates oder Bundesstaates die jeweilige Maßnahme in grenzüberschreitender Form zulässig ist. Die Sections 254, 257, 258, 263, 264 DGCL regeln weitere Einzelheiten in Bezug auf die Rechtsform und den Sitz der bei den Strukturmaßnahmen beteiligten Rechtsträger.

Eine andere Form von Merger, den sogenannten „short-form merger” regelt der Gesetzgeber in Section 253 DGCL: „In any case in which at least 90 % of the outstanding shares of each class of the stock of a corporation or corporations (...) is owned by another corporation (...) the corporation having such stock ownership may either merge the other corporation or corporations into itself and assume all of its or their obligations, or merge itself (...) into one of the other corporations.” Es geht also um die Verschmelzung von Mutter- und Tochterunternehmen.[534]

b) Weitere Voraussetzungen

Neben dem Vorliegen eines Mergers oder einer Consolidation sind gemäß dem oben zitierten Gesetzeswortlaut in Section 262 DGCL weitere Voraussetzungen erforderlich, um ein Appraisal Right auszulösen: der Aktionär muss die Aktien bis zum Zeitpunkt des Wirksamwerdens der Strukturmaßnahme halten und er darf der Strukturmaßnahme nicht zugestimmt haben (Section 262 (a) DGCL). Im Falle des Mergers gemäß Section 253 DGCL eröffnet der Gesetzgeber ein Appraisal Right verständlicherweise nur, wenn auch tatsächlich außenstehende Aktionäre an der einzugliedernden Gesellschaft beteiligt sind (Section 262 (b) (3) DGCL).

---

[534] Die Vorschrift stammt aus den fünfziger Jahren. Bereits in den zwanziger Jahren hatte Florida eine ähnliche Vorschrift eingeführt. Zu weiteren historischen Details siehe *E. Weiss*, 56 N.Y.L.Rev. (1981), 624 (648).

c) „Fair Value“ i.S.v. Sec. 262 (h) DGCL

Section 262 (h) DGCL ordnet an: „[T]he court shall appraise the shares, determining their fair value exclusive of any element of value arising from the accomplishment or expectation of the merger or consolidation, together with a fair rate of interest, if any, to be paid upon the amount determined to be the fair value. In determining such fair value, the Court shall take into account all relevant factors.”

Der Gesetzgeber von Delaware macht also Vorgaben für die Durchführung der Bewertung. Was „fair“ ist, wird insofern näher bestimmt, als dass sämtliche „relevanten Faktoren“ bei der Wertermittlung zu berücksichtigen sind, nicht aber solche, die mit dem Vollzug oder der Erwartung der Verschmelzung zu tun haben. Aber auch der Gesetzgeber von Delaware bedient sich mit dem Terminus von den „relevanten Faktoren“ eines unbestimmten Rechtsbegriffes.

2. Section 13 des Model Business Corporation Act

a) Tatbestand und Rechtsfolge von Section 13.02 MBCA

„A shareholder is entitled to appraisal rights, and to obtain payment of the fair value of the shareholder's shares in the event of any of the following corporate actions: (…)“ – Rechtsfolge von Section 13.02 MBCA ist der Zahlungsanspruch des ausscheidenden Aktionärs und das damit verbundene Appraisal Right, d.h. der Anspruch auf eine gerichtliche Überprüfung des „fairen Wertes“ der Geschäftsanteile.

Auf der Tatbestandsseite der (Quasi-)Norm findet sich eine Auflistung diverser Strukturmaßnahmen: Verschmelzungen, Aktientausche, Veräußerung der wesentlichen Vermögensgegenstände und bestimmte Satzungsänderungen, darunter Rechtsformwechsel und Maßnahmen, durch die die Zahl der Aktien reduziert wird. Im *Official Comment,* der Begründung der American Bar Association zum Normtext des MBCA, heißt es hierzu: „[S]tatutory appraisal is made available only for corporate actions that will result in a fundamental change in the shares to be affected by the action and then only when uncertainty concerning the fair value of the affected shares may cause reasonable differences about the fairness of the terms of the corporate action.”[535] – Ein Anspruch auf gerichtliche Überprüfung soll nur dann bestehen, wenn eine bedeutende Strukturmaßnahme mit entsprechendem Einfluss auf den Wert der Aktien vollzogen wird und die Ungewissheit hinsichtlich des „fairen Wertes“ der betroffenen Aktien „begründete Meinungsverschiedenheiten“ hinsichtlich der Fairness der Bedingungen der Strukturmaßnahme hervorrufen kann.

---

[535] MBCA, 13-16.

b) „Fair Value" nach der Definition des MBCA

In Section 13.01 Abs. 4 enthält der MBCA eine Legaldefinition dessen, was unter „fairem Wert" zu verstehen ist.

„Fair value" means the value of the corporation's shares determined: (i) immediately before the effectuation of the corporate action to which the shareholder objects; (ii) using customary and current valuation concepts and techniques generally employed for similar businesses (...); (iii) without discounting for lack of marketability or minority status (...)."

Zu deutsch: (i) Bewertungsstichtag ist der Tag unmittelbar vor Wirksamwerden der Strukturmaßnahme; (ii) als Bewertungsansätze und -techniken sind solche anzuwenden, die üblich und aktuell sind und die gemeinhin für ähnliche Unternehmen angewendet werden; (iii) Abschläge wegen mangelnder Marktfähigkeit oder aufgrund der Eigenschaft als Minderheitsaktionär sind nicht vorzunehmen.

Im MBCA existieren demnach abstrakt-generelle Vorgaben über die Art und Weise der Durchführung der Bewertung. Ganz im Sinne einer marktorientierten Bewertung erweist sich die zweite Vorgabe: sie stellt sicher, dass die wertbildenden Faktoren nach den Maßstäben der gegenwärtigen Transaktionspraxis identifiziert und gemessen werden. Eine Orientierung an rein akademischen Lehrsätzen wäre mit dieser gesetzlichen Vorgabe ebenso wenig zu vereinbaren, wie die Anwendung veralteter Bewertungsverfahren.

3. Die „Stock Market Exception"

Sowohl der MBCA, als auch die Vorschriften des DGCL machen von der Gewährung des Appraisal Right eine Ausnahme. Sie wird bezeichnet als „stock market exception" (oder „market out provision").

a) Die Stock Market Exception im DGCL

Nach der in Sec. 262 (b) (1) DGCL normierten Stock Market Exception ist dem Aktionär das Recht auf Nachprüfung der Bewertung verwehrt, wenn seine Anteile 1.) an einer nationalen, d.h. US-amerikanischen Börse gehandelt werden oder als sogenannte „national market system security" in das NASDAQ-Handelssystem einbezogen sind oder 2.) die Aktien von mehr als 2000 Anteilseignern gehalten werden (Hs. 1). Darüber hinaus besteht kein Appraisal Right für die Aktien der bei einem Merger überlebenden Gesellschaft, wenn für den Merger gemäß Sec. 251 (f) DGCL die Zustimmung der Aktionäre der überlebenden Gesellschaft nicht erforderlich war (Sec. 262 (b) (1) Hs. 2 DGCL).

Eine (Rück-)Ausnahme von der Stock Market Exception gilt gemäß Sec. 262 (b) (2) DGCL. Danach lässt der Gesetzgeber die gerichtliche Überprüfung des Abfindungswertes trotz Vorliegens der obigen Voraussetzungen zu. Im einzelnen heißt es: „Notwithstanding paragraph (1) of this subsection, appraisal rights under this section shall be available for the shares of any class or series of a constituent corporation, if the holders thereof are required (...) to accept for such stock anything except: a) Shares of stock of the corporation surviving or resulting from such merger or consolidation, or depository receipts in respect thereof; b) Shares of stock of any other corporation, or depository receipts in respect thereof, which shares of stock (...) or depository receipts at the effective date of the merger or consolidation will be either listed on a national securities exchange or designated as a national market system security on an interdealer quotation system by the NASDAQ or held of record by more than 2000 holders; c) Cash in lieu of fractional shares or fractional depository receipts described in the foregoing subparagraphs a and b of this paragraph (...)" – Die (Wieder-)Zulassung des Appraisal Rights hängt also ab von der Art der Gegenleistung, die dem ausscheidenden Aktionär angeboten wird. Bei solchen Gegenleistungen, die im Gesetzestext aufgezählt sind – a) Anteile der bei einer Verschmelzung überlebenden Gesellschaft b) Anteile einer anderen börsennotierten Gesellschaft, die an einer US-amerikanischen Börse notiert sind oder als sogenannte „national market system security" in das NASDAQ-Handelssystem einbezogen sind oder Aktien, die von mehr als 2000 Anteilseignern gehalten werden oder c) Bargeld anstelle von Bruchteilen von Aktien – greift also die Stock Market Exception. Demgegenüber besteht ein Appraisal Right bei jeglicher anderen Form von Gegenleistung (etwa bei Bargeld, Schuldverschreibungen oder Aktien einer dritten Aktiengesellschaft, die nicht öffentlich notiert sind).[536]

b) Die Stock Market Exception im MBCA

Ihrer Struktur nach ähnlich, inhaltlich jedoch erheblich enger formuliert ist die Stock Market Exception im MBCA.

Bedeutend ist vor allem, dass sogenannte „Conflict Transactions" von der Stock Market Exception ausgenommen sind. Hierbei handelt es sich um Strukturmaßnahmen, bei denen regelmäßig Interessenkonflikte zwischen den beteiligten Personen auftreten. Gemäß Section 13.02 (b) (4) (i) (A) MBCA ist dies dann der Fall, wenn der Bieter mindestens 20 Prozent der Stimmrechte der Zielgesellschaft ausüben kann oder er dies innerhalb eines Jahres vor der Zustimmung zu der Strukturmaßnahme durch das *Board* der Zielgesellschaft konnte. Gemäß Sec. 13.02 (b) (4) (i) (B) MBCA wird ein Interessenkonflikt unterstellt, wenn der Bieter derzeit in der Lage ist oder in besagtem Einjahreszeitraum in der Lage war, mindestens ein Viertel der Directors zu bestimmen.[537] – Darüber hinaus statuiert der MBCA im Gegensatz zum DGCL

---

[536] *Ward/Welch/Turezyn,* Section 262.2.3.; zur Kritikwürdigkeit dieser Regelung siehe 4.

[537] Weitere Ausnahmetatbestände von der Stock Market Exception finden sich in Sec. 13.02 (b) (4) (ii) MBCA.

das Erfordernis, dass die frei gehandelten Aktien einen Marktwert von mindestens 20 Mio. US-Dollar haben müssen[538].

Die Stock Market Exception im MBCA stellt also höhere Anforderungen als jene im DGCL. Ein Appraisal Right wird demnach häufiger gewährt als nach dem Recht von Delaware.

c) Sinn und Zweck der Stock Market Exception

Der Official Comment zu Sec. 13.02 MBCA klärt auf über Sinn und Zweck der Stock Market Exception. Die Überlegungen gelten in der gleichen Weise für die Stock Market Exception von Delaware.

Zunächst wird generalisierend klar gestellt, dass die Stock Market Exception dann gilt, wenn Aktionäre entweder die angebotene Gegenleistung annehmen oder den „fairen Wert" ihrer Aktien durch einen Verkauf an der Börse realisieren können. Weiter schreiben die Autoren des MBCA: „This provision is predicated on the theory that where an efficient market exists, the market price will be an adequate proxy for the fair value of the corporation's shares, thus making appraisal unnecessary."[539] – Die Vorschrift beruhe auf der Theorie, dass dort, wo effiziente Märkte bestehen, der Marktpreis ein „adäquater Vertreter" des „fairen Werts" der Aktien sei und er deshalb eine gerichtliche Bewertung der Aktien unnötig mache[540]. Ferner heißt es, nach Ankündigung einer bewertungsrelevanten Strukturmaßnahme würde der Markt mit einem Maximum an Effizienz arbeiten, denn interessierte Parteien und Marktteilnehmer würden das Angebot bewerten und im Falle der Nichtangemessenheit Konkurrenzangebote generieren. Außerdem reflektiere die Stock Market Exception eine gesetzgeberische Wertung dahingehend, dass die Ungewissheit, Kosten und der zeitliche Aufwand, die mit einer gerichtlichen Bewertung verbunden sind, dann nicht gerechtfertigt sind, wenn die Aktionäre ihre Aktien in einem effizienten, fairen und liquiden Markt verkaufen können.[541]

---

[538] Sec. 13.02 (b) (1) (ii) (B) MBCA. Details zur Berechnung des Freefloat enthält die Vorschrift in ihrem folgenden Absatz. Danach bleiben Aktien unberücksichtigt, die von Tochtergesellschaften, Führungskräften und Directors oder Großaktionären mit mindestens zehnprozentigem Geschäftsanteil gehalten werden.

[539] MBCA, 13-18.

[540] Schuldig bleiben die Autoren die Begründung für die Ausnahme bei Conflict Transactions. Zu bedenken nämlich ist, dass auch der Konflikt den Markt ja nicht notwendig außer Kraft setzt.

[541] AaO.

4. Literatur und Schlussfolgerungen

Über das Appraisal Right und seine Stock Market Exception wurde in der US-amerikanischen Literatur viel publiziert[542]. Wenig verwunderlich ist dabei die Kritik, die die Regelung des DGCL auf sich zog. Hier wird häufig gegenüber dem Gesetzgeber die verständliche Forderung erhoben, nach dem Vorbild des MBCA eine gerichtliche Überprüfung generell bei Conflict Transactions zuzulassen[543]. Erstaunlich erscheint im DGCL auch die Ungleichbehandlung von reinen Barabfindungen und solchen in liquiden Aktien. Im Gegensatz zur reinen Barabfindung steht dem Aktionär kein Appraisal Right zu, wenn er als Gegenleistung die Anteilspapiere einer beliebigen, an der Transaktion unbeteiligten aber börsennotierten Aktiengesellschaft erhält[544]. In einem Standardkommentar zum DGCL heißt es hierzu lapidar: „[T]he statute requires some continuing equity relationship either with the surviving corporation or with some other corporation whose stock is listed or widely traded.“[545] – Für den Ausschluss des Appraisal Rights kommt es also lediglich darauf an, die dem Aktionär entzogenen Aktien durch eine andere Form von notiertem oder weithin gehandeltem Eigenkapital zu ersetzen. Diese Forderung kann durch eine entsprechende Transaktionsgestaltung leicht erfüllt werden.

Wohl nur ihr historischer Hintergrund kann diese wenig logische Regelung etwas verständlicher machen: So rückten Anfang des 20. Jahrhunderts die Gesetzgeber in diversen US-Bundesstaaten von dem Grundsatz ab, wonach bedeutende Veränderungen in der Unternehmensgestalt[546] die Einstimmigkeit unter den Aktionären erforderten. Um jenen Aktionären gerecht zu werden, die mit der geplanten Maßnahme nicht einverstanden waren, wurde das Rechtsinstitut des Appraisal Rights entwickelt[547]. Sein ursprünglicher rechtspolitischer Zweck lag also nicht primär in der Gewährleistung der Angemessenheit der Abfindung eines ausscheidenden Gesellschafters, sondern darin, einem Aktionär, der mit einer wesentlichen Umstrukturierung seiner Gesellschaft nicht einverstanden ist, überhaupt ein Recht zum Ausstieg aus

---

542 Vgl. nur *Ratway*, 28 U.Tol.L.Rev. (1996), 179 (187 ff.); *Schwenk*, 16 Card.L.Rev. (1994), 649 ff.; *Seligman*, 52 Geo.Wash.L.Rev. (1984), 829 (831); *Siegel*, 32 Harv.J.Leg. (1995), 79 (85) (siehe dort auch die zahlreichen weiteren Nachweise bei Fn. 3 und 20); *E. Weiss*, 8 Del.J.Corp.L. (1983), 1 (4), vgl. dort eingehend zur rechtsgeschichtlichen Entwicklung.

543 Statt vieler: *Ratway*, aaO, 217; *Seligman*, aaO, 836; *Siegel*, aaO, 124.

544 Zur fehlenden Logik dieser Regelung siehe *Easterbrook/Fischel*, S. 150 f.: „Minority investors who receive $ 50 worth of new paper for every $ 100 of old paper have been stripped of $ 50, whether the new paper is stock or specie." Siehe auch *Ward/Welch/Turezyn*, Section 262.2.3.

545 *Ward/Welch/Turezyn*, aaO.

546 Mergers, Consolidations, die Veräußerung aller oder praktisch aller Vermögensgegenstände, Satzungsänderungen.

547 Statt vieler: *Clardy*, 62 Tenn.L.Rev. (1995), 285 (288).

seiner Beteiligung einzuräumen[548]. – Aber auch diese Entstehungsgeschichte kann freilich die Unlogik der Stock Market Exception nicht befriedigend erklären.

Vergleicht man den DGCL und den MBCA in Bezug auf die Stock Market Exception, so verwundert es nicht, dass die meisten US-amerikanischen Großunternehmen den Bundesstaat Delaware als rechtlichen Sitz gewählt haben. Allerdings bedarf es folgender Relativierung: Unternehmensbewertungen werden nicht ausschließlich unter den Voraussetzungen der gesetzlich normierten Tatbestände vor Gericht geprüft. Neben dem Appraisal Right im engeren Sinne existiert die Möglichkeit einer Klage wegen „breach of fiduciary duty“[549]. Hierbei handelt es sich um ein Rechtsmittel des Common Law, mit dem bei einem Bruch von Treuepflichten Schadensersatz in Höhe des Wertes der betreffenden Aktien verlangt werden kann. Eine solche Klage kommt regelmäßig bei Conflict Transactions in Betracht, unterliegt jedoch anderen und weniger klar gefassten Voraussetzungen als das gesetzliche Appraisal Right.[550]

II. Praxis der Rechtsprechung im US-Staat Delaware

1. *Chicago Corporation v. Munds:* Die Anfänge der US-Rechtsprechung zu Unternehmensbewertungen

Von herausragender Bedeutung in der US-amerikanischen Rechtsprechung zu Unternehmensbewertungen ist die Entscheidung *Chicago Corporation v. Munds*[551]. Der im Jahre 1934 entschiedene Fall bildet einerseits die Grundlage für das Jahrzehnte lang praktizierte Bewertungskonzept der sogenannten „Delaware Block Method“[552]. Zum anderen äußerte sich in *Chicago Corporation v. Munds* der *Delaware Chancery Court* erstmals zur Rolle des Börsenkurses bei der Festsetzung von Abfindungen. Die hierbei formulierten Worte bilden im Rückblick den Ausgangspunkt einer dauerhaften und erstaunlichen Skepsis der US-amerikanischen Rechtsprechung gegenüber den Wertpapiermärkten.

---

[548] *Easterbrook/Fischel,* S. 150; vgl. auch *Balotti/Finkelstein,* § 9.42, mwN. Dieser Gedanke steht auch hinter der Formulierung in Sec. 262 (h) DGCL, wonach solche Faktoren, die mit dem Vollzug oder der Erwartung der Verschmelzung zu tun haben, bei der Bewertung außer Betracht zu bleiben haben. (Siehe 1. c)

[549] Vgl. allgemein *Easterbrook/Fischel,* S. 110 ff.

[550] Siehe speziell hierzu II. 3. b). – Zu den unterschiedlichen rechtlichen Zusammenhängen, in denen in den USA Unternehmensbewertungen zum Gegenstand gerichtlicher Verfahren werden: *Eisenhofer/Reed,* 22 Del.J.Corp.L. (1997), S. 37 (38). Speziell zum Unterschied von gesetzlichen Appraisal Rights und Bewertungen bei Breach of Fiduciary Duty: *Bebchuk/Kahan,* Harvard Law School/Olin Center Discussion Paper No. 248, S. 2 f.; *Easterbrook/Fischel,* S. 157 ff.

[551] Del. Ch. 172 A. 452 ff.

[552] Im einzelnen hierzu unter 2.

a) Sachverhalt

Chicago Corporation v. Munds stand, wie das Gericht selbst erwähnt[553], unter dem starken Einfluss der damaligen Wirtschaftskrise mit ihren dramatischen Kursverlusten an den Aktienmärkten. Es lag folgender Sachverhalt zugrunde:

Die *Continental Chicago Corporation* und die *Chicago Investors Corporation,* zwei Kapitalanlagegesellschaften, schlossen sich zur *Chicago Corporation* zusammen. Die Beklagten *Munds, Winslow* und *Potter* hielten fünfzig Wandelanleihen der *Continental Chicago Corporation* und wollten diese zum angebotenen Preis von 17,25 Dollar an die *Chicago Corporation* nicht veräußern. Der angebotene Preis entsprach dem Börsenschlusskurs vom 20. Dezember 1932, dem Datum vor Wirksamwerden der Strukturmaßnahme. Die eingeschalteten Gutachter hatten ausdrücklich die Zugrundelegung dieses Kurses empfohlen. Demgegenüber sollte nach der Argumentation der Beklagten die Bewertung auf der Grundlage des Substanzwertansatzes erfolgen. Hiernach ergab sich ein Wert von 32,11 Dollar.[554]

b) Rechtliche Würdigung

Das Gericht wies die Klage ab. Unter Hinweis auf den Wortlaut der damals einschlägigen Vorschrift stellte das Gericht zunächst fest, Sec. 61 des DGCL in seiner damaligen Fassung spreche vom „value", nicht aber vom „market value". Völlig unabhängig vom Wortlaut, so das Gericht weiter, könne sich aus dem Zweck der Norm kein anderes Ergebnis ergeben. Jener Ansicht, die Bewertung des Marktes, die sich im Börsenkurs niederschlägt, sei eine genaue und faire Widerspiegelung des inneren Wertes des Unternehmens, sei zu widersprechen: „There are too many accidental circumstances entering into the making of market prices to admit them as sure and exclusive reflectors of fair value. The experience of recent years is enough to convince the most casual observer that the market in its appraisal of values must have been woefully wrong in its estimates at one time or another within the interval of a space of time so brief that fundamental conditions could not possibly have become so altered as to affect the true worth."[555] – Übersetzt: Zu viele Zufälligkeiten beeinflussten das Zustandekommen von Marktpreisen; Marktpreise könnten daher nicht als sichere und einzige Reflektoren des fairen Wertes angesehen werden. Die Erfahrungen der vergangenen Jahre genügten, um auch den oberflächlichsten Beobachter davon zu überzeugen, dass der Markt in seiner Beurteilung von Werten dramatisch falsch gelegen hätte. Denn in dem so kurzen Betrachtungszeitraum hätten sich die fundamentalen Verhältnisse nicht derart ändern können, um den „wahren Wert" in einem solchen Ausmaß zu beeinflussen.

---

553 AaO, 455.
554 AaO, 452 f.
555 AaO, 455.

Weiter heißt es: „The only restoration that can be made to him[556] is to substitute for the vanished stock its intrinsic worth, and if the market quotations are lower than what all the relevant facts that bear on value show it[557] to have been worth, he should not be compensated according to the market's estimate."[558] – Die einzige Entschädigung, die dem Aktionär gewährt werden könne, sei ein Ersatz des „inneren Wertes" der entzogenen Aktien. Sofern die Börsennotierungen niedriger seien als das Bild sämtlicher wertbildenden Faktoren des Geschäftsanteils, sei der Aktionär nicht nach der Beurteilung des Marktes zu entschädigen.

Mit diesen Worten etablierte das Gericht die konzeptionelle Unterscheidung zwischen dem Marktwert einerseits und dem vermeintlich wahren Wert andererseits. Neben dem Marktwert („market value") als dem Aktienkurs haben fortan von Rechts wegen weitere Faktoren Eingang in Unternehmensbewertungen zu finden. Diese weiteren Faktoren bilden nach *Chicago v. Munds* der Ertragswert („earnings value", vom Gericht ergänzt um die Vokabeln „prospects of the corporation", d.h. Aussichten der Gesellschaft) und der Substanzwert (bezeichnet als „asset value" oder „reproduction value")[559]. Dabei nahm das Gericht Bezug auf die nicht veröffentlichte Entscheidung *Matter of Ames* des *New York Supreme Court* aus dem Jahre 1930. Der *New York Supreme Court* hatte in jenem Fall vertreten, dass Gutachter den Wert besser feststellen könnten als der Markt. Der *Delaware Chancery Court* zitiert wörtlich: „The appraisers having made a full examination of the status of the company and its prospects, are in a better position to gauge the fair value of the stock than the outside public."[560] – Wegen der von ihnen durchgeführten umfassenden Analyse der Gesellschaft und ihrer Zukunftsaussichten seien Gutachter in einer besseren Lage, den „fairen Wert" einer Gesellschaft einzuschätzen, als die „unternehmensfremde" Öffentlichkeit.[561]

2. Die „Delaware Block Method"

a) Konzept der Delaware Block Method

Mit der Entscheidung *Chicago v. Munds* war der Grundstein gelegt worden für das, was fortan unter der Bezeichnung „Delaware Block Method" weite Verbreitung fand. In Delaware ebenso wie in den anderen US-Bundesstaaten wurde sie zur alleinigen gerichtlich anerkannten Bewertungsmethode[562].

---

556 Gemeint ist der Aktionär.
557 Gemeint ist die Aktie.
558 AaO, 456.
559 AaO.
560 AaO.
561 Zur Kritik an der Skepsis gegenüber dem Börsenkurs: siehe 7.
562 Zur Entwicklung der gerichtlich anerkannten Bewertungsmethoden: *Seligman*, 52 Geo.Wash.L.Rev. (1984), 829 (841); *Subramanian*, 111/7 Harv.L.Rev. (1998), 2099 (2100).

Die den Gerichten vorgelegten Gutachten waren stets dadurch gekennzeichnet, dass sie sich auf drei verschiedene Bewertungsansätze stützten: den „earnings value" als Gegenwartswert der anteilig auf eine Aktie entfallenden Gewinne oder Zahlungsströme, den „asset value" als Substanzwert und den „market value" als Börsenkurs unmittelbar vor der Strukturmaßnahme. Die ermittelten Einzelwerte wurden gewichtet und in einem Endwert zusammengeführt. Letzterer wurde mit dem Terminus „fair value" belegt.[563]

b) Die Delaware Block Method in der Kritik

Jeder der drei Bewertungsansätze, die der Delaware Block Method zugrunde liegen, ist Kritik ausgesetzt:

Anknüpfend an *Chicago Corporation v. Munds* wird gegen die Einbeziehung des Börsenkurses in die Ermittlung des „fairen Wertes" angeführt, nicht immer bestünden liquide Märkte und in diesen Fällen könnten nur geringe Veränderungen des Handelsvolumens zu starken Schwankungen im Marktpreis führen. Und selbst bei regem Handel der Aktie beinhalte der tägliche Börsenkurs oftmals Faktoren, die nichts mit dem langfristigen „fairen Wert" der Gesellschaft zu tun hätten. Außerdem würden 22 Bundesstaaten einschließlich Delaware durch die Stock Market Exception genau dann das Appraisal Right ausschließen, wenn ein liquider Markt für das Papier besteht.[564]

Auch die Ertragswertkomponente der Delaware Block Method wird in der Literatur kritisiert. Das größte Problem liege darin, mittels eines Preis-Ertrags-Verhältnisses aus der Ertragskraft einen Wert pro Aktie abzuleiten[565]. Solche Preis-Ertrags-Verhältnisse seien problematisch, denn sie beruhten auf vergleichbaren Unternehmen. Unternehmen aber seien kaum, wenn überhaupt jemals, vergleichbar. Unterschiede in der Wettbewerbsposition, den operativen Möglichkeiten, dem Risiko der Zahlungsströme und der Qualität des Managements beeinflussten den Marktwert eines Unternehmens, würden aber von Gerichten bei der Bemessung des Preis-Ertrags-Verhältnisses kaum berücksichtigt.

Verständlicherweise erntet auch der Substanzwert als dritte Komponente der Delaware Block Method Kritik. Sofern ein Marktpreis vorhanden sei, sei der Substanzwert im Marktpreis quasi automatisch mit berücksichtigt. Stünde dagegen kein Marktpreis zur Verfügung, bringe das Konzept vom Substanzwert keinerlei Zusatznutzen gegenüber dem Konzept vom Ertragswert; denn der Wert

[563] *Subramanian,* aaO, 2101.

[564] *Subramanian,* aaO, 2102. Siehe auch *Kahn v. Tremont Corp.,* Nr. 12339, 1996 Westlaw 145452, *9 (Del. Ch. Mar. 21, 1996): „[T]he market price of the stock may fail to reflect its 'fair' value because the market, while generally deep enough to yield fairly efficient prices, nevertheless is manipulated in some way materially affecting the equilibrium price."

[565] *Subramanian,* aaO, 2103.

eines Vermögensgegenstandes könne ausgedrückt werden als Gegenwartswert der zukünftigen Zahlungsströme, die der Vermögensgegenstand erwirtschafte[566].

Aus der Eigenart der Delaware Block Method als Kombinationsverfahren ergeben sich schließlich die folgenden Kritikpunkte: Erstens gibt die Delaware Block Method den Gerichten keinerlei Richtschnur dahingehend, in welchem genauen Verhältnis welcher der drei Bewertungsansätze bei der Ermittlung des „fair value" zu berücksichtigen ist[567]. Zweitens wird der Vorwurf erhoben, durch die Kombination dreier verschiedenartiger Bewertungsansätze würden die Anteile der Minderheitsaktionäre systematisch unterbewertet; denn ein „vernünftiger Käufer" („reasonable buyer") wäre nicht nur bereit, einen gewichteten Wert für die Aktien zu bezahlen, sondern jenen Wert, der sich aus dem bestmöglichen Gebrauch („best-use value") ergibt[568].

3. Der Fall *Weinberger v. UOP*: Zulassung „aller in Finanzkreisen anerkannter Bewertungsansätze"

Angesichts der genannten Schwachpunkte der Delaware Block Method sah sich der *Delaware Supreme Court* 1983 zu einem Wandel in seiner Rechtsprechung veranlasst. Während in anderen Bundesstaaten die Delaware Block Method teilweise nach wie vor anerkannt ist, führte der Fall *Weinberger v. UOP* dazu, dass das Bewertungskonzept in seinem Geburtsstaat Delaware offiziell aufgegeben wurde.

a) Sachverhalt

Dem Fall *Weinberger v. UOP* lag folgender Sachverhalt zugrunde[569]:

Die *Signal Corporation* war Mehrheitsanteilseignerin der *UOP* und erwarb im Wege eines Mergers deren verbleibende Aktien von den außenstehenden Aktionären. Letztere wurden in bar abgefunden und zwar zu 21 US-Dollar pro Aktie. Der Börsenkurs vor Bekanntgabe der Strukturmaßnahme hatte 14,50 US-Dollar betragen. Nach einer Studie von zwei Geschäftsleitern der UOP, die zugleich Direktoren der Signal Corporation waren, hätte der Anteilserwerb für die Muttergesellschaft bis zu einem Preis von 24 US-Dollar pro Aktie eine gute Geldanlage dargestellt. Diese Studie hatte jenen Geschäftsleitern, die nicht

566 *Easterbrook/Fischel*, S. 156. – Aus diesen Gründen hatte beispielsweise der *Delaware Chancery Court* in den Fällen *Heller v. Munsingwear, Inc.* (98 A.2d 774, 777, Del. Ch. 1953) und *E. F. Gibbons v. Schenley Industries, Inc.* (339 A.2d 460, 472 f., Del. Ch. 1975) den Substanzwert nur in sehr geringer Gewichtung in die Wertermittlung einbezogen.

567 *Clardy*, 62 Tenn.L.Rev. (1995), 285 (291).

568 *Clardy*, aaO, 287; *Shishido*, 62 Fordh.L.Rev. (1993), 65 (79). Vgl. hierzu auch die Entscheidung *Lynch v. Vickers*, 402 A.2d 5 (Del. Ch. 1979).

569 457 A. 2d 701 (Del. 1983).

zugleich Mitglied der Geschäftsleitung der Muttergesellschaft waren, nicht vorgelegen. Sie basierte auf den geschätzten Erträgen der UOP.[570]

Jene Minderheitsaktionäre, die das Angebot der Signal Corporation nicht angenommen hatten, fochten die Strukturmaßnahme an und machten hilfsweise einen Schadensersatzanspruch gegen die Tochter- und Muttergesellschaft geltend.[571]

b) Rechtliche Würdigung

In der zweiten Instanz obsiegten die Minderheitsaktionäre. Wie der *Delaware Supreme Court* urteilte, hatte der Merger den sogenannten „fairness test" nicht bestanden, der in Fällen des behaupteten „breach of fiduciary duty" durchgeführt wird.

Unter dem Oberbegriff des Fairness Test behandelt die US-amerikanische Rechtsprechung die beiden Komponenten „fair dealing" und „fair price". Der Vorsitzende Richter, Justice Moore, definiert diese Begriffe in der Gerichtsentscheidung wie folgt: *Fair Dealing* bezeichne das Verfahren, in dem eine Strukturmaßnahme zustande kommt: die zeitliche Abfolge der einzelnen Schritte, die Art und Weise ihrer Einleitung, Strukturierung und Verhandlung sowie die Art und Weise der Beteiligung von Geschäftsleitung und Gesellschaftern. Unter dem *Fair Price* versteht der Vorsitzende Richter dagegen die wirtschaftlichen und finanziellen Betrachtungen der infrage stehenden Maßnahme, einschließlich aller relevanter Faktoren („all relevant factors"), nämlich Vermögensgegenstände, Marktwert, Erträge, Zukunftsaussichten und jeden sonstigen Aspekt, der den „inneren Wert" („intrinsic or inherent value") der Aktie einer Gesellschaft beeinflusst[572]. – Für diese Ausführungen erntete das

[570] AaO, 709, 712.

[571] Vorwürfe gegen die beteiligte Investmentbank als Urheberin der Fairness Opinion waren kurz vor der letzten mündlichen Verhandlung fallen gelassen worden (AaO, 702).

[572] AaO, 711; Dogmatische Zweifel verbleiben bei der Lektüre des Urteils hinsichtlich des genauen Verhältnisses von Fair Dealing und Fair Price. Denn zu Beginn des relevanten Absatzes heißt es: „The concept of fairness has two basic aspects: fair dealing and fair price." Es folgt die Definition der beiden Elemente. Sodann heißt es aber weiter: „However, the test for fairness is not a bifurcated one as between fair dealing and price..." – Der Fairness Test sei nicht „gegabelt" zwischen den beiden Komponenten: „...All aspects of the issue must be examined as a whole since the question is one of entire fairness. However, in a non-fraudulent transaction we recognize that price may be the preponderant consideration outweighing other features of the merger. Here, we address the two basic aspects of fairness separately because we find reversible error as to both." – Je nach den Zweckmäßigkeiten des Einzelfalles wird entweder zwischen den Begriffen differenziert oder aber von einem einheitlichen Gesamtkonzept ausgegangen. Ein Verstoß gegen das Gebot des Fair Dealing hat deshalb nicht zwingend einen „unfairen Preis" zur Folge. Vgl. *Kahn v. Lynch Communications Systems,* 638 A.2d 1110 (Del. 1994); *Cede & Co. v. Technicolor, Inc.,* 636 A.2d 956 (Del. 1994); *Nixon v. Blackwell,* 626 A.2d 1366, 1376 (Del. 1993). Zur Unklarheit der *Weinberger-*

Gericht von Seiten der Literatur nicht nur Lob. So schreibt *Fischel*[573] bissig: „It is difficult to imagine a standard that creates more uncertainty or a greater incentive for wasteful litigation mired in a morass of expensive and pointless valuation techniques which are vastly inferior to simple reliance on market prices." – Eine Rechtsprechung könne kaum mehr Unsicherheit und Anreiz für unnötigen Rechtsstreit schaffen. Bildhaft spricht der Autor von verschwenderischen Prozessen im „Morast von teuren und zwecklosen Bewertungstechniken", die einem einfachen Vertrauen auf Marktpreise weitgehend unterlegen seien.[574]

Als Verstoß gegen den Grundsatz des Fair Dealing sah das Gericht in *Weinberger* den Umstand, dass die Studie jener beiden Geschäftsleiter, die zugleich für die Muttergesellschaft tätig waren, nicht der gesamten Geschäftsleitung der UOP vorgelegen hatte. Gleichzeitig äußerte sich das Gericht in grundlegender Weise zum Bewertungsansatz, der zur Ermittlung des Fair Prices herangezogen wurde: „[T]he standard Delaware Block or weighted average method of valuation (...) shall no longer exclusively control such proceeding. We believe that a more liberal approach must include proof of value by any technique or methods which are generally considered acceptable in the financial community (...)"[575] – Damit war das Monopol der Delaware Block Method als alleinigem Bewertungsansatz gebrochen und gleichzeitig jedes Verfahren für zulässig erklärt, das „in Finanzkreisen allgemein anerkannt" ist. Das Gericht reagierte hiermit auf den Vortrag des Klägers, dass bestimmte dem Bewertungsobjekt vergleichbare Unternehmen höher notierten. Im übrigen hielt das Gericht ausdrücklich am Konzept des „wahren" oder „inneren" Wertes als Bewertungsziel fest: „By value of the stockholder's proportionate interest in the corporate enterprise is meant the true or intrinsic value of his stock which has been taken by the merger." Als Bewertungsfaktoren sind sämtliche wertbildenden Faktoren zu berücksichtigen: „In determining what figure represents this true or intrinsic value, the appraiser and the courts must take into consideration all factors and elements which reasonably might enter into the fixing of value... It is significant that section 262 DGCL now mandates the determination of 'fair' value based upon 'all relevant factors'. Only the speculative elements of value that may arise from the 'accomplishment or expectation' of the merger are excluded."[576] Ausgenommen von den zu berücksichtigenden Faktoren sind also lediglich jene, die mit der Umsetzung oder Erwartung der Strukturmaßnahme zusammenhängen.

Entscheidung: *Gilson/Gordon,* 152 U.Penn.L.Rev. (2003), 785 (798): „The importance of this confusion cannot be overemphasized."

[573] 69 U.Chic.L.Rev. (2002), 941 (951).

[574] Demgegenüber ausdrücklich zustimmend zur *Weinberger*-Entscheidung: *Schlyer,* 19 Val.U.L.Rev. (1985), 521 (524 ff., 590).

[575] 457 A. 2d 701 (Del. 1983), 712 f.

[576] AaO, 713.

4. (Nicht-)Berücksichtigung von Synergie-Effekten

Die *Weinberger*-Entscheidung bringt hinsichtlich der zu beurteilenden wertbildenden Faktoren zwar einerseits eine Ausweitung des gerichtlichen Blickfeldes mit sich[577]. Andererseits macht sie aber auch exemplarisch die starke Zurückhaltung der Gerichte von Delaware bei der Berücksichtigung von Synergie-Effekten deutlich. Synergie-Effekte resultieren bekanntlich gerade aus der Realisierung der Strukturmaßnahme.

Selbst wenn der *Delaware Supreme Court* lediglich von „speculative elements" spricht, die auszuschließen seien, so hält er sich im Grundsatz doch streng an den Wortlaut von Sec. 262 (h) DGCL[578]. Dies ist umso bemerkenswerter, als er im konkreten Fall gar nicht an Sec. 262 (h) DGCL gebunden war. Dem Fall lag nämlich kein gesetzliches Appraisal-Verfahren im Sinne von Sec. 262 DGCL zugrunde, sondern eine sogenannte „action for breach of fiduciary duty" nach den Grundsätzen des Common Law[579].

Den Leitlinien der *Weinberger*-Entscheidung konsequent folgend, äußert sich auch der *Delaware Chancery Court:* in der Entscheidung *Cede & Co. v. Technicolor* stellt er ausdrücklich fest, dass Synergie-Effekte generell unberücksichtigt zu bleiben hätten[580]. Der *Supreme Court*[581] zeigte sich in jenem Fall allerdings ausnahmsweise großzügiger: Synergien müssen nach seiner Entscheidung dann berücksichtigt werden, wenn bei einem Two-Step Merger in der Zeit zwischen dem öffentlichen Angebot („tender offer") und dem Zwangsausschluss („freeze-out merger") der Erwerber derart viele Schritte unternommen hat, dass die Synergien „bekannt" und nicht bloß „spekulativ" sind und ferner einen Teil des zu bewertenden Unternehmens bilden.

Es liegt auf der Hand, dass *Cede & Co. v. Technicolor* einen Spezialfall bildet. Am Grundsatz der sogenannten „going concern"-Bewertung hält auch der *Supreme Court* in jener Entscheidung ausdrücklich fest: „The underlying assumption (...) is that the dissenting shareholders would be willing to maintain their investment position had the merger not occurred."[582] – Die Bewertung hat so zu erfolgen, als ob der Merger nicht stattgefunden hätte. Synergie-Effekte bleiben logischerweise in aller Regel außer Betracht.[583]

---

577 Siehe die unmittelbar vorangehenden Ausführungen.

578 „[T]he court shall appraise the shares, determining their fair value exclusive of any element of value arising from the accomplishment or expectation of the merger or consolidation."

579 Vgl. I. 4.

580 7129 Westlaw 161084, 20 (Del. Ch. 1990).

581 684 A.2d 289, 298 ff. (Del. 1996).

582 AaO.

583 Noch deutlicher als in *Cede & Co. v. Technicolor, Inc.* äußerte sich jüngst der Delaware Chancery Court in *Union Illinois 1995 Inv. Ltd. Partnership v. Union Financial Group,* 847 A.2d 340, 355 (Del. Ch. 2004): „[T]his court must endeavour to exclude from any appraisal award the amount of any value that the selling company's shareholders would receive because

5. Bewertung mittels Verhältniskennzahlen (Multiplikatoren): Der „Direct Comparison"-Ansatz in der Rechtsprechung

Mit der *Weinberger*-Entscheidung hatte der *Delaware Supreme Court* 1983 jedes Verfahren für zulässig erklärt, das in Finanzkreisen allgemein anerkannt ist[584]. Damit eröffnete er die Möglichkeit, gerichtliche Bewertungen auch auf neuere Bewertungsverfahren, insbesondere kennzahlenbasierte direkte Vergleiche mit anderen Unternehmen zu stützen[585].

a) Die *Harris v. Rapid American*-Entscheidung

Präzedenzfall[586] des sogenannten „Direct Comparison"-Ansatzes ist die vom 2. Oktober 1990 datierende *Harris v. Rapid American*-Entscheidung. In dem Fall hatte der Privatgutachter der Kläger Wertermittlungen sowohl nach dem Ertragswertverfahren, als auch nach dem Direct Comparison-Ansatz durchgeführt.

Die Ertragswertanalyse wurde vom Gericht vollständig verworfen und zwar wegen der spekulativen Natur der Ertragsprognosen: „While often accepted by this Court, prospective methodologies, such as discounted cash flow, do rest on a certain amount of speculation and opinion. (...) As this Court has recently recognized "...methods of valuation, including a discounted cash flow analysis, are only as good as the inputs to the model." (...) Inputs in a discounted cash

---

a buyer intends to operate the subject company, not as a stand-alone going concern, but as a part of a larger enterprise, from which synergistic gains can be extracted." Siehe ferner *Allenson v. Midway Airlines Corp.*, 789 A.2d 572, 579 ff. (Del. Ch. 2001). – Zur Debatte in der Literatur vgl. *Coates,* 147 U.Penn.L.Rev. (1999), 1251 (1350): „ [T]he inclusion of synergies that were still in the early planning stage, and so were speculative even if probable, would appear to be contrary to the appraisal statute." Für eine sehr weite Auslegung dagegen *Campbell,* 78 N.Car.L.Rev. (1999), 101 (125 ff.).

584 Siehe hierzu oben 3.

585 Zur Beschreibung des Direct Comparison-Ansatzes: siehe Grundlagenteil, V. 4. Vgl. ferner zum Direct Comparison-Ansatz in den USA aus Wirtschaftsprüfer-Sicht *Sanfleber-Decher,* WPg 1992, 597 ff.

586 Bereits im Vorfeld von *Harris v. Rapid American* taucht der Direct Comparison-Ansatz in Urteilen auf, wurde jedoch entweder – wie in *Weinberger* – nicht konsequent umgesetzt oder mangels Vergleichbarkeit der betreffenden Unternehmen abgelehnt, so in *Wheelabrator Technologies Inc. Shareholders Litigation* (1990 Westlaw 131351, Del. Ch. 1990) und *Cavalier Oil Corp. v. Harnett* (1988 Westlaw 15816, Del. Ch. 1988). In der Entscheidung *Indian Coffee Corp. v. Procter & Gamble Co* aus dem Jahr 1985 wurde lediglich auf die Kosten abgestellt, die mit der *Neugründung* eines vergleichbaren Unternehmens verbunden wären (752 F.2d 891). – Neben *Harris v. Rapid American* bedarf die Entscheidung *Allied Chemical & Dye Corporation v. Steel & Tube Co. of America* (14 Del. Ch. 117, 122; 1923) der Erwähnung. Darin wurde bereits im Jahr 1923 die Bewertung einer Eisenerzmine nicht an den erwarteten Erträgen festgemacht, sondern an den üblicherweise bezahlten Marktpreisen und damit das selbe Konzept bemüht, das auch dem Direct Comparison-Ansatz zugrunde liegt.

flow are predictions which are necessarily speculative in nature. The quality of these predictions is therefore central to the reliability of the underlying methodology. (...) Willamette's[587] conclusions were based upon general trends such as value line's industry-wide growth rates. This practice multiplies the already speculative quality of a prospective methodology. Indeed, petitioners analysis is based on more speculation than I am comfortable in accepting. For this reason, I reject petitioners' discounted future returns analysis."[588]

Ebenfalls verworfen hatte das Gericht in dem Fall eine Direct Comparison-Untersuchung des Privatgutachters, die Unternehmen zum Vergleichsmaßstab nahm, die Gegenstand von Fusionen und Übernahmen gewesen waren („comparative merger and acquisition companies analysis"). Die in diesen Fällen erlangten Ergebnisse fielen nach Ansicht des Gerichts zu hoch aus, da sie notwendig Kontrollprämien und Liquidationswerte beinhalteten. Sie würden daher nicht korrekt den „going concern"-Wert des vorliegenden Unternehmens widerspiegeln.[589]

Überzeugen ließ sich das Gericht dagegen von der darüber hinaus vorgelegten Direct Comparison-Untersuchung, die sich auf die Börsennotierungen vergleichbarer notierter Aktiengesellschaften stützte („comparative publicly-traded companies analysis"). Der Vorsitzende Richter wörtlich: „Of the methodologies employed by the parties, I find (...) petitioners' comparative publicly-traded companies analysis the most acceptable."[590] – Was folgt ist eine detaillierte Auseinandersetzung mit der Bewertungstechnik und ihren Vorzügen. Sie beginnt damit, dass das Gericht detailliert die Vorgehensweise der Wertermittlung beschreibt: die Analyse basierte auf einem Vergleich der Erträge vor Zinsen und Steuern, der Erträge vor Zinsen, Steuern und Abschreibungen sowie dem Buchwert des investierten Kapitals[591]. Der Vorteil dieses Bewertungsansatzes, so das Gericht, sei, dass diese Multiplikatoren nicht verfälscht werden könnten durch wechselnde Verschuldungsgrade oder im Ermessen der Geschäftsleitung liegende Entscheidungen über bilanzielle Aktivierungen. Darüber hinaus würden durch die Verwendung der genannten Fundamentaldaten Ungleichheiten in steuerlicher Hinsicht und in Bezug auf Abschreibungsaufwendungen vermieden. Ziel der Bewertung sei die Ermittlung des „market value of invested capital" oder – in anderen Worten –: „the total value an acquirer would pay all investors (debt, preferred stockholders and common stockholders)", d.h. die Summe, die ein Erwerber allen Investoren

[587] Mr. Williamette war der Privatgutachter der Kläger.
[588] 1990 Westlaw 146488 (Del. Ch.), 1489.
[589] AaO, 1493. Im Hinblick auf die Würdigung von Kontrollprämien: vgl. die Entscheidung der zweiten Instanz, Del. 603 A.2d 796, 805.
[590] 1990 Westlaw 146488, 1491 (Del. Ch.).
[591] Zu den darüber hinaus in den USA üblichen Kennzahlen siehe *Pratt,* S. 144 ff.

einschließlich Fremdkapitalgebern leisten müsste. Hiervon wurde dann der Gesamtbetrag der Schulden und Vorzugsaktien abgezogen.[592]

b) Der Direct Comparison-Ansatz in der weiteren Entwicklung

Seit *Harris v. Rapid American* hat der Direct Comparison-Ansatz weite Verbreitung gefunden. So heißt es in der 2004 ergangenen Entscheidung *Dobler v. Montgomery Cellular Holding Co., Inc.*[593]: „The following valuation approaches have been routinely utilized by this court in appraisal actions: (1) the DCF approach; (2) the comparable company approach; and (3) the comparable transactions approach."

Tatsächlich zeigt ein Blick in die Rechtsprechung des Staates Delaware, dass praktisch bei jedem Gerichtsprozess mehrere verschiedene Bewertungsmethoden eine Rolle spielen. Dies ist sicher auch darauf zurückzuführen, dass die Parteien regelmäßig Privatgutachten vorlegen. Naturgemäß fallen diese Privatgutachten je nach Interessenlage unterschiedlich aus. Die Wahl eines bestimmten Bewertungsansatzes kann so zum Instrument werden, um einen besonders hohen oder einen besonders niedrigen Unternehmenswert zu begründen.

Die letztendliche Auswahl eines Bewertungsansatzes ist eine Rechtsfrage und steht im Ermessen des Gerichts[594]. Ein näherer Blick in die Rechtsprechung das Staates Delaware zeigt, dass sowohl das DCF-Verfahren[595], als auch der Direct Comparison Approach häufig zum Einsatz kommen. In letzterem Fall wird weiter differenziert zwischen dem *Comparable publicly-traded Company Approach*[596] einerseits und dem *Comparable Transactions Approach*[597] andererseits. Oftmals werden auch das DCF-Verfahren und der Direct Comparison-Ansatz nebeneinander angewandt: in gleicher[598] oder unterschiedlicher[599]

---

[592] AaO.

[593] 2004 Westlaw 2271592, 8 (Del. Ch).

[594] *In re United States Cellular Operating Co.*, 2005 Westlaw 43994, 10 (Del. Ch.); *Dobler v. Montgomery Cellular Holding Co., Inc.*, 2004 Westlaw 2271592, 9 (Del. Ch.); *M.G. Bancorporation, Inc. v. Le Beau,* 737 A.2d 513 (Del. 1999). So auch ausdrücklich die Literatur: *Wolfe, Jr/Pittenger,* § 8-10 (d).

[595] Vgl. etwa *Cede & Co. v. JRC Acquisition Corp.*, 2004 Westlaw 286963 (Del. Ch.); *Cede & Co., Inc. v. MedPointe Healthcare, Inc.*, 2004 Westlaw 2093967 (Del. Ch); *In re Emerging Communications, Inc. Shareholders Litigation,* 2004 Westlaw 1305745 (Del. Ch.); *Gilbert v. MPM Enterprises, Inc.*, 709 A.2d 663, 668 (Del. Ch. 1997).

[596] Angewandt in den Fällen *Doft & Co. v. Travelocity.com, Inc.*, 2004 Westlaw 1152338 (Del. Ch.); *Borruso v. Communications Telesystems Intern,* 753 A.2d 451 (Del. Ch. 1999).

[597] Angewandt in den Fällen *Gentile v. Singlepoint Fin.*, 2003 Westlaw 1240504 (Del. Ch.); *In re United States Cellular Operating Co.*, 2005 Westlaw 43994 (Del. Ch.); *M.G. Bancorporation, Inc. v. Le Beau,* 737 A.2d 513 (Del. 1999).

[598] *Taylor v. American Specialty Retailing Group, Inc.* 2003 Westlaw 21753752 (Del. Ch.).

[599] *Dobler v. Montgomery Cellular Holding, Inc.*, 2004 Westlaw 2271592, 17 (Del. Ch.): „For these reasons, the court finds the proper weighting (...) is 65% for the comparable

Gewichtung oder unter Heranziehung einer Verfahrensart lediglich zu Kontrollzwecken[600]. Stets wird die Entscheidung, welchem Ansatz am Ende der Vorzug gegeben wird, ausführlich begründet. Dabei fällt auf, dass die Begründungen meist wenig euphorisch ausfallen: regelmäßig werden weniger die Vorzüge der ausgewählten Variante dargelegt, als die Nachteile der nicht verwandten Alternativen. Wurde also im Ergebnis das DCF-Verfahren gewählt, liest man häufig, die für einen Unternehmensvergleich erforderlichen Daten wären nicht verfügbar gewesen. Oder aber das Gericht teilt nicht die Auffassung des Antragstellers zur Vergleichbarkeit des Bewertungsobjekts mit anderen Unternehmen. Teilweise wird auch angeführt, die Auswahl von Kennzahlen sei mit beträchtlichen Wertungen verbunden. Entschied sich das Gericht im Ergebnis für den Direct Comparison-Ansatz, wird meist angeführt, das DCF-Verfahren sei mit schwierigen, im Einzelfall schwer zu leistenden Schätzungen verbunden, insbesondere dann, wenn keine oder nur stark voneinander abweichende Prognosen existierten.[601]

c) Schlussfolgerungen

Die US-amerikanische Rechtsprechung setzt sich regelmäßig ausführlich mit den unterschiedlichen in Frage kommenden Bewertungsansätzen auseinander. Dabei spielt der Direct Comparison-Ansatz – entweder als Comparable publicly-traded Company Approach oder als Comparable Transactions Approach – eine bedeutende Rolle.

Die Ausführungen der Gerichte von Delaware bestätigen überdies, dass regelmäßig keiner aller in Frage kommenden Bewertungsansätze unangreifbar ist. Es kommt auch nicht darauf an, nach *dem* „perfekten" Bewertungsansatz zu suchen. Raum für die Direct Comparison-Methode besteht vielmehr immer schon dann, wenn sie gegenüber Zukunftserfolgswertverfahren – nach Abwägung aller Vor- und Nachteile – insgesamt mit weniger Unzuläng-

---

transactions, 30% for the DCF, and 5% for the comparable companies." *Lane v. Cancer Treatment Centers of America, Inc.*, 2004 Westlaw 1752847, 35 (Del. Ch.): „[T]he Court will use a weighting of 85% for the DCF analysis and 15% for the comparable companies analysis."

600 *Cede & Co., Inc. v. MedPointe Healthcare, Inc.*, 2004 Westlaw 2093967 (Del. Ch.): Direct Comparison-Ansatz zu Kontrollzwecken.

601 Über die Rolle des Direct Comparison-Ansatzes und sein Verhältnis zum DCF-Verfahren führte der Verfasser dieser Arbeit ein Gespräch mit einem Vorsitzenden Richter des *Delaware Chancery Court.* Der Vorsitzende Richter bestätigt darin die mittlerweile große Bedeutung des Direct Comparison-Ansatzes. Gleichzeitig wies er darauf hin, dass seine Anwendung stark abhängig sei von dem mit dem Einzelfall betrauten Richter: manche Richter bevorzugten nach wie vor das DCF-Verfahren und griffen nur hilfsweise oder zu Kontrollzwecken auf den Direct Comparison-Ansatz zurück; andere würden regelmäßig Bewertungen nach beiden Ansätzen (einschließlich der beiden Unterarten des Direct Comparison-Ansatzes) durchführen und in einem zweiten Schritt – je nach Eignung der jeweiligen Methode im zu entscheidenden Fall – die erlangten Werte gewichten.

lichkeiten behaftet ist, gleichberechtigt als ergänzende Technik in Frage kommt oder als Kontrollverfahren dem bereits gefundenen Wert zusätzliche Legitimität vermitteln kann.

6. Transaktionsform und gerichtliche Prüfdichte

Die Rechtsprechung in Delaware kennzeichnet sich dadurch, dass je nach Transaktionsform in der gerichtlichen Prüfdichte („standard of review") differenziert wird. Unterschieden wird zwischen dem sogenannten „entire fairness standard" und der sogenannten „business judgment rule".

a) *Entire Fairness Standard*

Ein Freeze-Out als klassischer Fall der Conflict Transaction[602] kennzeichnet sich dadurch, dass der Mehrheitsaktionär auf beiden Seiten der Transaktion beteiligt ist[603]. Der Begriff umfasst damit stets den Short-form Merger gemäß Section 253 DGCL, aber je nach Fallkonstellation auch die Strukturmaßnahmen i.S.v. Section 251 (a) DGCL[604]. Aus dem sich hieraus ergebenden Interessenkonflikt erwächst die Notwendigkeit, die Minderheitsaktionäre vor Übervorteilung zu schützen. So liegt es auf der Hand, dass die Gerichte Freeze-Outs seit ihrer Schaffung als Rechtsinstitut nach dem Entire Fairness-Standard überprüfen[605]. Mit „entire fairness" ist jenes Maß an Prüfdichte gemeint, das die intensivste Kontrolle durch das Gericht und damit den höchsten Schutzstandard für den Kläger gewährt. – „[T]he test is (...) one requiring an examination of all aspects of the transaction to gain a sense of whether the deal in its entirety is fair." heißt es in der Entscheidung *Kahn v. Lynch Communication Systems, Inc.*[606] Der Entire Fairness-Standard bildet damit eine Kategorie der sogenannten „strict scruitiny", jener Form von engmaschiger Untersuchung, die ein Gericht dann durchführt, wenn dem Urheber der zu untersuchenden Entscheidung kein Ermessen oder Beurteilungsspielraum zugestanden werden soll.

b) *Business Judgment Rule*

Nach dem Grundsatz der *Business Judgment Rule* werden seit Anfang des 19. Jahrhunderts in den USA die Entscheidungen von Geschäftsleitern geprüft. Danach gilt vor Gericht die Vermutung, „(...) that the Board acted independently, on an informed basis, in good faith and in the honest belief that

---

602 Siehe hierzu schon I. 3. b).
603 So ausdrücklich: *Sinclair Oil Corp. v. Levien*, 280 A.2d 717 (Del. Chan. 1971).
604 Siehe hierzu I. 1. a).
605 Siehe beispielsweise *Gottlieb v. Heyden Chemical Corp.*, 91 A.2d 57 (Del. 1952), *Sterling v. Mayflower Hotel Corp.*, 93 A.2d 107 (Del. 1952).
606 669 A.2d 84 (Del. Ch. 1997).

its actions were taken in the best interest of the company."[607] D.h. es wird davon ausgegangen, dass das Board unabhängig, wohl informiert, in gutem Glauben und in der redlichen Vorstellung handelte, dass seine Maßnahmen im besten Interesse der Gesellschaft getroffen wurden. Nur wenn das Gegenteil eines dieser Tatbestände bewiesen werden kann, besteht ein Schadensersatzanspruch. – Dem liegt die Überlegung zugrunde, dass Entscheidungen in Unternehmen über die Art und Weise der Mittelverwendung den Kern des unternehmerischen Entscheidungsfindungsprozesses bilden[608]. Die Mitglieder der Unternehmensleitung sollen deshalb nicht für „redliche Fehler" („honest mistakes") zur Verantwortung gezogen werden, und zwar auch dann nicht, wenn sich im Nachhinein eindeutig feststellen lässt, dass die getroffene Geschäftsentscheidung unklug war[609].

Diese Vermutung gilt regelmäßig auch für einen solchen Beschluss, mit dem das Board eines Unternehmens einer Verschmelzung zustimmt, die mit einem gleichberechtigten Vertragspartner ausgehandelt worden ist (sogenanntes „arms length bargaining")[610]. Wird eine solche Transaktion beschlossen, so umfasst der Beschluss als ganz wesentlichen Bestandteil auch den Preis, d.h. das Umtauschverhältnis der Aktien. Die Berufung des Gerichts auf die Business Judgment Rule führt hier zu der Vermutung, dass das Board unabhängig, wohl informiert, in gutem Glauben und in der redlichen Vorstellung handelte, dass die Fusion einschließlich des ausgehandelten Umtauschverhältnisses im besten Interesse der jeweiligen Gesellschaft beschlossen wurde. Nur wenn einer der Tatbestände widerlegt werden kann, führt das Gericht eine eigenständige Bewertung durch.

---

607 Statt vieler: *McMullen v. Beran,* 765 A.2d 910, 916 (Del. 2000); *Cede & Co. .v Technicolor Inc.,* 634 A.2d 345, 360 (Del. 1993); *Revlon, Inc. V. MacAndrews & Forbes Holding,* 506 A.2d 858, 872 (Del. 1986); *Unocoal Corporation v. Mesa Petroleum Co.,* 493 A.2d 946, 954 (Del. 1985); *Smith v. van Gerkom,* 488 A.2d 858, 872 (Del. 1985).

608 *Garber v. Lego,* 11 F.3d 1197, 1206 (3d Cir. 1993); *Kahn v. Tremont Corp.,* 21 Del. J. Corp. L. 1161, 1200 f. (Del. Ch. 1996).

609 Vgl. *Gagliardi v. TriFoods International, Inc.,* 1996 Westlaw 422330996 *4 (Del. Ch. 1996); *Potter v. Pohlad,* 560 N.W.2d 389, 393 (Minn. Dist. Ct. 1996).

610 *Block/Barton/Radin,* S. 632: „Most courts (...) apply the business judgment rule in one form or another in cases challenging actions by directors taken (1) in response to a threat of an unwanted transaction involving control or during the course of a contest for corporate control or (2) to protect a negotiated transaction involving control such as a merger of equals from an interloper." – Die Business Judgment Rule eröffnet den Unternehmensleitungen also einen weiten Gestaltungsspielraum, der einerseits zur Abwehr feindlicher Übernahmeversuche genutzt werden kann, andererseits dem Schutz jener Transaktionen dient, die von der Unternehmensleitung mit einer anderen Gesellschaft ausgehandelt worden sind. Vgl. auch *Ryan v. Tad's Enterprises Inc.,* 709 A.2d 682, 689 (Del. Ch. 1996): „(...) the appropriate judicial review standard is that which normally applies to transactions negotiated at arm's length: the business judgment rule"; vgl. ferner: *David J. Greene & Co. v. Dunhill International, Inc.,* 249 A.2d 427, 430 (Del. Ch 1969); *Cole v. National Cash Credit Association,* 18 Del. Ch. 47, 156 A. 183 (1931).

In aller Regel aber bleibt das zwischen den Vertragspartnern vereinbarte Umtauschverhältnis unangetastet[611].

c) Schlussfolgerungen

Die US-amerikanische Rechtsprechung erkennt grundsätzlich die von den Vertragsparteien einer Verschmelzung getroffene Einigung an. Sie beschränkt sich – sofern nicht das Appraisal Right bereits durch die Stock Market Exception ausgeschlossen ist – auf eine Evidenzkontrolle in Form der Business Judgment Rule und wendet somit im Vergleich zu dominierten Konfliktsituationen einen unterschiedlichen Standard of Review an. Das zwischen den Boards der beteiligten Unternehmen ausgehandelte und von der Mehrheit der Aktionäre gebilligte Umtauschverhältnis unterliegt damit regelmäßig keiner weiteren gerichtlichen Bewertung (no „second-guessing").[612]

7. Transaktionspraxis und Beweisrecht

Bei Conflict Transactions gilt der strenge Entire Fairness Standard als gerichtlicher Prüfungsmaßstab, der im Gegensatz zur Business Judgment Rule ein hohes Schutzniveau gewährleistet[613]. Innerhalb des Entire Fairness-Standards hat die Rechtsprechung in Abhängigkeit von der konkreten Transaktionspraxis eine Differenzierung in der Beweislastverteilung entwickelt.

a) Treuepflichten und Beweislastregeln

In der *Weinberger*-Entscheidung[614] setzte sich der *Delaware Supreme Court* detailliert mit den Treuepflichten der Directors auseinander: Er kam zu dem Ergebnis, dass es einen Verstoß gegen Treuepflichten darstelle, wenn bei einer Beschlussfassung über eine geplante Verschmelzung solche Board Members mitwirkten, die auch Director der bietenden Gesellschaft sind und als solche über „relevante Informationen" verfügen, die den anderen Vorstandsmitgliedern nicht zugänglich sind[615]. Das Gericht formulierte damit den Grundsatz, dass die Business Judgment Rule dann nicht mehr gilt, wenn ein Geschäftsleiter „auf beiden Seiten einer Transaktion auftritt". Mit dem stattdessen geltenden Entire Fairness Standard geht normalerweise einher, dass jene Prozesspartei, die „auf beiden Seiten der Transaktion" auftrat, die Beweislast für die Fairness des Abfindungsbetrages trifft[616].

---

611 Vgl. *Siegel,* 32 Harv.J.Leg. (1995), 79 (109).

612 Wohl wegen ihrer Selbstverständlichkeit und langjährigen Übung wird diese Praxis von Rechtsprechung und Literatur praktisch nicht begründet.

613 Siehe hierzu die vorangehenden Ausführungen unter 6. a).

614 Siehe hierzu schon 3.

615 457 A.2d 701, 708 (Del. 1984).

616 AaO, 710.

Von dieser Beweislastregel macht der *Delaware Supreme Court* jedoch eine wichtige Ausnahme: Sein Urteil hätte anders ausfallen können, so orakelte das Gericht in der *Weinberger*-Entscheidung, wenn zum Zwecke der Vertrags- und Preisverhandlungen bei der Zielgesellschaft ein „independent negotiating committee" gegründet worden wäre[617]. In *Kahn v. Lynch Communication Systems*[618] wird klar gestellt: Die Beweislastverteilung kehre sich dann um, wenn die geplante Strukturmaßnahme, insbesondere der für die Aktien gebotene Preis, von einem unabhängigen Gremium von Directors gebilligt worden ist.[619]

b) Die Transaktionspraxis: Bildung sog. „Special Committees"

Diesen Vorgaben der Rechtsprechung trägt die Transaktionspraxis seitdem durch Bildung eines sogenannten „Special Committee" Rechnung. Ihm gehören solche Directors („independent directors" oder „disinterested directors") der Zielgesellschaft an, die vom Bieter bzw. der Muttergesellschaft unabhängig sind – d.h. insbesondere nicht zugleich im Board der Muttergesellschaft sitzen – und deshalb gesellschaftsrechtliche Treuepflichten ausschließlich gegenüber der Zielgesellschaft haben.

Das Special Committee führt die Verhandlungen mit der Muttergesellschaft und bedient sich dabei externer Ratgeber. Den wichtigsten Verhandlungsgegenstand bildet die Bewertung. Um sich über die Angemessenheit des Gebotes ein Urteil zu bilden und um gegebenenfalls einen höheren als den gebotenen Preis zu erzielen, schaltet das Special Committee üblicherweise eine Investmentbank ein. Wird am Ende eine Einigung erzielt, wird die Transaktion den Boards und Anteilseignern der Gesellschaften zur Beschlussfassung vorgelegt, wobei dieser letzte Schritt wegen der Mehrheitsverhältnisse bei der Tochtergesellschaft nicht mehr als eine bloße Formsache ist.

Neben der formalen Unabhängigkeit des Special Committee wird vor Gericht gegebenenfalls der tatsächliche Verlauf der Verhandlungen untersucht. Kommt das Gericht zu dem Ergebnis, dass keine gleichberechtigten Verhandlungen

---

[617] AaO, 709.

[618] 638 A.2d 1110, 1112 (Del. 1994).

[619] In *Rosenblatt v. Getty Oil* (493 A.2d 929, 937; Del. 1985) war bereits entschieden worden, dass ein informiertes Votum („informed vote") der Mehrheit unter den Minderheitsaktionären („majority of minority"), das für das Zustandekommen der geplanten Transaktion nicht erforderlich war, denselben Effekt haben könne. Einzelheiten werden in der Literatur intensiv diskutiert, vgl. insbesondere *Subramanian,* 115/2 Yale L.J. (2005), 2 ff. Teilweise wird in der jüngeren Literatur vorgeschlagen, das Gericht solle bei positivem Votum eines „effektiven und keinen Zwängen unterliegenden" Special Committee und gleichzeitigem Vorliegen eines Majority of the Minority Votes die Bewertung nur nach den Grundsätzen der Business Judgment Rule prüfen, *Allen/Jacobs/Strine,* 56 Bus. Lawyer (2001), 1287 (1317). Da zwei der Vertreter letzterer Ansicht Richter am *Delaware Chancery Court* sind, dürfte eine gewisse Vermutung für einen bevorstehenden Wandel in der Rechtsprechung sprechen.

(„arms length bargaining") stattgefunden haben, gilt wieder die normale Beweislastverteilung.[620]

c) Schlussfolgerungen

Eine befürwortende Stellungnahme des unabhängigen Special Committee führt zu einer Umkehr der Beweislast. Der Erwerber braucht nicht mehr die Angemessenheit des gebotenen Preises zu beweisen. Stattdessen obliegt den Minderheitsaktionären der Beweis der Unangemessenheit, der nur sehr schwer zu führen ist. Im Ergebnis erhöht sich also durch das positive Votum des Special Committee für den Mehrheitsaktionär die Chance beträchtlich, dass der von ihm gebotene Preis der gerichtlichen Überprüfung standhalten wird. Damit ist der Rechtssicherheit gedient.

Gleichzeitig wird durch die Einschaltung eines Special Committee die Privatautonomie gestärkt. Denn eine zwischen den Vertretern unterschiedlicher Interessen getroffene Verhandlungslösung findet in soweit gerichtliche Anerkennung, als der vom Bieter gebotene Preis aufgrund der Einigung mit dem Special Committee zum regelmäßig letztverbindlichen Abfindungswert wird[621]. Die Bedeutung des Gerichts als höherer Instanz, die kraft Amtes einen bestimmten Wert als „den" richtigen festzusetzen hat, nimmt gleichzeitig ab.

Angesichts dieser Vorzüge liegt die Frage nahe, ob das US-Modell nicht auch rechtsordnungsübergreifend als Vorbild für die Bewältigung dominierter Konfliktsituationen dienen kann. Jedoch sind die Erfahrungen in den USA mit dem Special Committee nicht ausschließlich positiv. Teilweise wird kritisiert, ein Special Committee könne niemals wirklich unabhängig vom Mehrheitsgesellschafter sein, der unausweichlich die Independent Directors dominieren würde[622]. Demgegenüber monieren Stimmen aus der Anwaltschaft gerade den großen Einfluss von Special Committees, der sich nur mit einem entsprechend

---

[620] *Kahn v. Lynch Communication Systems*, 638 A.2d 1110, 1120 (Del. 1994). Vgl. aus jüngerer Zeit: *In re Emerging Communications, Inc. Shareholders Litigation*, 2004 Westlaw 1305745 *8 (Del. Ch). Im einzelnen ist in der US-amerikanischen Literatur vieles streitig, vgl. zum Streitstand *Aronstam/Balotti/Rehbock*, 58 Bus. Lawyer (2003), 519 ff.; *Hossfeld*, 53 Duke L.J. (2003), 1337 ff.; *Strine*, 27 Del.J.Corp.L. (2002), 499 ff.; *Subramanian*, 115/2 Yale L.J. (2005), 2 ff.

[621] In Fällen der Zustimmung des Special Committee findet nur äußerst selten eine Neufestsetzung der Bewertung durch Gerichtsurteil statt. – Diese Information erhielt der Verfasser dieser Arbeit im Gespräch mit einem Vorsitzenden Richter vom *Delaware Chancery Court*.

[622] *Strine*, 27 Del.J.Corp.L. (2002), 499 (509). So auch *Allen/Jacobs/Strine*, 56 Bus. Lawyer (2001), 1287 (1308): „[A]lthough most public company boards have a majority of independent directors, those directors are not hermetically sealed off from the inside directors. It is commonplace for outside directors to have social, and in some cases business, relationships (e.g., a partner in the company's outside law firm or investment bank serving as a director)."

hohen Maß an Unabhängigkeit erklären lässt: bereits mehrfach hätten Special Committees ausgezeichnete Geschäfte abgelehnt oder unnötig über Monate in die Länge gezogen[623]. In solchen Fällen schade das Special Committee den Minderheitsaktionären mehr, als es nütze[624].

8. Die Rolle des Börsenkurses in gerichtlichen Unternehmensbewertungen

Abseits der Stock Market Exception hat die Skepsis der US-amerikanischen Rechtsprechung gegenüber dem Börsenkurs als Abfindungsmaßstab eine lange Tradition. Sie reicht zurück bis zu der aus dem Jahr 1934 datierenden *Chicago v. Munds*-Entscheidung. Diese wurde wegen ihrer Bedeutung als Präzedenzfall für die Entwicklung der Delaware Block Method bereits am Anfang dieses Kapitels ausführlich dargestellt[625].

Diese Haltung setzte sich Mitte des vergangenen Jahrhunderts ebenso fort wie im Anschluss an die *Weinberger*-Entscheidung in der jüngeren Rechtsprechung.

a) Vor der *Weinberger*-Ära

Mit der aus dem Jahr 1950 stammenden und viel beachteten Entscheidung *Tri-Continental Corporation v. Battye*[626] hat sich die Skepsis der Rechtsprechung gegenüber dem Börsenkurs im Anschluss an *Chicago Corp. v. Munds* verfestigt:

„The appraiser found that, at the time of merger and prior thereto, there was no actual market of General's common stock uninfluenced by the merger and, accordingly, excluded actual market value of the stock as a factor to enter into the final determination of value. This was not error, nor would it have been error had the appraiser constructed a hypothetical uninfluenced market value by discounting the net asset value of the common stock on the day of merger and given some effect to it in his final valuation. Had there been an actual market value uninfluenced by the merger in existence, it would have been error to disregard it, but the absence of such an element does not require the construction of a hypothetical market value to be given effect in the final determination of value." – Der Börsenkurs war also völlig unberücksichtigt geblieben in dem vorgelegten Gutachten und das Gericht billigte dies mit der Begründung, der Kurs sei von der bevorstehenden Verschmelzung beeinflusst gewesen. Ein „hypothetischer Marktwert“ brauche nicht konstruiert zu werden. Lediglich im Falle eines von der Strukturmaßnahme unbeeinflussten Börsenkurses sei es fehlerhaft, diesen „unberücksichtigt“ zu lassen.

---

623 Siehe Zitat bei *Subramanian,* 115/2 Yale L.J. (2005), 2 (11 ff.)

624 *Subramanian,* aaO.

625 Siehe II. 1.

626 74 A.2d 71 (Del. 1950), 72.

b) Entscheidungen post-*Weinberger*

Die *Weinberger*-Entscheidung brachte in methodischer Hinsicht bedeutende Veränderungen mit sich. Wie die folgenden Fälle zeigen, blieb hiervon jedoch die Rolle des Börsenkurses als Kriterium zur Bemessung von Abfindungen unberührt.

aa) *Kahn v. Household Acquisitions*

Im Jahr 1991 hatte der *Delaware Supreme Court* den Fall *Kahn v. Household Acquisitions* zu entscheiden[627].

Die *Household*-Gruppe agierte als Bieterin für die *Wien Corp.* Deren Aktien notierten unmittelbar vor dem Angebot bei 4,50 Dollar. *Household* hatte im Rahmen eines Tender Offers 6,50 Dollar geboten und bot gut ein Jahr später im Rahmen eines Mergers 6,00 Dollar. Die beteiligte Investmentbank bezeichnete dieses Angebot in ihrer Fairness Opinion als „fair" und die Geschäftsleitung der Wien Corporation nahm das Angebot einstimmig an. Zu diesem Preis hatte die *Household* Gruppe bereits die Aktien einer Vereinigung von Beschäftigten der Zielgesellschaft und jene eines nicht mehr aktiven dritten Bieters erworben. Die Klägerin berief sich auf den angeblich höheren Substanzwert und machte einen Betrag pro Aktie i.H.v. 10 Dollar geltend[628]. Der Privatgutachter der Klägerin hatte diesen ermittelt. Dagegen gab der Privatgutachter der Beklagten eine Spanne von 4,25 und 4,75 Dollar als fairen Wert an. Dieser Betrag ergab sich als ein auf den Stichtag[629] bezogener „bereinigter" Börsenkurs – rekonstruiert auf der Grundlage des Börsenkurses 30 Tage vor der Bekanntmachung des Angebotes zuzüglich einer Prämie i.H.v. 20 bis 36 Prozent und unter Berücksichtigung der Entwicklung des Aktienmarktes im allgemeinen und der Notierung vergleichbarer Unternehmen im besonderen[630]. Der *Delaware Chancery Court*[631] erkannte auf 7,27 Dollar und wurde hierin durch den *Delaware Supreme Court*[632] bestätigt. Beide Privatgutachten wurden kritisiert: jenes der Klägerin dafür, dass es nicht von der going concern-Prämisse ausginge und dass es überdies Liquidationskosten außeracht lasse; jenes der Beklagten sei fehlerhaft, weil es eine Prüfung unterlasse, ob der Börsenkurs wegen eines lang

[627] 591 A.2d 166 (Del. 1991).

[628] Interessant ist hier auch die Begründung, mit der der Gutachter auf den Substanzwert abstellt: „[T]he value of Wien's assets would constitute a „floor value" to a party interested in acquiring the company." (1988 Westlaw 45474, 358; Del. Ch.). – Der Gutachter hält den Substanzwert offensichtlich primär deshalb für entscheidend, weil er die Untergrenze des Preises darstelle, den ein Dritter für die Gesellschaft bieten würde.

[629] Der Tag, an dem die Fusion vollzogen wurde.

[630] AaO, 360.

[631] AaO, 365.

[632] 591 A.2d 166, 172 (Del. 1991).

anhaltenden Streiks in der Zielgesellschaft möglicherweise „künstlich niedrig" („artificially depressed") war[633].

Die 7,27 Dollar pro Aktie, die das Gericht am Ende als Abfindungsbetrag festsetzte, wurden als Mittelwert berechnet zwischen dem Börsenkurs einerseits und einem Durchschnitt der „price ratio" andererseits. Letztere setzte sich zusammen aus Vergleichswerten, die aus unterschiedlichen Unternehmenskennzahlen ermittelt worden waren. So stellte das Gericht ab auf „durchschnittliche" Verhältniskennzahlen aus Umsatz, Buchwert, Ertrag und Cash-Flow[634]. Details zur Herleitung und Berechnung dieser Werte enthält das Urteil nicht. Es stellt stattdessen fest, dass es sich des Zahlenmaterials bedient, das in dem Kläger-Gutachten verwandt wurde. Insgesamt verbleibt der Eindruck, dass das Gericht vor allem darum bemüht war, Kläger- und Beklagtenseite gleichmäßig zu schelten und einen Wert in der vermeintlich „goldenen" Mitte zu wählen.

bb) *Harris v. Rapid American*

1992 ergeht die *Harris v. Rapid American*-Entscheidung, in der der *Delaware Supreme Court* abermals und in besonderer Ausführlichkeit auf *Chicago Corp. v. Munds* Bezug nimmt: „*Munds'* succinct evaluation of the market has lost none of its lustre. Recent price changes in the stock market dramatically illustrate the defects of an overstated reliance on market price to determine a corporation's intrinsic value in an appraisal proceeding."[635] – Die prägnante Beurteilung des Marktes in *Munds* hätte nichts an Brillanz verloren. Jüngste Kursveränderungen machten die Mängel deutlich, die mit einem übertriebenen Vertrauen in den Marktpreis bei der Bestimmung des „inneren Werts" verbunden seien.

Besonders erstaunlich in dem Fall mutet an, dass der *Supreme Court* – in Reaktion auf ein darauf gerichtetes Rechtsmittel – die Ermittlung einer Prämie dafür veranschlagt, dass die in dem Fall zu bewertende Holdinggesellschaft hundertprozentige Anteilseignerin ihrer drei einzeln bewerteten Tochtergesellschaften war („compensate all of Rapid's shareholders for its 100% ownership position in the three subsidiaries")[636]. Begründet wurde dies mit der Wahl des angewandten Bewertungsverfahrens, dem Comparative publicly-traded Companies-Ansatz. Zu den herangezogenen Vergleichswerten führt das Gericht aus: „These shares presumptively traded at a price that discounted the 'control premium'. The trial court's decision to reject the addition of a control premium (…) placed too much emphasis on market value." – Würden zur Bewertung eines nicht notierten Unternehmens (gemeint sind die Tochterunternehmen) die Börsenkurse mehrerer vergleichbarer notierter Unternehmen herangezogen, so führe dies automatisch zu einer Unterbewertung. Sie resultiere

---

[633] *Chancery Court,* aaO.
[634] *Chancery Court,* aaO, 364.
[635] 603 A.2d 796, 806 (Del. 1992).
[636] AaO.

daraus, dass Börsenkurse die anteiligen Preise eines im Streubesitz befindlichen Unternehmens seien und aus diesem Grund einen Abschlag wegen mangelnder Kontrolle beinhalteten. Die erste Instanz, so der *Delaware Supreme Court* weiter, hätte durch die Verweigerung der Kontrollprämie zu stark auf den Marktwert gesetzt[637].

Die Inkonsistenz dieses Urteils verblüfft: So erkennt das Gericht mit dem Comparative publicly-traded Companies-Ansatz ein modernes Bewertungsverfahren an, das sich gerade die Börsennotierungen anderer Unternehmen zunutzen macht, lässt aber gleichzeitig den Börsenkurs der primär zu bewertenden (Holding-)Gesellschaft völlig außer Betracht. Auch die Argumentation hinsichtlich der Kontrollprämie kann nicht überzeugen: einerseits ist die Prämisse, wonach die börsennotierten Anteile einer Gesellschaft insgesamt nicht den „vollen" Wert widerspiegeln, höchst fraglich[638], was im Dritten Hauptteil dieser Arbeit noch näher dargelegt werden soll[639]. Außerdem ist eine Kontrollprämie insbesondere dann unangemessen, wenn – wie hier – gar kein Kontrollwechsel anstand. Denn im vorliegenden Fall erfolgte die Bewertung der Tochtergesellschaften lediglich zu dem Zweck, den Wert der Holdinggesellschaft zu ermitteln; an den Eigentumsverhältnissen der Tochtergesellschaften trat aber keinerlei Veränderung ein.

Die Kleinaktionäre erwiesen sich am Ende als die klaren Sieger in *Harris v. Rapid American:* Mit einem gerichtlich festgesetzten Abfindungsbetrag von 73,29 US-Dollar erzielten sie nahezu das Dreieinhalbfache des Börsenkurses vor der Transaktion, der bei 21,88 US-Dollar gelegen hatte. – Dass das Urteil von Seiten der Literatur angegriffen wurde, verwundert unter diesen Umständen nicht: während *Both*[640] höflich anmerkt, dass Marktpreise nicht notwendig ein Unternehmen unterbewerteten und eine Kontrollprämie unangebracht sei, fällt die Kritik von *Carney/ Heimendinger*[641] besonders harsch aus: „Appraisal proceedings have hardly been the Delaware courts' finest moments (...) [T]he courts (...) continue to speak of value in ways that show a deep misunderstanding of valuation methodology and a distrust of market values."

---

637 AaO.

638 *Booth,* 57 Bus. Lawyer (2001), 127 (128): „[T]he addition of a control premium is inconsistent with settled corporation law and good policy that there is no basis for the assumption that market prices routinely build in a minority discount. In other words, the courts have gone too far in an effort to guard against minority discounts and have infringed on the legitimate rights of majority stockholders...", S. 149 ff: „[I]t is clear that the market price is not always low... [I]n the absence of specific proof that stock price is depressed below what it would be but for the threat of looting, the court should not adjust the appraisal price because of an imbedded discount." Vgl. aber auch: *Bebchuk/Kahan,* Harvard Law School/-Olin Center Discussion Paper No. 248, S. 1 ff. und *Coates,* 147 U.Penn.L.R. (1999), 1251 (1350).

639 Dritter Hauptteil, 2. Abschnitt, I.

640 AaO.

641 152 U.Penn.L.Rev. (2003), 845 f.

Auch jene beiden Autoren verweisen auf neueste Erkenntnisse aus der Kapitalmarktforschung in Gestalt der *Efficient Capital Market Hypothesis* und der Portfoliotheorie, halten diese Erkenntnisse aber gleichzeitig aus juristischer Sicht für unerheblich: „Even if this knowledge is set aside, confused, or simply rejected, so that one assumes that minority discounts are generally reflected in market prices, a shareholder is fairly compensated when paid such a discounted value because the shareholder can easily replace such a discounted stock with another equally discounted stock."[642] – Anlass, einen Aktienkurs um einen tatsächlichen oder vermeintlichen Minderheitsabschlag zu bereinigen besteht also nach Ansicht dieser Autoren generell nicht. Denn der ausscheidende Aktionär kann seinen Minderheitsanteil durch einen Minderheitsanteil einer anderen Gesellschaft ersetzen, der ebenfalls mit einem Abschlag bewertet ist.

cc) *Emerging Communications*

Auch die Entscheidung *Emerging Communications*[643] bildet ein Beispiel dafür, dass die Gerichte bei der Festsetzung des Abfindungsbetrages teilweise erheblich vom Börsenkurs und dem angebotenen Preis abweichen. Hier hatte der Börsenkurs bis vor Bekanntgabe des öffentlichen Angebotes bei 7,00 US-Dollar gelegen. Der zwischen dem Bieter und dem Special Committee ausgehandelte Preis, der im Wege einer Fairness Opinion für angemessen befunden und den Aktionären zur Annahme empfohlen worden war, lag bei 10,25 US-Dollar. Das Gericht erkannte auf einen Fair Value von 38,05 US-Dollar pro Aktie.

Der – neben anderen Faktoren – wichtigste Grund für diese Abweichung lag in dem Zahlenwerk, das im Vorfeld der Transaktion erarbeitet wurde: der Bieter und Mehrheitsaktionär berief sich in den Verhandlungen mit dem Special Committe auf die Unternehmensprognosen vom Monat März 1998. Jedoch lagen ihm – da er zugleich Chairman und Chief Executive Officer der Zielgesellschaft war – im Endstadium der Verhandlungen bereits aktualisierte Prognosen vom Monat Juni 1998 vor, die von erheblich besseren Erträgen ausgingen. Diese Informationen behielt er für sich, statt das Special Committe und die allgemeine Öffentlichkeit darüber in Kenntnis zu setzen. Neben diesem Umstand gelangte das Gericht zu der Auffassung, dass das Special Committee nicht hinreichend unabhängig war. Aus diesen Gründen wurden die Board-Mitglieder des Zielunternehmens haftbar gemacht wegen Verletzung von Treuepflichten („fiduciary duties of loyality") gegenüber den Minderheitsaktionären.

Angesichts des offen zutage liegenden Informationsdefizits der Marktteilnehmer war es im Fall *Emerging Communications* richtig, den Börsenkurs nicht zum Abfindungsmaßstab zu machen. Die Entscheidung bildet aber

---

642 AaO, 879 f.

643 *In re Emerging Communications, Inc. Shareholders Litigation,* 2004 Westlaw 1305745 (Del. Ch.).

gleichzeitig ein Beispiel dafür, dass sich derselbe Mangel auch bei anderen Bewertungsansätzen bemerkbar gemacht hätte. So hätte bei fehlerhaft zu niedrig angesetzten Ertragsaussichten auch ein gutachterlich ermittelter Gegenwartswert fehlerhaft zu niedrig gelegen.

dd) *Shell Oil Company*

Sehr ähnlich wie *Emerging Communications* – wenngleich ohne ganz so starke Abweichungen zwischen Börsennotierung und Abfindungswert – war der Fall *Shell Oil Company*[644]. Während der Börsenkurs bei 44 US-Dollar gelegen hatte, bot der Erwerber 58 US-Dollar und wurde schließlich im Appraisal-Verfahren dazu verurteilt, 71,20 US-Dollar pro Aktie zu bezahlen. Wesentlich war, dass das zu bewertende Unternehmen seine Veröffentlichungspflichten verletzt hatte. Die Geschäftsleitung hatte verschwiegen, dass das Unternehmen über zusätzliche Öl- und Gasreserven im Wert von etwa einer Milliarde US-Dollar verfügte.

Auch diese Entscheidung bildet ein Beispiel für die Notwendigkeit, gegebenenfalls vom Börsenkurs abzuweichen, wenn den Urteilen der Marktteilnehmer eine falsche Tatsachenlage zugrunde liegt[645]. Ebenso wie *Emerging Communications* zeigt sich jedoch auch hier, dass jene Unzulänglichkeit, mit der der Börsenkurs behaftet war, in der gleichen Weise andere Bewertungsansätze betrifft. Denn auch von einem gutachterlich ermittelten Wert wäre abzuweichen gewesen, stellte sich später heraus, dass der Gutachter wesentliche wertbildende Faktoren des Unternehmens außer Acht gelassen hat[646].

c) Schlussfolgerungen

Bereits eingangs wurde festgestellt, dass in den USA die Skepsis der Rechtsprechung gegenüber dem Börsenkurs als Abfindungsmaßstab eine lange Tradition hat. Sie reicht zurück bis zu der *Chicago v. Munds*-Entscheidung aus dem Jahr 1934 und verfestigte sich mit dem Urteil *Tri-Continental v. Battye*.

Mit der *Weinberger*-Entscheidung war 1983 jedes Bewertungsverfahren für zulässig erklärt worden, das in Finanzkreisen allgemein anerkannt ist[647]. Vom Grundsatz her aufgegeben wurde damit die Delaware Block Method, nach der sich der sogenannte „fair value“ zusammensetzt aus den drei Komponenten *earnings value, asset value* und *market value*. Wie sich jedoch zeigt, ist die Rechtsprechung auch im Anschluss an *Weinberger* nach wie vor darum bemüht, ihre Entscheidung auf mehrere verschiedene Bewertungsansätze zu stützen. Der Börsenkurs ist dabei nach wie vor nur ein Element von vielen. Die

---

644 1990 Westlaw 201390.

645 Im einzelnen zu den Fällen der Untauglichkeit des Börsenkurses als Bewertungsmaßstab siehe Dritter Hauptteil, 2. Abschnitt, I. 1. c).

646 In der Praxis würde wohl ein neues Gutachten in Auftrag gegeben werden.

647 Siehe 3.

Entscheidungen *Kahn v. Household Acquisitions* und *Harris v. Rapid American* zeigen deutlich, dass die US-amerikanische Rechtsprechung noch immer dem Konzept vom „inneren“ oder „wahren“ Wert verhaftet ist und den Börsenkurs weitgehend ablehnt.

In Teilen der US-amerikanischen Literatur trifft diese Haltung auf scharfe Ablehnung. Für eine Orientierung am Börsenkurs plädiert etwa *Seligman*[648], der die Bestimmung eines „inneren Wertes“ im Abfindungsfall für ein ungerechtfertigtes „Geschenk der Justiz“ an den Kleinaktionär hält. Selbst bei engen Märkten sei eine Abweichung vom Börsenkurs nicht angebracht, denn die Unwägbarkeiten eines engen Marktes seien gewöhnliche Investmentrisiken[649]. Noch provokanter drücken sich andere Stimmen aus: so greift *Fischel*[650] die Bewertungen „bezahlter Gutachter“ massiv an und hält den Börsenkurs selbst bei ineffizienten Märkten für den besseren Wertmaßstab. Abweichungen vom Börsenkurs hält er auch dann nicht für gerechtfertigt, wenn der Börsenkurs einen Abschlag dafür beinhaltet, dass es sich um Minderheitsanteile handelt. Er begründet dies damit, dass der Minderheitsstatus eine Eigenschaft wie jede andere des Investments sei[651] und findet sich damit in Gesellschaft von *Pritchard*[652], der das Risiko eines „unfairen“ Zwangsausschlusses bereits beim Erwerb der Aktie „eingepreist“ sieht.[653]

---

[648] 52 Geo.Wash.L.Rev. (1984), 829 (844): „The inevitable result of awarding a stock's 'intrinsic worth' when the value is calculated to be higher than the market, would be to award dissenters a windfall simply because they owned stock when a merger occurred. In these circumstances, an award of intrinsic value in excess of market value is the judicial gift of a sum of money that the dissenter would not have received except for the appraisal.“

[649] AaO, 845: „When a 'thin' or 'uncertain' market exists, the price that other investors might pay for the shares in a free market may be determined in part by lack of liquidity or uncertainty concerning the stock's future value. These are conventional investment risks. The holder of a security trading in a thin market has, in effect, already been compensated for the lower price at which it will sell (…) by a lower purchase price.“

[650] 69 U.Chic.L.Rev. (2002), 941 (944): „Whatever 'inefficiencies' exist with market prices, the inefficiencies of subjective valuations performed by paid experts in litigation are far greater.“ – *Fischel* erinnert auch an eine Anordnung der amerikanischen Finanzverwaltung, Revenue Ruling 59-60, 1959-1 C.B. des Internal Revenue Code. Danach gilt als Fair Market Value „the price at which the property would change hands between a willing buyer and a willing seller, neither being under any compulsion to buy or sell and both having reasonable knowledge of relevant facts."

[651] AaO, 946: „Minority status is just as much a characteristic of an investment as the firm's management or its business strategy, and is equally factored into the price the investor paid in the first place."

[652] 1 Berkeley Bus.L.J. (2004), 83 (103): „[M]inority shareholders generally did not acquire their minority status by accident. They invested in a public offering by a controlling shareholder, in which case the risk of "unfair" expropriation was incorporated into the price that they paid for their shares. Alternatively, they had the opportunity to sell their shares pro rata into a tender offer by which the controlling shareholder obtained control, in which case they shared in the control premium paid by the controlling shareholder. Should the controlling

Die Entscheidungen *Emerging Communications* und *Shell Oil Company,* in denen berechtigterweise vom Börsenkurs abgewichen worden ist, liefern ein gutes Beispiel dafür, dass ein begründetes Abweichen vom Börsenkurs nicht mit den spezifischen Unzulänglichkeiten des Börsenkurses zusammenhängen muss. Vielmehr war der Börsenkurs in jenen Fällen deshalb untauglich, weil das „Tatsachenmaterial", das den Bewertungen der Marktteilnehmer zugrunde lag, „objektiv falsch" war. Dieses Problem kann sich bei einer gutachterlichen Bewertung in derselben Weise stellen. Werden nämlich Gutachtern wesentliche Information vorenthalten, so wird auch ihre gutachterliche Bewertung falsch.

Letzterer Fall macht klar, dass die Kategorien „richtig" und „falsch" durchaus existieren können in Bewertungsfragen. Sie beziehen sich jedoch nicht auf den Bewertungsvorgang im engeren Sinne – d.h. die finanzielle Würdigung der wesentlichen wertbildenden Faktoren –, sondern auf die Tatsachenbasis der Bewertung. Eine „richtige" Tatsachenbasis liegt vor, wenn alle wesentlichen wertbildenden Faktoren des Unternehmens erfasst wurden. Bleibt ein bedeutender Vermögensgegenstand außer Betracht, wird die Bewertung falsch[654]. Dies gilt unabhängig davon, ob die Bewertung durch einen Gutachter oder durch den Aktienmarkt erfolgt. Wie *Fischel* richtig formuliert: „The same information that is not reflected in stock prices will also not be reflected in earnings or expected future cash flows."[655] – Dieselbe Information, die nicht vom Aktienkurs widergespiegelt wird, wird auch nicht von Ertragswerten oder prognostizierten Zahlungsströmen widergespiegelt.

III. Fazit

1.) Das geltende Recht im US-Bundesstaat Delaware und die Tatbestände im Model Business Corporation Act der American Bar Association sehen bei Unternehmensbewertungen („appraisals") eine Abfindung nach dem sogenannten „fair value" vor. Der gesetzliche Rechtsbehelf, mit dem ein Aktionär eine gerichtliche Überprüfung des gebotenen Wertes verlangen kann, wird in den USA bezeichnet als „appraisal right". Neben den gesetzlichen

---

shareholder have to pay a second control premium, in this case a 'complete control' premium?"

653 Vgl. insofern auch *Gilson/Gordon,* 152 U.Penn.L.Rev. (2003), 785 (788 f.). – Die beiden Autoren informieren über die Behandlung von Kontrollprämien in der Rechtsprechung von Delaware (S. 794): „[T]he rule is clear: in general, a controlling shareholder can sell control at a premium that is not shared with non-controlling shareholders." – Minderheitsaktionäre brauchen also hinsichtlich der Gewährung einer Kontrollprämie den kontrollierenden Anteilseignern nicht gleichgestellt zu werden.

654 Was ein „wesentlicher wertbildender Faktor" oder „bedeutender Vermögensgegenstand" des Unternehmens ist, bedarf in manchem Zweifelsfall sicherlich ebenfalls der Diskussion. Gegebenenfalls gibt es auch hier kein eindeutiges „richtig" oder „falsch". Auch hier gilt jedoch, dass durch Offenlegung jener Faktoren ein Urteil der Marktteilnehmer eingeholt werden kann, das sich im Börsenkurs widerspiegelt.

655 69 U.Chic.L.Rev. (2002), 941 (947).

Tatbeständen kann auch ein Verfahren wegen Treuepflichtverletzung nach Common Law-Grundsätzen eine gerichtliche Unternehmensbewertung erforderlich machen. – Im Gesetzestext von Delaware fällt die Vorgabe auf, das „sämtliche relevanten Faktoren“ bei der Wertermittlung zu berücksichtigen sind, nicht aber solche, die mit dem Vollzug oder der Erwartung der Verschmelzung zu tun haben. Der MBCA – der als Modellgesetz stellvertretend für die Gesetzgebung in zahlreichen US-Bundesstaaten steht – bedarf insofern der Hervorhebung, als er ausdrücklich die Verwendung solcher Bewertungsansätze und -techniken vorschreibt, die üblich und aktuell sind. Damit wird eine Orientierung an rein akademischen Lehrmeinungen ebenso ausgeschlossen, wie die Anwendung veralteter Bewertungsverfahren.

2.) Das Appraisal Right verwehrt der Gesetzgeber dem Aktionär im Fall der sogenannten Stock Market Exception. Danach hat der Aktionär keinen Rechtsbehelf, wenn er die Möglichkeit hat, entweder die vom Bieter angebotene Gegenleistung anzunehmen oder seine Anteilspapiere auf einem liquiden Markt zu veräußern. Dem liegt die gesetzgeberische Wertung zugrunde, dass die Ungewissheit, Kosten und der zeitliche Aufwand, die mit einer gerichtlichen Bewertung verbunden sind, dann nicht gerechtfertigt sind, wenn die Aktionäre ihre Aktien in einem effizienten, fairen und liquiden Markt verkaufen können. – Während der DGCL eine sehr breite Stock Market Exception enthält, fällt jene im MBCA erheblich enger aus. Damit stehen sich die Aktionäre nach dem Recht des MBCA besser, da sie in mehr Fallkonstellationen die Gerichte anrufen können. Die Regelung des DGCL wird in der Literatur vielfach für reformbedürftig befunden.

3.) In methodischer wie auch in inhaltlicher Hinsicht bildet die aus dem Jahre 1934 stammende Entscheidung *Chicago v. Munds* einen wesentlichen Markstein in der US-amerikanischen Rechtsprechung. In methodischer Hinsicht legte sie die Grundlage für die *Delaware Block Method.* Nach diesem mittlerweile veralteten Bewertungskonzept wird der Unternehmenswert als sogenannter „fair value“ streng schematisch gebildet durch eine mathematische Zusammenführung von Ertragswert (earnings value), Substanzwert (asset value) und Aktienwert (market value). – In inhaltlicher Hinsicht bildet *Chicago v. Munds* den Ausgangspunkt für eine lang währende Skepsis der Rechtsprechung gegenüber dem Börsenkurs als Abfindungsmaßstab. Die Argumentation des *Delaware Chancery Court* gleicht insofern der Rechtsprechung des deutschen BGH aus dem Jahre 1967: Zu viele Zufälligkeiten flössen in den Börsenkurs ein, als das man ihn als sicheren und einzigen Faktor bei der Ermittlung des „fairen Wertes“ heranziehen könnte. Im Lichte der damaligen Wirtschaftskrise mit ihren drastischen Kursverlusten argumentierte das Gericht, die Erfahrung der vergangenen Jahre zeige, dass der Markt mit seinen Bewertungen entweder in dem einen oder in dem anderen Zeitpunkt dramatisch falsch gelegen hätte. Denn in dem so kurzen Betrachtungszeitraum hätten sich die fundamentalen Verhältnisse nicht derart hätten ändern können, um den „wahren Wert“ in einem solchen Ausmaß zu beeinflussen. – Das Gericht stützte seine Entscheidung damals auf den jeweils gutachterlich ermittelten Ertragswert und Substanzwert. Gleichzeitig betonte das Gericht, dass Gutachter wegen der von ihnen durchgeführten umfassenden Analyse den „fairen Wert" eines Unternehmens besser einschätzen könnten als die Öffentlichkeit... Diese Haltung der US-amerikanischen Rechtsprechung hat sich im Grundsatz bis heute nicht geändert. Im Gegensatz dazu zeigen sich in der US-amerikanischen Literatur sehr fortschrittliche Tendenzen, die dem Börsenkurs bei der Bestimmung von Abfindungen großen Raum geben.

4.) Mit der *Weinberger*-Entscheidung aus dem Jahre 1983 wurde die Delaware Block Method offiziell ad acta gelegt. Die Rechtsprechung erklärte in der Entscheidung jedes Verfahren für zulässig, das „in Finanzkreisen allgemein anerkannt" ist. Damit war der Weg geebnet für die Verwendung von Multiplikatorverfahren. Mit diesen wird ein direkter Vergleich angestellt zwischen dem zu bewertenden Unternehmen und Vergleichsunternehmen, wobei es sich bei den Vergleichsunternehmen entweder um börsennotierte Gesellschaften handelt (so das *Comparable publicly-traded Companies*-Verfahren) oder um Unternehmen, deren Kaufpreise aus vergangenen Transaktionen bekannt sind (so das *Comparable Transaction*-Verfahren)[656]. Beide Formen haben in den USA weite Verbreitung gefunden. Sie werden vor allem dann angewandt, wenn Zukunftserfolgswertverfahren mit einem besonders hohen Maß an Spekulation behaftet sind. Ferner wird auf sie zu Kontrollzwecken zurückgegriffen. Daher ist aus rechtsvergleichender Sicht festzuhalten, dass Multiplikatorverfahren als Methoden zur Bewertung von Unternehmen grundsätzlich mit den gängigen Zukunftserfolgswertverfahren konkurrieren können.

5.) Auch darüber hinaus war die *Weinberger*-Entscheidung von enormer Bedeutung: Mit den Mitteln des Prozessrechts beeinflusste das Gericht die Transaktionspraxis nachhaltig. Beim Aktienerwerb durch Muttergesellschaften im Wege des Freeze-Outs wird seit *Weinberger* ein sogenanntes „Special Committee" gebildet. Dieses Gremium ist besetzt mit Mitgliedern der Geschäftsleitung, die nicht zugleich auch der Geschäftsleitung der Muttergesellschaft angehören. Empfiehlt das Gremium nach eingehender Prüfung und unter Hinzuziehung externer Berater den Minderheitsaktionären, den angebotenen Preis zu akzeptieren, kehrt sich die Beweislast vor Gericht um: der Mehrheitsaktionär braucht nicht mehr die „fairness" zu beweisen, sondern der Minderheitsaktionär muss beweisen, dass der gebotene Preis nicht „fair" ist. Durch den hiermit gesetzten Anreiz zur Einigung zwischen Mehrheitsaktionär und Special Committee fördert die Rechtsprechung das Zustandekommen einer Verhandlungslösung.

6.) Beim Zusammenschluss von unabhängigen börsennotierten Gesellschaften ist das Recht des Aktionärs auf eine gerichtliche Bewertung seiner Aktien regelmäßig bereits durch die Stock Market Exception ausgeschlossen. Damit

---

[656] Siehe im einzelnen den Grundlagenteil, V. 4. und den Dritten Hauptteil, 2. Abschnitt, II. 1.

verhindert bereits der Gesetzgeber, dass in solchen Situationen Bewertungsfragen zum Gegenstand eines Rechtsstreites werden. – Liegen der Voraussetzungen der Stock Market Exception nicht vor und kommt es zu einem gesetzlichen Appraisal-Verfahren oder ist eine Klage nach Common Law-Grundsätzen zu entscheiden, so trägt die Rechtsprechung dem Umstand, dass der Zusammenschluss das Ergebnis gleichberechtigter Vertragsverhandlungen darstellt, angemessen Rechnung. Dies geschieht dadurch, dass derartige Transaktionen von den Gerichten lediglich nach den Grundsätzen der *Business Judgment Rule* geprüft werden. D.h. es gilt die nur sehr schwierig zu widerlegende Vermutung, dass das Board unabhängig, wohl informiert, in gutem Glauben und in der redlichen Vorstellung handelte, seine Maßnahmen im besten Interesse der Gesellschaft zu treffen. Damit wird den beteiligten Geschäftsleitungen bei der Aushandlung der Transaktion einschließlich ihres Umtauschverhältnisses ein weites unternehmerisches Ermessen eingeräumt... Diese Praxis ist zu begrüßen. Denn hierdurch werden nicht nur die privatautonomen Entscheidungen selbständig handelnder Vertragsparteien gebührend anerkannt. Darüber hinaus ist der Rechtssicherheit gedient, da die Transaktionsparteien im Regelfall davon ausgehen können, dass das zwischen ihnen vereinbarte Umtauschverhältnis auf Dauer Bestand haben wird.

Dritter Hauptteil: Unternehmensbewertung und der Maßstab des Rechts

Aufbauend auf den in den vorangegangenen Teilen gewonnenen Erkenntnissen sollen im folgenden Grundsätze entwickelt werden für solche Unternehmensbewertungen, die dem Maßstab des Rechts zu genügen haben.

1. Abschnitt: Methodenauswahl und gerichtliche Prüfdichte als Rechtsfragen

Die Auswahl des Bewertungsansatzes in rechtlich veranlassten Bewertungskontexten ist eine juristische Frage, keine rein betriebswirtschaftliche. Dies wurde lange verkannt.

I. Methodenauswahl zwischen fremder Sachkunde und eigener Überzeugung

1. Die *Kali+Salz*-Entscheidung

In seiner *Kali+Salz*-Entscheidung vom 13. März 1978 hatte der BGH zunächst richtigerweise festgestellt, dass es eine allgemein anerkannte oder rechtlich vorgeschriebene Methode für die Bewertung von Unternehmen nicht gibt[657]. Daraus zog er dann jedoch die kritikwürdige Schlussfolgerung, dass es „dem pflichtgemäßen Urteil der mit der Bewertung befassten *Fachleute*[658]" unterliege, „unter den in der Betriebswirtschaftslehre und der betriebswirtschaftlichen Praxis vertretenen Verfahren, das im Einzelfall geeignet erscheinende auszuwählen"[659]. Lediglich das gefundene Ergebnis habe dann der Tatrichter frei zu würdigen.

Auch das OLG Frankfurt a.M. schließt sich noch im Jahre 1998 dieser Ansicht an[660]: Da es keine allgemein anerkannte oder rechtlich vorgegebene Methode für die Bewertung von Unternehmen gebe, beschränke sich die gerichtliche Überprüfung darauf, ob ein betriebswirtschaftlich geeignetes Bewertungsverfahren ausgewählt sei und die Bewertung betriebswirtschaftlichen Grundsätzen nicht widerspreche.

Nach diesen Urteilen bliebe die Bewertung ganz in der Hand der Sachverständigen. De facto übernähme der Wirtschaftsprüferstand die Rolle der Gerichtsbarkeit.

---

[657] WM 1978, 401 (405).

[658] Hervorhebung durch den Verfasser.

[659] AaO.

[660] OLG Frankfurt a.M., AG 1999, 231 (233).

2. Meinungsumschwung im Anschluss an *Lutter*

Wie erstmals *Lutter*[661] in seiner Besprechung der *Kali+Salz*-Entscheidung erklärt, bildet die zweckgerichtete Auswahl unter verschiedenen in Frage kommenden Bewertungsansätzen eine Rechtsfrage. An welchen zweckbestimmten Grundsätzen die Schätzung des Unternehmenswertes auszurichten sei, habe die Rechtswissenschaft zu klären.

Dieser mittlerweile herrschenden Ansicht[662] hat sich der BGH im Urteil vom 24. Oktober 1990 ausdrücklich angeschlossen. So heißt es zur Frage der Bewertungsmethode: „Sie sachverhaltsspezifisch auszuwählen und anzuwenden, ist Sache des – sachverständig beratenen – Tatrichters."[663]. Mit dem gleichen Tenor, wenngleich wortreicher, äußert sich das BayObLG in seiner *Paulaner*-Entscheidung vom 19. Oktober 1995: Ein Gericht dürfe sich nicht darauf beschränken, den vom Sachverständigen ermittelten Unternehmenswert einer bloßen Plausibilitätsprüfung zu unterziehen und zu übernehmen[664]. Die Bestimmung der angemessenen Barabfindung und die dazu erforderliche Unternehmensbewertung seien zunächst rechtliche Aufgaben, zu deren Lösung sich das Gericht in der Regel sachverständiger Beratung auf dem Gebiet der Betriebswirtschaftslehre bedienen müsse[665]. Dabei hätten die Gerichte bei der Entscheidungsfindung die maßgebenden rechtlichen Faktoren der gesetzlichen Abfindungsregelung festzustellen und anhand dieser Kriterien den zutreffenden Unternehmenswert für ein bestimmtes Abfindungsverlangen zu ermitteln[666].

Auch das Bundesverfassungsgericht[667] äußert sich in seiner *DAT/Altana*-Entscheidung aus dem Jahre 1999 in diesem Sinne: Art. 14 I GG schreibe für die Wertermittlung von Unternehmensbeteiligungen keine bestimmte Methode vor und gegen die Ertragswertmethode bestünden im Prinzip keine verfassungsrechtlichen Bedenken. Es sei aber mit Art. 14 I GG unvereinbar, wenn der Kurswert der Aktie bei der Abfindungsbemessung außer Betracht bliebe. Dies ergebe sich daraus, dass die Entschädigung und folglich auch die Methode ihrer

---

[661] *Lutter*, ZGR 1979, 401 (417). *Kropff* (DB 1962, 155, 156), äußerte sich bereits 1962 zum selben Thema; er bezeichnete es allerdings lediglich als „zweckmäßig", wenn das Gericht in seinem Beweisbeschluss dem Sachverständigen aufgebe, den Verkehrswert „aufgrund des Substanz- und Ertragswerts" zu ermitteln.

[662] Neben *Lutter*, ZGR 1979, 401 (417), ferner *Großfeld*, Unternehmensbewertung, S. 16, *Müller*, JuS 1973, 603; *Ränsch*, AG 1984, 202 (203); *K.H. Weiss* in FS Semler, S. 631 (638); *Zehner*, DB 1981, 2109 (2112).

[663] BGH WM 1991, 283 (284); ebenso BGH FamRZ 1986, 776 (779). Leider bekannte sich der BGH nicht ausdrücklich zur Abkehr von der alten *Kali+Salz*-Rechtsprechung. Möglicherweise wäre sonst das oben zitierte Fehlurteil des OLG Frankfurt a.M. vermeidbar gewesen. Die gegen das OLG-Urteil gerichtete Revision wurde vom BGH nicht angenommen (Beschluss BGH Az. II ZR 233/98).

[664] AG 1996, 127 (128) – in Widerspruch zur Auffassung der Vorinstanz (aaO).

[665] AaO, mwN.

[666] AaO, mwN.

[667] BVerfG, ZIP 1999, 1436 (1441).

Berechnung dem entzogenen Eigentumsobjekt gerecht werden müssten. – Die Entscheidung, welche Methode dem entzogenen Eigentumsobjekt „gerecht" wird ist naturgemäß eine juristische, auch wenn dies vom Bundesverfassungsgericht nicht ausdrücklich klargestellt wird.

3. Begründung

Die Begründung dafür, weshalb die Methodenauswahl dem Gericht und nicht dem Sachverständigen zukommt, bleiben Rechtsprechung und Literatur regelmäßig schuldig. Sie ergibt sich aus der Verfassung.

Darin ist mit Art. 14 I GG die Eigentumsgarantie enthalten. Über diese Gewährleistung zu wachen ist Aufgabe der rechtsprechenden Gewalt, die nach Art. 92, 97 GG unabhängigen und nur dem Gesetze unterworfenen Richtern anvertraut ist. Letztere haben den Rechtsstreit in alleiniger Verantwortung zu entscheiden[668]. Dies gilt nicht nur für die Gesamtentscheidung im abschließenden Urteil, sondern auch für jede im Rahmen des Prozesses auftauchende Einzelfrage, insbesondere jene, zu deren Prüfung der Richter den Sachverständigen zugezogen hat[669]. Aus diesen Gründen darf ein Sachverständiger eine mehr als helfende Aufgabe nicht ausüben[670]. Seine Rolle beschränkt sich darauf, das Gericht bei der Auswertung vorgegebener Tatsachen zu unterstützen, indem er aufgrund seines Fachwissens subjektive Wertungen, Schlussfolgerungen und Hypothesen bekundet[671]. Die Bekundungen des Sachverständigen werden durch den Richter nach seiner „freien Überzeugung" (§§ 286 I S. 1, 287 I S. 1 ZPO, § 261 StPO, § 108 I S. 1 VwGO) gewürdigt. Dieser allgemeine Prozessrechtsgrundsatz besagt, dass der Richter lediglich an die Denk-, Natur- und Erfahrungsgesetze gebunden ist, ansonsten aber die im Prozess gewonnenen Erkenntnisse grundsätzlich ohne Bindung an gesetzliche Beweisregeln nach seiner individuellen Einschätzung bewerten darf[672]. Es liegt

---

668 *Jessnitzer/Frieling/Ulrich,* Rn. 190.

669 *Jessnitzer,* DB 1973, 2497.

670 *Jessnitzer/Frieling/Ulrich,* Rn. 190; *Wellmann,* Rn. 77.

671 *Greger* in Zöller, ZPO § 402 Rn. 1.

672 *Jessnitzer/Frieling/Ulrich,* Rn. 427. *Greger* in Zöller, ZPO § 286 Rn. 13. – Das Gericht darf daher z.B. trotz mehrerer bestätigender Zeugenaussagen das Gegenteil einer Beweisbehauptung feststellen (*Greger,* aaO). Selbst vom Gutachten eines Sachverständigen darf das Gericht grundsätzlich abweichen (*Greger,* aaO). Lediglich das Erfordernis eigener Sachkunde zieht dem Gericht insofern Grenzen. So darf es etwa von einem unvollständigen oder unverständlich erscheinenden Sachverständigengutachten nicht abweichen, ohne von der Möglichkeit Gebrauch zu machen, das Gutachten vom Sachverständigen ergänzen oder erläutern zu lassen (BGH NJW 81, 2578; NJW 2001, 2791) oder gemäß § 414 ZPO einen weiteren Sachverständigen zu beauftragen (BGH MDR 89, 102; 84, 660). Auch muss das Gericht hinwirken auf die Aufklärung von Widersprüchen zum Verhandlungsergebnis, zu einem von Parteiseite vorgelegten Privatgutachten, zwischen mehreren Sachverständigen oder mehreren Bekundungen desselben (*Greger* in Zöller, ZPO § 402 Rn. 7a, mwN).

daher auf der Hand, dass auch wissenschaftliche Lehrmeinungen oder die Grundsätze eines bestimmten Berufsstandes ein Gericht nicht binden[673].

Einher mit der dargestellten *Freiheit* der eigenen Überzeugungsbildung geht die *Verpflichtung* des Richters, den ihm gewährten Freiraum auch auszuschöpfen[674]. Er ist deshalb nicht nur „nicht gebunden" an die Bekundungen der Sachverständigen, sondern darüber hinaus verpflichtet, sich selbst – im wahrsten Sinne des Wortes – ein *eigenes* Urteil zu bilden. Dem würde nicht genügt, wenn im Rechtsstreit um eine Unternehmensbewertung – und damit um die Gewährleistung des Art. 14 I GG – die so zentrale Frage der Auswahl des Bewertungsansatzes den Sachverständigen überlassen bliebe.[675]

II. Die Vorfrage der gerichtlichen Prüfdichte

1. Die Frage der Prüfdichte als eigener Gegenstand der gerichtlichen Überzeugungsbildung

Im Ersten Hauptteil dieser Arbeit[676] wurde nachgewiesen, dass in bestimmten Situationen eine gerichtliche Überprüfung von Werten und Bewertungen regelmäßig unterbleibt. So gilt in der Rechtsgeschäftslehre der Grundsatz, dass sich die Parteien eines Vertrages regelmäßig an ihren Willenserklärungen festhalten lassen müssen – auch wenn durch die vertragliche Einigung ein Geschäft tatsächlich oder vermeintlich „unter Wert" oder zu „überhöhtem Preis" erfolgt. Der Grundsatz der Privatautonomie, der dem BGB zugrunde liegt, gebietet diesen Respekt der Rechtsprechung gegenüber der privatautonom zustande gekommenen Einigung. – Die Frage, ob und wann eine privatautonom getroffene Einigung zur gerichtlichen Disposition stehen soll, bildet eine Rechtsfrage. Um sie zu entscheiden, ist der zu beurteilende Sachverhalt in Bezug zu setzen zu den normativen Vorgaben des Verfassungs- und Gesetzgebers. Die gerichtliche Überzeugungsbildung kann hierbei zu dem Ergebnis führen, dass die privatautonome Einigung der Parteien anzuerkennen ist und eine eingehende gerichtliche Überprüfung – und damit eine gerichtliche Bewertung – zu unterbleiben hat.

Ferner wurde im Ersten Hauptteil dieser Arbeit nachgewiesen, dass die Maßgeblichkeit des Marktwertes für Ausgleich und Entschädigung ein allgemeines Rechtsprinzip darstellt[677]. Im Zusammenhang mit Unternehmens-

---

673 *Ränsch,* AG 1984, 202 (203). – Diese Grundsätze gelten unabhängig von der Verfahrensart, d.h. sowohl in einem Zivilprozess, in dem der Beibringungsgrundsatz gilt, als auch in Verfahren der freiwilligen Gerichtsbarkeit unter Geltung des Amtsermittlungsgrundsatzes (§ 12 FGG), BGHZ 37, 389 (394).

674 *Greger* in Zöller, ZPO § 286 Rn. 13.

675 Im 2. Abschnitt dieses Teils sollen die einzelnen Bewertungsansätze unter diesem Blickwinkel untersucht und ihre Vorzüge und Nachteile aus spezifisch juristischer Sicht erörtert werden.

676 1. Abschnitt, I.

677 1. Abschnitt, VII.

bewertungen kommen folgende Märkte[678] als Bewertungskontext in Betracht: einerseits der Aktienmarkt, auf dem einzelne Aktien oder Beteiligungstitel gehandelt werden, andererseits der sogenannte market of corporate control, d.h. der Markt für Unternehmenskontrolle. Auf ihm werden die maßgeblichen Entscheidungsrechte, also Mehrheiten am Unternehmen übertragen[679]. – Haben sich voneinander rechtlich unabhängige Unternehmen im Rahmen von Fusionsverhandlungen auf ein bestimmtes Wertverhältnis geeinigt, liegt hierin die Festschreibung eines Marktwertes, der auf jenem market of corporate control zustande gekommen ist. Ein staatliches Gericht, das diese Einigung nicht akzeptiert, indem es eine eigene Bewertung an dessen Stelle setzt, durchbricht das Prinzip von der Maßgeblichkeit des Marktwertes für Ausgleich und Entschädigung. Ob hierfür eine Rechtfertigung besteht, soll im folgenden untersucht werden. Dazu ist zunächst nochmals die Rechtslage in den USA zu rekapitulieren.

2. Zum Vergleich: Die Rechtslage in den USA

Im Zweiten Hauptteil dieser Arbeit wurde u.a. die Rechtsprechung im US-Bundesstaat Delaware dargestellt. Hierbei wurde erarbeitet, dass die Gerichte in Delaware je nach Transaktionsform mit einer unterschiedlichen Prüfdichte arbeiten:[680]

In dominierten Konfliktsituationen, d.h. u.a. bei Fällen des Zwangsausschlusses, wird der Abfindungswert nach dem sogenannten *Entire Fairness*-Standard überprüft. Hierbei handelt es sich um jene Form von engmaschiger Untersuchung, die ein Gericht dann unternimmt, wenn dem Urheber der zu untersuchenden Entscheidung keine Form von Ermessen oder Beurteilungsspielraum zugestanden werden soll. Durch diese intensive Form der Kontrolle wird dem klagenden Minderheitsaktionär ein Höchstmaß an Schutz gewährt.

---

[678] Schon bei der Lektüre von § 376 II HGB („Börsen- oder Marktpreis zur Zeit und am Orte der geschuldeten Leistung") fällt auf, dass es mehrere Marktwerte geben kann. Sie sind abhängig davon, zu welcher Zeit und an welchem Ort Angebot und Nachfrage aufeinander treffen. Entscheidend dabei ist, dass der jeweilige Marktwert von dem betreffenden Markt abhängt, auf dem ein bestimmter Akteur präsent ist. So ist etwa „der Marktwert" aus der Sicht des Endverbrauchers ein anderer als der aus der Sicht des Einzelhändlers. Ein Großhändler ist wiederum auf einem anderen Markt aktiv und muss für die Ersatzbeschaffung des in Frage stehenden Gegenstandes einen geringeren Marktpreis aufwenden als der Einzelhändler. Aus diesen Gründen ist der Marktwert durchaus ein schillernder Begriff. Soll „der Marktwert" eines Gegenstandes festgelegt werden, muss stets in einem ersten Schritt – aus der Sicht des betreffenden Gläubigers der Entschädigung oder des Ausgleichs – der „relevante Markt" bestimmt werden. Erst auf dieser Grundlage kann in einem zweiten Schritt ein bestimmter Wert festgesetzt werden.

[679] *Spremann*, Finanzanalyse, S. 21.

[680] Siehe Zweiter Hauptteil, 3. Abschnitt, II. 6.

Demgegenüber verfahren die Gerichte bei Unternehmenszusammenschlüssen zwischen gleichberechtigten Partnern nach der *Business Judgment Rule,* d.h. sie beschränken sich auf eine Ermessenskontrolle. Es wird davon ausgegangen, dass die Leitungsorgane der betreffenden Unternehmen unabhängig, wohl informiert, in gutem Glauben und in der redlichen Vorstellung handelten, dass ihre Maßnahmen im besten Interesse der Gesellschaft bzw. ihrer Anteilseigner getroffen wurden. Diese Vermutung gilt für sämtliche Bestandteile der Einigung über den Zusammenschluss und umfasst somit auch Bewertungsfragen.

Aus diesem Grunde findet beim Zusammenschluss zwischen gleichberechtigten Partnern eine gerichtliche Überprüfung und eigenmächtige Bewertung (sogenanntes „second-guessing") regelmäßig nicht statt.

3. Rechtslage in Deutschland

Auch das deutsche Recht gebietet eine Differenzierung in der gerichtlichen Prüfdichte in Abhängigkeit von der Transaktionsform.[681]

a) Ausgangssituation beim Zusammenschluss gleichberechtigter Partner

Bei einem Zusammenschluss zwischen gleichberechtigten, d.h. rechtlich voneinander unabhängigen Partnern handeln die Leitungsorgane der betroffenen Gesellschaften einen Vertrag aus, der später den Anteilseignern zur Zustimmung vorgelegt wird. Im Gegensatz zu Konzernsachverhalten, in denen ebenfalls die rechtliche Handlungsform des Vertrages zum Einsatz kommen kann, besteht beim Zusammenschluss zwischen voneinander rechtlich unabhängigen Partnern keine Interessenverquickung. Die Leitungsorgane der jeweiligen Gesellschaft sind in ihrer Willensbildung autonom und können von Seiten der anderen Gesellschaft weder rechtlich, noch faktisch zur Durchführung der Transaktion gezwungen werden.

Aus prozessrechtlicher Sicht gilt: Die Verpflichtung des Richters zur Bildung einer eigenen Überzeugung besteht lediglich insoweit, als er die Entscheidung des Rechtsstreits nicht einem Sachverständigen überlassen darf[682]. Wohl aber kann das Gericht auf eine eigene Überzeugungsbildung in einer bestimmten Frage verzichten, wenn es der Auffassung ist, dass einer privatautonomen Einigung in diesem Punkt der Vorrang gebührt. Im ersten Hauptteil[683] wurde herausgearbeitet, dass in der Rechtsgeschäftslehre regelmäßig der Vorrang der Privatautonomie gilt. Die Frage nach den Beweggründen, die eine Partei dazu veranlasst haben, einen bestimmten Preis vertraglich zu akzeptieren – also Bewertungsfragen – stehen regelmäßig nicht zur gerichtlichen Disposition, denn

[681] Siehe zum Ganzen und zur Besonderheit der Berücksichtigung von Verbundvorteilen den 3. Abschnitt. Neuerdings im Sinne der hier vertretenen Ansicht: OLG Stuttgart, AG 2006, 420 ff.
[682] Siehe 1. Abschnitt, I.
[683] Erster Hauptteil, 1. Abschnitt, 1.

es gilt das Prinzip der Vertragsfreiheit. In einer solchen Situation wird allenfalls geprüft, ob der Vertrag ordnungsgemäß zustande gekommen ist.

Wie im folgenden zu zeigen ist, sind dieselben Grundsätze auf solche Unternehmensbewertungen zu übertragen, die den Gegenstand einer privatautonomen Einigung unabhängiger Vertragspartner bilden. Zwar spielt im Kontext gesellschaftsrechtlicher Unternehmensbewertungen auch der Aspekt des Minderheitenschutzes eine Rolle. Faktisch führt jedoch ein zu stark ausgeprägter Minderheitenschutz dazu, dass die unternehmerische Gestaltungsfreiheit der Geschäftsleitung und Anteilseignermehrheit – die sich beim Zusammenschluss unter gleichberechtigten Partnern in der Form der Vertragsfreiheit äußert – unangemessen eingeschränkt wird. Diesem Aspekt kann die Rechtsprechung nur dadurch gerecht werden, dass je nach den Umständen des Zustandekommens der vor Gericht angegriffenen Bewertung in der gerichtlichen Prüfdichte differenziert wird.

b) Marktkonformität des ausgehandelten Umtauschverhältnisses

Bei einem Zusammenschluss zwischen gleichberechtigten Unternehmen handelt es sich um eine Maßnahme, die sich auf dem Markt für Unternehmenskontrolle abspielt. Auch auf diesem Markt gelten die Regeln von Angebot und Nachfrage. Allerdings spielen dabei weniger Angebot und Nachfrage nach einzelnen Papieren eine Rolle, wie dies auf dem Aktienmarkt der Fall ist. Vielmehr geht es um jenen Wert, der einem Unternehmen als Ganzem beigemessen wird. Dieser wird wesentlich bestimmt durch den strategischen Nutzen, den andere Unternehmen in einem Zusammengehen mit dem Bewertungsobjekt sehen sowie den Alternativen, die potentiellen Interessenten zur Verfügung stehen. Diese Parameter bilden die bestimmenden Faktoren, wenn auf dem Markt für Unternehmenskontrolle Fusions- und Übernahmeverhandlungen stattfinden. Am Ende dieses Prozesses einigen sich die Leitungsorgane der beteiligten Gesellschaften auf ein bestimmtes Umtauschverhältnis. Dieses ist der „Marktpreis“, der sich auf dem Markt für Unternehmenskontrolle ergeben hat. Denn er bildet das Ergebnis eines Preisbildungsprozesses, an dem beide Parteien gleichberechtigt teilhatten und in dem keine der beiden zu einem Vertragsabschluss gezwungen war. Insofern ist die Form des Zustandekommens der Bildung des Börsenkurses auf dem Aktienmarkt vergleichbar. Da eine Fusion oder Übernahme aber gerade auf dem Markt für Unternehmenskontrolle stattfindet, tritt die Bedeutung des Börsenkurses gegenüber dem durch die Geschäftsleitungen vereinbarten – und später durch Hauptversammlungsbeschluss bestätigten – Umtauschverhältnis zurück.

Gleichzeitig sollte die Gefahr, dass eigene Interessen der Leitungsorgane ausschlaggebend werden, statt jene der Anteilseigner („principle agent-Konflikt“[684]), nicht überbewertet werden. Denn auf dem Markt für Unter-

[684] Im einzelnen hierzu unter c).

nehmenskontrolle agieren weitere potentielle Bieter, die bei einer offensichtlich zu niedrigen Bewertung ein Konkurrenzangebot abgeben würden. Ein Dissens in Bewertungsfragen führt gegebenenfalls zum Scheitern des ursprünglich geplanten Zusammenschlusses[685]. Schließlich unterliegt die Bewertung der Kontrolle durch die Anteilseigner, die der Strukturmaßnahme ihre Zustimmung zu erteilen haben. – Es kann daher grundsätzlich davon ausgegangen werden, dass keine andere Transaktion möglich war, die für die jeweiligen Aktionäre insgesamt wirtschaftlich vorteilhafter gewesen wäre.

Aus diesen Gründen ist prinzipiell davon auszugehen, dass jede der beiden beteiligten Geschäftsleitungen die Interessen ihrer Aktionäre bestmöglich vertreten und ein Umtauschverhältnis erzielt hat, das dem Grenzpreis des Vertragspartners so nahe wie möglich kommt.

c) Ausgehandelte Umtauschverhältnisse aus Aktionärssicht und zivilrechtliche Wertungen

Auch zivilrechtliche Wertungen sprechen dafür, ein zwischen zwei Gesellschaften ausgehandeltes Umtauschverhältnis vor Gericht grundsätzlich anzuerkennen. Dies ist auch gegenüber dissentierenden Aktionären interessengerecht, wie sich aus dem Rechtsgedanken des § 164 I BGB ergibt.

§ 164 I BGB ist zwar nicht wörtlich anzuwenden auf das Verhältnis zwischen Aktionären und Verwaltung. Denn der Vorstand einer Aktiengesellschaft leitet die Gesellschaft unter eigener Verantwortung (§ 76 I AktG) und vertritt gemäß § 78 I AktG nicht die Aktionäre, sondern die Gesellschaft. – Gleichwohl wird in der Betriebswirtschaftslehre das Verhältnis von Management und Anteilseignern als *principle agent*-Beziehung bezeichnet, also als Verhältnis zwischen Geschäftsherrn und Vertreter[686]. Zu recht. Denn die Grundannahme des *principle agent*-Modells entspricht dem Regelungsgehalt des § 164 I BGB: Ausgehend von der Trennung von Eigentum und Entscheidungsmacht untersucht die Agency-Theorie die Delegation von Verfügungsrechten im Rahmen von Auftragsbeziehungen[687]. Dabei geht sie wie selbstverständlich davon aus, dass die Maßnahmen der unternehmerischen Entscheidungsträger für und gegen den Verbund der Anteilseigner wirken. Die Rechtswissenschaft spricht hier vom Repräsentationsprinzip[688]: im Vertretungsverhältnis i.S.v. § 164 I BGB treten unmittelbare Rechtswirkungen in der Person des Vertretenen ein; Rechte und Pflichten entstehen gleichermaßen[689]. Die Folgen der getroffenen Maßnahmen gelten für den Vertretenen unabhängig davon, ob sie für ihn wirtschaftlich vorteilhaftig oder von Nachteil sind. Dies ist deshalb legitim, weil es in der Hand des Geschäftsherrn lag, den Vertreter auszuwählen,

---

685 Vgl. *Wilsing/Kruse,* DStR 2001, 991 (995).
686 Vgl. nur *Perridon/Steiner,* S. 527 ff.
687 AaO.
688 *Larenz/Wolf,* S. 829; *Schilken* in Staudinger, BGB I Vorb. z. § 164 Rn. 32.
689 *Larenz/Wolf,* S. 830, 866 ff.

zu kontrollieren und gegebenenfalls durch eine andere Person zu ersetzen. Es wäre deshalb auch gänzlich ungerechtfertigt, dem Geschäftsherrn den Rechtsweg zu eröffnen, um den von seinem Vertreter vertraglich vereinbarten Preis auf „Angemessenheit" überprüfen zu lassen.

Diese gesetzgeberische Wertung ist auf das Verhältnis von Gesellschaftern und Management zu übertragen: das Management leitet die Geschäfte, während die vermögensmäßigen Folgen bei den Anteilseignern eintreten. Letztere spüren die Folgen unternehmerischer Entscheidungen in Gestalt steigender, sinkender oder gleich bleibender Gewinnausschüttungen und einem wachsenden, schrumpfenden oder konstanten Unternehmenswert. Auch beim Abschluss eines Verschmelzungsvertrages oder bei der Vereinbarung eines Beteiligungserwerbs gegen eigene Aktien handeln die Geschäftsleitungen als „Repräsentanten" ihrer Aktionäre und es darf unterstellt werden, dass sie nach bestem Wissen und Gewissen handeln[690]. Es ist deshalb auch in diesen Fällen legitim, dass die Entscheidungen der Geschäftsleitungen bindend sind für die Aktionäre.

Keinen Unterschied macht es insofern, dass Bewertungsfragen bei Strukturmaßnahmen nicht lediglich das operative Geschäft des Unternehmens berühren, sondern in grundlegender Weise das Verhältnis zwischen Aktionär und Gesellschaft betreffen. Denn der grundlegenden Bedeutung dieser Maßnahmen trägt das Recht bereits durch das Erfordernis Rechnung, dass Vorstand und Aufsichtsrat die Zustimmung der Hauptversammlung einzuholen haben. Hier gilt aber der Grundsatz, dass Aktiengesellschaften „demokratische Veranstaltungen" sind[691]: auch bei abweichender Meinung hinsichtlich der Geschäftspolitik „seiner" Gesellschaft hat der Aktionär die Entscheidungen der nach Gesetz oder Satzung erforderlichen Mehrheit zu akzeptieren. Bloß unterschiedliche Auffassungen über die wirtschaftliche Vorteilhaftigkeit einer Maßnahme sind nicht geeignet, eine gerichtliche Kontrolle zu rechtfertigen. Konzernierungs- und Umwandlungsvorgänge sind normale Vorgänge der Unternehmenspolitik und für den einzelnen Aktionär zeigen sich in ihnen die „Mehrheitsgebundenheit" des Anteilseigentums[692]. Selbst der Beschluss über die Auflösung einer Aktiengesellschaft bedarf gemäß § 243 II AktG nicht mehr als einer Mehrheit von drei Vierteln des bei der Beschlussfassung vertretenen Grundkapitals und wird vor Gericht keiner materiellen Kontrolle unterzogen[693]. Daher sollte auch eine Unternehmensbewertung, die durch Hauptversammlungsbeschluss mehrheitlich akzeptiert wurde und die die Mehrheits- wie Minderheitsaktionäre gleichermaßen in ihrer Vermögensstellung betrifft, grundsätzlich nicht von einem Gericht kontrolliert werden.

---

690 Siehe Zweiter Hauptteil, 3. Abschnitt, II. 6. b) zur *Business Judgement Rule* im US-amerikanischen Recht. Vgl. auch *Piltz*, ZGR 2001, 185 (207).

691 Zur Legitimation der Mehrheitsherrschaft: *K. Schmidt*, S. 451.

692 *Hüffer/Schmidt-Aßmann* in Hüffer/Schmidt-Aßmann/Weber, S. 59; vgl. auch *Stumpf*, NJW 2003, 9 (12).

693 Siehe BGHZ 103, 184 (189) – *Linotype;* 129, 136 (151) – *Girmes.*

d) Rechtssicherheit

Die Anerkennung der Bewertung der Vertragsparteien führt für sämtliche Beteiligten zu einem Gewinn an Rechtssicherheit. Denn das Wissen um die Letztverbindlichkeit der getroffenen Einigung reduziert das Maß an Ungewissheit, mit dem Verschmelzungen oder Kapitalerhöhungen zum Beteiligungserwerb sonst verbunden sind.

e) Die verfassungsrechtliche Dimension

Mit der *DAT/Altana*-Entscheidung urteilte das Bundesverfassungsgericht, dass es mit Art. 14 I GG unvereinbar sei, bei der Abfindung von Minderheitsaktionären anlässlich des Abschlusses eines Beherrschungs- und Gewinnabführungsvertrages bzw. einer Eingliederung den Börsenkurs unberücksichtigt zu lassen[694]. Die verfassungsrechtliche Dimension von Unternehmensbewertungen beschränkt sich jedoch nicht ausschließlich auf das Eigentumsrecht der Aktionäre.

aa) Art. 2 I GG und die Gewährleistung der Vertragsfreiheit

Vereinbaren die Geschäftsleitungen zweier oder mehrerer Gesellschaften, ihre Geschäfte in einem Gemeinschaftsunternehmen zusammenzuführen und dabei den Wert ihres jeweils einzubringenden Unternehmens mit einem bestimmten Betrag anzusetzen[695], so liegt hierin ein Vertragsschluss. Dieser Vorgang hat verfassungsrechtliche Bedeutung.

Durch die Einigung zwischen den Vertragsparteien ist die Vertragsfreiheit tangiert, die von Art. 2 I GG (i.V.m. Art. 19 III GG für juristische Personen) verfassungsrechtlich geschützt ist[696]. Denn als Ausfluss der allgemeinen Handlungsfreiheit schützt Art. 2 I GG auch die Vertragsfreiheit[697]. Sie umfasst das Recht, Verträge im Rahmen der zivilrechtlichen Ordnung frei zu schließen und aufzulösen[698] und gliedert sich in die Abschluss- und Gestaltungsfreiheit[699]. – Verändert nun ein Gericht durch Urteil oder Beschluss ein privatautonom ausgehandeltes und vertraglich vereinbartes Wertverhältnis, so greift es ein in die Gestaltungsfreiheit der Vertragsparteien. Damit liegt ein Eingriff vor in den Schutzbereich des Art. 2 I GG. Um verfassungsgemäß zu sein, bedarf dieser Eingriff der Rechtfertigung durch kollidierendes Verfassungsrecht. Hier kommt Art. 14 I GG ins Spiel.

---

[694] Siehe Erster Hauptteil, 2. Abschnitt, III. 3. e).

[695] Zu den einzelnen Strukturmaßnahmen, bei denen Unternehmensbewertungen erforderlich werden siehe im einzelnen Erster Hauptteil, 2. Abschnitt, II.

[696] BVerfGE 8, 274 (328); 12, 341 (347); 21, 87 (90 f.); *DiFabio* in Maunz/Dürig, GG Art. 2 Rn. 101.

[697] BVerfGE 8, 274 (328).

[698] *DiFabio*, aaO.

[699] AaO.

bb) Abwägung von Art. 2 I GG und Art. 14 I GG

Die Gewährleistungen von Art. 14 I GG (Eigentumsschutz der Minderheitsaktionäre) und Art. 2 I GG (Vertragsfreiheit der beteiligten Unternehmen) sind gegeneinander abzuwägen.

Wenn grundrechtliche Freiheiten kollidieren, gilt es, „praktische Konkordanz"[700] herzustellen, d.h. beide Grundrechte zu optimaler Wirksamkeit gelangen zu lassen[701]. Anders formuliert: es geht um den „nach beiden Seiten möglichst schonenden Ausgleich"[702]. Dabei sind die Gewichtigkeit der jeweils kollidierenden Grundrechte situationsabhängig gegeneinander abzuwägen[703]. In diesem Abwägungsprozess zu beachten ist auch der Grundsatz der Verhältnismäßigkeit[704]. Er wird aus dem Rechtsstaatsprinzip hergeleitet, ergibt sich zudem aber auch „bereits aus dem Wesen der Grundrechte selbst (...)"[705]. Der Grundsatz der Verhältnismäßigkeit gliedert sich in drei Teilgebote: die Geeignetheit, Erforderlichkeit und Angemessenheit[706].

Vorliegend interessiert in erster Linie das Teilgebot der Erforderlichkeit. Nach ihm darf keine Maßnahme über das zur Verfolgung ihres Zweckes notwendige Maß hinausgehen[707]. Der Zweck gerichtlicher Unternehmensbewertungen liegt in der Sicherstellung des Eigentumsschutzes (Art. 14 I GG) von Minderheitsaktionären. Zur Erreichung dieses Zweckes „erforderlich" ist ein Eingriff in die Vertragsfreiheit von Unternehmen in dominierten Konfliktsituationen (d.h. beim Abschluss von Beherrschungs- und Gewinnabführungsverträgen). Denn in solchen Konstellationen besteht auf Seiten der Minderheitsaktionäre ein besonders hohes Schutzbedürfnis, da sie Gefahr laufen, durch den Mehrheitsaktionär übervorteilt zu werden. Der verfassungsrechtlich gebotene Eigentumsschutz kann nur dadurch sichergestellt werden, dass in einem Zivilprozess der betreffende Vertrag und die darin enthaltene Bewertung einer engmaschigen richterlichen Überprüfung unterzogen wird. Gleichzeitig handelt der Mehrheitsaktionär quasi auf beiden Seiten der Transaktion, weshalb der Eingriff in den Schutzbereich des Art. 2 I GG von nur geringer Intensität ist. Gar nicht eingegriffen in die Vertragsfreiheit wird beim Squeeze-Out und der Eingliederung, da es sich hier nicht nur wirtschaftlich, sondern auch rechtlich um einseitige Maßnahmen handelt.

---

[700] *Hesse*, Rn. 317.

[701] AaO, Rn. 318.

[702] *Lerche* in Handbuch des Staatsrechts V, S. 777 f.

[703] *Lerche*, aaO, spricht von „ausgleichender Wechselwirkung".

[704] Zum Grundsatz der Verhältnismäßigkeit als Grenze für die Beschränkung von Grundrechten aufgrund von kollidierendem Verfassungsrecht: *Jarass* in Jarass/Pieroth, GG Art. 20 Rn. 81.

[705] BVerfGE 61, 126 (134); 69, 1 (35); 76, 256 (359); 80, 109 (120); *Herzog* in Maunz/Dürig, GG Art. 20 VII Rn. 72.

[706] BVerfGE 65, 1 (54); 67, 157 (173); 70, 278 (286); *Herzog* aaO, Rn. 73.

[707] *Jarass*, aaO, Rn. 85.

Demgegenüber liegt bei nicht-dominierten Konfliktsituationen die Sachlage genau umgekehrt. Hier besteht ein Vertrag zwischen zwei rechtlich und wirtschaftlich voneinander unabhängigen Unternehmen, die in Privatautonomie zu einer Einigung gefunden haben. Ein Eingriff in Art. 2 I GG bedarf deshalb einer erheblich größeren Rechtfertigung als im Falle einseitiger Gestaltungsmacht, die sich lediglich der Form nach als Vertrag vollzieht. Eine solche Rechtfertigung ist aber gerade nicht ersichtlich: In nicht-dominierten Konfliktsituationen ist nämlich in aller Regel gerichtlicher Eigentumsschutz gar nicht notwendig. Denn die Minderheitsaktionäre profitieren vom Eigeninteresse des Hauptaktionärs, der selbst darum bemüht ist, ein für sich vorteilhaftes Umtauschverhältnis zu erzielen, wobei Sondervorteile zu Lasten der Minderheitsaktionäre üblicherweise nicht zu befürchten sind. Im Gegenteil: Hauptaktionär und Minderheitsaktionäre „sitzen in demselben Boot“[708]. Der Vertrag über den Zusammenschluss einschließlich des Umtauschverhältnisses wird zwischen gleichberechtigten Verhandlungspartnern ausgehandelt und durch Beschluss der Anteilseigner beider Gesellschaften mit Drei-Viertel-Mehrheit bestätigt. Die Legitimation von Vertrag und Beschluss liegt gerade in der „Richtigkeitsgewähr“ privatautonomer Entscheidung[709]. Damit gewährleistet grundsätzlich bereits der Verfahrensablauf der Wertfindung, dass die vermögensrechtlichen Interessen aller Beteiligten hinreichend gewahrt sind[710]. Damit ist der Gewährleistung des Art. 14 I GG quasi automatisch genüge getan und die staatliche Justizgewährungspflicht tritt entsprechend zurück[711].

cc) Konsequenz: Zweistufiger Erkenntnisprozess

Aus dem Gleichlauf der Interessen von Minderheitsaktionären und Mehrheitsaktionär zieht die überwiegende Rechtsprechung[712] und herrschende Literatur-

---

[708] *Bungert/Eckert,* BB 2000, 1845 (1846); *Paschos,* ZIP 2003, 1017 (1023); *Wilm,* NZG 2000, 234 (236); vgl. auch BayObLG ZIP 2003, 253 (256); *Hüffer,* AktG § 305 Rn. 24 k; *Hüttemann,* ZGR 2001, 454 (465); *Wilsing/Kruse,* DStR 2001, 991 (995).

[709] *K. Schmidt,* S 451.

[710] Vgl. zu den Inhaltsgrenzen der Mehrheitsherrschaft *K. Schmidt,* S. 460 ff.

[711] Vgl. *K. Schmidt,* S. 461, wonach nicht jeder Mehrheitsbeschluss inhaltlich auf Richtigkeit überprüft werden kann und zwar einerseits wegen der institutionellen „Richtigkeitsgewähr“, andererseits aber auch deshalb, weil eine solche Kontrolle die Grenzen der richterlichen Prüfungskompetenz übersteigt. Denn ein Richter darf nicht sein eigenes Gutdünken an die Stelle des Mitgliederwillens setzen. Zutreffend auch *Roitzsch,* S. 175, der mit ähnlicher Begründung eine Bindung der Stimmrechtsausübung an ein „objektives Verbandsinteresse“ ablehnt.

[712] BayObLG ZIP 2003, 253 (256); die Vorinstanz, das LG München I (AG 2001, 99 f.) und das LG Frankfurt a.M. (AG 2002, 357 f.) ließen die Frage dagegen offen. Ähnlich auch das OLG Düsseldorf (AG 2002, 398 ff.), das grundsätzlich den Kursverlauf zu Zwecken der „Kontrollüberlegung“ heranziehen möchte, ihn im konkreten Fall aber für unerheblich befunden hat. – Demgegenüber ausdrücklich für eine Zugrundelegung des Börsenkurses, obwohl nur eines der an der Verschmelzung beteiligten Unternehmen börsennotiert war, das

meinung[713] lediglich die Schlussfolgerung, dass die *DAT/Altana*-Grundsätze auf die Fälle der Verschmelzung von gleichberechtigten Partnern nicht anzuwenden sind[714].

Der oben aufgezeigte Aspekt der Vertragsfreiheit (Art. 2 I GG) und der schon verfahrenstechnisch sichergestellte Schutz des Eigentumsrechts (Art. 14 I GG) verlangen aber darüber hinaus ihre Berücksichtigung bei der Auslegung des unbestimmten Rechtsbegriffs der „Angemessenheit". Was „angemessen" ist, ist stets festzustellen vor dem Hintergrund des Zustandekommens des vor Gericht angegriffenen Umtauschverhältnisses. Dabei ist zunächst in einem ersten Schritt (dem „Ob" der gerichtlichen Unternehmensbewertung) festzustellen, ob überhaupt die Durchführung einer detaillierten gerichtlichen Bewertung erforderlich ist. Dann – und *nur* dann – wenn diese Frage bejaht wurde schließt sich in einem zweiten Schritt die Frage an, mit welchen Ansätzen und Methoden die gerichtliche Unternehmensbewertung erfolgen soll („Wie" der gerichtlichen Unternehmensbewertung)[715]. Ansonsten sollte es auf der ersten Stufe bei einer eingeschränkten Rechtskontrolle mit dem Inhalt verbleiben, ob die Vertragsparteien innerhalb der Grenzen ihres unternehmerischen Ermessens gehandelt haben[716] und ob die vertragliche Einigung ordnungsgemäß zustande gekommen ist.

dd) Einfachrechtliche Umsetzung und Folgen

(1) Vorschriften des Aktien- und Umwandlungsgesetzes

Eine solche Differenzierung in der Prüfdichte steht auch in Einklang mit den Vorschriften des einfachen Rechts.

Denn der Gesetzgeber hat sich in §§ 12 II, 29 I und § 34 UmwG ebenso wie in §§ 255 II, 293e, 304 I, 305 I, 320b I und 327a I AktG für den unbestimmten Rechtsbegriff der „Angemessenheit" entschieden. Zwar ist im Prüfbericht anzugeben, nach welchen Methoden das vorgeschlagene Umtauschverhältnis ermittelt worden ist, aus welchen Gründen die Anwendung dieser Methoden angemessen ist und welches Umtauschverhältnis oder welcher Gegenwert sich bei der Anwendung verschiedener Methoden ergeben würde, wobei darzulegen

---

LG Stuttgart, Beschluss vom 9. Februar 2005, Az. 32 AktE 36/99 KfH (Wüstenrot & Württembergische).

[713] *Hüffer*, AktG § 305 Rn. 24 k; *Hüffer/Schmidt-Aßmann* in Hüffer/Schmidt-Aßmann/Weber, S. 98 ff.; *Bungert/Eckert*, BB 2000, 1845 (1846); *Paschos*, ZIP 2003, 1017 (1023); *Hüttemann*, ZGR 2001, 454 (465); *Wilm*, NZG 2000, 234 (235 f.); *Wilsing/Kruse*, DStR 2001, 991 (995).

[714] Im Ansatz ähnlich wie hier schon *Gude*, S. 351, 353; *Martens* in FS Bezzenberger, S. 283 f. für § 255 II AktG.

[715] Zur gerichtlichen Überprüfung von Mehrheitshandeln als „zweistufigem Vorgang" siehe schon *Roitzsch*, S. 176.

[716] Zur Frage des unternehmerischen Ermessens im deutschen Recht siehe schon BGH ZIP 1997, S. 883 ff. – *ARAG/Garmenbeck*.

ist, welches Gewicht den verschiedenen Methoden beigemessen worden ist (§ 12 II UmwG). Das Gesetz enthält jedoch keine ausdrückliche Präferenz für eine bestimmte Methode[717]. Damit lässt es der Entscheidung im Einzelfall weiten Raum. Einzelfallgerechtigkeit aber bedeutet nicht, dass stets eine engmaschige gerichtliche Prüfung oder eigene gerichtliche Entscheidung erforderlich ist. Der Klageweg gemäß § 15 I UmwG bzw. die Überprüfung im Spruchverfahren gemäß § 34 UmwG stehen offen, wenn das Umtauschverhältnis der Anteile „zu niedrig" bemessen oder die Mitgliedschaft beim übernehmenden Rechtsträger „kein ausreichender Gegenwert" ist. – Hier kann und muss mit Vermutungen gearbeitet werden: Bei der Verschmelzung voneinander unabhängiger Unternehmen kann ein Wertverhältnis auch deshalb für „angemessen" befunden werden, weil die Art und Weise seines Zustandekommens die Vermutung der Fairness in sich trägt. Dieses Wertverhältnis kann das Gericht für „angemessen" befinden, wenn es zu dem Ergebnis kommt, dass keine Ermessens oder Verfahrensfehler vorliegen.

Aus diesen Gründen ist eine Differenzierung in der gerichtlichen Prüfdichte in Abhängigkeit vom Zustandekommen des infrage stehenden Wertverhältnisses nicht nur aufgrund verfassungsrechtlicher Wertungen geboten. Sie steht zugleich im Einklang mit einfachrechtlichen Prinzipien und dem gesetzlichen Wortlaut.

(2) Sonstige Folgen

Sogar ein weiterer positiver Nebeneffekt ergibt sich: Das Problem der Ungleichbehandlung der Anteilsinhaber des übernehmenden Rechtsträgers von jenen des übertragenden[718] wird abgemildert. Nach § 15 I UmwG können nämlich lediglich die Anteilsinhaber des übertragenden Rechtsträgers eine bare Zuzahlung verlangen. Dagegen können die Anteilsinhaber des übernehmenden Rechtsträgers – wenn sie der Auffassung sind, dass das Umtauschverhältnis zu ihren Lasten zu niedrig bemessen ist – lediglich mit einer Klage gegen die Wirksamkeit des Verschmelzungsbeschlusses vorgehen. Wird sowohl bei Anfechtungsklagen, als auch im Spruchverfahren lediglich eine Ermessens- und Verfahrensprüfung durchgeführt, so wirkt sich diese Asymmetrie in erheblich weniger Fällen aus.

[717] Vgl. *Krog*, S. 390.

[718] Kritisch hierzu *Hüffer/Schmidt-Aßmann* in Hüffer/Schmidt-Aßmann/ Weber, S. 113 f.; zur Begründung der Regelung, die aus § 352 c AktG a.F. übernommen wurde und zur Kritik des weiteren Schrifttums *Gehling* in Semler/Stengel, UmwG § 15 Rn. 8.

2. Abschnitt: Bewertungsmethoden aus juristischer Sicht

Kommt ein Gericht zu dem Ergebnis, dass es sich eine eigene Überzeugung zum Wert eines Unternehmens zu bilden hat („Ob“ der gerichtlichen Unternehmensbewertung)[719], so ist die Frage zu entscheiden, nach welchen Grundsätzen dies erfolgen soll („Wie“ der gerichtlichen Unternehmensbewertung).

I. Der Börsenkurs als vorrangiger Bewertungsansatz

1. Materiellrechtliche Sichtweise

a) Grundsätzliche Maßgeblichkeit des Börsenkurses

Im Ersten Hauptteil dieser Arbeit[720] wurde nachgewiesen, dass die Maßgeblichkeit des Marktwertes für Ausgleich und Entschädigung ein allgemeines Rechtsprinzip darstellt. Ferner wurde festgehalten, dass der Börsenkurs ein Marktpreis wie jeder andere Marktpreis ist und so den Marktwert von verbrieftem Anteilseigentum markiert. Im Vergleich zu anderen Marktpreisen ist der Börsenkurs sogar eingebettet in ein System gesetzlicher Schutzvorschriften, die eine ordnungsgemäße und faire Preisbildung gewährleisten sollen.[721]

Anknüpfend am Charakteristikum der Aktie als selbständigem Handelsgut und den einschlägigen gesetzlichen Vorschriften, soll im folgenden die Eignung des Börsenkurses als Maßstab für die Abfindung von (Klein-)Aktionären untersucht werden. Dabei wird der Börsenkurs einerseits in Bezug gesetzt zu anderen Bewertungsverfahren – insbesondere dem Ertragswertverfahren – und gleichzeitig die vielfach vertretene Auffassung hinterfragt, wonach der Börsenkurs lediglich die Untergrenze der Abfindung darstellen soll.

aa) Die Aktie als selbständiges Handelsgut und Bewertungsobjekt

Wird ein Aktionär gezwungen, sich von seinem Investment zu trennen, so muss die Bestimmung der Entschädigung nach den Grundsätzen des Allgemeinen Zivilrechts so „marktgerecht“ wie möglich erfolgen[722]. Der „relevante Markt“, auf dem sich ein Kleinaktionär bewegt, ist der Aktienmarkt, nicht der Markt für Unternehmenskontrolle. Die zentrale Wertdeterminante auf dem Aktienmarkt ist der Börsenkurs. Umgekehrt besteht sachlogisch keinerlei Anlass dafür, den Abfindungsbetrag im Wege der indirekten Methode[723] zu bestimmen. Mit *Busse von Colbe*[724] gesprochen, ist der Ertragswert eines Unternehmens lediglich die

---

[719] Siehe diesen Dritten Hauptteil, 1. Abschnitt, II.

[720] Erster Hauptteil, 1. Abschnitt, VII.

[721] Siehe Grundlagenteil, V. 5.

[722] Erster Hauptteil, 1. Abschnitt, VII.

[723] D.h. durch Bewertung des ganzen Unternehmens und anschließende Teilung des erlangten Betrages durch die Zahl der ausgegebenen Aktien.

[724] In FS Lutter, S. 1053 (1062).

„Hilfskrücke, die benutzt werden muss, wenn keine Marktpreise (...) existieren".

Der Gesetzeswortlaut steht dem nicht entgegen; er spricht sogar *für* eine Orientierung am Aktienmarkt und damit an Börsenkursen. So besagt etwa § 305 I AktG, dass die „Aktien" gegen eine im Vertrag bestimmte angemessene Abfindung zu erwerben sind. Das Gesetz knüpft also selbst an der konkreten Investmentform an. Erst in § 305 III S. 2 AktG heißt es, die angemessene Barabfindung müsse „die Verhältnisse der Gesellschaft" (...) „berücksichtigen". „Berücksichtigen" aber bedeutet gerade nicht, dass die „Verhältnisse der Gesellschaft" allein oder primär entscheidend sein sollen. Hätte der Gesetzgeber dies gewollt, hätte er wohl geschrieben: „*Maßgeblich* sind (*ausschließlich*) die Verhältnisse der Gesellschaft." – Der Gesetzeswortlaut ist daher am ehesten dahingehend auszulegen, dass primär eine *Anteils*bewertung zu erfolgen hat. Nur sekundär – so heißt es teilweise in der Literatur – sei der Anteilswert zu korrigieren, falls er die Verhältnisse der Gesellschaft nicht zutreffend widerspiegle[725]. – Die „Korrekturklausel" des § 305 III S. 2 AktG sollte dabei aber gerade im Lichte jüngerer Entwicklungen nicht zu weit ausgelegt werden. So führte der Gesetzgeber mit dem BiRiLiG von 1985 den *True and fair view*-Grundsatz im Bilanzrecht ein und im Jahre 1995 durch § 15 WpHG die wertpapierhandelsrechtlichen *Ad hoc*-Pflichten. Diese beiden Faktoren tragen ganz maßgeblich dazu bei, dass die Aktienkurse einer Gesellschaft heute besser als je zuvor die wertbildenden Faktoren (in der Diktion des Gesetzes: „die Verhältnisse") des Unternehmens widerspiegeln. Vor diesem Hintergrund müssen auch die tatsächlichen oder vermeintlichen Motive des historischen Gesetzgebers relativiert werden. Dieser verzichtete bekanntlich im Umwandlungsgesetz von 1956 auf die in der ersten DVO vom 14. 12. 1934 enthaltene Formulierung, wonach die Abfindung „unter Berücksichtigung des Wertes ihrer Aktien" zu bemessen sei[726]. Selbst wenn der Gesetzgeber durch diesen Regelungsverzicht zum Ausdruck bringen wollte, dass Börsenkurse für die Abfindungsbestimmung keine Bedeutung haben sollen[727], so wäre dies doch in seinem damaligen Kontext zu verstehen: Der *True and fair view*-Grundsatz im Bilanzrecht war seinerzeit ebenso wenig Wirklichkeit wie die wertpapierhandelsrechtlichen *Ad hoc*-Pflichten. Das vielfach zwischen den Marktteilnehmern und gerichtlichen Gutachtern behauptete „Informationsgefälle"[728] hat sich deshalb heute ganz erheblich abgeflacht. Auch war der Kapitalmarkt damals bei weitem nicht so breit wie heute mit seiner reichhaltigen

[725] Für diese Gesetzesauslegung *Müller* in FS Bezzenberger, S. 715. Unrichtig demgegenüber *Maier-Reimer/Kolb* in FS Müller, S. 96.

[726] Siehe Erster Hauptteil, 2. Abschnitt, III. 3. f) bb).

[727] Für diese Gesetzesinterpretation *H.H. Kindermann,* AG 1964, 178 f. – Er räumt allerdings gleichzeitig ein, dass das Gesetz und seine Motive für die Bemessung dessen, was eine „angemessene Abfindung" i.S.v. § 12 UmwG darstelle, nichts hergäben.

[728] Vgl. nur *Hüffer/Schmidt-Aßmann* in Hüffer/Schmidt-Aßmann/Weber, S. 63, mwN.

Palette von Alternativinvestments[729]. Damit lässt sich im Ergebnis auch aus der historischen Gesetzesauslegung kein Argument gegen die Zugrundelegung von Börsenkursen gewinnen.

Ebenso wenig lässt sich aus der Regelung von § 293 e I AktG und § 12 UmwG schlussfolgern, dass die Zugrundelegung von Börsenkursen dem gesetzgeberischen Willen widerspräche. Nach jenen Vorschriften ist der Prüfungsbericht mit einer Erklärung darüber abzuschließen, ob die vorgeschlagene Abfindung angemessen ist und dabei anzugeben, nach welchen Methoden die Abfindung ermittelt worden ist sowie aus welchen Gründen die Anwendung dieser Methoden angemessen ist und welche Abfindung sich gegebenenfalls bei der Anwendung verschiedener Methoden jeweils ergeben würde. Zugleich ist darzulegen, welches Gewicht den verschiedenen Methoden bei der Bestimmung der vorgeschlagenen Abfindung und der ihnen zugrunde liegenden Werte beigemessen worden ist. – Nur auf den ersten Blick scheint sich der Gesetzgeber hier für eine gutachterliche Bestimmung der Abfindung auszusprechen. Tatsächlich aber ist zu bedenken, dass nicht jede Gesellschaft, die der Gesetzgeber mit den beiden Vorschriften im Auge hatte, börsennotiert ist. Bei fehlender Börsennotierung ist die gutachterliche Wertermittlung unausweichlich. Hierfür einen gesetzlichen Rahmen vorzugeben drückt keinerlei Vorbehalt gegenüber Börsenkursen als Wertmaßstäben aus.

Nicht überzeugend ist schließlich das Argument von *Hüffer/Schmidt-Aßmann*[730], die gesellschaftsrechtliche Entwicklung habe ihren Ausgangspunkt nicht bei der Aktie, sondern beim Abfindungsanspruch ausscheidender Mitglieder von Personengesellschaften. Sie verweisen darauf, dass die Rechtsprechung die im Recht der Personengesellschaft entwickelten Ergebnisse in einem zweiten Schritt auf die Bewertung von GmbH-Anteilen übertragen und sie in einem dritten Schritt für das Aktienrecht übernommen hat. Die beiden Autoren geben damit lediglich einen deskriptiven Abriss dessen, wie der bisherige Weg der Rechtsprechung zu erklären ist. Die Richtigkeit dieses Weges muss dagegen erst methodisch korrekt nachgewiesen werden. Diesen Versuch macht *H.H. Kindermann*[731]: § 738 BGB sei analog anzuwenden, weshalb der Kurswert nicht Abfindungsmaßstab sein könne. Im Ergebnis ist aber auch ihm zu widersprechen, denn die Voraussetzungen der Analogiebildung liegen nicht vor. „Analogie" ist die Übertragung der für einen Tatbestand gegebenen Regel auf einen vom Gesetz nicht geregelten ähnlichen Tatbestand[732]. Zweifelhaft ist bereits, ob § 738 BGB überhaupt die feste Rechtsregel enthält, dass die Bewertung eines Gesellschaftsanteils zwingend nach der indirekten Methode zu erfolgen hat. Die Anwendung der indirekten Methode im Personengesellschafts-

---

729 Siehe zu diesem Aspekt im einzelnen diesen Dritten Hauptteil, 2. Abschnitt, I. 1. unten c) bb) (4).

730 In Hüffer/Schmidt-Aßmann/Weber, S. 23.; ähnlich *Henze* in FS Lutter, S. 1101 (1104 ff.).

731 AG 1964, 180. Siehe schon Erster Hauptteil, 2. Abschnitt, III. 3. f) bb).

732 *Larenz,* S. 269.

recht dürfte sich weniger auf den Willen des Gesetzgebers zurückführen lassen, sondern vielmehr das Ergebnis eines Mangels an alternativen Bewertungsansätzen sein. Noch wichtiger aber ist der folgende Aspekt, der gegen eine Analogiebildung spricht. Eine Analogie gründet sich darauf, dass infolge der Ähnlichkeit (...) beide Tatbestände *gleich zu bewerten* sind, also auf die Forderung der Gerechtigkeit, Gleichartiges gleich zu behandeln[733]. – Von Gleichartigkeit in diesem Sinne kann bei Personengesellschaftsanteilen und notierten Aktien aber nicht gesprochen werden. Vielmehr verleiht die Fungibilität der Investmentform *Aktie* gegenüber anderen Gesellschaftsanteilen ihre besondere Eigenart. Effektiv wird diese Eigenart durch die Aufnahme der Börsennotierung (§ 3 II AktG), womit die Voraussetzungen geschaffen sind für den Börsenkurs als Preis der Transaktionen auf dem Aktienmarkt. Der Unternehmensanteil wird damit zu einem selbständig handelbaren Gut[734]. Damit unterscheidet sich die Aktiengesellschaft in Bezug auf die Verfassung der Mitgliedschaft ihrer Anteilseigner fundamental von der Personengesellschaft. Aus diesem Grunde kann weder auf den „Ausgangspunkt" einer „gesellschaftsrechtlichen Entwicklung" verwiesen werden, noch zu § 738 BGB eine Analogie gebildet werden. Auch kann nicht behauptet werden, der Unterschied in der Bewertungskonzeption verstieße gegen den Gleichbehandlungsgrundsatz (Art. 3 I GG)[735]. Denn gerade die beschriebene Eigenart der Mitgliedschaft in einer börsennotierten Aktiengesellschaft bildet den sachlichen Grund, der den Unterschied in der Bewertungskonzeption rechtfertigt.

Aus diesen Gründen gilt: Wenn jemandem ein selbständig handelbares Gut entzogen wird, dann kommt es zur Entschädigungsbestimmung darauf an, eben den Wert dieses Gutes zu bestimmen. Die Wertermittlung bezüglich eines größeren Ganzen kann lediglich „Mittel zum Zweck" sein, um durch Umwege zum eigentlichen Ziel zu gelangen. Auf dieses Mittel zum Zweck kann und muss aber verzichtet werden, wenn ein direkter Weg besteht in Form der direkten Bewertung des konkreten Geschäftsanteils. Bewertungsobjekt ist deshalb die Aktie und nicht das Unternehmen.

bb) Der Aktienmarkt als „Spielfeld" des Kleinaktionärs

Der Weg der direkten Bewertung mittels Börsenkurses ist auch aus Sicht des Kleinaktionärs – der als idealtypische Einzelfigur die Problemanschauung der Gerichte bestimmt[736] – grundsätzlich interessengerecht.

---

[733] AaO, kursiv im Original.

[734] Insofern richtig *Hüffer/Schmidt-Aßmann* in Hüffer/Schmidt-Aßmann/ Weber, S. 23. Vgl. auch das Bundesverfassungsgericht mit der Formulierung, das Aktieneigentum ermögliche eine „Sphäre individueller Freiheit in finanzieller Hinsicht" und dieser Freiraum fuße auf der „besonders ausgeprägten Verkehrsfähigkeit von Aktien" (ZIP 1999, 1436, 1440).

[735] So aber *Hüffer/Schmidt-Aßmann* in Hüffer/Schmidt-Aßmann/Weber, S. 25 f.

[736] *Hüffer/Schmidt-Aßmann* in Hüffer/Schmidt-Aßmann/Weber, S. 62.

Zwar haben unbestritten zahlreiche Faktoren Einfluss auf den Börsenkurs. In der Ausdrucksweise des BGH[737]: Angebot und Nachfrage, Größe oder Enge des Marktes, zufallsbedingte Umsätze, spekulative Einflüsse und sonstige Faktoren wie politische Ereignisse, Gerüchte, Informationen, psychologische Momente oder eine allgemeine Tendenz. – Diese Vielfalt der Faktoren ist dem Aktionär aber ebenso bekannt wie die Schwankungsanfälligkeit der Investmentform *Aktie*. Er hat sich gleichwohl für diese Investmentform entschieden und somit diese Aspekte beim Erwerb der Papiere billigend in Kauf genommen. Die „Spielregeln" der Börse, die sich sowohl zu seinen Gunsten, als auch zu seinen Lasten auswirken können, hat er damit anerkannt. Der Aktienmarkt ist das von ihm frei gewählte „Spielfeld".

Ebenfalls zu den „Spielregeln" des Aktienmarktes gehört der normative Kontext, in dem das Börsengeschehen stattfindet. Hierzu zählen auch die aktien- und umwandlungsrechtlichen Regelungen über Unternehmensverträge, Eingliederungen, Squeeze-Outs und Verschmelzungen. Sie wurden vom Gesetzgeber geschaffen und dienen dazu, einen Rechtsrahmen bereitzustellen für die Schaffung effizienter und international wettbewerbsfähiger Organisationsstrukturen[738]. Hiervon profitiert auch der Kleinaktionär – zum Beispiel dann, wenn das Unternehmen, an dem er beteiligt ist, durch die Eingliederung einer Tochtergesellschaft Rationalisierungserfolge erzielt. Jedem Anleger muss aber auch bekannt sein, dass diese Regeln auch zu seinen Lasten angewendet werden können. So versetzt das Gesetz den Kleinaktionär mehrfach in eine Zwangslage, in der er die Entscheidungen der Anteilseignermehrheit hinzunehmen hat. Es geht hier deshalb nur noch um die Folgen eines bereits durch den Gesetzgeber getroffenen Urteils[739]. Ein zusätzlicher Preis für den Verlust an privatautonomer Entscheidungsbefugnis muss ebenso entfallen wie bei der Bestimmung von Ausgleich und Entschädigung in anderen Rechtsgebieten (vergleiche etwa das Deliktsrecht[740]).

Gegen den Vorrang der Bewertung auf der Grundlage von Börsenkursen spricht auch nicht die Eigentumsgarantie des Art. 14 I GG. Widersprochen werden muss deshalb *Hüffer* und *Schmidt-Aßmann*[741] mit ihrer Behauptung, dass ein Paradigmenwechsel (von der indirekten zur direkten Methode) verfassungsrechtlich verwehrt sei, weil die Aktie als Schutzgegenstand des Art. 14 I GG nicht von dem Unternehmen, an dem die mitgliedschaftliche Beteiligung besteht, getrennt werden könne. – Die Autoren übersehen, dass durch eine Bewertung auf der Grundlage von Börsenkursen keine unzulässige Trennung von Aktie und Unternehmen eintritt. Vielmehr wird gerade eine am Aktienmarkt

---

737 Urteil vom 30. März 1967, AG 1967, 264.

738 Vgl. *Sagasser* in Sagasser/Bula/Brünger, UmwG C. Rn. 2 ff.

739 *Großfeld*, Unternehmensbewertung, S. 231; vgl. auch *Hüffer/Schmidt-Aßmann* in Hüffer/-Schmidt-Aßmann/Weber, S. 85.

740 Siehe Erster Hauptteil, 1. Abschnitt, II.

741 In Hüffer/Schmidt-Aßmann/Weber, S. 60.

orientierte Bewertung der Perspektive des Kleinaktionärs am besten gerecht. Denn der Kleinaktionär – der nicht quotaler Träger des Unternehmens, sondern Inhaber von Aktieneigentum ist[742] – hat selbst seine Aktien zu einem Börsenkurs erworben und hätte sie im Falle des Unterbleibens der Strukturmaßnahme auch zu einem Börsenkurs veräußern können bzw. müssen. Gleichzeitig spiegelt der Börsenkurs nicht nur die Verfassung der Märkte wider, sondern insbesondere (um mit den Worten des Gesetzgebers zu sprechen:) „die Verhältnisse der Gesellschaft" – und dies heutzutage besser als jemals zuvor[743]. Deshalb ist es auch und gerade aus Sicht des Kleinaktionärs gerechtfertigt, in der Aktie das Bewertungsobjekt zu sehen und nicht im Unternehmen[744].

Aus diesen Gründen gilt: Für die Bestimmung einer angemessenen Abfindung in dominierten Konfliktsituationen ist eine Orientierung am Aktienmarkt und damit an Börsenkursen erforderlich, aber auch ausreichend.[745] – Der hierbei ermittelte Betrag verdient grundsätzlich das Prädikat „voller Wert"; noch treffender aber sollte gesprochen werden vom „fairen Marktwert".

cc) Zeitpunkt der Strukturmaßnahme

An diesem Ergebnis ändert sich auch dadurch nichts, dass der Mehrheitsaktionär den Zeitpunkt der Strukturmaßnahme selbst wählen kann.

Denn wie stets im Zivilrecht ist jede Bewertung auf einen bestimmten Zeitpunkt bezogen. Diesen kann sich der Betroffene, der einen Eingriff in seine Rechtsposition dulden muss, praktisch nie aussuchen. So hat es im Schadensersatzrecht der Geschädigte genauso wenig in der Hand, den Zeitpunkt des Eingriffes festzulegen, wie der Entreicherte im Bereicherungsrecht. Stets wird der zu zahlende Betrag nach dem aktuellen Marktwert der zu ersetzenden Position bestimmt. So bemisst sich etwa der deliktische Ersatzanspruch nach dem Wiederbeschaffungswert, der nichts anderes darstellt als den aktuellen Verkehrswert[746]. Einen höheren „wahren Wert" kann der Betroffene ebenso wenig geltend machen wie einen höheren Wert, der in vergangenen Zeiten gegolten hat oder der für die Zukunft erhofft wird.

Diese Grundsätze sind auf den gesellschaftsrechtlichen Kontext von Strukturmaßnahmen zu übertragen: Ein Aktionär, der einen Squeeze-Out

---

[742] BVerfG DB 1990, 414; *Götz,* DB 1996, 259 (261).

[743] Siehe schon aa).

[744] Siehe schon aa); aA *Hüffer/Schmidt-Aßmann* in Hüffer/Schmidt-Aßmann/Weber, S. 25 ff., 63, 71, die ein „Sonderrecht speziell der börsennotierten Aktiengesellschaft" fürchten.

[745] Erinnert sei an dieser Stelle an die im rechtsvergleichenden Teil dieser Arbeit gewonnenen Erkenntnisse: So wurde in der US-amerikanischen Literatur (*Seligman,* 52 Geo.Wash.L.Rev. (1984), 829, 844) die Bestimmung eines „inneren Wertes" als ein „Geschenk der Justiz" an die Kleinaktionäre bezeichnet. (Siehe Zweiter Hauptteil, 3. Abschnitt, II. 8. c)) – Aufgabe der Justiz ist es aber nicht, Geschenke zu verteilen, sondern einen gegebenen Interessenkonflikt mit den Mitteln des Rechts so sachgerecht wie möglich zu lösen.

[746] Siehe Erster Hauptteil, 1. Abschnitt, II., mwN aus Rechtsprechung und Literatur.

hinzunehmen hat, hat Anspruch auf den „Gegenwartswert“ seiner Aktien in der Form aktueller Börsenkurse. Hoffnungen auf künftige Kursanstiege sind ebenso wenig eigenständig zu berücksichtigen wie die beraubte Chance, an der weiteren Geschäftsentwicklung des Unternehmens teilzuhaben. Insbesondere der Gedanke, man müsse den Minderheitsaktionären einen „inneren Wert“ zubilligen, weil sie durch die Strukturmaßnahme die Chance verlören, dass sich der Börsenkurs jenem „inneren Wert“ im Verlauf der Zeit annähert[747], kann nicht überzeugen. Denn mit dieser Argumentation wird abermals auf den Unternehmenswert abgestellt, statt den Anteilswert als den konzeptionell richtigen Ansatz anzuerkennen („Spielfeld-Gedanke“). Außerdem ist angesichts der wertpapierhandelsrechtlichen *Ad hoc*-Pflichten und des bilanzrechtlichen *True and fair view*-Grundsatzes heutzutage ein hohes Maß an Markteffizienz gewährleistet, das den Erkenntnisvorsprung von Gutachtern (bei der Ermittlung eines „inneren Wertes“) beträchtlich reduziert und das dazu führt, dass das greifbare Zukunftspotential des Unternehmens (das ansonsten möglicherweise erst später kursrelevant geworden wäre) bereits zum gegenwärtigen Zeitpunkt vom aktuellen Börsenkurs widergespiegelt wird.[748] – Umgekehrt darf dem Minderheitsaktionär aber auch nicht der gegenwärtige Börsenkurs zugunsten eines niedrigeren Unternehmenswertes vorenthalten werden. Insbesondere nicht überzeugen kann die Behauptung, der Anteilseigner sei nicht schutzwürdig, denn er habe diesen Wert bewusst nicht realisiert und sich gegen eine Desinvestition entschieden[749]. Diese Auffassung übersieht, dass es gerade der Mehrheitsaktionär ist, von dem der Eingriff in das Eigentum des Minderheitsaktionärs ausgeht. Dadurch beraubt der Mehrheitsaktionär den Minderheitsaktionär zugleich der Chance, denselben Kurs oder einen höheren in der Zukunft durch einen Verkauf an der Börse zu realisieren. Zwar ist der Verweis auf erwartete höhere Kurse für den Fall der Nichtvornahme der Strukturmaßnahme – aus den genannten Gründen – nicht geeignet, das Begehren nach *höheren* „wahren“ Werten als dem Börsenkurs zu stützen. Wenn aber der Mehrheitsaktionär höchst selbst dem Minderheitsaktionär diese Möglichkeit nimmt, so darf ihm der Einwand, der „wahre“ Wert läge *unterhalb* des Börsenkurses, ebenso wenig gestattet sein.

Letztlich kann dieses Ergebnis auch auf den Gesetzeszweck zurückgeführt werden. Denn der Gesetzgeber möchte die besagten Strukturmaßnahmen ermöglichen, um den Unternehmen eine Anpassung ihrer Organisationsform an die Erfordernisse des Wettbewerbs zu ermöglichen. Diesem Zweck dient auch die Zulassung des Eingriffes in die Rechtspositionen anderer Privatrechts-

---

[747] Dieser Gedanke scheint der Argumentation des BGH (ZIP 2000, 734, 736) zugrunde zu liegen, wonach dem Aktionär bei niedrigerem Börsenkurs der quotal auf die Aktie bezogene höhere Schätzwert zustehen soll.

[748] Vgl. zur Frage der Angemessenheit des Börsenkurses trotz „ungünstigen“ Zeitpunktes auch die Ausführungen zur „schlechten Kapitalmarktverfassung“, unten c) bb); zum Aspekt von Verbundvorteilen: siehe 3. Abschnitt, III.

[749] So aber *Maier-Reimer/Kolb* in FS Müller, S. 105; *Riegger*, DB 1999, 1889.

subjekte (Minderheitsaktionäre). Sie würde erschwert, machte man sie zu teuer. Angemessen erscheint sie dagegen dann, wenn sie zu Bedingungen erfolgt, die auch sonst im Zivilrecht anerkannt sind. Hierzu zählt das Prinzip von der Maßgeblichkeit des (aktuellen) Marktwertes für Ausgleich und Entschädigung[750]. Eine Abfindung, die sich hieran orientiert und deshalb Börsenkurse als Marktwerte zur Bewertung heranzieht, führt grundsätzlich zu einem sachgerechten Interessenausgleich zwischen Hauptaktionär und Minderheitsaktionären. Sinn und Zweck der einschlägigen Vorschriften sprechen also für die direkte Methode auf der Grundlage zeitnaher Börsenkurse[751].

b) Umsetzung

Aus den unmittelbar vorher dargelegten Argumenten[752] ergibt sich, dass der Bewertung von Geschäftsanteilen nach der direkten Methode der Vorzug gebührt. Damit verbunden sind die Folgefragen, ob zur Entschädigungsbemessung der Börsenkurs eines einzigen bestimmten Tages herangezogen werden soll (sogenanntes Stichtagsprinzip) oder ob ein Durchschnittswert aus den Notierungen eines bestimmten Zeitraumes (sogenannte Referenzperiode) zu bilden ist. Darüber hinaus ist zu entscheiden, welcher Tag als Anknüpfungsdatum für das Ende der Referenzperiode bzw. als Stichtag maßgeblich sein soll.

Erinnert sei zunächst an die diesbezüglichen Ausführungen des Bundesverfassungsgerichts[753]. Sie beginnen mit der – eigentlich selbstverständlichen – Erkenntnis, dass die Verfassung nicht vorgibt, wie der Stichtag festzusetzen ist. Die Zivilgerichte – so heißt es in dem Beschluss weiter – hätten durch die Wahl eines entsprechenden Referenzkurses „einem Missbrauch beider Seiten" zu begegnen. Sie könnten insofern auf einen Durchschnittskurs im Vorfeld der Bekanntgabe des Unternehmensvertrages zurückgreifen. Zwar müsse die angemessene Barabfindung die Verhältnisse der Gesellschaft „im Zeitpunkt der Beschlussfassung ihrer Hauptversammlung" über den Vertrag (§ 305 III S. 2 AktG) oder die Eingliederung (§ 320 b I S. 5 AktG) berücksichtigen. Zu den im Berücksichtigungszeitpunkt maßgeblichen Verhältnissen gehöre aber nicht nur der Tageskurs, sondern auch ein auf diesen Tag bezogener Durchschnittswert.

---

750 Siehe Erster Hauptteil, 1. Abschnitt, VII.

751 Hiergegen spricht auch nicht der denkbare Einwand, der Börsenkurs könne ohnehin über einen Verkauf an der Börse realisiert werden. Denn diese Möglichkeit setzt stets eine entsprechende Nachfrage voraus. Diese wird aber genau dann ausbleiben, wenn zu befürchten steht, dass die Höhe der Abfindung auf der Grundlage eines niedrigeren „wahren" Wertes ermittelt wird. Die Folge wären plötzlich sinkende Kurse, veranlasst durch die Ankündigung der Strukturmaßnahme und die Spekulation über den durch das Gericht festzusetzenden Wert.

752 Siehe a).

753 ZIP 1999, 1436 (1442).

Zu diesen Fragen hat zwar mittlerweile der Bundesgerichtshof Stellung bezogen, die Einzelheiten sind allerdings noch nicht abschließend geklärt[754]. Im folgenden soll der Versuch unternommen werden, weitere Klärung zu schaffen. Dabei soll weniger die Rechtsprechung des Bundesgerichtshofes im Mittelpunkt des Interesses stehen[755], sondern das wissenschaftliche Bemühen um eine sachgerechte Lösung der aufgeworfenen Probleme.

aa) Bisherige Debatte

Manche Stimmen in der Literatur haben sich zugunsten des Stichtagsprinzips ausgesprochen. Von *Bilda*[756] wird zur Begründung ins Feld geführt, bei einer freien Deinvestitionsentscheidung hätte der Aktionär nie einen Durchschnittskurs aus einem längeren Zeitraum, sondern stets nur einen Tageskurs erzielt. Wenn ihm dennoch ein Durchschnittskurs zugebilligt würde, bedeute dies, dass für ihn das Risiko der spekulativen Kapitalanlage „Aktie" abgeschwächt werden solle[757]. *Piltz*[758] meint pauschal, „schematische Zeiteinteilungen und der Gedanke der Durchschnittsbildung" könnten nicht befriedigen; es sei vom Stichtag auszugehen und die durch den Hauptaktionär bewirkten Kursreaktionen „herauszuschätzen". Nach *Bauer*[759] ist jeder Durchschnittskurs zwangsläufig vergangenheitsbezogen und gibt die Verhältnisse der Gesellschaft im Zeitpunkt der Beschlussfassung falsch wieder.

Zugunsten einer Referenzperiode spricht nach der Argumentation des BGH das Argument der Rechtssicherheit[760]. Es sei deshalb „auf einen auf den Stichtag i.S. des § 305 III S. 2 AktG bezogenen Durchschnittskurs abzustellen". Das Erfordernis der „größtmöglichen Nähe zum Stichtag" lasse es ferner geboten erscheinen, einen relativ kurzen Zeitraum zu wählen[761]. Vor diesem Hintergrund entschied sich der Bundesgerichtshof bekanntlich für einen Zeitraum von drei Monaten. In der Literatur wird teilweise ohne weitere Begründung ein Zeitraum von „5 bis 10"[762] oder „30 oder 100"[763] Börsentagen für ausreichend gehalten, während andere Stimmen einen zum Teil erheblich längeren Zeitraum von bis zu zwei bis drei Jahren[764] befürworten.

---

[754] *Hüffer/Schmidt-Aßmann* in Hüffer/Schmidt-Aßmann/Weber, S. 34.
[755] Dieser primär darstellenden Funktion dienen die Ausführungen im Ersten Hauptteil dieser Arbeit.
[756] *Bilda*, JR 2002, 17 (18); vgl. auch ders. in Münchener Kommentar, AktG § 305, Rn. 67 ff.
[757] AaO.
[758] ZGR 2001, 185 (200).
[759] NZG 2001, 891 (892).
[760] DB 2001, 969 (971).
[761] DB 2001, 969 (971 f.).
[762] *Busse von Colbe* in FS Lutter, S. 1053 (1063).
[763] *Wilken*, ZIP 1999, 1443 (1444).
[764] *Noack*, LM GG Art. 14 (Ca), Nr. 45 (8/2001), Bl. 1 (7): „geräumiger Halbjahreszeitraum"; *Wilm*, NZG 2000, 234 (239): mindestens 6 Monate, eher ein Jahr oder darüber hinaus;

Auf erhebliche Kritik der Literatur[765] stößt der Bundesgerichtshof mit der Wahl des Tages der Hauptversammlung als Endpunkt des Dreimonatszeitraumes. Dieses Anknüpfungsdatum wird praktisch einhellig abgelehnt. Es liege zwar vom Wortlaut der gesetzlichen Regelung nahe, auf den Tag der Hauptversammlung abzustellen. Jedoch führe dies dazu, dass Kursreaktionen auf das bekannt gemachte Vorhaben den Abfindungswert beeinflussten. Außerdem sei die BGH-Rechtsprechung deshalb schwer mit dem Gesetz vereinbar, weil das Gesetz in allen Fällen, in denen eine Abfindung festzulegen ist, vorschreibt, dass die Höhe der Abfindung im Vertrag bzw. im Hauptversammlungsbeschluss festzusetzen ist und der Vertrag oder der Entwurf des Hauptversammlungsbeschlusses mit Einberufung der Hauptversammlung auszulegen sind. Das Gesetz gehe also davon aus, dass es möglich ist, im Zeitpunkt der Einberufung der Hauptversammlung die angemessene Abfindung zu bestimmen, was die Rechtsprechung des BGH unmöglich machte.[766]

Stattdessen wird in der Literatur[767] vorgeschlagen, den Tag der Bekanntgabe der Strukturmaßnahme gemäß § 15 I WpHG zum Anknüpfungszeitpunkt zu machen. Neben den genannten Argumenten wird dies teilweise[768] zusätzlich begründet mit der Regelung in § 5 I S. 1 WpÜG-Angebotsverordnung. Danach beginnt die maßgebliche Referenzperiode in übernahmerechtlichem Kontext mit der Bekanntgabe der Angebotsabsicht des Bieters (§ 10 I S. 1 WpÜG) oder der Veröffentlichung des Kontrollerwerbs (§ 35 I S. 1 WpÜG). Es erscheine problematisch, wenn die BGH-Ansicht zur Anwendung anderer Bewertungsansätze als das WpÜG führte, mit der Folge, dass „in sachlich eng miteinander verwandten Regelungsbereichen (...) unterschiedliche Unternehmenswerte maßgeblich“ seien[769].

bb) Eigener Ansatz

Die Debatte um das Stichtagsprinzip bzw. den Referenzkurs spielt sich ab im Zielkonflikt von Rechtssicherheit und materieller Gerechtigkeit. Zwischen diesen beiden Polen gilt es, den bestmöglichen Ausgleich zu finden.

Bungert/Eckert, BB 2000, 1845 (1849): ein Jahr; *Luttermann,* JZ 1999, 945 (946): nicht unter 12 Monaten; ders., ZIP 2001, 869 (872): mindestens 1 Jahr, möglichst 2-3 Jahre; *Vetter,* AG 1999, 569 (571 f.): 2-3 Jahre.

765 *Krieger,* BB 2002, 53 (56); *Bauer,* NZG 2001, 891 (893); *Bungert,* BB 2001, 1163 (1165); *Bungert/Eckert,* BB 2000, 1845 (1848); *Drüke,* DB 2000, 713 (714); *Meilicke/Heidel,* DB 2001, 973 (974); *Vetter,* DB 2001, 1347 (1348 f.); *Weber,* ZGR 2004, 280 (284); *Wenger,* EWiR 2001, 605 (606).

766 AaO.

767 AaO; anlässlich der Entscheidung des Bundesverfassungsgerichts so schon *Wilken,* ZIP 1999, 1443 (1444).

768 *Vetter,* DB 2001, 1347 (1349).

769 AaO.

Um diesen Zielkonflikt zu veranschaulichen und um die Schwächen der höchstgerichtlichen Praxis und herrschenden Literaturmeinung aufzuzeigen, seien folgende Extrembeispiele vorweggeschickt:

Man denke sich den Fall eines aufstrebenden Unternehmens des Biotechnologiesektors, das nach jahrelanger Forschung plötzlich eine bahnbrechende Entdeckung macht und die Öffentlichkeit hiervon an demselben Tag im Wege einer *Ad hoc*-Meldung gemäß § 15 I S. 1 WpHG in Kenntnis setzt[770]. Der Börsenkurs verdoppelt sich am nächsten Handelstag. Ebenfalls am nächsten Tag kündigt der Mehrheitsaktionär – auch per *Ad hoc*-Meldung gemäß § 15 I S. 1 WpHG – die Eingliederung des Unternehmens an. Wäre es „angemessen", auf einen Referenzkurs abzustellen, der die gesamten Notierungen der vorangehenden drei Monate in die Bewertung mit einbezieht? Oder: Wäre ein mehrmonatiger Referenzzeitraum interessengerecht im Falle einer Explorationsgesellschaft, die nach zahlreichen vergeblichen Bemühungen endlich fündig wird und deren Hauptaktionär am Tage nach dem Heureka den Squeeze-Out ankündigt? – Umgekehrt: Entspräche ein Stichtag den Interessen aller Beteiligten, wenn just an jenem maßgeblichen Tage ein gesamtwirtschaftliches oder politisches Ereignis die Aktienmärkte erschüttert, seine Folgen sich aber nach wenigen Tagen wieder vollständig verflüchtigen?

(1) Kritik am reinen Stichtagsprinzip

Gegen das reine Stichtagsprinzip spricht – wie vom BGH richtig erkannt – das Argument der Rechtssicherheit. Der Rechtssicherheit wäre am besten damit gedient, einen möglichst langen Zeitraum zu wählen und von diesem auch in Sonderfällen nicht abzurücken.

Dies würde es dem Hauptaktionär ermöglichen, im Vorhinein die mit der geplanten Strukturmaßnahme verbundenen Kosten genau zu berechnen und auf dieser Grundlage seine Entscheidung über die Realisierung zu treffen. Dagegen würde das Stichtagsprinzip für ihn die Unsicherheit eines kurzfristigen Kursanstiegs bergen und so keine gute Grundlage für seine Dispositionen darstellen.

Für den Minderheitsaktionär ergibt sich dieselbe Unsicherheit unter gegenteiligem Vorzeichen: er läuft Gefahr, von einer negativen Tagesstimmung am Stichtag in Mitleidenschaft gezogen zu werden. Dem kann nur abgeholfen werden durch Zugrundelegung eines gemittelten Referenzkurses, in den auch die höheren Kurse weiter zurückliegender Zeitabschnitte Eingang finden. Das Argument von *Bilda*[771], für den Aktionär würde dadurch das Risiko der spekulativen Kapitalanlage „Aktie" abgeschwächt, kann deshalb nicht über-

[770] Eine Liste von Beispielen kurserheblicher Informationen enthalten die „Erläuterungen und Empfehlungen zur Behandlung kursbeeinflussender Tatsachen gemäß §§ 12 ff. WpHG" der Deutschen Börse AG, abgedruckt in WM 1994, 2038 ff.

[771] Siehe aa).

zeugen, weil der Anleger bei der Eingliederung und beim Squeeze-Outs durch den Hauptaktionär zur Desinvestition zu einem bestimmten Zeitpunkt gezwungen wird. Dieser vom Hauptaktionär gewählte Zeitpunkt beraubt den Anleger der Möglichkeit, den Zeitpunkt der Desinvestition selbst festzulegen. Wenn deshalb die Minderheitsaktionäre nicht uneingeschränkt den Marktverhältnissen eines einzigen Tages ausgesetzt sind, so kann hierin keine ungerechtfertigte Benachteiligung des Hauptaktionärs gesehen werden.

Auch der Gefahr von Manipulationen wird durch die Wahl einer Referenzperiode besser begegnet, als bei einem einzig maßgeblichen Stichtag. Der Ansatz von *Piltz*[772], vom Stichtag auszugehen und die durch den Hauptaktionär bewirkten Kursreaktionen „herauszuschätzen", vermag dieses Argument nicht zu entkräften. Denn durch den Versuch einer „Herausschätzung" entstünden neue Bewertungsprobleme, die der Rechtssicherheit abträglich wären. Auch zusätzliche Beweisschwierigkeiten wären zu erwarten[773]. Abgesehen davon würde von der bestechenden Einfachheit der Stichtagslösung nicht mehr viel übrig bleiben.

(2) Kritik an überlangen Referenzperioden

Demgegenüber entspricht das Stichtagsprinzip bzw. eine möglichst kurze Referenzperiode nicht nur am ehesten dem Wortlaut des Gesetzes, das eine „Berücksichtigung der Verhältnisse der Gesellschaft im Zeitpunkt der Beschlussfassung ihrer Hauptversammlung" (§ 305 III S. 2 AktG) verlangt.

Das Stichtagsprinzip bzw. eine möglichst kurze Referenzperiode trägt auch grundsätzlich am ehesten dem Gesichtspunkt der materiellen Gerechtigkeit Rechnung. Denn für Bewertungsfragen ist stets derjenige Zeitpunkt entscheidend, in dem sich die betreffende Vertragspartei endgültig rechtlich bindet. Bis zu diesem Moment können Überlegungen angestellt werden zu den wertbildenden Faktoren des Vertragsgegenstandes ebenso wie zu den denkbaren Alternativgeschäften. Bis zu diesem Moment können auch am Gegenstand selbst noch Änderungen eintreten, die im Rahmen der Bewertung berücksichtigt würden. „Bewertungsgegenstand" ist deshalb (rechtsgebietsübergreifend) stets der Bewertungsgegenstand im *Zeitpunkt der rechtlichen Bindung.* Jede Bewertung vorher ist lediglich eine vorläufige. Bei schwebenden Rechtsgeschäften ist deshalb grundsätzlich derjenige Tag der richtige Bewertungszeitpunkt, an dem die für die Rechtsverbindlichkeit erforderliche Zustimmung erteilt wird. Dies spricht zugunsten des Stichtagsprinzips. Denn der Börsenkurs am Tag der Hauptversammlung drückt die wertbildenden Faktoren („die Verhältnisse") der Gesellschaft ebenso wie die aktuellen Marktverhältnisse –

---

[772] AaO.

[773] Vgl zu diesem Aspekt auch die Ausführungen zu sprunghaften Kursentwicklungen unter c) cc).

und damit im Ergebnis den *Marktwert* der Unternehmensanteile – in just diesem maßgeblichen Zeitpunkt besser aus als jeder Börsenkurs vergangener Tage.

Dagegen sagt ein früherer Börsenkurs – insbesondere ein lange zurückliegender – üblicherweise nur noch wenig aus über die wertbildenden Faktoren des Unternehmens in der Gegenwart. Dies kann einerseits daran liegen, dass sich das Unternehmen selbst gewandelt hat. Zum anderen kann sich im Markt die Meinung darüber, was als „wertbildende Faktoren" anerkannt wird, geändert haben. So berücksichtigen die täglich neu angestellten Prognosen der Marktteilnehmer stets die kurz-, mittel- und langfristige Unternehmens- und Marktentwicklung[774]. Frühere Annahmen, die in die Börsenkurse früherer Zeiten eingeflossen sind, werden dabei korrigiert, und Tag für Tag rückt das, was noch vor kurzem ferne ungewisse Zukunft war, der Realität der Gegenwart ein Stück näher. Damit verlieren die Annahmen der Vergangenheit mit jedem vergangenen Tag an Bedeutung. Besonders deutlich wird dies bei außergewöhnlichen Ereignissen in der Unternehmensgeschichte, wie etwa den oben beispielhaft genannten bedeutenden Entdeckungen. Die Ertragsaussichten des Unternehmens können sich in solchen Fällen schlagartig erhellen und der Börsenkurs sich binnen Tagesfrist multiplizieren. Entsprechendes gilt für Negativmeldungen.

In diesen Fällen könnte die Hauptversammlung im Lichte der stark veränderten Umstände ihre Zustimmung zu der Strukturmaßnahme verweigern und so eine Neubewertung unter Berücksichtigung der neuen Verhältnisse erzwingen. Diese Macht der Hauptversammlung bestätigt die These, dass „an sich" der Tag der Beschlussfassung der Hauptversammlung der maßgebliche Bewertungszeitpunkt ist.

(3) „Regelreferenzzeitraum" von drei Monaten

Im Spannungsfeld von Rechtssicherheit und materieller Gerechtigkeit gilt es, einen gesunden Kompromiss zu finden. Aus den genannten Gründen ist eine Referenzperiode von vergleichsweise kurzer Dauer vorzugswürdig.

Zwischen „zu kurz" und „zu lang" erscheint vieles denkbar und vertretbar. In der Tat wird – wie oben[775] gesehen – viel vertreten und dies zumeist ohne ausdrückliche Begründung. Warum gerade drei Monate als mittlerer Zeitraum gewählt wurden, teilt auch der Bundesgerichtshof nicht mit. Er beschränkt sich auf die Aussage, dass ein Zeitraum von drei Monaten „erforderlich, aber auch ausreichend" sei, „um den aufgezeigten Gefahren wirksam zu begegnen"[776]. Aus Mangel an anderweitigen Anhaltspunkten ist richtigerweise im Gesetz und hilfsweise in sonstigen abstrakt-generellen Regelungen nach vergleichbaren Sachverhalten zu suchen, um auf diese Weise einen sachlichen – d.h.

[774] Vgl. *Weber*, ZGR 2004, 280 (282 f.).
[775] Siehe aa).
[776] DB 2001, 969 (971).

willkürfreien – Grund für einen bestimmten Zeitraum zu finden. Ein Blick in § 5 I WpÜG-Angebotsverordnung hilft weiter: dort schreibt der Verordnungsgeber für die Preisbestimmung bei Übernahmeangeboten einen Durchschnittskurs der letzten drei Monate vor. Dies ist auch sonst regelmäßig als sachgerechter Zeitraum anzusehen[777]. Denn für ein Abweichen von der Entscheidung des Verordnungsgebers kann nur dann Anlass bestehen, wenn Sachgründe hierfür vorliegen, die allerdings gerade nicht ersichtlich sind. Im Gegenteil: Von ihrer Zwecksetzung entsprechen sich das WpÜG und § 305 AktG, denn in beiden Fällen liegt der identische Zielkonflikt zwischen Rechtssicherheit und materieller Gerechtigkeit vor. Im Ergebnis verdient der vom Bundesgerichtshof gewählte Zeitraum von drei Monaten daher Zustimmung.

Die Aspekte der Rechtssicherheit und der materiellen Gerechtigkeit sind auch bei der Wahl des Anknüpfungszeitpunktes für den Dreimonatszeitraum zu berücksichtigen. So sprechen neben dem Gesetzeswortlaut („Verhältnisse der Gesellschaft im Zeitpunkt der Beschlussfassung ihrer Hauptversammlung") die obigen Ausführungen zu Bewertungssachverhalten im Allgemeinen Zivilrecht (Bewertungsgegenstand = Bewertungsgegenstand im Zeitpunkt der rechtlichen Bindung)[778] für die Auffassung des Bundesgerichtshofes, am Tag der Hauptversammlung anzuknüpfen. Demgegenüber spricht für die Literaturmeinung vor allem der Umstand, dass kein Zeitpunkt gewählt werden sollte, der mit den Regelungen des Aktiengesetzes über die Organisation der Hauptversammlung nicht kompatibel ist und der den Wertungen des Verordnungsgebers in dem vergleichbaren Kontext des Übernahmerechts widerspricht[779].

Um auch hier eine interessengerechte Lösung zu finden, sollte von einem „Regelreferenzzeitraum" von drei Monaten ausgegangen werden, der – wie von der Literatur vertreten – am Tage vor der Ankündigung anknüpft. Traten allerdings innerhalb dieses Dreimonatszeitraumes oder anschließend zwischen der Bekanntgabe der Strukturmaßnahme und dem Tag der Hauptversammlung

---

[777] Vgl. schon *Krieger*, BB 2002, 53 (56), für den Fall des Squeeze-Out.

[778] Siehe (2).

[779] Insgesamt wohl etwas übertrieben dürften dagegen die Befürchtungen von *Meilicke/Heidel*, DB 2001, 973 (975) sein, die Anknüpfung am Tag der Hauptversammlung führe zu einem „circulus vitiosus, weil die Abfindung von einem Börsenkurs abhängig gemacht wird, der sich seinerseits nach der Abfindung richtet". In Fällen von Abfindungskonditionen deutlich unter dem Börsenwert führe die bloße Ankündigung der Konzernierungsmaßnahme regelmäßig zu ganz erheblichen Kursstürzen – begründen die Autoren ihre These und nennen zahlreiche Beispiele aus der Vergangenheit (S. 974). Im Anschluss an die *DAT/Altana*-Entscheidung wird es aber wohl kaum mehr zu ähnlichen Beispielen kommen, in denen die angebotene Entschädigung so extrem unter dem Börsenwert der Aktie liegt. Und selbst wenn doch, dann würden die Marktteilnehmer aufgrund der gewandelten Rechtsprechung eine optimistische Erfolgsprognose für das durchzuführende Spruchverfahren anstellen, die sich auch im Börsenkurs widerspiegeln würde.

Tatsachen ein, die ebenfalls den Tatbestand des § 15 I WpHG erfüllen[780], so sollte ab diesem Zeitpunkt eine (ganz oder teilweise) neue Bewertung erfolgen, die die (positive oder negative) Veränderung der wertbildenden Faktoren[781] der Gesellschaft berücksichtigt. In diesem Ausnahmefall könnte dann – um dem Aspekt der materiellen Gerechtigkeit hinreichend Rechnung zu tragen – auch von der dreimonatigen Dauer des Regelreferenzzeitraumes abgerückt werden.

Im Normalfall – d.h. wenn keine weiteren Tatsachen eintreten, die die in § 15 I WpHG vorausgesetzte Qualität haben – sollte es dagegen bei dem Referenzzeitraum der drei Monate vor der Bekanntgabe bleiben. Dies schafft für sämtliche Beteiligten Gewissheit und damit Rechtssicherheit. Die unbefriedigende Situation, dass im Vertrag bzw. im Entwurf des Hauptversammlungsbeschlusses kein eindeutiger Abfindungswert angegeben werden kann, wird so vermieden. Auch Manipulationen kann so wirksam vorgebeugt werden. Unter diesen Voraussetzungen ist es hinnehmbar, dass die Kursentwicklung zwischen der Ankündigung der Strukturmaßnahme und dem Hauptversammlungsbeschluss regelmäßig keinen Eingang in den Referenzkurs findet[782].

Im Gegensatz zur bisherigen Literaturmeinung ist diese Lösung auch vom Wortlaut des Gesetzes noch gedeckt. Die „Berücksichtigung der Verhältnisse der Gesellschaft im Zeitpunkt der Beschlussfassung ihrer Hauptversammlung" kann nämlich auch in der Feststellung gesehen werden, dass seit der Bekanntgabe der Strukturmaßnahme keine weiteren Tatsachen eingetreten sind, die wegen ihrer Erheblichkeit den Tatbestand des § 15 I WpHG erfüllt hätten.

cc) Sonderproblem Mehrfachnotierung

Ist eine Aktie an mehreren Handelsplätzen notiert, stellt sich das Problem, wie genau der Durchschnittskurs ermittelt werden soll.

Im Falle *DAT/Altana* wurden die Aktien der DAT sowohl in Frankfurt als auch in Düsseldorf gehandelt. Wie der BGH[783] richtig ausgeführt hat, wird ein möglichst ausgeglichenes Durchschnittsergebnis für den Referenzzeitraum

---

[780] Es muss sich also um eine Tatsache handeln, die wegen der Auswirkungen auf die Vermögens- oder Finanzlage oder auf den allgemeinen Geschäftsverlauf geeignet ist, den Börsenkurs erheblich zu beeinflussen. Dabei ist die Frage, ob eine solche Tatsache vorliegt, unabhängig von der bevorstehenden Strukturmaßnahme zu beurteilen. Es ist also zu fragen, ob *typischerweise* eine Tatsache, wie die eingetretene entsprechende Auswirkungen auf den Börsenkurs hätte. Der Tag der Bekanntgabe des Umtauschverhältnisses (oder der Abfindungshöhe) sollte ebenfalls außer Betracht bleiben (unter Einschluss des Bekanntgabetages dagegen das Landgericht München I, DB 2000, 1016 (1017)).

[781] Siehe die beiden Beispiele oben unmittelbar unter bb).

[782] Zum Zusammenspiel von Börsenkurs und Synergieeffekten siehe diesen Dritten Hauptteil, unten 3. Abschnitt, III.

[783] BGHZ 147, 108 (124 f.).

festgestellt, wenn die Kurse beider Börsen ermittelt und aus diesen Festsetzungen ein (gewichteter) Durchschnittskurs errechnet wird.

Dem ist zuzustimmen. Wann immer möglich, sollten so viele Notierungen wie möglich Eingang finden in den Durchschnittskurs[784].

c) Unmaßgeblichkeit des Börsenkurses in Ausnahmefällen

Im folgenden soll untersucht werden, unter welchen Voraussetzungen eine Orientierung des Abfindungsbetrages am Börsenkurs ausnahmsweise nicht erfolgen kann.

aa) Unmaßgeblichkeit des Börsenkurses bei Manipulationen

(1) Begriff der „Manipulation"

Der Begriff „Manipulation" kommt aus dem Lateinischen: *manipulatio,* zu übersetzen mit „Handgriff, Verfahren, Kniff"[785]. Heute versteht man unter dem Verb „manipulieren" ein „durch bewusste Beeinflussung in eine bestimmte Richtung lenken"[786]. – Von diesem Begriffsverständnis soll im folgenden ausgegangen werden. „Manipulationen" umfassen damit sowohl Verhaltensweisen, die gegen das geltende Recht verstoßen, als auch solche, die für sich genommen nicht rechtswidrig sind.

Klassische Fälle der Kursmanipulation im kapitalmarktrechtlichen Sinne sind Karussellgeschäfte, gezielte Leerverkäufe und Bestechungen Skontro führender Wertpapierhändler[787]. In diesen Fällen leidet das Vertrauen der Allgemeinheit in die Kapitalmärkte, weshalb der Gesetzgeber entsprechende Verhaltensweisen mit Strafe belegt. Von jenem Zweck ist der Erkenntnisgegenstand dieser Arbeit zu unterscheiden: hier geht es um die Ermittlung einer angemessenen Abfindung. Es ist deshalb angezeigt, den Begriff der Manipulation auch auf solche Verhaltensweisen zu erstrecken, die zwar nicht nach kapitalmarktrechtlichen Vorschriften strafbar sind, in denen aber gleichwohl der Börsenkurs als Bewertungsmaßstab an Aussagekraft einbüßt.

Unter den Begriff der Manipulation im Sinne des vorliegend interessierenden Kontextes sind daher auch Verstöße gegen *Ad hoc*-Pflichten oder Verletzungen des Bilanzrechts zu subsumieren. Unterbleibt nämlich eine nach § 15 I WpHG erforderliche Mitteilung oder liegen in der Bilanz derart gravierende Inhaltsfehler vor, dass der Gesetzgeber ihre Nichtigkeit anordnet (§ 256 AktG), so bildete sich der Börsenkurs auf einer objektiv falschen Tatsachengrundlage. – Welcher Vorgang nun als „manipulativ" zu einzuordnen ist und welcher nicht, ist primär anhand der Wertungen des Gesetzgebers zu beantworten. Stehen

---

[784] Vgl. auch OLG Düsseldorf, AG 2005, 538 (541) – *Dortmunder Ritterbrauerei AG.*
[785] *Wahrig,* Stichwort „Manipulation".
[786] Duden – Das Herkunftswörterbuch, Stichwort „Manipulation".
[787] *Weber,* NZG 2000, 113.

keine Rechtsnormen als Richtschnur zur Verfügung, hat das Gericht eine eigene Wertungsentscheidung zu treffen. Hierbei ist zu bedenken, dass das Gebot der börsenkursorientierten Abfindungsbemessung keine feste Rechtsregel und keinen Selbstzweck darstellt, sondern darin begründet liegt, dass grundsätzlich eine marktnahe Bemessung den widerstreitenden Interessen bestmöglich gerecht wird. Hiervon kann es dann Ausnahmen geben, wenn der Börsenkurs von denselben Umständen beeinflusst ist, die auch den Interessenkonflikt zwischen den Beteiligten maßgeblich bestimmen. Unterstellt man eine börsenkursorientierte Abfindungsbemessung, haben Mehrheitsaktionär und Minderheitsaktionäre entgegen gesetzte Interessen in Bezug auf die Höhe des Aktienkurses. Man wird deshalb im vorliegenden Kontext von „Manipulation" auch dann sprechen müssen, wenn gerade im Hinblick auf die erwartete Zugrundelegung des Börsenkurses bei der Abfindungsbemessung ein Hauptaktionär, der 95,6 Prozent der Aktien hält, innerhalb der drei Monate vor der Eingliederung oder dem Squeeze-Out[788] 0,5 Prozent an der Börse veräußert, um auf diese Weise den Kurs zu drücken. Ein solcher Kurs ergibt sich nicht wie üblich daraus, dass verschiedene Marktteilnehmer die wertbildenden Faktoren des Unternehmens in bestimmter Form würdigen, sondern daraus, dass sich ein besonders finanzstarker Akteur beim Entschluss, Anteile zu veräußern und der Bemessung des Limits ausschließlich von anderweitigen Motiven hat leiten lassen und diese gerade im Gegensatz zu den Interessen der schutzbedürftigen Minderheitsaktionäre stehen. – Ähnlich mag der Sachverhalt liegen bei Leerverkäufen durch einen Hedge-Fonds, die ebenfalls gerade mit der Absicht unternommen werden, den Kurs zu drücken und bei niedrigerem Niveau die eingegangenen Positionen wieder auszugleichen.[789]

(2) Konsequenzen

Verdient ein Vorgang, der – unmittelbar oder mittelbar – für einen bestimmten Börsenkurs verantwortlich gemacht werden kann, die Bezeichnung „Manipulation", so spricht zunächst eine Vermutung dafür, die Folgen der Manipulation aus dem Kurs herauszurechnen bzw. den festgestellten Börsenkurs bei der Durchschnittsbildung gänzlich außer Betracht zu lassen. Zwar ist auch in diesen Fällen der festgestellte Kurs das Ergebnis des Zusammenspiels von Angebot und Nachfrage. Er ist aber im Falle des Verstoßes gegen gesetzliche Vorschriften zugleich das Produkt eines rechtlich missbilligten Verhaltens. Das Prinzip von der Einheit der Rechtsordnung spricht hier dafür, dass ein Gericht bei der Abfindungsbemessung solche Kurse nicht zur Grundlage seiner Entscheidung macht. – So liegt etwa bei einem Verstoß gegen *Ad hoc*-Pflichten die fehlende Verwertbarkeit des Börsenkurses auf der Hand: Unterbleibt die

---

[788] Je nach Auffassung ist abzustellen auf die Bekanntgabe der Strukturmaßnahme oder den Hauptversammlungsbeschluss darüber.

[789] Zum Zusammenhang von Manipulation und sprunghaften Entwicklungen siehe unten cc) (2); zum Zusammenhang von Manipulation und Marktenge siehe unten dd) (5).

Mitteilung eines wesentlichen Ereignisses, so fehlt den Marktteilnehmern eine wichtige Information und der Börsenkurs bildet sich aufgrund einer objektiv falschen Tatsachengrundlage. Die Abweichung der tatsächlichen von der vom Markt wahrgenommenen Sachlage ist dabei stets auch von gewisser Erheblichkeit, da ein Verstoß gegen § 15 I WpHG qua definitionem nur dann vorliegt, wenn bestimmte Tatsachen nicht veröffentlicht wurden, die so bedeutend sind, dass sie „kursbeeinflussende" Wirkung haben.

Vorrang gegenüber dem abstrakten Prinzip von der Einheit der Rechtsordnung muss allerdings die konkrete Interessenlage der betroffenen Parteien haben. Kommt es beispielsweise zu einer Überbewertung der Aktie, weil aufgrund eines bilanzrechtlichen Inhaltsfehlers i.S.v. § 256 AktG die Lage des Unternehmens zu vorteilhaft aus seinem Rechenwerk hervorgeht, so ginge eine Zugrundelegung bereinigter Aktienkurse auf Kosten der Minderheitsaktionäre. Besonders misslich wäre dies bei jenen Minderheitsaktionären, die selber zu einem überhöhten – weil auf objektiv falscher Grundlage entstandenen – Kurs ihre Papiere erworben haben. Hier gilt der Grundsatz, dass „Bewerten" immer „Vergleichen" bedeutet: ein Minderheitsaktionär, der zum Ausstieg aus seinem Investment gezwungen wird, wird nicht den Vergleich anstellen zwischen dem „falschen" und dem vermeintlich „richtigen" Börsenkurs, sondern den Vergleich zwischen dem Abfindungswert und jenem Kurs, den er beim Erwerb der Papiere selber bezahlt hat. Stand schon der Erwerbspreis unter dem Einfluss des Verstoßes gegen das Bilanzrecht und verdiente er deshalb das Prädikat „manipuliert", weil er von einem zu vorteilhaften Bild des Unternehmens ausging, so hat der Minderheitsaktionär ein schutzwürdiges Interesse daran, dass die Abfindung ebenfalls auf der Grundlage der „manipulierten" Kurse ermittelt wird.[790]

Umgekehrt kann es erforderlich sein, einen Kurs zu bereinigen oder gänzlich außer Acht zu lassen, obwohl ihm kein Verstoß gegen das geltende Recht zugrunde liegt. So steht es etwa grundsätzlich einem Mehrheitsaktionär frei, zu jedem beliebigen Zeitpunkt Teile seines Aktienbesitzes zu veräußern. Gleichwohl wird man den oben geschilderten Fall der Anteilsreduzierung unmittelbar vor dem Squeeze-Out als „Manipulation" im Sinne des hier interessierenden Kontextes einordnen und in diesem Fall eine Bereinigung des Börsenkurses vornehmen müssen. Denn der Mehrheitsaktionär ließ sich gerade von der Absicht leiten, den Kurs zu drücken und sich damit einen Vorteil gegenüber den Minderheitsaktionären zu verschaffen.

All dies zeigt, dass die Frage der Verwertbarkeit des Börsenkurses in bestimmten Einzelfällen mit besonderen Schwierigkeiten behaftet sein kann.

---

[790] Im umgekehrten Fall – der Manipulation des Kurses nach unten – ist dagegen eine Bereinigung vorzunehmen. Denn der Mehrheitsaktionär erwirbt das Eigentum an den Anteilen, denen „an sich" ein höherer Wert zukommt als jenem, der unter Zugrundelegung falscher Annahmen an der Börse bezahlt wurde. Das Interesse des Mehrheitsaktionärs an der Zugrundelegung der manipulierten Kurse ist daher nicht schutzwürdig.

Schematische Lösungen liegen weder bei der Bestimmung des Manipulationsbegriffes auf der Hand, noch beim Umgang mit den Fällen, in denen eine „Manipulation" bejaht worden ist. Daher kommt es darauf an, jeden Einzelfall im Lichte seiner Besonderheiten zu würdigen, wobei nicht feste Rechtsregeln im Vordergrund stehen, sondern die Findung eines Ergebnisses, das den schutzbedürftigen Interessen der Beteiligten bestmöglich gerecht wird.

bb) Unmaßgeblichkeit wegen „schlechter Verfassung der Kapitalmärkte"?

Kann eine „schlechte Verfassung der Kapitalmärkte" Anlass geben zu einem Abrücken vom Börsenkurs als Wertmaßstab? Der Wortlaut der Entscheidung des Bundesverfassungsgerichts legt diese Vermutung nahe. Ob sie im Ergebnis zutreffend ist, ist im folgenden zu klären.

(1) Wortlaut der Entscheidung des Bundesverfassungsgerichts

In dem Urteil des Bundesverfassungsgerichts vom 27. April 1999 heißt es: „Auch bei der (...) für die Bestimmung der Verschmelzungsrelation notwendigen Unternehmensbewertung der abhängigen Gesellschaft hat, wenn diese börsennotiert ist, der Börsenwert grundsätzlich als Untergrenze der Bewertung zu fungieren. Dagegen ist es verfassungsrechtlich nicht geboten, einen etwa existierenden Börsenwert der herrschenden Gesellschaft oder der Hauptgesellschaft als Obergrenze der Bewertung der Gesellschaft heranzuziehen. Denn das grundrechtlich geschützte Aktieneigentum des abfindungsberechtigten Minderheitsaktionärs vermittelt ihm keinen Anspruch darauf, Aktien der herrschenden Gesellschaft zu (höchstens) dem Börsenkurs zu erhalten. Die Gerichte sind deshalb von Verfassungs wegen frei, dem herrschenden Unternehmen, etwa bei einer schlechten Verfassung der Kapitalmärkte, einen höheren Wert beizumessen als den Börsenwert."[791]

(2) Bedeutung der verfassungsgerichtlichen Entscheidung aus zivilrechtlicher Sicht

Um die Bedeutung der Entscheidung des Bundesverfassungsgerichts aus zivilrechtlicher Sicht einzuschätzen, bedarf es der Differenzierung zwischen dem „verfassungsrechtlich Zulässigen" einerseits und dem „einfachrechtlich Gebotenen" andererseits.

Das Bundesverfassungsgericht ist bekanntlich keine „Superrevisions"-Instanz[792]. Es prüft die Akte der gesetzgebenden, vollziehenden und richterlichen Gewalt lediglich auf ihre „Grundrechtsmäßigkeit"[793]. Wenn also ein Zivilgericht aufgrund einer „schlechten Verfassung der Kapitalmärkte" zur

[791] ZIP 1999, 1436 (1442).
[792] BVerfGE 7, 198 (207).
[793] AaO.

Bemessung des Wertes der Obergesellschaft über deren Börsenwert hinausginge, so läge hierin kein Verstoß gegen die Verfassung. Mehr hat das Bundesverfassungsgericht nicht gesagt. Die Frage, ob tatsächlich in einem solchen Falle ein über dem Börsenwert liegender Ertragswert bemüht werden soll, muss deshalb auf der Ebene des einfachen Rechts, d.h. des Zivilrechts, erst noch entschieden werden.

(3) Kapitalmarktverfassung, Börsenkurs und zivilrechtliche Maßstäbe: zum Gebot der Anerkennung des Preisniveaus

Nach zivilrechtlichen Maßstäben ergibt sich, dass eine „schlechte Verfassung der Kapitalmärkte" grundsätzlich keinerlei Veranlassung bietet, vom Börsenkurs als Bewertungsmaßstab abzurücken. Weder bei der Obergesellschaft – zu der sich das Bundesverfassungsgericht äußerte –, noch bei der Untergesellschaft kann eine „schlechte Verfassung der Kapitalmärkte" als Begründung dafür dienen, vom Börsenkurs als Regelwert abzuweichen.

Eine „schlechte Verfassung der Kapitalmärkte" ergibt sich durch wenig Kaufinteresse und viele Verkaufsaufträge. So wird ein Kaufauftrag mit der Maßgabe ausgesprochen, dass lediglich im Falle eines „geringen" Preises gekauft werden soll, ein Verkaufsauftrag mit der Maßgabe verbunden, dass auch bei einem „geringen" Preis die Papiere veräußert werden sollen[794]. Warum die Marktteilnehmer „niedrige" Limits setzen, ist eine Frage der Motive, die nur durch Erforschung der (stets subjektiven[795]) Bewertungen der einzelnen Marktteilnehmer geklärt werden kann. Ob hierbei auch „Zufälligkeiten gesamtwirtschaftlicher, politischer und psychologischer Art" eine Rolle gespielt haben, mag ein interessantes Problemfeld für die Wirtschaftswissenschaft oder die Psychologie darstellen. Aus Sicht des Rechts kann es jedoch allein auf den Börsenkurs als solchen ankommen und nicht auf die Hintergründe seines Zustandekommens. Denn der Börsenkurs ist der Preis für die am Marktplatz Börse gehandelten Objekte[796]. Er zeigt damit den Marktwert der jeweiligen Wertpapiere an. Im Grundlagenteil dieser Arbeit wurde nachgewiesen, dass die Maßgeblichkeit des Marktwertes für Ausgleich und Entschädigung ein allgemeines Rechtsprinzip darstellt[797]. Dies gilt, obwohl immer auf Märkten – nicht nur auf den Wertpapiermärkten – auch subjektive Momente die Anbieter und Nachfrager beeinflussen und auf diese Weise preiswirksam werden[798]. So, wie auf anderen Märkten ein niedriges Preisniveau in Gerichtsentscheidungen wie selbstverständlich bei der Entschädigungsbemessung anerkannt wird[799], so

---

[794] Vgl. *Gerke,* Stichwort „Limitierung".
[795] Siehe Grundlagenteil, III.
[796] Vgl. *Gerke,* Stichwort „Börsenkurs".
[797] Siehe Erster Hauptteil, 1. Abschnitt, VII.
[798] AaO.
[799] AaO.

kann auch eine „schlechte Verfassung der Kapitalmärkte“ nicht geeignet sein, ein Abrücken vom Marktpreis in Gestalt des Börsenkurses zu rechtfertigen.

(4) Kapitalmarktverfassung, Börsenkurs und materielle Gerechtigkeit: die Möglichkeit der „Ersatzbeschaffung zu Marktpreisen“

Die Anerkennung des Börsenkurses als Maßstab für die Bestimmung der Abfindung entspricht auch dem Gedanken der materiellen Gerechtigkeit.

Der Anleger hat nicht nur seine Aktien zu Marktpreisen an der Börse erworben, was allein schon dafür spricht, ihm auch als Entschädigung einen Marktpreis zu leisten. Er kann darüber hinaus mit der geleisteten Entschädigung an der Börse zu Marktpreisen ein Ersatz-Investment tätigen. Befindet sich tatsächlich der Kapitalmarkt „in schlechter Verfassung“, kann der Anleger andere Aktienwerte von Unternehmen vergleichbarer Branche, Größe, Tradition, mit ähnlicher regionaler Herkunft oder ähnlich großen Wachstumschancen oder derselben Indexzugehörigkeit ebenfalls zu niedrigem Kaufpreis erwerben[800]. Zwar wird der Anleger wegen der Einzigartigkeit jedes Unternehmens nie ein nach sämtlichen Kriterien identisches Investment finden, für das er den als Entschädigung erhaltenen Geldbetrag aufwenden kann. Jedoch führten in der jüngeren Vergangenheit – trotz des Niederganges des Neuen Marktes – die zahlreichen Börsengänge dazu, dass dem Anleger heute eine breite Palette an notierten Unternehmen im eigenen Land zur Verfügung steht. Durch die Einführung des Euro multiplizierte sich gleichzeitig die Anzahl der währungsspezifisch identischen Anlagealternativen; der Anleger kann sich nun auch außerhalb Deutschlands engagieren, ohne dem Risiko von Währungsschwankungen ausgesetzt zu sein. Aber auch Investments in fremden Ländern und Währungen sind heutzutage näher liegend als früher. Der Grund hierfür liegt in der Globalisierung. Unternehmen stellen sich immer internationaler auf, indem sie im Ausland Absatz- und Finanzmärkte erschließen und im Zuge von Auslandsinvestments einen in den vergangenen Jahrzehnten enorm gewachsenen Anteil ihrer Wertschöpfung im Ausland generieren (mikroökonomischer Aspekt)[801]. Gleichzeitig werden zwischenstaatliche Handelshemmnisse abgebaut, die Güter- und Kapitalmärkte insgesamt immer

---

[800] Dieser wichtige Aspekt taucht in der rechtswissenschaftlichen Debatte praktisch überhaupt nicht auf. Lediglich *Busse von Colbe,* AG 1964, 263 (267), äußerte sich einmal in diesem Sinne: „Wie schon erwähnt mag ein einzelner Aktionär den Wert seiner Aktien subjektiv höher einschätzen, als der Börsenkurs anzeigt; er würde sich dann besonders in der Baisse bei einer Umwandlung zum Börsenkurs geschädigt fühlen. Indes sind diese subjektiven Wertschätzungen der einzelnen Aktionäre möglicherweise sehr verschieden und nicht beweisbar. Deshalb sind sie als Abfindungsgrundlage nicht geeignet. Doch können die Aktionäre diesen Wertverlust wenigstens zum Teil ausgleichen, wenn sie mit dem als Abfindung erhaltenen Geld andere Aktien erwerben, die in der Baisse gleichfalls unterbewertet erscheinen.“

[801] *De Souza/Stutz,* S. 534.

internationaler und damit die Volkswirtschaften global immer stärker voneinander abhängig (makroökonomischer Aspekt)[802]. Damit sind die Unternehmen in den unterschiedlichsten Erdteilen immer öfter denselben gesamtwirtschaftlichen Risiken ausgesetzt[803] und haben gleichzeitig weltweit teil an denselben unternehmerischen Chancen[804]. Aus Anlegersicht bedeutet dies: Das Spektrum der nach einem bestimmten Risiko-Chancen-Profil vergleichbaren Investments hat sich im Verlauf der vergangenen Jahre stark verbreitert.[805]

Über das, was genau ein „vergleichbares Investment" ist, wird man zwar lange betriebswirtschaftliche Diskussionen führen können[806]. Denn die Frage nach der Vergleichbarkeit ist immer eine Frage nach dem jeweiligen Kriterium, für das sich ein Anleger interessiert[807]. Hierzu lassen sich selbstverständlich immer unterschiedliche Ansichten vertreten, denn auch hier gibt es keine „absoluten Wahrheiten". Aber darauf kommt es auch nicht an. Denn was ein „vergleichbares Investment" ist, kann und soll ausschließlich der Abfindungsberechtigte entscheiden und zwar anhand jener Merkmale, die er persönlich für „wertbildend" empfindet[808]. Entscheidend ist allein, dass aufgrund der vielfältigen Alternativen, die der Kapitalmarkt mittlerweile bereit hält, kein Anleger mit dem Argument gehört werden kann, ein anderes vergleichbares Investment auf dem Markt für verbrieftes Eigenkapital gebe es nicht.

Flankierend kommt hinzu, dass der Anleger heutzutage dank moderner Kommunikationsmittel, insbesondere dem Medium Internet, die für wichtig gehaltenen Informationen schnell und mit wenig Aufwand beschaffen kann[809].

---

802 *De Souza/Stutz,* S. 525, 528. *Fabozzi/Modigliani/Jones/Ferri,* S. 354, 378.

803 Beispielsweise leidet eine deutsche Fluggesellschaft in vergleichbarer Weise unter Terrorismus oder gestiegenen Ölpreisen wie eine US-Airline.

804 Von der Entwicklung des Automarktes in China profitieren etwa nicht nur asiatische Autohersteller, sondern auch deutsche, die dort produzieren.

805 *Fabozzi/Modigliani/Jones/Ferri,* S. 361; *Chandrashekaran* in Global Investment Risk Management, S. 112 f.

806 Ebenso kann man sich wohl in manchem Fall trefflich darüber streiten, was „der Kapitalmarkt" ist und ob eine Aktie nur deshalb niedrig notiert, weil „der Kapitalmarkt" in schlechter Verfassung ist oder aber lediglich das zu bewertende Unternehmen schlecht dasteht.

807 Vgl. *Spremann,* Vermögensverwaltung, S. 68.

808 Er wird sich also fragen müssen, welche Motive ihn zu jenem Aktieninvestment veranlasst haben, aus dem er anlässlich der gesellschaftsrechtlichen Strukturmaßnahme aussteigen muss. Auf dieser Grundlage kann er in für ihn vergleichbare Titel investieren und so an jenen Entwicklungen teilhaben, die er für erfolgsentscheidend hält.

809 *Fabozzi/Modigliani/Jones/Ferri,* S. 7. Der Horizont – oder: Markt – des Anlegers hat sich durch das Internet enorm erweitert: Ein deutscher Anleger – und zwar auch ein Kleinanleger – kann sich heute ebenso schnell und mühelos informieren über die Zahlen und die Unternehmensstrategie eines französischen oder japanischen (Groß-)Unternehmens, wie über jene eines inländischen. Ein Investment in ausländische Titel scheitert deshalb heute nicht mehr an der fehlenden Information. Neben dem Internet werden die Informations-

Die Beurteilung dieser Informationen wird erleichtert durch die international vereinheitlichten Vorschriften über die Rechnungslegung (IFRS, US GAAP). Ebenfalls dank moderner Technologie werden auch Order über ausländische oder im Ausland gehandelte Papiere prompt exekutiert und dies mit vergleichsweise moderaten Transaktionskosten[810].

Auf diese Weise hat es der Aktionär, der zu einer Desinvestition gezwungen wird, selbst in der Hand, ob er weiterhin an solchen Investmentchancen teilhaben möchte, die jenen seines ursprünglichen Investments vergleichbar sind. Diese praktisch immer gegebene Möglichkeit der „Ersatzbeschaffung zu Marktpreisen" entzieht grundsätzlich jedem Verlangen nach einer Abfindungsbemessung abseits der Börsenbewertung den Boden[811].

(5) Obergesellschaft und Untergesellschaft

Die vorangegangenen Grundsätze gelten für den Entschädigungsverpflichteten in gleicher Weise wie für den Entschädigungsberechtigten.

So wie die Aktien der Untergesellschaft zu Marktpreisen zu bewerten sind, so gilt dies auch bei den Aktien einer Obergesellschaft, die den Aktionären der Untergesellschaft im Wege eines Tausches angeboten werden. Zwar mag eine andere Sichtweise – wie sie das Bundesverfassungsgericht nahe legt[812] – nicht verfassungswidrig sein. Nach dem (einfachrechtlichen) Prinzip der Maßgeblichkeit des Marktwertes für Ausgleich und Entschädigung[813] kann es dem Anteilseigner der Hauptgesellschaft jedoch nicht gestattet sein, sich auf vermeintlich „wahre" Werte zu berufen, die nach Zukunftserfolgswertverfahren ermittelt worden sind. Auch er hat zu akzeptieren, dass sein Unternehmen Gegenstand von Marktbewertungen ist, denen er sich nicht zu Lasten der Aktionäre der Untergesellschaft entziehen darf.

---

möglichkeiten des Kapitalanlegers durch den weltweiten Wettbewerb der Unternehmen um Eigenkapital gefördert: Investor Relations werden professioneller betrieben als je zuvor. Vgl. zum Verhältnis von Bewertung und Kapitalmarktkommunikation: *Luttermann*, AG 2000, 459 (465).

810 *Fabozzi/Modigliani/Jones/Ferri*, aaO.

811 Stimmen, die eine „Verfehlung des vollen Wertes in Baissephasen" (*Hüffer/Schmidt-Aßmann* in Hüffer/Schmidt-Aßmann/Weber, S. 67) beklagen und in akribischer Weise zu definieren versuchen, wann genau eine „schlechte Verfassung der Kapitalmärkte" vorliegt (aaO, S. 79), lassen diese wichtigen Zusammenhänge gänzlich außer Acht.

812 BVerfG ZIP 1999, 1436 (1442).

813 Siehe Erster Hauptteil, 1. Abschnitt, VII.

cc) Unmaßgeblichkeit wegen „außergewöhnlicher Tagesausschläge“ und „sprunghafter Entwicklungen“?

(1) Rechtsprechung des Bundesgerichtshofes

In dem Beschluss des Bundesgerichtshofes vom 12. März 2001 heißt es: „Um einen Referenzkurs zu erlangen, der eine kontinuierliche Entwicklung des Börsenkurses in dem maßgebenden Zeitraum repräsentiert, müssen außergewöhnliche Tagesausschläge oder sprunghafte Entwicklungen binnen weniger Tage, die sich nicht verfestigen – gleichgültig, ob es sich um steigende oder fallende Kurse handelt – unberücksichtigt bleiben.“[814]

Zunächst hört sich dies logisch an. Tatsächlich mag so mancher „außergewöhnliche Tagesausschlag“ oder so manche „sprunghafte Entwicklung“ auf Ursachen beruhen, die vom Hauptaktionär selbst gesetzt worden sind. Dass *in solchen Fällen*[815] eine Nichtberücksichtigung angemessen sein kann, leuchtet ein. Aber warum die Pauschalität in den Urteilsgründen? Und warum überhaupt soll der Referenzkurs eine „kontinuierliche Entwicklung des Börsenkurses“ repräsentieren?

(2) Kritik

Der Bundesgerichtshof vermengt offensichtlich Ursache und Wirkung des Geschehens an den Kapitalmärkten. Er scheint zu unterstellen, dass bestimmte Effekte, die sich im Börsenkurs widerspiegeln auf Ursachen beruhen, die aus der Sicht des Rechts nicht legitim sind. Grundsätzlich gilt, dass Börsenkurse Marktpreise sind wie jeder andere Marktpreis auch[816]. Marktpreise unterliegen naturgemäß Schwankungen, da sie auf Angebot und Nachfrage beruhen. Dieses Phänomen ergibt sich aus der „beweglichen Preis- und Wertrechnung“, die Bestandteil jeder marktwirtschaftlich verfassten Wirtschaftsordnung ist und die vom Gesetzgeber gewollt ist[817]. „Außergewöhnliche Tagesausschläge“ und „sprunghafte Entwicklungen“ sind deshalb zunächst als ökonomische Realitäten hinzunehmen, ebenso wie das Recht auch in anderen Fällen die tatsächlich gezahlten Preise als Ergebnisse des Zusammenspiels von Angebot und Nachfrage grundsätzlich ohne weitere Forschung nach ihren Hintergründen zur Bemessung einer gerechten Entschädigung akzeptiert[818]. Wie im Ersten Hauptteil nachgewiesen wurde, interessiert sich das Recht grundsätzlich nicht für die „Motive“ der Marktteilnehmer, die bestimmten Bewertungen zugrunde

---

814 DB 2001, 969 (972).

815 Zu den Fällen der Manipulation siehe oben aa).

816 Grundlagenteil, V. 5. b) bb).

817 Siehe Erster Hauptteil, 1. Abschnitt, VII.

818 AaO.

liegen[819]. Aus diesen Gründen braucht der Referenzkurs auch grundsätzlich keine „kontinuierliche Entwicklung des Börsenkurses" zu repräsentieren[820].

Verständlich vermag das Anliegen des Bundesgerichtshofes lediglich dann erscheinen, wenn der Börsenkurs manipuliert wurde[821] oder in ihm eindeutig eine bestimmte Information enthalten ist, die sich noch vor dem Tag der Hauptversammlung als unrichtig herausgestellt hat. Um bei dem obigen Beispiel des Biotechnologieunternehmens zu bleiben: Eine *Ad hoc*-Meldung ergeht, der Kurs verändert sich stark – gleich in welche Richtung – und die *Ad hoc*-Meldung erweist sich wenig später unmissverständlich als „falsche Vorfreude" oder „Fehlalarm" und nach der berichtigenden *Ad hoc*-Meldung passt sich der Börsenkurs wieder an. In diesem Ausnahmefall könnte man darüber nachdenken, den Peak bei der Ermittlung des Referenzkurses außer Betracht zu lassen. Dies bedarf jedoch stets einer Güterabwägung, denn egal wie stark manche Ausschläge nach oben oder unten sein mögen: Die Gewissheit, dass grundsätzlich jeder Börsenkurs in den Referenzkurs einfließt und er nicht erst noch eine gerichtliche Überprüfung bestehen muss, bietet den Marktteilnehmern Rechtssicherheit. Dagegen kann schon die Beantwortung der Frage, wann ein „ungewöhnlicher" Tagesausschlag oder eine „kurzfristige, sich nicht verfestigende Entwicklung" vorliegt, Schwierigkeiten aufwerfen. Denn an den Aktienmärkten kommt es täglich zu stärkeren oder schwächeren Tagesausschlägen. Diese sind mal besser und mal schlechter begründbar, geschweige denn ihre Ursachen beweisbar. Verschiedene Finanzanalysten, die alle hauptberuflich mit der Beobachtung der Aktienmärkte befasst sind, sind oft sehr unterschiedlicher Meinung. Was für den einen ein „ungewöhnlicher" Kursanstieg oder Kurseinbruch ist, ist für den anderen durchaus plausibel. Und dort wo der eine Experte den Beginn einer nachhaltigen Entwicklung sieht, ist ein anderer weit pessimistischer eingestellt. Gleichzeitig kann bei überraschenden oder besonders bedeutsamen Ereignissen selbst das Ausbleiben einer erwarteten, aber nicht eingetretenen Kursschwankung als „ungewöhnlich" beurteilt werden.

Bestimmte Kurse sollten deshalb grundsätzlich nur dann aus der Bildung des Referenzkurses ausgenommen werden, wenn dies aus Gründen der materiellen Gerechtigkeit angezeigt ist, d.h. sie die wertbildenden Faktoren des Unternehmens – und damit einen fairen Marktwert des Anteilseigentums – am Tag der Hauptversammlung eindeutig falsch widerspiegeln.

---

[819] AaO.

[820] So schon im Jahre 1938 *Rieger;* siehe Ersten Hauptteil, 2. Abschnitt, III. 3. f) aa).

[821] Siehe hierzu oben aa).

dd) Unmaßgeblichkeit wegen Marktenge und hoher Volatilität?

(1) Rechtsprechung von Bundesverfassungsgericht und Bundesgerichtshof

In dem *DAT/Altana*-Beschluss des Bundesverfassungsgerichts heißt es: „Das Gebot, bei der Festsetzung der angemessenen Entschädigung den Börsenkurs zu berücksichtigen, bedeutet nicht, dass er stets allein maßgeblich sein müsse. Eine Überschreitung ist verfassungsrechtlich unbedenklich. Es kann aber auch verfassungsrechtlich beachtliche Gründe geben, ihn zu unterschreiten. Da Art. 14 I GG keine Entschädigung zum Börsenkurs, sondern zum „wahren" Wert, mindestens aber zum Verkehrswert verlangt, kommt eine Unterschreitung dann in Betracht, wenn der Börsenkurs ausnahmsweise nicht den Verkehrswert widerspiegelt. So kann etwa im Fall der Eingliederung durch Mehrheitsbeschluss (§ 320 AktG) eine Marktenge entstehen, weil mindestens 95 Prozent der Aktien unverkäuflich sind. Es ist dann ungewiss, ob der Minderheitsaktionär seine Aktien tatsächlich zum Börsenkurs hätte verkaufen können. Auch in diesem Fall fehlt dem Börsenkurs aber nicht jede Eignung zur Feststellung des Werts der Unternehmensbeteiligung, solange die Aktien an der Börse gehandelt werden. Der abfindungsverpflichteten Hauptgesellschaft im Fall der Eingliederung oder dem herrschenden Unternehmen im Fall des Unternehmensvertrags muss jedoch die Möglichkeit eingeräumt werden, im Spruchverfahren darzulegen und gegebenenfalls zu beweisen, dass der Börsenkurs nicht dem Verkehrswert entspricht, etwa weil längere Zeit praktisch überhaupt kein Handel mit den Aktien der Gesellschaft stattgefunden hat."[822] – An späterer Stelle heißt es: „Es ist auch nicht ersichtlich, dass es der Beschwerdeführerin unmöglich gewesen wäre, ihre Aktien zu den Börsenpreisen zu veräußern."[823]

Der Bundesgerichtshof knüpft hieran an und führt in den Urteilsgründen seiner Entscheidung vom 12. März 2001 aus: „Die Beteiligten (...) haben nicht dargelegt, dass in der fraglichen Zeit beim Börsenhandel mit DAT eine Marktenge bestanden hat, die lediglich einen marginalen Handel mit diesen Aktien ermöglicht hätte, sodass der aufgrund derartiger Marktumstände gebildete Börsenpreis den Verkehrswert der Aktie nicht widerspiegeln könne. Der Handel mit DAT-Werten hat nach ihrem Vorbringen in dem Bezugszeitraum zu keinem Zeitpunkt über längere Zeit geruht. (...) Schematisierende Betrachtungen, die ein Mindesthandelsvolumen von 3 bis 5 Prozent und einen Handel an jedem zweiten Tag im Monat fordern – so Wilm, NZG 1999, S. 234 (238 f.) – erscheinen dem Senat nicht gerechtfertigt – ablehnend auch Piltz, ZGR 2001 S. 185 (202 f.)."[824]

---

[822] BVerfGE 100, 289 (309).
[823] BVerfGE 100, 289 (312).
[824] DB 2001, 969 (973).

(2) Bedeutung der verfassungsgerichtlichen Entscheidung aus zivilrechtlicher Sicht

Aufgrund der Rechtsprechung des Bundesverfassungsgerichts wird die „Marktenge" von den Zivilgerichten und dem Schrifttum offenbar als feststehende Fallgruppe für eine Entschädigung abseits des Börsenkurses verstanden. Nur so lässt sich erklären, weshalb zwar vielfach diskutiert wird, wann genau eine „Marktenge" anzunehmen ist[825], aber kaum, ob nicht vielleicht auch *trotz* Marktenge ein Abstellen auf den Börsenkurs sinnvoll sein kann[826].

Erinnert sei an den Leitsatz des Beschlusses des Bundesverfassungsgerichts vom 27. April 1999: „Es ist mit Art. 14 I GG unvereinbar, bei der Bestimmung der Abfindung oder des Ausgleichs für außenstehende oder ausgeschiedene Aktionäre nach §§ 304, 305, 320 b Aktiengesetz den Börsenkurs der Aktien außer Betracht zu lassen."[827] Der Fall der „Marktenge" bildet hiervon eine Ausnahme. Es ist also aus verfassungsrechtlicher Sicht unbedenklich, im Fall der Marktenge auf eine Berücksichtigung des Börsenkurses zu verzichten. Doch nicht alles, was verfassungsrechtlich möglich ist, ist nach den Grundsätzen des einfachen Rechts geboten. Aufgrund dieser Erkenntnis wurde bereits befunden, dass eine Außerachtlassung von Börsenkursen wegen einer „schlechten Verfassung der Kapitalmärkte" nicht sachgerecht ist[828]. Ebenso muss sich die Zivilgerichtsbarkeit ihr eigenes Urteil bilden, ob sie tatsächlich bei Vorliegen einer „Marktenge" den Börsenkurs völlig außer Betracht lassen möchte.

Dabei beginnt das Problem der „Fallgruppe Marktenge" bereits mit ihrer Definition. Denn gedanklich ist zunächst festzulegen, was überhaupt ein „enger Markt" ist. Der Verzicht auf „schematisierende Betrachtungen"[829] mag zwar der materiellen Gerechtigkeit im Einzelfall dienen können. Einher geht dies jedoch mit einem Verlust an Rechtssicherheit. Denn weder der Hauptaktionär noch die Minderheitsaktionäre können im Grenzfall zuverlässig abschätzen, welchen Bewertungsansatz die Rechtsprechung zugrunde legen wird.

Es kann daher festgehalten werden, dass – neben den noch im folgenden zu besprechenden Argumenten – der Aspekt der Rechtssicherheit für eine weitestgehende Orientierung am Börsenkurs auch trotz Marktenge spricht. Umgekehrt bestehen aus verfassungsrechtlicher Sicht keinerlei Einwände, wenn die ordentliche Gerichtsbarkeit nur in seltenen Ausnahmefällen Börsenkurse wegen Marktenge außer Acht lässt[830].

---

825 Statt vieler *Hüttemann*, ZGR 2001, 454 (470 ff.); *Wilm*, NZG 2000, 234 (238 f.); *Piltz*, ZGR 2001, 185 (202 f.).

826 In diesem Sinne erfreulich zeigen sich die sehr jungen Entwicklungen in der Rechtsprechung: OLG München, ZIP 2006, 1722 ff. und LG Frankfurt/M., AG 2006, 757 ff. ziehen den Börsenkurs trotz Marktenge heran.

827 BVerfGE 100, 289 (289).

828 Siehe bb).

829 Siehe (1).

830 Zu den Fällen der Manipulation siehe aa).

(3) Marktenge, Volatilität und die Maßgeblichkeit des Marktwertes für Ausgleich und Entschädigung

Das im Ersten Hauptteil dieser Arbeit[831] nachgewiesene Rechtsprinzip von der Maßgeblichkeit des Marktwertes für Ausgleich und Entschädigung spricht klar für eine Orientierung am Börsenkurs *trotz* Marktenge.

Denn auch ein Marktpreis, der sich auf einem engen Markt gebildet hat, ist ein Preis, der sich durch das Zusammenspiel von Angebot und Nachfrage am Markt gebildet hat. In anderem Kontext als jenem der Unternehmensbewertung[832] würde die Frage nach der Enge oder Breite des Marktes gar nicht erst aufgeworfen. Wie selbstverständlich würde jener Preis einer Abfindung oder Entschädigung zugrunde gelegt werden, der als Marktpreis ermittelt wurde – selbst wenn der Markt ein sehr enger ist.

Dass die Frage bei Unternehmensbewertungen überhaupt diskutiert wird, ist ausschließlich mit der Eigenart des Bewertungsobjektes *Unternehmen* zu erklären. Denn ein Unternehmen stellt ein Renditeobjekt dar[833] und kann deshalb nicht nur marktorientiert, sondern auch nach investitionstheoretischen Grundsätzen bewertet werden. Nur so konnte es zu der Debatte um den „inneren" oder „wahren" Wert überhaupt kommen. Dass es aus rechtlicher Sicht aber stets geboten ist, den „Marktwert" des zu bewertenden Gegenstandes zu ermitteln[834], ist hierüber vielfach verkannt worden.

Eng mit dem Phänomen der Marktenge verknüpft ist jenes der Volatilität. Beide Phänomene werden in Rechtsprechung und juristischem Schrifttum ausschließlich im Kontext von Unternehmensbewertungen diskutiert[835]. Diese Debatte, die im Kern dem Börsenkurs wegen seiner Schwankungen die Eignung als Bewertungsinstrument abspricht, erscheint denn auch überzogen. Deutlich wird dies insbesondere bei einem Vergleich mit solchen Kursen, die an anderen Märkten für andere Objekte als Unternehmen zustande kommen: Würde ein bestimmter Rohstoffpreis oder ein bestimmtes Wechselkursverhältnis allein deshalb in Frage gestellt, weil der betreffende Rohstoff oder die interessierende Währung eine hohe Volatilität aufweist oder der jeweilige Markt eng ist? In diesen Fällen würde auch vor Gericht wie selbstverständlich der Tageskurs für maßgeblich erklärt.

Aus konzeptioneller Sicht bleibt deshalb als Ergebnis festzuhalten: Auch ein Anleger, der auf einem engen und/oder volatilen Markt aktiv ist, hat seine Anteile zu Marktpreisen erworben und sollte grundsätzlich schon deswegen zu einem Marktpreis entschädigt werden. Grundsätzlich bilden die Phänomene der

---

[831] Siehe Erster Hauptteil, 1. Abschnitt, VII.

[832] Siehe die Bewertungsfragen im Ersten Hauptteil, 1. Abschnitt.

[833] Siehe Grundlagenteil, II. 1.

[834] Siehe Erster Hauptteil, 1. Abschnitt, VII.

[835] Vgl. den Ersten Hauptteil, 1. Abschnitt.

Marktenge und Volatilität keinen Anlass dafür, vom konzeptionell richtigen Ansatz der Marktbewertung auf andere Bewertungsansätze auszuweichen.[836]

Auch der Rechtssicherheit ist damit gedient: Denn die Frage, ob ein Markt tatsächlich „eng" oder „volatil" ist, braucht regelmäßig gar nicht diskutiert zu werden.

(4) Marktenge, Volatilität und materielle Gerechtigkeit

Dieses Ergebnis ist auch bei einer materiellen Gesamtwürdigung aller entscheidenden Faktoren sachgerecht.

Zunächst ist davon auszugehen, dass im Lichte der wertpapierhandelsrechtlichen *Ad hoc*-Pflichten und des bilanzrechtlichen *True and fair view*-Grundsatzes heutzutage ein hinreichendes Mindestmaß an Markteffizienz unterstellt werden kann. Jedenfalls sollten die beiden genannten Aspekte die Schlussfolgerung erlauben, dass Wertpapiermärkte nicht völlig ineffizient sind und zwar selbst dann nicht, wenn es sich um einen engen Markt handelt. Selbst bei nur minimalem Handel sollten deshalb völlig irrationale Geschäfte eher die Ausnahme als die Regel sein. Mit *Fischel*[837] sei darauf hingewiesen, dass enge Märkte sogar durchaus genauso effizient sein können wie breite. Voraussetzung ist, dass es sich bei den Marktakteuren um wohl informierte Anbieter und Nachfrager handelt, was bei engen Märkten ebenso der Fall sein kann wie bei breiten. – Dieses Mindestmaß an Markteffizienz unterstellt, kann es aus juristischer Sicht dahinstehen, dass teilweise auch „irrationale Motive" Eingang in das Marktgeschehen und die Preisbildung finden. Denn *trotz* der manchmal schwer rational nachvollziehbaren Faktoren und Unzulänglichkeiten, auf denen Marktpreise oftmals beruhen, ist das Recht grundsätzlich „blind" für die preis- und wertbeeinflussenden Motive der Marktteilnehmer[838].

Im Grundsatz ebenfalls unerheblich ist, dass bei engen Märkten einzelne Kauf- und Verkaufsorder stärker kursbeeinflussend wirken als bei liquiden. Enge Märkte sind deshalb grundsätzlich schwankungsanfälliger als liquide. Diese Erkenntnis bedeutet jedoch nicht, dass die auf engen Märkten zustande gekommenen Kurse allein schon aus diesem Grunde einer kritischeren gerichtlichen Überprüfung unterzogen werden müssten. Denn die Eigenart des

---

[836] Gemäß § 5 IV AngebVO ist im Falle öffentlicher Übernahmen auf Börsennotierungen nicht abzustellen, wenn Kurse für die Aktien der Zielgesellschaft an weniger als einem Drittel der Börsentage festgestellt wurden und mehrere nacheinander festgestellte Kurse um mehr als fünf Prozent voneinander abweichen. In diesen Fällen verlangt der Verordnungsgeber eine Unternehmensbewertung. – Diese Regelung ist bereits im Kontext des Übernahmerechts zu Recht kritisiert worden; siehe hierzu *Krieger* in RWS-Forum Gesellschaftsrecht, S. 289 (298); Stellungnahme des Handelsrechtsausschusses des DAV, NZG 2001, 420 (428). Sie stellt außerdem lediglich eine abstrakt-generelle Regelung der Exekutive dar. Es besteht daher kein Anlass, vorschnell die Wertungen der AngebVO auf andere Kontexte zu übertragen.

[837] 69 U.Chic.L.Rev. (2002), 941 (945).

[838] Erster Hauptteil, 1. Abschnitt, VII.

Marktes, auf dem ein Papier notiert, gehört zum Charakter des Investments. Der Aktionär hat sich für das „Spielfeld“ des engen Marktes entschieden. In der US-amerikanischen Literatur[839] wurde bereits richtig erkannt, dass die Unwägbarkeiten eines engen Marktes gewöhnliche Investmentrisiken sind, die den Wert eines Investments selbstverständlich beeinflussen. Der Inhaber des Wertpapiers hat deshalb bereits für sein Papier einen entsprechend geringeren Preis bezahlt und braucht folglich keineswegs so behandelt zu werden, als ob der Markt für sein Papier liquide wäre[840]. Bestreitet man demgegenüber die These vom geringeren Kaufpreis wegen Marktenge, kann auch hinsichtlich des aktuellen Börsenkurses kein entsprechender Wertabschlag wegen Marktenge behauptet werden.[841] Selbst bei „eng gewordenen“ Märkten gilt nichts anderes, insbesondere wenn der Marktverengung ein öffentliches Angebot vorausgegangen ist. Denn hier hat der Anleger aufgrund von § 35 WpÜG die Möglichkeit, zu fairen Konditionen „auszusteigen“. Der Anteilseigner, der ein öffentliches Angebot nicht annimmt, handelt in eigener Verantwortung. Der „enge Markt“ wird damit das von ihm gewählte „Spielfeld“, auf dem im Vergleich zu liquiden Märkten modifizierte „Spielregeln“ gelten können. Dem Aktionär musste klar sein, dass sein Papier nach Durchführung des öffentlichen Angebotes möglicherweise weniger liquide und volatiler sein wird. Ihm musste auch bewusst sein, dass sich dann eventuell bestimmte Informationen nicht sofort, nicht so schnell, nicht vollständig oder nicht „richtig“ im Marktpreis widerspiegeln würden. Diesen Umständen konnte er bei der Entscheidung über die Nichtannahme des öffentlichen Angebotes Rechnung tragen durch eine Reduzierung seines subjektiven Grenzpreises. Auch in diesem Fall braucht ihm also nicht von Rechts wegen das Marktrisiko abgenommen zu werden. Im Ergebnis ist damit das Interesse des Aktionärs, bei engen Märkten zu einem „inneren“ Wert abgefunden zu werden, nicht schutzwürdiger als in anderen Abfindungssachverhalten auch.

---

839 *Seligman,* 52 Geo.Wash.L.Rev. (1984), 829 (845): „When a ‘thin’ or ‘uncertain’ market exists, the price that other investors might pay for the shares in a free market may be determined in part by lack of liquidity or uncertainty concerning the stock’s future value. These are conventional investment risks. The holder of a security trading in a thin market has, in effect, already been compensated for the lower price at which it will sell (…) by a lower purchase price.“

840 AaO. Siehe auch *Pritchard,* 1 Berkeley Bus.L.J. (2004), 83 (103), der das Risiko eines „unfairen“ Zwangsausschlusses bereits beim Erwerb der Aktie „eingepreist“ sieht: „[M]inority shareholders generally did not acquire their minority status by accident. They invested in a public offering by a controlling shareholder, in which case the risk of ‘unfair’ expropriation was incorporated into the price that they paid for their shares. Alternatively, they had the opportunity to sell their shares pro rata into a tender offer by which the controlling shareholder obtained control, in which case they shared in the control premium paid by the controlling shareholder. Should the controlling shareholder have to pay a second control premium, in this case a ‘complete control’ premium?”

841 Vergleiche auch im folgenden ee) zum Thema „Minderheitsabschläge“.

Aus Sicht des Hauptaktionärs gilt, dass es ihm freisteht, mit dem Unternehmensvertrag, der Verschmelzung, der Eingliederung oder dem Squeeze-Out so lange zu warten, bis sich der Kurs auf ein für ihn akzeptables Maß zurückgebildet hat[842]. Eine Strukturmaßnahme bei hohem Kursniveau durchzuführen, ist also seine freie Entscheidung, deren negative Konsequenz in Gestalt eines teuren Preises von ihm zu tragen ist. Greift der Hauptaktionär dagegen bei besonders niedrigem Kursniveau zu, so ist auch dies angesichts der genannten Argumente legitim und keine ungerechtfertigte Benachteiligung der Minderheitsaktionäre. Für sie verwirklicht sich das Risiko, zu einem nicht frei gewählten Zeitpunkt aus dem Investment aussteigen zu müssen bzw. eine Beschneidung ihrer Rechte aufgrund eines Beherrschungs- und Gewinnabführungsvertrages hinnehmen zu müssen. Dieses Risiko ist nicht spezifisch mit engen Märkten verbunden[843]. Deshalb taugt diese Erwägung auch nicht, um von den Argumenten abzurücken, die grundsätzlich für eine Entschädigung auf der Grundlage von Börsenkursen sprechen.

Gleichzeitig wäre es offensichtlich unangemessen, einem Aktionär „wegen Marktenge" einen bedeutenden Spekulationsgewinn zuzuschanzen oder ihm einen Verlust zuzumuten, der sich daraus ergeben könnte, dass der Markt eine niedrigere gerichtliche Wertfestsetzung als jene des aktuellen Börsenkurses antizipiert und der Kurs daraufhin sinkt.

Schließlich ist zu bedenken, dass nicht auf einen Stichtag abgestellt, sondern das Mittel der Kurse einer Referenzperiode gebildet wird. Auf diese Weise ist nicht nur *ein* Börsenkurs maßgeblich, sondern regelmäßig sämtliche Notierungen, die an den Handelstagen über mehrere Monate hinweg festgestellt werden konnten. Das hierdurch bemühte Gesetz der großen Zahl sollte in aller Regel grobe Unbilligkeiten ausmerzen.[844]

(5) Marktenge, Volatilität und Manipulation

Der eigentliche Grund, weshalb bei engen Märkten die Heranziehung des Börsenkurses zur Bestimmung des Abfindungsbetrages nicht unproblematisch sein kann, liegt in der Gefahr der Kursmanipulation.

Enge Märkte bilden für Manipulationen einen idealen Nährboden. Denn bei engen Märkten wirken einzelne Kauf- und Verkaufsorder stärker kursbeeinflussend als bei liquiden. Durch Einflussnahmen von vergleichsweise

---

[842] So schon *Busse von Colbe* in FS Lutter, S. 1053 (1066).

[843] Siehe deshalb hierzu schon unter 1. a) cc).

[844] Zum ganzen: *Luttermann,* ZIP 2001, 869 (872): „Unter ‚Marktenge' darf jedenfalls nicht leichtfertig wieder vom Börsenkurs auf Schätzungen ausgewichen werden."; vgl. auch *Ehricke/Roth,* DStR 2001, 1120 (1123): „Im Hinblick auf die Probleme der Unternehmensbewertung durch Gutachten erscheint es angemessen, die Grenzen für die Relevanz des Börsenkurses auch beim Ausschluss nicht allzu eng zu ziehen und eine Marktenge hinsichtlich des Aktienhandels im Zweifel zu verneinen."

geringer Größenordnung lässt sich so eine relativ große Wirkung auf den Kurs erzielen. Daher sind enge Märkte für Manipulationen besonders anfällig[845]. Gleichzeitig ist es häufig schwierig, Manipulationen zu beweisen.

Aus diesen Gründen sind im Falle der Marktenge für einen Ausschluss bestimmter Notierungen aus der Durchschnittskursbildung nicht ganz so hohe Ansprüche zu stellen wie bei liquiden Märkten. Ein „hinreichender“ Verdacht auf Manipulation sollte hier ausreichen, während sonst für die Nichtberücksichtigung des Börsenkurses die Gewissheit oder der „dringende“ Verdacht der Kursmanipulation zu fordern ist.

Nicht überzeugend ist es dagegen, allein wegen der Gefahr der Manipulation von vornherein bei engen Märkten den Börsenkurs außer Betracht zu lassen[846]. Denn dies würde der grundsätzlichen Eignung und konzeptionellen Richtigkeit des Börsenkurses als Bewertungsinstrument nicht hinreichend gerecht.

ee) Unmaßgeblichkeit wegen „lemons effect“ oder börslichen Minderheitsabschlages?

Auch wegen des im folgenden zu erläuternden „lemons effect“ oder eines tatsächlich oder vermeintlich im Börsenkurs enthaltenen Minderheitsabschlages sollte nicht von der börslichen Bewertung Abstand genommen werden.

Es ist zwar Gemeingut in der Rechtsprechung und Literatur, dass bei Bewertungen nach der indirekten Methode ein Abschlag auf einen Unternehmensanteil wegen seines Charakters als Minderheitsanteil nicht gemacht werden darf. Denn dies verstieße gegen den Grundsatz der Gleichbehandlung[847].

Dieser Grundsatz darf aber auch nicht überdehnt werden. Eine solche Überdehnung liegt dann vor, wenn der Börsenkurs als Bewertungsansatz wegen des „lemons effects“, einer behaupteten strukturellen Unterbewertung, abgelehnt wird.

(1) Der „lemons effect“: das Modell von *Bebchuk/Kahan*

Teilweise wird behauptet, der Börsenkurs der Aktien vor einem Squeeze-Out könne zur Bemessung der Abfindung nicht herangezogen werden[848]. Allein die Macht des Mehrheitsaktionärs zur Durchführung des Squeeze-Outs führe zu einem Abschlag auf den Wert der Aktien, die deshalb unterhalb ihres „inneren Wertes“ notierten (sogenannter „lemons effect“)[849]. Begründet wird diese

[845] Vgl. *Steinhauer,* AG 1999, 299 (302).
[846] Vgl. § 5 IV AngebVO.
[847] Statt vieler: OLG Düsseldorf, WM 1973, 1087; *Großfeld,* Unternehmensbewertung, S. 230, mwN.
[848] *Bebchuk/Kahan,* Harvard Law School/Olin Center Discussion Paper No. 248, S. 5.
[849] AaO.

Behauptung mit dem Informationsvorsprung des Mehrheitsaktionärs und den sich daraus angeblich ergebenden Folgen für den Aktienkurs. *Bebchuk/ Kahan*[850], haben hierzu das folgende theoretische Modell entwickelt: Unterstellt wird, dass die Öffentlichkeit bei der Bewertung eines bestimmten Unternehmensanteils von einem „inneren Wert" zwischen 100 und 200 US-Dollar ausgeht. Daraus ergibt sich ein Erwartungswert von 150 US-Dollar. Der Hauptaktionär wisse, so *Bebchuk/Kahan*[851] den „exakten Wert" des Unternehmens. Läge dieser über den 150 US-Dollar, würde der Hauptaktionär einen Zwangsausschluss durchführen. Führt er den Zwangsausschluss nicht durch, wird im Markt der Eindruck gewonnen, der „exakte Wert" liege lediglich zwischen 100 und 150 US-Dollar, und der Erwartungswert würde mit 125 US-Dollar angesetzt. Bei einem ursprünglichen Kurs von 150 US-Dollar würde sich ein neuer Börsenkurs zwischen 150 und 125 US-Dollar einpendeln, nämlich 137,50 US-Dollar. Wird weiterhin kein Squeeze-Out durchgeführt, beginnt das Spiel von neuem und zwar so lange, bis der Gleichgewichtspreis den niedrigsten Betrag der Wertspanne – hier: 100 US-Dollar – erreiche.[852]

(2) Kritik

Im Ergebnis kann das Modell von *Bebchuk/Kahan* ein Absehen von der börslichen Bewertung nicht rechtfertigen. Es unterstellt bereits unrichtigerweise, dass es einen „exakten Wert" des Unternehmens gäbe, den der Mehrheitsaktionär, nicht aber die Öffentlichkeit und die Minderheitsaktionäre wüssten. Diese Annahme ist falsch. Einen „exakten Wert" kennt der Mehrheitsaktionär schon deshalb nicht, weil ein „exakter" oder „wahrer" Wert gar nicht existiert[853]. Stets sind Unternehmensbewertungen mit Ungewissheit verbunden; die erforderlichen Schätzungen können optimistisch oder aber pessimistisch ausfallen, was eine große Bandbreite von Werten zulässt. Und stets haben unterschiedliche Investoren unterschiedliche Risikopräferenzen[854], was sich unmittelbar auf den jeweiligen Grenzpreis auswirkt. Zwar verfügt der Mehrheitsaktionär regelmäßig über ein Mehr an Information im Vergleich zu anderen Anteilseignern. Jedoch sind im deutschen Recht nach § 15 I S.1 WpHG neue Tatsachen, die wegen der Auswirkungen auf die Vermögens- und Finanzlage oder auf den allgemeinen Geschäftsverlauf der Gesellschaft geeignet ist, den Börsenpreis der Aktien erheblich zu beeinflussen, unverzüglich publik zu machen (*Ad hoc*-Publizität). Damit schrumpft der Informationsvorsprung des Mehrheitsaktionärs gegenüber den Minderheitsaktionären und der Öffentlichkeit beträchtlich[855]. Der gleiche Effekt wird durch den bilanzrechtlichen *True and*

[850] AaO, S. 6.
[851] AaO, S. 7.
[852] AaO, S. 8.
[853] Erster Hauptteil, 1. Abschnitt, VII.
[854] *Busse von Colbe,* ZGR 1994, 595 (599).
[855] Dies gilt trotz jener in Summe nicht immer unbedeutenden Tatsachen, die sich unterhalb der Schwelle des § 15 I S.1 WpHG abspielen.

fair view-Grundsatz bewirkt, wonach das Unternehmen ein den tatsächlichen Verhältnissen entsprechendes Bild seiner Vermögens-, Finanz- und Ertragslage darzustellen hat[856]. Schließlich ist zu bedenken, dass selbst im Falle einer mehr oder weniger eindeutigen Unterbewertung eines Unternehmens durch die Börse nicht immer sofort ein Zwangsausschluss durchgeführt wird. Denn die Durchführung eines Zwangsausschlusses bindet für den Mehrheitsaktionär Kapital, das er in Abhängigkeit von seiner Finanzlage im allgemeinen und konkreten Alternativinvestments im besonderen nicht immer aufzuwenden bereit oder in der Lage ist. Die Minderheitsaktionäre können also keineswegs aus der Nichtdurchführung des Squeeze-Outs auf eine börsliche Überbewertung der Aktie schließen. Folglich veranlasst die Nichtdurchführung des Squeeze-Outs keineswegs zwingend Kursrückgänge.

(3) „Minderheitsabschläge" im allgemeinen

Unabhängig von der Squeeze-Out-Situation ist allgemein zu fragen, wie „Minderheitsabschläge" zu beurteilen sind.

An sich ist im Kontext börslicher Bewertungen bereits der Begriff des „Minderheitsabschlages" verfehlt. Vielmehr geht es um die Beurteilung der Behauptung, dass eine Aktie allein deshalb mit einem geringeren Marktwert belegt sei, weil sie in nur geringer Bündelung verfügbar ist.

Auch hier besteht bei der Bestimmung des Abfindungsbetrages kein Anlass dazu, vom Börsenkurs abzuweichen. Denn das Ziel der Bewertung ist die Feststellung des Marktwertes jenes Unternehmensanteils, der dem Aktionär im Wege des Zwangsausschlusses entzogen wird. Bewertungsobjekt ist nicht das ganze Unternehmen, sondern die konkret in Frage stehenden Aktien[857]. Der Marktwert einer Aktie wird markiert durch den Börsenkurs. Letzterer hat sich auf dem Aktienmarkt, dem „Spielfeld" des Kleinaktionärs, durch Angebot und Nachfrage ergeben[858]. So, wie auf diesem Markt der Aspekt der Marktenge den Charakter des Investments prägt[859], so prägt ihn auch der Status als Minderheitsanteil. Wie *Fischel*[860] richtig erkennt, ist der Minderheitsstatus eine Eigenschaft wie jede andere des Investments auch. Damit verbundene Effekte aus der börslichen Bewertung „herauszurechnen" wäre unangemessen, denn die Eigenschaft des Minderheitsanteils kommt nicht aus dem Nichts. Vielmehr wurde der Minderheitsanteil bereits als Minderheitsanteil erworben[861] oder aber

[856] Dies gilt trotz aller nach wie vor verbleibenden bilanzrechtlichen Wahlrechte.
[857] Siehe I. 1. a) aa).
[858] Siehe I 1. a) bb).
[859] Siehe I 1. c) dd).
[860] 69 U.Chic.L.Rev. (2002), 941 (946): „Minority status is just as much a characteristic of an investment as the firm's management or its business strategy, and is equally factored into the price the investor paid in the first place."
[861] Siehe *Pritchard,* 1 Berkeley Bus.L.J. (2004), 83 (103): „[M]inority shareholders generally did not acquire their minority status by accident. They invested in a public offering by a

er entstand durch die willentliche Reduzierung einer Mehrheitsbeteiligung. Seinem Charakter als Minderheitsanteil konnten die Minderheitsaktionäre bei der Bestimmung ihres Grenzpreises im Vorgang des Anteilserwerbes hinreichend Rechnung tragen. Ebenfalls konnte ein früherer Mehrheitsaktionär, der durch die Veräußerung von Anteilen zu einem Minderheitsaktionär wurde, seinen Grenzpreis bei der Veräußerung seiner Anteile hoch genug ansetzen, um dem Kontrollverlust Rechnung zu tragen. Darüber hinaus ist auch in diesem Kontext der Aspekt der Ersatzbeschaffung zu berücksichtigen: ein Minderheitsaktionär könnte bei unterstelltem Minderheitsabschlag zu einem ebenfalls entsprechend reduzierten Preis Minderheitsanteile anderer Gesellschaften als Ersatzinvestment erwerben[862].

Im Ergebnis gilt: Die Fungibilität einer Aktie verleiht der Investmentform *Aktie* gegenüber anderen Geschäftsanteilen ihre besondere Eigenart. Der Unternehmensanteil wird damit zu einem selbständig handelbaren Gut und durch den weitergehenden Schritt der Börsennotierung (§ 3 II AktG) entstehen die Voraussetzungen für den Börsenkurs als Preis börslicher Transaktionen[863]. Gleichzeitig entspricht es aber der verfassungsrechtlich durch Art. 2 I GG geschützten Vertragsfreiheit, dass bei außerbörslichen Veräußerungsgeschäften grundsätzlich ein beliebiger Preis vereinbart werden darf. So können die Vertragsparteien – gewissermaßen spiegelbildlich zum Phänomen des „Minderheitsabschlags" – für „gebündelte" Unternehmensanteile (Aktienpakete) einen höheren Preis vereinbaren, als die Summe, die sich durch Multiplikation der Anzahl der Einzelpapiere mit dem Börsenkurs ergibt. Derartige Kontrollprämien oder Paketzuschläge sind gemeinhin zulässig und brauchen nicht auf die übrigen Aktionäre erstreckt zu werden[864]. Insofern wird der Gleichbehandlungsgrundsatz, der bei Bewertungen nach der indirekten Methode gilt, überlagert. – Diese Rechtsprechung und herrschende Meinung bestätigt die in dieser Arbeit vertretene These, dass bei der gerichtlichen Bewertung von Unternehmensanteilen nach unterschiedlichen Märkten zu differenzieren ist: dem Aktienmarkt einerseits und dem Markt für Unternehmenskontrolle andererseits.

Außerdem hatte der Kleinaktionär regelmäßig bereits bei Erwerb seiner Anteile, spätestens jedoch bei anschließenden Strukturmaßnahmen – insbesondere bei Kapitalerhöhungen und öffentlichen Angeboten – Kenntnis

---

controlling shareholder, in which case the risk of 'unfair' expropriation was incorporated into the price that they paid for their shares. Alternatively, they had the opportunity to sell their shares pro rata into a tender offer by which the controlling shareholder obtained control, in which case they shared in the control premium paid by the controlling shareholder. Should the controlling shareholder have to pay a second control premium, in this case a 'complete control' premium? "

[862] *Carney/Heimendinger*, 152 U.Penn.L.Rev. (2003), 845 (880).

[863] Siehe I. 1. a) aa).

[864] So schon das BVerfG in der *DAT/Altana*-Entscheidung, ZIP 1999, 1441. Genauso im US-amerikanischen Recht, siehe *Gilson/Gordon*, 152 U.Penn.L.Rev. (2003), 785 (788 f., 794).

von seiner Rolle als Minderheitsaktionär. Es lag also in seiner Hand, Minderheitsaktionär zu werden oder zu bleiben. Sein Investment bildete für ihn daher stets ein reines Finanzinvestment ohne weitergehende unternehmerische Einflussmöglichkeit. Misst man der unternehmerischen Einflussmöglichkeit einen finanziellen Wert bei, wird man deshalb tatsächlich – wie *Fischel* und *Pritchard* – sagen müssen, dass der Mangel an unternehmerischer Einflussmöglichkeit beim Erwerb des Minderheitsanteils „eingepreist" war[865].

Aus diesen Gründen gilt: Aus Sicht des (Klein-)Anlegers „marktgerecht" – und damit erforderlich, aber auch ausreichend – ist eine Orientierung am Aktienmarkt und damit am Börsenkurs[866].

ff) Weiterführende Gedanken

Nach der oben zitierten und hier vertretenen Ansicht zählen der Minderheitsstatus und die Marktenge sowie damit gegebenenfalls verbundene höhere Volatilitäten zum Charakter des Investments und brauchen folglich bei der Bestimmung des Abfindungsbetrages nicht „herausgerechnet" zu werden. An diesem Ergebnis ändern auch die folgenden beiden Gegenargumente nichts:

(1) Unmaßgeblichkeit des „wahren" Wertes

Behauptet werden könnte, der Erwerber erhielte ein „Mehr" an Wert gegenüber dem, was der Börsenkurs widerspiegelt oder er erhielte „den wahren Wert" zum (Discount-)Preis des Börsenkurses[867].

Aus der subjektiven Sicht des Erwerbers ist lediglich die Feststellung richtig, dass er zu einem Preis erwirbt, der nicht oberhalb seines Grenzpreises liegt. Deshalb erwirbt er aber nicht zum „wahren Wert", denn ein solcher existiert gar nicht[868]. Er erwirbt vielmehr lediglich zu einem Preis, der niedrig genug ist, um die Transaktion für ihn als wirtschaftlich vorteilhaft erscheinen zu lassen. Dies ist kein Vorgang, der der Korrektur durch die Rechtsprechung bedarf. Denn stets schließt ein Unternehmen, dessen Zweck bekanntlich in der Gewinnerzielung liegt[869], nur solche Geschäfte ab, die für wirtschaftlich vorteilhaft erachtet werden. An diesem wirtschaftlichen Vorteil brauchen aber jene Personen, die

865 Vgl. zum Ganzen auch *Bebchuk/Kahan* in Morck, Concentrated Corporate Ownership, S. 254 f.; *Booth,* 57 Bus.Lawyer (2001), 127 (157); *Carney/Heimendinger,* 152 U.Penn.L.Rev. (2003), 845 (880).

866 Aus eben diesen Gründen ist auch das sog. Günstigkeitsprinzip abzulehnen, wonach beim Vergleich von Börsenkurs und Ertragswert der jeweils höhere Wert maßgeblich sein soll. Siehe hierzu den 3. Abschnitt, II.

867 Zum umgekehrten Fall, dass der Börsenkurs *über* dem vermeintlich „wahren" Wert liegt, siehe schon ausführlich unter 1. a). Dem ist hier nichts hinzuzufügen.

868 Siehe Erster Hauptteil, 1. Abschnitt, VII.

869 Grundlagenteil, II. 1.

ihre Anteile veräußern müssen, nicht gleichberechtigt teilzuhaben[870]. Denn die Kompensation für den Verlust ihrer Anteile hat sich – wie sich aus den obigen Ausführungen ergibt – am Marktwert zu orientieren, nicht aber an dem subjektiven Vorteil (und damit dem Grenzpreis) eines Dritten.

In dominierten Konfliktsituationen wird der Marktwert durch den Börsenkurs markiert. Für die Bemessung der Abfindung ist deshalb ein Betrag in Höhe des Referenzkurses grundsätzlich erforderlich, aber auch ausreichend.

(2) Potentielle Folgen des „lemons effect"

Als weiteres Argument gegen den Börsenkurs als Regelwert ließe sich folgender Gedankengang entwickeln[871]: aufbauend auf der Theorie vom „lemons effect"[872] könnte argumentiert werden, Anleger würden sich von vornherein mit Aktieninvestments zurückhalten, wenn im Abfindungsfall eine Zugrundelegung des Börsenkurses zu erwarten sei. Diese unterstellte Veränderung im Investitionsverhalten schade dem Kapitalmarkt, dem dadurch Kapital entginge.

Dem ist allerdings entgegenzuhalten, dass die Frage des Zwangsausschlusses nur ein einzelner Faktor von sehr vielen ist, die ein Anleger bei einer Investitionsentscheidung regelmäßig berücksichtigt. Von erheblich größerer Bedeutung sind all jene Aspekte, die die Entwicklung des Unternehmens betreffen. Damit schließt sich der Kreis, denn eben jene Faktoren beeinflussen auch die Entwicklung des Börsenkurses. Die alleinige Befürchtung die bleibt, ist jene, zu einem besonders ungünstigen Zeitpunkt – d.h. bei gerade besonders niedrigem Kurs – aus dem Unternehmen gedrängt zu werden. Hierbei gilt jedoch: Entweder der Kursrückgang hängt mit den (inneren) Verhältnissen des Unternehmens, insbesondere der Entwicklung seiner Vermögens-, Finanz- und Ertragslage, zusammen, dann spiegelt der Börsenkurs gerade den vermeintlich „wahren" oder „inneren" Wert des Unternehmens wider. – Ist ein Kursrückgang dagegen zurückzuführen auf exogene Faktoren – etwa eine dauernde gesamtwirtschaftliche Krise oder ein punktuelles politisches Ereignis –, so sind hiervon auch andere vergleichbare Unternehmen betroffen, deren Papiere ebenfalls unter einem ähnlichen Wertverlust zu leiden haben. Für den Anleger, der seine Anteile abgeben musste, bedeutet dies, dass er mit dem als Abfindung erhaltenen Geldbetrag zu vergleichsweise niedrigem Preis Alternativinvestments tätigen kann.

Diese Erkenntnisse vorausgesetzt, wird niemand einen Zwangsausschluss zu Marktpreisen, d.h. Börsenkursen, fürchten.

---

[870] Vgl. aber ausführlich zur Thematik der Synergieeffekte im 3. Abschnitt, III.

[871] In der Literatur oder Rechsprechung ist dem Verfasser dieser Arbeit dieses Gegenargument noch nicht begegnet. Es ergab sich im Gespräch mit Professor Reinier Kraakman, Harvard Law School, dem für seine Diskussionsbereitschaft auch an dieser Stelle gedankt sei.

[872] Siehe ee) (1).

(3) Ungerechtfertigte Benachteiligung durch Orientierung am Börsenkurs nur im Ausnahmefall

Eine ungerechtfertigte Benachteiligung durch Orientierung einer Abfindung an Börsenkursen ist nur im Ausnahmefall anzunehmen. Ein solcher Ausnahmefall kann etwa vorliegen, wenn ein Pakethalter[873] sein Paket über mehrere Wochen über die Börse abbaut, damit einen dramatischen Kurssturz verursacht und der Mehrheitsaktionär eben diese Sondersituation zur Durchführung des Zwangsausschlusses nutzen möchte[874]. In diesem Fall liegt zwar der Wertverlust der Aktien nicht unmittelbar im Verhältnis Mehrheitseigner-Kleinaktionäre begründet. Der Mehrheitseigner nutzt aber seine rechtliche Macht, den Zwangsausschluss zu einem ihm genehmen Zeitpunkt durchzuführen, gleich einem Trittbrettfahrer aus. Damit aktualisiert sich der Interessenkonflikt zwischen Mehrheitsaktionär und Kleinaktionären. Dies kann gegebenenfalls veränderte Maßstäbe bei der Festsetzung des Abfindungsbetrages rechtfertigen. – Aber auch unter diesen Bedingungen sollte nicht vorschnell nach einer gutachterlichen Bewertung gerufen werden. Zunächst sollte geprüft werden, ob nicht den besonderen Umständen des Falles durch eine Ausdehnung oder Vorverlagerung des Referenzzeitraumes Rechnung getragen werden kann.

2. Prozessrecht und Rechtssicherheit

Neben den vorangegangenen materiellrechtlichen Ausführungen sprechen auch prozessrechtliche Gesichtspunkte dafür, dem Börsenkurs gegenüber anderen Bewertungsansätzen den Vorzug zu geben.

a) Unternehmensbewertung und Prozessrecht

Im Grundlagenteil dieser Arbeit wurde mit dem Duden „Bewertung" definiert als: „dem [Geld]wert, der Qualität, Wichtigkeit nach [ein]schätzen, beurteilen"[875]. Ebenfalls wurde festgehalten, dass es objektive oder „wahre" Werte nicht gibt[876]. „Der Unternehmenswert" stellt deshalb keine Tatsache im zivilprozessrechtlichen Sinne dar, sondern das Ergebnis eines wertenden Erkenntnisprozesses. Aus diesem Grunde sind die Parteivorträge im Rechtsstreit um Unternehmensbewertungen soweit sie sich auf den Unternehmenswert beziehen keine „tatsächlichen Behauptungen" im Sinne von § 286 ZPO. Der gesamte Erkenntnisprozess ist vielmehr eine „Schätzung" im Sinne von § 287 ZPO[877].

---

[873] Zu denken ist hier beispielsweise an Hedge-Fonds.

[874] Vgl. schon zur Thematik der Manipulation unter aa).

[875] Siehe Grundlagenteil, III.

[876] Erster Hauptteil, 1. Abschnitt, VII.

[877] Ausdrücklich: BayObLG, Jur. Büro 2000, 416; *Hartmann* in Baumbach/ Lauterbach/-Albers/Hartmann, ZPO, § 287 Rn. 22; vgl. auch BGH in DB 2001, 969 (971); *Großfeld,*

Nach dem Grundsatz des § 286 ZPO hat das Gericht zu entscheiden, ob eine tatsächliche Behauptung für wahr oder für nicht wahr zu erachten ist. Es muss also von der Wahrheit bestimmter Tatsachen überzeugt sein[878]. Demgegenüber stellt § 287 ZPO geringere Anforderungen. Hier entscheidet das Gericht „unter Würdigung aller Umstände“ ohne an die Kategorien „wahr“/„unwahr“ gebunden zu sein. Es genügen „greifbare Anhaltspunkte“, teilweise sogar eine „deutlich überwiegende und auf gesicherter Grundlage beruhende Wahrscheinlichkeit“[879]. § 287 ZPO bildet damit eine Ausnahmevorschrift zu § 286 ZPO, die nicht zu weit ausgelegt werden darf[880]. Sie ist nicht anwendbar, soweit exakte Berechnungen möglich sind oder soweit stärkere Anhaltspunkte als die nach § 287 ZPO ausreichenden vorliegen[881].

b) Das Regel-Ausnahme-Verhältnis zwischen § 286 ZPO und § 287 ZPO als Argument für die Heranziehung von Börsenkursen

Bei der Bestimmung des Unternehmenswertes durch ein Gericht ist das gesetzliche Regel-Ausnahme-Verhältnis der §§ 286, 287 ZPO zu berücksichtigen. Dies hat dadurch zu geschehen, dass die gerichtliche Entscheidung so weit wie möglich auf Tatsachen gestützt wird. Erst dann, wenn es unausweichlich ist, darf auf Schätzungen zurückgegriffen werden.

Diese gesetzliche Wertung spricht im Kontext gerichtlicher Unternehmensbewertungen für eine primäre Orientierung am Börsenkurs. Denn Börsenkurse sind reale, objektiv („inter-subjektiv“) nachprüfbare Daten, also Tatsachen[882]. In ihnen haben sich die Bewertungen der Marktteilnehmer in einem Rechtsgeschäft und damit auf rechtsverbindliche Weise verdichtet. Diese tatsächlich bezahlten Preise sind durch Dritte nachprüfbar und verdienen aus prozessrechtlicher Sicht das Prädikat „objektiv“.

Unternehmensbewertung, S. 12; *Hüttemann*, ZGR 2001, 454 (467, 475); *Seetzen*, WM 1999, 565 (571); *Zehner*, DB 1981, 2109 (2113).

[878] *Hartmann* in Baumbach/Lauterbach/Albers/Hartmann, ZPO, § 286 Rn. 2 f.; *Reichold* in Thomas/Putzo, ZPO § 286 Rn. 2.

[879] *Hartmann* in Baumbach/Lauterbach/Albers/Hartmann, ZPO § 287 Rn. 2, mwN.

[880] AaO, Rn. 1 f., mwN.

[881] AaO, Rn. 2, mwN.

[882] Nur Tatsachen sind dem Beweise zugänglich. Tatsachen werden regelmäßig in Gegensatz gestellt zu Werturteilen oder Urteilen schlechthin (BVerfG 77, 362; *Hartmann* in Baumbach/Lauterbach/Albers/Hartmann, Einf § 284 ZPO Rn. 18). Was eine Tatsache ausmacht wird in der Rechtsprechung je nach Kontext unterschiedlich betont. So definiert der BGH in NJW 1981, 1562 = DRiZ 1974, 27 Tatsachen als „konkrete nach Zeit und Raum bestimmte, vergangene oder gegenwärtige Geschehnisse (…)“. In BGH NJW 1978, 751 wird es zur Abgrenzung als entscheidend erachtet, ob eine objektive Klärung möglich ist oder ob eine subjektive Wertung ganz im Vordergrund steht. In dieselbe Richtung geht auch die Literatur, wenn sie den Begriff der Tatsache versteht als äußeren oder inneren Vorgang, der der Nachprüfung durch Dritte offen steht (*Hartmann* in Baumbach/Lauterbach/Albers/-Hartmann, Einf § 284 ZPO Rn. 19; vgl. auch *Jauernig*, S. 204).

c) Rechtssicherheit

Wegen seiner Qualität als Tatsache ist der Börsenkurs auch geeignet, Rechtssicherheit zu vermitteln. Denn zwar mag über die Berechtigung der Motive, die bestimmten Kursen zugrunde liegen, gestritten werden können. Dies ändert aber nichts an dem Umstand, dass Börsenkurse als Tatsachen mehr Gewissheit bergen als gutachterliche Schätzungen, deren Ergebnis im Vorfeld einer Strukturmaßnahme nur sehr bedingt vorhergesagt werden kann.

Gerade im Geschäftsleben spielt Rechtssicherheit eine bedeutende Rolle. Sie erleichtert oder ermöglicht das Treffen von Dispositionen, wie der Fall der Unternehmensbewertung anschaulich zeigt: Weiß ein Hauptaktionär, dass eine von ihm zu entrichtende Entschädigung regelmäßig auf der Grundlage bekannter Börsenkurse ermittelt wird, so kann er sich hierauf ebenso einrichten wie jene Anleger, die im Vorfeld der Strukturmaßnahme mit dem Gedanken spielen, die betreffenden Titel zu erwerben oder zu veräußern.

II. Andere Bewertungsverfahren

Wie dargestellt, bildet die Unternehmensbewertung auf der Grundlage von Börsenkursen jenen Bewertungsansatz, der am besten in Einklang steht mit dem Rechtsprinzip von der Maßgeblichkeit des Marktwertes für Ausgleich und Entschädigung[883]. Es wurde auch dargestellt, dass eine Orientierung an Börsenkursen in aller Regel zu interessengerechten Ergebnissen führt.

Allerdings ist nicht jedes Unternehmen an der Börse notiert und selbst bei notierten Gesellschaften gibt es Ausnahmefälle, in denen der Börsenkurs nicht zur Abfindungsbestimmung herangezogen werden kann[884]. In diesen Fällen ist auf andere Bewertungsansätze zurückzugreifen, die im folgenden rechtlich gewürdigt werden sollen.

Das Ziel der gerichtlichen Bewertung lässt sich dabei besonders treffend mit einer Erkenntnis aus der Entscheidung *Marlène Pour* des französischen Kassationsgerichtshofes[885] zusammenfassen. Darin heißt es: Bei der Bewertung nicht notierter Unternehmensanteile ist die Bewertung so durchzuführen, dass unter Berücksichtigung aller relevanter Faktoren ein Wert erzielt wird, der jenem so weit wie möglich entspricht, der sich durch das freie Spiel von Angebot und Nachfrage auf einem wirklichen Markt ergeben hätte.

---

[883] Siehe Erster Hauptteil, 1. Abschnitt, VII.
[884] Siehe I. 1. c).
[885] Siehe Zweiter Hautteil, 1. Abschnitt, II. 4.

1. Zur Bewertung mittels Verhältniskennzahlen: Der Direct Comparison-Ansatz aus rechtlicher Sicht

a) Charakteristika des Direct Comparison-Ansatzes

Der Direct Comparison-Ansatz[886] (weniger plastisch, aber in der deutschen Sprache gebräuchlicher ist der Terminus „Multiplikatorverfahren") kennzeichnet sich dadurch, dass ein Vergleich mit anderen Unternehmen angestellt wird, die ihrerseits von dritter Seite Gegenstand einer Bewertung gewesen sind und deren Bewertung bereits in einem tatsächlich bezahlten Preis zum Ausdruck gekommen ist. Dabei werden die für entscheidend erachteten wertbildenden Faktoren der Vergleichsunternehmen zu jenen des Bewertungsobjektes in Bezug gesetzt und der ermittelte Multiplikator auf den jeweils festgestellten Preis angewandt.

Voraussetzung für die Anwendung von Multiplikatorverfahren ist das Vorliegen genügender Daten von vergleichbaren Unternehmen. Zunächst ist also die Frage zu beantworten, welche Unternehmen hinreichend vergleichbar sind, um das Bewertungsobjekt hierzu in Bezug zu setzen. Sodann bedarf es der Auswertung des Datenmaterials.

Die Bewertung mittels Multiplikatorverfahren beginnt damit, nach geeigneten Vergleichskriterien zu suchen. Es sind die wesentlichen wertbildenden Faktoren des Unternehmens zu identifizieren. Dies können finanzielle Kennzahlen sein, aber auch nicht-finanzielle. Dann wird ein Vergleich mit anderen Unternehmen angestellt und zwar entweder mit dem Börsenwert notierter Unternehmen (*Similar Public Company Method*) oder den bei Transaktionen bezahlten Preisen (*Recent Acquisition Method*).[887]

b) Beurteilung am Maßstab des Rechts

Die Suche nach Vergleichskriterien und Vergleichsobjekten macht aus der Bewertung mittels Multiplikatorverfahren einen Erkenntnisvorgang primär abwägender Art. Im Vordergrund steht nicht die Ermittlung des Nutzwertes des Unternehmens in Form seiner erwartenden Erträge oder Zahlungsströme (wie bei Zukunftserfolgswertverfahren), sondern die Bestimmung der Wertschätzung des Marktes für die als „wertbildend" identifizierten Faktoren. Schätzungen spielen dabei eine nur subsidiäre Rolle; denn Ertragsprognosen sind bei Multiplikatorverfahren allenfalls von Bedeutung, sofern die erwarteten Erträge verschiedener Unternehmen miteinander verglichen werden sollen. Regelmäßig aber werden die Unternehmen anhand aktueller Kennziffern verglichen, etwa dem Kurs-Gewinn-Verhältnis. Damit sind regelmäßig keine Schätzungen erforderlich, die je nach Einstellung des Bewerters optimistisch oder pessimistisch ausfallen können. Darüber hinaus ist es nicht erforderlich, einen Diskontierungszinssatz festzulegen. So entfällt auch die häufig stark subjektiv

---

[886] Siehe Grundlagenteil, V. 4.
[887] Weitere Details: aaO.

gefärbte – weil vom individuellen „Risiko-Appetit" abhängige[888] – Bestimmung einer Risikoprämie.

Insgesamt wird also bei Multiplikatorverfahren auf jene Denkschritte verzichtet, die die Zukunftserfolgswertverfahren so angreifbar machen. Das Gericht wird von der Pflicht entbunden, eine eigene investitionskalkulatorische und damit betriebswirtschaftliche Entscheidung treffen zu müssen. Stattdessen fließen bei Multiplikatorverfahren über die ermittelten Vergleichswerte das jeweilige Angebot von und die jeweilige Nachfrage nach Unternehmen bzw. Unternehmensanteilen als Determinanten in die Wertfindung ein. Somit führen Multiplikatorverfahren durch ihre unmittelbare Orientierung an vorhandenen Marktbewertungen auf direkterem Weg zum Ziel jeder gerichtlichen Bewertung, nämlich der Bestimmung eines „fairen Marktwertes"[889]. – Aus diesen Gründen sind Multiplikatorverfahren mit dem Rechtsprinzip von der Maßgeblichkeit des Marktwertes für Ausgleich und Entschädigung[890] eher zu vereinbaren als Zukunftserfolgswertverfahren. Deshalb sind aus spezifisch rechtlicher Sicht Multiplikatorverfahren gegenüber Zukunftserfolgswertverfahren konzeptionell vorzugswürdig.

Gleichwohl spielen sie in Deutschland kaum eine Rolle: Bisher kommen Multiplikatorverfahren vor deutschen Gerichten praktisch ausschließlich zum Einsatz für die Bewertung von freiberuflichen Praxen anlässlich des Zugewinnausgleichs und der Erbauseinandersetzung[891]. In der rechtswissenschaftlichen Literatur werden sie teilweise nur kursorisch behandelt unter dem Stichwort „Vereinfachte Preisfindungen"[892], was der Thematik keineswegs gerecht wird. Auch der IDW-Standard[893] misst ihnen im Vergleich zu anderen Methoden nur sehr wenig Bedeutung bei: Multiplikatorverfahren werden lediglich im Ansatz beschrieben und ihre Rolle darauf beschränkt, die nach DCF- oder Ertragswertverfahren ermittelten Ergebnisse auf Plausibilität hin zu überprüfen.

---

888 Vgl. *Busse von Colbe,* ZGR 1994, 595 (599).

889 Im Grundlagenteil wurde ausführlich dargestellt, dass das Ziel jeder Bewertung aus rechtlicher Sicht in der Ermittlung eines fairen Marktwertes liegt (siehe Erster Hauptteil, 1. Abschnitt, VII.). Zukunftserfolgswertverfahren gehen insofern einen Umweg: sie bestimmen zunächst mit großer Ungewissheit den Nutzwert des Unternehmens in Gestalt seiner zukünftigen Erträge. Erst beim darauf folgenden Schritt der Diskontierung findet gegebenenfalls eine Orientierung an marktgängigen Risikozuschlägen statt. – Diese konzeptionellen Unterschiede erklären auch, weshalb die verschiedenen Spielarten der Zukunftserfolgswertverfahren in den USA unter dem Oberbegriff „income approach" diskutiert werden, während Multiplikatorverfahren in die Kategorie „market approach" eingeordnet werden. Vgl. *Sanfleber-Decher,* WPg 1992, 597 ff.

890 Siehe Erster Hauptteil, 1. Abschnitt, VII.

891 BGH, WM 1991, 283 (284); 1973, 308 (311); vgl. auch FamRZ 1977, 38 (40).

892 *Großfeld,* Unternehmensbewertung, S. 217 ff., vgl. auch S. 177 ff.

893 IDW-Standard S 1 vom 28.06.2000, Tz. 144 f.; IDW-Standard ES 1 n.F. vom 9.12.2004, Tz. 154 f.

Teilweise kann diese Zurückhaltung sicher mit den spezifischen Nachteilen der Multiplikatorverfahren begründet werden. So kann sich bei ihnen das Problem stellen, dass keine als „vergleichbar“ einzustufenden Unternehmen existieren oder aber nicht genügend Datenmaterial zur Verfügung steht, um mit den für vergleichbar befundenen Unternehmen die erforderlichen Vergleichsrechnungen anzustellen. Manchmal werden die vergleichbaren Unternehmen nicht an der Börse gehandelt, so dass ein Vergleich mit fremden Börsenkursen ausscheidet. Teilweise waren vergleichbare Unternehmen nic an Transaktionen beteiligt oder Transaktionspreise unbekannt, so dass die Zugrundelegung von Transaktionspreisen nicht möglich ist. – In solchen Fällen scheiden Multiplikatorverfahren aus, und es muss tatsächlich auf Zukunftserfolgswertverfahren zurückgegriffen werden.

Kritik aber verdient der Umstand, dass Multiplikatorverfahren bereits im Ansatz nicht jene Aufmerksamkeit erhalten, die ihnen aus konzeptionellen Gründen gebührt. So sollten Rechtsprechung, Literaturstimmen und IDW die Multiplikatorverfahren dem Grundsatz nach als ein neben den Zukunftserfolgswertverfahren (mindestens) gleichwertiges Bewertungsmodell begreifen. Entsprechend ausführlich sollten Multiplikatorverfahren in abstrakter Form dargestellt und im konkreten Fall in der Entscheidungsfindung diskutiert werden. Dabei wird vielfach beim Vergleich der verschiedenen in Frage kommenden Bewertungsansätze abzuwägen sein: die Schwierigkeiten der Vergleichbarkeit von Unternehmen und der Verfügbarkeit von Daten beim Multiplikatorverfahren gegen jene Unzulänglichkeiten, die bei Zukunftserfolgswertverfahren mit den Ertragsschätzungen und der Risikobewertung verbunden sind. – Dass in den USA Multiplikatorverfahren nicht nur in Investmentbanken, sondern auch vor Gericht eine sehr weite Verbreitung gefunden haben[894], belegt ihre Einsatzmöglichkeit in rechtlichem Kontext. Vor allem in jenen Fällen, in denen Ertragsprognosen stark voneinander abweichen, sollten auch deutsche Gerichte dringend darüber nachdenken, durch die Anwendung von Multiplikatorverfahren ein Mehr an Marktorientierung in ihren Bewertungen herzustellen.

2. Zukunftserfolgswertverfahren aus rechtlicher Sicht

a) Charakteristika der Zukunftserfolgswertverfahren

Zukunftserfolgswertverfahren in ihren unterschiedlichen Variationen (Ertragswertverfahren v. DCF-Verfahren, etc.) haben die Gemeinsamkeit, dass sie die erwarteten Erträge oder Zahlungsströme des zu bewertenden Unternehmens ermitteln und durch Diskontierung mit einem risikoadäquaten Zinssatz in einem Gegenwartswert zusammenführen. Dieser Gegenwartswert aller prognostizierten Schätzwerte bildet den Unternehmenswert[895].

---

[894] Siehe Zweiter Hauptteil, 3. Abschnitt, II. 5.

[895] Zu den Details: siehe Grundlagenteil, V. 2.

Der Vorzug dieses Bewertungsansatzes liegt darin, dass er am originären Zweck des Unternehmens, nämlich der Gewinnerzielung (Erwerbsprinzip)[896], anknüpft. Das Unternehmen respektive seiner Anteile wird als Form der Geldanlage begriffen und als solche nach investitionskalkulatorischen Grundsätzen beurteilt. Die modernen Zukunftserfolgswertverfahren sind deshalb ohne Zweifel große Errungenschaften der Betriebswirtschaftslehre.

Entscheidungen über die Art und Weise der Mittelverwendung bilden den Kern des unternehmerischen Tuns[897]. Unternehmerische Wagnisse zu gewichten, ist ohne weitgehende Spekulationen nicht möglich[898]. Die zu treffenden Entscheidungen leben von der Subjektivität der Schätzungen und Risikopräferenzen[899]. Zu einer Transaktion kommt es häufig gerade deshalb, weil Veräußerer und Erwerber in ihren Schätzungen und Risikopräferenzen differieren: der Erwerber legt optimistischere Schätzungen zugrunde als der Veräußerer und der Veräußerer ist weniger risikofreudig als der Erwerber. Diese Unterschiedlichkeit in der Beurteilung führt auch dazu, dass Veräußerer und Erwerber unterschiedliche Grenzpreise haben[900]. Bei einer privatautonom ausgehandelten und rechtswirksam vollzogenen Transaktion liegt der tatsächlich bezahlte und erzielte Preis irgendwo innerhalb der Bandbreite zwischen dem subjektiven Grenzpreis des Veräußerers – d.h. dem Preis, den dieser mindestens erzielen möchte – und jenem des Erwerbers – d.h. dem Preis, den dieser höchstens zu zahlen bereit ist.[901]

Erwerber und Veräußerer stehen für ihre Schätzungen und Risikopräferenz unmittelbar mit eigenem Vermögen ein[902]. Sie ernten die Früchte wirtschaftlich richtiger Investitionsentscheidungen und werden für falsche bestraft. Beide müssen mit Ungewissheit umgehen: der Erwerber mit dem Risiko, dass sich sein Investment nicht rentiert, der Veräußerer mit dem Risiko, dass er für den Verlust unternehmerischer Chancen keinen adäquaten finanziellen Gegenwert erhält. Erwerber wie Veräußerer handeln mit eigenem Einsatz. Sie brauchen sich deshalb grundsätzlich auch nicht dafür zu interessieren, was in vergleichbaren Fällen gezahlt worden ist. Maßstab ist allein ihr subjektiver Grenzpreis. Vergleichswerte haben insofern lediglich eine helfende Funktion: als taktisches Instrument bei den Preisverhandlungen oder als Orientierungswerte bei der Bestimmung des eigenen Grenzpreises.

---

[896] Siehe Grundlagenteil, II. 1.

[897] Vgl. *Garber v. Lego,* 11 F.3d 1197, 1206 (3d Cir. 1993); *Kahn v. Tremont Corp.,* 21 Del. J. Corp. L. 1161, 1200 f. (Del. Ch. 1996).

[898] Insofern richtig *Mertens,* AG 1992, 321 (325).

[899] Vgl. *Busse von Colbe,* ZGR 1994, 595 (599).

[900] Siehe Grundlagenteil, III.

[901] AaO.

[902] Vgl. *Fischel,* 69 U.Chic.L.Rev. (2002), 941 (953).

Selbst beim Versuch einer „objektivierten“ Unternehmensbewertung nach Maßgabe des vorhandenen Unternehmenskonzeptes gilt: ein hohes Maß an Schätzungsunsicherheit lässt sich nie vermeiden[903].

b) Beurteilung am Maßstab des Rechts

Die Bewertung eines Gegenstandes anhand seines originären Zweckes – bei Unternehmen also anhand der Eignung zur Gewinnerzielung – erscheint zwar auf den ersten Blick plausibel. Erinnert werden muss jedoch an das im Grundlagenteil dieser Arbeit dargestellte Rechtsprinzip von der Maßgeblichkeit des Marktwertes für Ausgleich und Entschädigung. Entscheidend ist danach ausschließlich der Marktwert des zu bewertenden Gegenstandes[904]. Andere Formen der Wertermittlung („Ertragswert“, „Substanzwert“) sind aus rechtlicher Sicht lediglich Mittel zum Zweck. Sie knüpfen an an bestimmten wertbildenden Faktoren des Unternehmens, dürfen aber nicht mit dem Endziel des gerichtlichen Bewertungsvorganges – nämlich der Ermittlung eines fairen Marktwertes – verwechselt werden[905]. Um mit *Busse von Colbe*[906] metaphorisch zu sprechen: im Vergleich zu einem Marktwert oder einem marktnäher[907] ermittelten Verfahren ist der Ertragswert lediglich die „Hilfskrücke“.[908]

Dieselbe Erkenntnis ergibt sich auch aus dem Prozessrecht. Denn jede Prognose zukünftiger Erträge oder Zahlungsströme ist mit Ungewissheit verbunden und je nach Einstellung des Bewerters können sich optimistische oder pessimistische Zahlen ergeben. Ein Gericht aber muss bei seiner Entscheidungsfindung dem gesetzlichen Regel-Ausnahme-Verhältnis der §§ 286, 287 ZPO Rechnung tragen. Danach ist eine gerichtliche Entscheidung so weit wie möglich auf Tatsachen zu stützen und erst dann, wenn es unausweichlich ist, darf auf Schätzungen zurückgegriffen werden.[909] – Börsenkurse und Preise, die für vergleichbare Unternehmen gezahlt wurden, sind Tatsachen. Konzeptionell den Vorrang genießt der Börsenkurs, denn er bezieht sich auf dasselbe Bewertungsobjekt und bildet damit den unmittelbarsten Vergleichsmaßstab. Besteht kein Börsenkurs sollte eine Bewertung anhand von Multiplikatorverfahren jedenfalls genau geprüft werden.[910] Zukunftserfolgswertverfahren bedienen sich dagegen Prognosen; Prognosen sind keine Tatsachen, sondern Schätzungen, denn sie können nicht objektiv nachgeprüft, sondern nur subjektiv nachvollzogen werden.

---

[903] *Busse von Colbe,* ZGR 1994, 595 (600).
[904] Siehe Erster Hauptteil, 1. Abschnitt, VII.
[905] AaO.
[906] In FS Lutter, S. 1053 (1062).
[907] Siehe unmittelbar vorangehend die Ausführungen zum Multiplikatorverfahren.
[908] Vgl. auch *Müller* in FS Bezzenberger, S. 705 (714 f.).
[909] Siehe I. 2.
[910] Siehe unmittelbar vorangehend die Ausführungen zu Multiplikatorverfahren.

Wird aus Mangel an Alternativen oder in Ergänzung zu anderen Verfahren eine Bewertung anhand von Zukunftserfolgswertverfahren durchgeführt, haben sich die erforderlichen Schätzungen so weit wie möglich nach den Beurteilungen des Marktes zu richten. Denn im Gegensatz zu den Marktteilnehmern trifft ein Gericht keine eigene unternehmerische Investitionsentscheidung, für die es mit eigenen Ressourcen einsteht. Es hat vielmehr mit Wirkung für und gegen die am Rechtsstreit beteiligten Parteien einseitig und hoheitlich einen Wert festzusetzen und dabei den in Frage stehenden Interessenkonflikt so sachgerecht wie möglich zu lösen. Subjektive Elemente in der Person des Entscheidungsträgers sind hierbei so weit wie möglich auszuschalten. Ähnlich wie in der US-amerikanischen Rechtsprechung all jene Bewertungsmethoden vor Gericht zugelassen sind, die in der „financial community" anerkannt sind, sollten Gerichte auch ihre Schätzungen primär an den herrschenden Auffassungen der Akteure auf den Märkten orientieren. Denn diese sind einerseits maßgeblich für den Marktwert des zu bewertenden Unternehmens (bzw. seiner Anteile) und andererseits entscheidend für die Bewertungen der für den Anleger in Frage kommenden Alternativinvestments. Es ist also richterliche Zurückhaltung gefragt: die richterliche Überzeugungsbildung sollte nicht darauf zielen, eine eigenständige unternehmerische Prognose abzugeben, sondern die am Markt herrschenden Beurteilungen hinsichtlich der Zukunftsentwicklung der relevanten Märkte bestmöglich zu erfassen.

Gleiches gilt für die Bestimmung des unternehmerischen Risikos des Bewertungsobjektes: Die zur Entscheidung über den Wert eines Unternehmens berufenen Richter dürfen ihr Urteil nicht nach ihrem ureigenen „Risiko-Appetit" treffen. Auch hier gilt es, dem Rechtsprinzip von der Maßgeblichkeit des Marktwertes für Augleich und Entschädigung bestmöglich Rechnung zu tragen: die Bestimmung des Risikozuschlages hat so marktorientiert wie möglich zu erfolgen. Um dies zu gewährleisten haben die Gerichte die hierzu von der Betriebswirtschaftslehre entwickelten und im Grundlagenteil dieser Arbeit dargestellten Instrumente, insbesondere das Capital Asset Pricing Model[911], so weit wie möglich anzuwenden.

3. Bewertung anhand von Realoptionen aus rechtlicher Sicht

a) Charakteristika der Bewertung anhand von Realoptionen

Wie im Grundlagenteil dieser Arbeit ausführlich dargestellt[912], beruht das Modell der Realoptionen auf dem Gedanken, dass strategische Möglichkeiten und operative Flexibilität werthaltig sind, d.h. bei der Bewertung eines Unternehmens als wertbildende Faktoren identifiziert werden können. Dieser

[911] Grundlagenteil, V. 2. b) aa) (2).
[912] Grundlagenteil, V. 3.

Zusatzwert kann jenem Betrag, der sich auf der Grundlage von Zukunftserfolgswertverfahren ergibt, hinzugerechnet werden.

Während bei Realoptionen bereits häufig die Identifizierung schwierig sein kann, liegt das Hauptproblem in der Quantifizierung: Mit welchem Betrag ist der Umstand anzusetzen, dass dem zu bewertenden Unternehmen mehr oder weniger bestimmte Handlungsalternativen zur Verfügung stehen?[913]

b) Beurteilung am Maßstab des Rechts

Die beschriebenen Probleme[914] machen Realoptionen zu einem rechtlich schwer zu fassenden Phänomen. Die Pflicht zu einer objektivierten, willkürfreien Entscheidung und das Gebot, keine eigenen unternehmerischen Entscheidungen zu treffen, dürften es für ein Gericht regelmäßig ausschließen, das Modell der Realoptionen in Ergänzung zu Zukunftserfolgswertverfahren anzuwenden.

Dies gilt jedoch nicht, wenn der Fall eindeutig genug liegt. Erinnert sei an die im Grundlagenteil genannten Beispiele[915]. Ist es evident, dass die Existenz von Handlungsalternativen im konkreten Fall „geldwert" ist und lässt sich ein Marktwert hierfür bestimmen, sind Realoptionen auch vor Gericht zu berücksichtigen. Es muss also offensichtlich sein, dass bei privatautonomen Vertragsverhandlungen die operative Flexibilität und/oder strategischen Möglichkeiten zu einer Erhöhung des investitionskalkulatorisch ermittelten Grenzpreises führen würden.

Würden in solchen eindeutigen Fällen Realoptionen außer Acht gelassen, würde der Marktwert des Unternehmens bzw. seiner Anteile nicht korrekt ermittelt, weil zu niedrig angesetzt. Dies widerspräche dem Rechtsprinzip von der Maßgeblichkeit des Marktwertes für Ausgleich und Entschädigung[916].

4. Der Substanzwert aus rechtlicher Sicht

a) Charakteristika des Substanzwertes

Der Wert eines Unternehmens kann dadurch ermittelt werden, dass seine einzelnen bilanziell erfassten Vermögensgegenstände bewertet und die erlangten Einzelbeträge zu einer Gesamtsumme addiert werden.[917]

Zu unterscheiden ist zwischen dem Liquidationswert und dem Rekonstruktionswert. Der Liquidationswert bildet jenen Betrag, der sich bei einer Zerschlagung des Unternehmens durch Veräußerung der einzelnen Gegenstände, meist durch Versteigerung, ergibt. Rekonstruktionswert ist jener Betrag, den ein

---

[913] Zu den Einzelheiten – auch den Beispielen – siehe die detaillierteren Ausführungen im Grundlagenteil, aaO.
[914] Zu den Einzelheiten siehe die detaillierteren Ausführungen im Grundlagenteil, aaO.
[915] AaO.
[916] Siehe Erster Hauptteil, 1. Abschnitt, VII.
[917] Grundlagenteil, V. 1.

Erwerber bezahlen müsste, um sich die Gesamtheit aller Einzelgegenstände in ihrem jeweiligen Zustand erneut zu beschaffen („Wiederbeschaffungsaltwert").[918]

b) Beurteilung am Maßstab des Rechts

Ein Unternehmen, das fortgeführt wird, ist am Markt für Unternehmen regelmäßig mehr wert als die Summe seiner Vermögensgegenstände. Jener Wert, der über die Gesamtsumme der einzelnen Vermögensgegenstände hinausgeht, bildet den „Goodwill" und verkörpert letztlich die Erwartung zukünftiger Erträge (going concern-Bewertung)[919].

Lediglich in Ausnahmefällen kann der Substanzwert zur Grundlage einer gerichtlichen Entscheidung gemacht werden. Dann nämlich, wenn das Unternehmen gerade nicht fortgeführt werden soll. In diesem Fall ist zu entscheiden, ob vom Liquidations- oder Rekonstruktionswert ausgegangen werden soll. Regelmäßig dürfte vom Liquidationswert auszugehen sein. Es ist allerdings auch nicht auszuschließen, dass die Gesamtheit der Einzelgegenstände anderweitig in gleicher oder ähnlicher Form gewinnbringend eingesetzt werden kann. Beispielsweise kann Bedarf bestehen für dieselbe Betriebsstätte an einem anderen Ort, an dem ein anderer Unternehmer – evtl. aufgrund geringerer Löhne – mit denselben Betriebsmitteln gewinnbringend arbeiten kann. In solchen Fällen scheidet zwar eine Bewertung nach going concern-Grundsätzen aus, da der Erwerber lediglich die Betriebsmittel übernimmt, nicht jedoch die Marke und die Kundenbeziehungen. Allerdings ist dem Umstand Rechnung zu tragen, dass der Erwerber nicht lediglich einzelne Wirtschaftsgüter erwirbt, sondern eine einsatzfähige Gesamtheit von Betriebsmitteln. In diesem Fall hat eine Bewertung nicht nach dem Liquidationswert, sondern nach dem Rekonstruktionswert zu erfolgen. Denn es gilt der Grundsatz der bestmöglichen Verwertung: Kann die Gesamtheit der Einzelgegenstände anderweitig in gleicher Form gewinnbringend eingesetzt werden, ist davon auszugehen, dass sich jemand findet, der bereit ist, einen höheren Preis zu bezahlen, als bei einer Veräußerung der einzelnen Vermögensgegenstände im Versteigerungswege zu erzielen wäre. Der Marktwert einer Betriebsstätte, die verlagert werden kann, ist also meist höher als der Marktwert einer Betriebsstätte, die liquidiert werden muss. Das Rechtsprinzip von der Maßgeblichkeit des Marktwertes für Ausgleich und Entschädigung[920] gebietet folglich, diesen verschiedenen Fallkonstellationen Rechnung zu tragen.

---

[918] AaO.

[919] AaO.

[920] Siehe Erster Hauptteil, 1. Abschnitt, VII.

3. Abschnitt: Bewertungsrechtliche Folgeprobleme bei Beteiligung mehrerer Rechtsträger

I. Zusammenschlüsse zwischen gleichberechtigten Partnern

Von großer Bedeutung in Rechtsprechung und Literatur ist die Frage, ob auch für die Fälle des Zusammenschlusses gleichberechtigter, d.h. voneinander rechtlich unabhängiger Partner die Maßgabe der *DAT/Altana*-Entscheidung gelten soll, wonach der Börsenkurs der Aktien bei der Bestimmung der Abfindung oder des Ausgleichs nicht außer Betracht gelassen werden darf. Bekanntlich äußerte sich das Bundesverfassungsgericht mit der *DAT/Altana*-Entscheidung zu einem Fall der dominierten Konfliktsituation. Welche Schlussfolgerungen für nicht-dominierte Konfliktsituationen zu ziehen sind, bleibt offen.

1. Die Fusion von Hypo-Bank und Vereinsbank

Einen Präzedenzfall für diese Frage bildet die Fusion der Bayerischen Hypotheken- und Wechselbank AG (im folgenden: Hypo-Bank) mit der Bayerischen Vereinsbank AG (im folgenden: Vereinsbank).

Das Landgericht München I entschied mit Beschluss vom 27. März 2000, dass das Umtauschverhältnis nicht deshalb zugunsten der Antragsteller zu verbessern sei, weil das Verhältnis der Börsenkurse von dem Umtauschverhältnis aufgrund des Verschmelzungsvertrages abweiche[921]. Allerdings – so das Gericht weiter – könne dahingestellt bleiben, ob die *DAT/Altana*-Grundsätze auch auf Verschmelzungsfälle anzuwenden seien. Denn wie sich im Verlauf des Prozesses ergab, lag der festgestellte Ertragswert der Hypo-Bank überhalb des Börsenkurses. Damit war die Sachlage genau umgekehrt wie in der *DAT/Altana*-Entscheidung und das Gericht konnte die Frage nach der Bedeutung des Börsenkurses für die Verschmelzungsrelation bei der Verschmelzung unabhängiger Gesellschaften offen lassen. Gleichzeitig macht das Gericht unter Hinweis auf die *DAT/Altana*-Entscheidung des Bundesverfassungsgerichts klar, dass es die Bewertung der Vereinsbank ebenfalls auf der Grundlage des gegenüber ihrem Börsenkurs höheren Ertragswertes für verfassungsgemäß hält. Abschließend teilt das Gericht mit, selbst wenn man das Verhältnis der Börsenkurse als maßgeblich ansehen würde, käme es im vorliegenden Verfahren nicht zu einer Verbesserung des Umtauschverhältnisses. Die im vorliegenden Fall festgestellten Abweichungen des Verhältnisses der berechneten Unternehmenswerte zueinander im Vergleich zum Verhältnis der Börsenkurse bewegten sich nämlich in dem relevanten Zeitraum deutlich unterhalb einer Größenordnung von 10 Prozent. Solche geringen Abweichungen rechtfertigten keine Korrektur des Umtauschverhältnisses „von Verfassungs wegen“[922].

---

[921] DB 2000, 1016.

[922] AaO, 1017. – Die Übertragbarkeit der *DAT/Altana*-Grundsätze blieb aus denselben Gründen dahingestellt bei der Verschmelzung von VEBA und VIAG sowie Babcock Borsig

Die sofortigen Beschwerden gegen den Beschluss beim Bayerischen Obersten Landesgericht hatten keinen Erfolg[923]. Wie das Gericht ausdrücklich feststellt, sei es beim „merger of equals" verfassungsrechtlich nicht geboten, das Verhältnis der Börsenwerte beider Unternehmen zum Maßstab der Bewertung zu machen[924]. Denn bei der Verschmelzung von gleichberechtigten Gesellschaften bestehe kein Interessengegensatz zwischen den Großaktionären und den Minderheitsaktionären der jeweiligen Vertragspartei. Auch jeder Großaktionär habe ein Interesse daran, für sich und damit auch für die anderen Aktionäre der Gesellschaft möglichst gute Bedingungen auszuhandeln. Diese Interessenlage habe auch Auswirkungen darauf, in welcher Weise die Eigentumsgarantie des Art. 14 GG der Festsetzung des Umtauschverhältnisses Grenzen setze[925]. Außerdem könnten auch die Anteilsinhaber des aufnehmenden Rechtsträgers den Schutz ihres Eigentums gemäß Art. 14 I GG für sich beanspruchen[926].

2. Stellungnahmen der Literatur

In der rechtswissenschaftlichen Literatur ist die Frage nach der Bedeutung des Börsenkurses im Falle des Zusammenschlusses voneinander rechtlich unabhängiger Partner umstritten.

Jene Stimmen, die eine Übertragung der *DAT/Altana*-Rechtsprechung ablehnen[927], folgen zumeist sehr eng der Begründung der Gerichte im Falle HypoVereinsbank. Im Mittelpunkt steht dabei die Erkenntnis, dass bei Verschmelzungen gleichberechtigter Partner kein Interessengegensatz zwischen Mehrheits- und Minderheitsaktionären besteht und deshalb die Eingriffsintensität eine geringere ist als im Falle *DAT/Altana*. Außerdem findet sich in der Literatur häufig das Argument, dass auch die Anteilseigner des aufnehmenden Rechtsträgers den Schutz ihres Eigentums gemäß Art. 14 I GG beanspruchen könnten. Ferner wird argumentiert, die bisherige Mitgliedschaft der Aktionäre setze sich in den Aktien des aufnehmenden oder neuen

---

und BDAG Balcke-Dürr. Aus dem Grunde der Marktenge und mangelnden Aussagekraft des Börsenkurses wurde die Frage bei der Verschmelzung von RWE und VEW nicht entschieden. – Dagegen bekannte sich das LG Stuttgart im Fall Wüstenrot/ Württembergische zum Börsenkurs, obwohl die aufnehmende Gesellschaft vor der Transaktion noch nicht börsennotiert war (Beschluss vom 9. Februar 2005, Az. 32 AktE 36/99 KfH).

[923] BB 2003, 276.

[924] AaO, 277.

[925] AaO, 278.

[926] AaO, 279.

[927] *Bungert/Eckert,* BB 2000, 1845 (1845 f.); *Hüffer/Schmidt-Aßmann* in Hüffer/Schmidt-Aßmann/Weber, S. 106 ff., 126 ff.; *Hüttemann,* ZGR 2001, 454 (465); *Kirchner/Sailer,* NZG 2002, 305 (309, 311); *Riegger,* DB 1999, 1889 (1890 f.); *Wilm,* NZG 2000, 234 (235); *Wilsing/Kruse,* DStR 2001, 991 (995, 997).

Rechtsträgers fort[928]. Schließlich weisen einige Autoren ausdrücklich darauf hin, dass von Seiten der Gerichte gegen die Ertragswertmethode als Bewertungsansatz keinerlei grundsätzliche Bedenken geäußert worden seien.

Demgegenüber hält die Gegenansicht die *DAT/Altana*-Grundsätze für verallgemeinerungsfähig[929]. Der Börsenkurs sei auch dann zu berücksichtigen, wenn kein Konzernkonflikt bestehe. Das Argument, dass eine börsennotierte Gesellschaft nach der Verschmelzung untergeht und ihre Börsennotierung verliert, lässt diese Ansicht nicht gelten. Denn die gute Bewertung einer übertragenden Gesellschaft schlage sich auch in den Kursen der aufnehmenden Gesellschaft nieder. Methodische Gleichbehandlung könne dadurch gewährleistet werden, dass bei der Auswahl zwischen Börsenkurs und Ertragswert stets der jeweils höhere Wert zu wählen sei. Ferner wird argumentiert, eine Übertragung der *DAT/Altana*-Grundsätze sei konsequent, weil auch bei § 305 AktG lediglich die Verschmelzungsrelation interessiert. Schließlich sei die Rollenverteilung der an der Verschmelzung beteiligten Gesellschaften häufig nur zufallsbedingt.

3. Eigener Ansatz

Richtigerweise ist zu differenzieren zwischen dominierten und nicht-dominierten Konfliktsituationen.[930]

a) Dominierte Konfliktsituationen

In dominierten Konfliktsituationen hat es der Mehrheitsaktionär in der Hand, eine Strukturveränderung einseitig herbeizuführen. Dabei spielt es keine Rolle, um welche Strukturmaßnahme es im einzelnen geht: den Squeeze-Out gemäß §§ 327 a ff. AktG, die Eingliederung nach §§ 319 ff. AktG, den Abschluss von Unternehmensverträgen gemäß §§ 304 ff. AktG oder eine Verschmelzung i.S.v. §§ 2 ff. UmwG. Insbesondere interessiert nicht, ob die Maßnahme im streng juristischen Sinne einen einseitigen Akt darstellt (wie der Squeeze-Out oder die Eingliederung) oder ob sie rechtlich die Form eines zweiseitigen Geschäfts annimmt (wie der Unternehmens- oder der Verschmelzugsvertrag). Relevant ist auch nicht, ob sich die Mitgliedschaft in irgendeiner Weise an einem anderen Rechtsträger fortsetzt oder nicht[931]. Für die sachgerechte Lösung des in Frage stehenden Interessenkonfliktes kommt es allein darauf an, ob der Mehrheits-

[928] Wenig einleuchtend insofern *Hüffer/Schmidt-Aßmann* in Hüffer/ Schmidt-Aßmann/Weber, S. 107 f., 127 f.

[929] *Behnke*, NZG 1999, 934; *Erb*, DB 2001, 523; *Reuter*, DB 2001, 2483 (2489); *Vetter*, AG 1999, 567 (572); *Neye*, EWiR Art. 14 GG 2/99, 571; *Vollrath* in FS Widmann, S. 121; *Puszkajler*, BB 2003, 1692 ff.; *Weiler/Meyer*, ZIP 2001, 2153 (2155); jeweils nur für den Fall, dass beide Gesellschaften börsennotiert sind: *Lutter* in Lutter, UmwG § 5 Rn. 23 c ff.; *Marsch-Barner* in Kallmeyer, UmwG § 8 Rn. 16; *Piltz*, ZGR 2001, 185 (205).

[930] Siehe schon oben 1. Abschnitt, II.

[931] AA *Hüffer/Schmidt-Aßmann* in Hüffer/Schmidt-Aßmann/Weber, S. 107 f., 127 f.

aktionär de facto über einseitige Gestaltungsmacht verfügt. Eine solche dominierte Konfliktsituation liegt auch vor, wenn er als Mehrheitsaktionär der Geschäftsleitung des Tochterunternehmens den Abschluss eines Unternehmensvertrages de facto diktieren kann oder er es faktisch allein in der Hand hat, eine Konzernverschmelzung in die Wege zu leiten.

In diesen Fällen ist der Minderheitsaktionär der Tochtergesellschaft den Entscheidungen des Mehrheitsaktionärs ausgesetzt. Er ist deshalb vor einem Missbrauch der Gestaltungsmacht durch den Mehrheitsaktionär zu schützen. Dies geschieht, indem ihm die Rechtsordnung die Möglichkeit einräumt, unter Berufung auf seine Eigentumsrechte (Art. 14 I GG) eine umfassende gerichtliche Überprüfung der angebotenen Entschädigung veranlassen zu können.

b) Nicht-dominierte Konfliktsituationen

Eine andere Sachlage besteht dagegen in nicht-dominierten Konfliktsituationen, insbesondere bei Zusammenschlüssen zwischen gleichberechtigten Partnern, aber auch bei Kapitalerhöhungen gegen Sacheinlagen.

In diesen Fällen ist es angezeigt, – wie in den USA auch[932] – mit einer geringeren Prüfdichte zu arbeiten. Dabei sollte sich das Gericht auf eine reduzierte Rechtskontrolle mit dem Inhalt beschränken, ob die Vertragsparteien innerhalb der Grenzen ihres unternehmerischen Ermessens gehandelt haben und ob die vertragliche Einigung ordnungsgemäß zustande gekommen ist. – Hierfür sprechen mehrere Argumente, die bereits oben[933] ausführlich dargelegt worden sind. Das wichtigste ist, dass der Eigentumsschutz der Minderheitsaktionäre (Art. 14 I GG) bereits verfahrenstechnisch hinreichend durch den Gleichlauf ihrer Interessen mit jenen des Mehrheitsaktionärs gewährleistet wird. Ebenfalls gegen eine gerichtliche Neufestsetzung der Bewertung spricht, dass hierdurch faktisch in die Vertragsfreiheit (Art. 2 I GG) der Unternehmen eingegriffen wird; denn diese haben sich in privatautonomen Verhandlungen auf ein bestimmtes Wertverhältnis geeinigt, das auch die Zustimmung der Anteilseignermehrheit gefunden hat. Jenes ausgehandelte Wertverhältnis hat sich auf dem Markt für Unternehmenskontrolle ergeben, weshalb der wertmäßige Ansatz der beteiligten Gesellschaften einen „fairen Marktwert" darstellt. Diesen Marktwert grundsätzlich unangetastet zu lassen, steht auch in Einklang mit dem Gesetzeswortlaut und zivilrechtlichen Wertungen und dient überdies der Rechtssicherheit.

Nur im Falle der Barabfindung sollte ausnahmsweise eine nähere gerichtliche Überprüfung der Bewertung statthaft sein. Diese sollte sich dann am bisherigen Börsenkurs orientieren, da jene Aktionäre, die sich für die Barabfindung entscheiden, gerade nicht an den Perspektiven des neu geformten Unternehmens teilhaben wollen. – Führt dies in der Konsequenz dazu, dass auch bei der

---

932 Siehe den Zweiten Hauptteil, 3. Abschnitt, II. 6.
933 1. Abschnitt, II. vgl. auch OLG Stuttgart, AG 2006, 420 ff.

Festlegung des Umtauschverhältnisses zwischen den verhandelnden Geschäftsleitungen dem Börsenkurs eine hohe Bedeutung zukommt, so ist hiergegen nichts einzuwenden.

II. Methodenkongruenz v. Meistbegünstigung

1. Rechtsprechung des Bundesverfassungsgerichts

In der *DAT/Altana*-Entscheidung des Bundesverfassungsgerichtes hieß es mehrfach, der Börsenwert der Aktien der herrschenden Gesellschaft stelle keine Obergrenze dar[934]. Das Eigentumsrecht der außenstehenden Aktionäre des beherrschten Unternehmens gewähre ihnen keinen Anspruch auf eine günstige Bewertung der herrschenden Gesellschaft, demnach auch keinen Anspruch auf Berücksichtigung eines niedrigen Börsenwertes, wenn ein nach anderen Methoden berechneter Wert höher liegt.

Doch damit wurde lediglich die Feststellung getroffen, dass für die Bewertung der herrschenden Gesellschaft das Grundgesetz keine verfassungsmäßigen Vorgaben enthält. Wie im Einzelfall zu entscheiden ist, bleibt der ordentlichen Gerichtsbarkeit überlassen.

2. Rechtsprechung des Bundesgerichtshofes und Stimmen der Literatur

Nach der Ansicht des BGH ist es erforderlich, dass bei beiden Unternehmen möglichst gleiche Ausgangsvoraussetzungen für die Bewertung vorliegen. Er verlangt deshalb, dass auch bei der Bewertung der Aktien der herrschenden Gesellschaft der Börsenkurs zugrunde gelegt wird und nicht etwa ein (gutachterlich ermittelter) Schätzwert[935]. Damit befindet sich der BGH in Übereinstimmung mit weiten Teilen der Rechtsprechung und Literatur, die sich ebenfalls für den Grundsatz der Methodengleichheit aussprechen[936]. Damit ist gemeint, dass die beteiligten Rechtsträger nach denselben methodischen Ansätzen bewertet werden sollen. In solchen Fällen, in denen nur einer der beteiligten Rechtsträger börsennotiert ist, wird denn auch konsequenterweise vertreten, dass eine Zugrundelegung des Börsenkurses ausscheide und auf den sonst üblicherweise verwandten Ertragswert zurückgegriffen werden müsse[937]. Vielfach heißt es, „Äpfel und Birnen" dürften nicht miteinander verglichen werden[938].

---

[934] BVerfG ZIP 1999, 1442; genauso in der Hartmann & Braun-Entscheidung, ZIP 1999, 1806.

[935] So ausdrücklich im vierten Leitsatz der Entscheidung (ZIP 2001, 734).

[936] OLG Düsseldorf, AG 2003, 329 (333 f.); BayObLG, BB 2003, 275 (279); *Lutter,* UmwG § 5 Rn. 19, 23 c; *Mayer* in Widmann/Mayer, UmwG § 5 Rn. 101; *Busse von Colbe* in FS Lutter, S. 1053 (1066 f.); *Bungert,* BB 2001, 1163; ders., BB 2003, 699 (700); *Hüttemann,* ZGR 2001, 454 (464); *Piltz,* ZGR 2001, 185 (203, 205 f.); *Stilz,* ZGR 2001, 875 (894 f.).

[937] So etwa ausdrücklich *Lutter,* UmwG § 5 Rn. 19, 23 c.

[938] Vgl. *Schwark* in FS Lutter, S. 1529 (1544).

Allerdings existieren auch andere Stimmen, die bei höherem Ertragswert der Obergesellschaft auch bei dieser den Ertragswert zugrunde legen möchten und zwar selbst dann, wenn die Bewertung der Untergesellschaft nach dem Börsenkurs erfolgt (Prinzip der Meistbegünstigung)[939]. Die Vertreter letzterer Ansicht weisen meist auf die opponierenden Minderheitsaktionäre der herrschenden Gesellschaft hin, die nach ihrer Ansicht ebenfalls schutzbedürftig sind.

3. Eigener Ansatz

Dem BGH ist zuzustimmen. Im Falle der börslichen Notierung beider Rechtsträger den Börsenkurs zur Grundlage der Bewertung zu machen, ist ganz im Sinne des in dieser Arbeit vertretenen marktorientierten Bewertungsansatzes.[940]

Fraglich ist allerdings, wonach in solchen Fällen eine Bewertung zu erfolgen hat, wenn eines der Unternehmen nicht börsennotiert ist. Im Grundlagenteil dieser Arbeit wurde das Rechtsprinzip von der Maßgeblichkeit des Marktwertes für Ausgleich und Entschädigung hergeleitet[941]. Darauf aufbauend wurde in diesem Zweiten Hauptteil der Vorrang des Börsenkurses als Bewertungsansatz entwickelt: danach ist aus der Perspektive des Kleinaktionärs eine an Börsenkursen orientierte Abfindungsbemessung ihrer Höhe nach regelmäßig hinreichend, aber auch erforderlich[942]. Aufgrund dieser Erwägungen ist es aus rechtlicher Sicht konzeptionell vorzugswürdig, für den nicht börsennotierten Rechtsträger einen „fiktiven" Börsenkurs zu entwickeln. In der rechtswissenschaftlichen Literatur ist der „fiktive" Börsenkurs keine Unbekannte. So schreibt *Piltz*[943], in der Theorie könne bei sehr ähnlichen Unternehmen auf einem homogenen Markt für das nicht notierte Unternehmen ein fiktiver Börsenkurs geschätzt werden. Er schränkt allerdings gleichzeitig ein, dass dieses Verfahren noch spekulativer und unsicherer sei als ein Ertragswertgutachten und deshalb untauglich sei für eine „rechtsgebundene" Unternehmensbewertung. Dem dürfte derzeit im Ergebnis zuzustimmen sein. Allerdings sollte sich die Rechtsprechung diesem Ansatz nicht völlig verschließen. Die weiteren Entwicklungen in der Betriebswirtschaftslehre sind insofern abzuwarten.

Im übrigen gilt, dass dem Grundsatz der Methodengleichheit der Vorzug zu geben ist gegenüber dem Grundsatz der Meistbegünstigung. Zwar führt eine

---

[939] *Hüffer,* AktG § 305 Rn. 24h; *Hüffer/Schmidt-Aßmann* in Hüffer/ Schmidt-Aßmann/Weber, S. 66 f., 88; *Martens,* AG 2003, 593 (596 ff.); *Reuter,* DB 2001, 2483 (2486 f.); *Vetter,* DB 2001, 1352 f.; *Paschos,* ZIP 2003, 1017 (1022); *Puszkajler,* BB 2003, 1692 (1694); wohl auch *Maier-Reimer/Kolb* in FS Müller, S. 96 f.; vgl. ferner *Schwark* in FS Lutter, S. 1529 (1544).

[940] Zum Vorrang des Börsenkurses als Bewertungsansatz siehe diesen Dritten Hauptteil, 2. Abschnitt, I.

[941] Erster Hauptteil, 1. Abschnitt, VII.

[942] Siehe diesen Dritten Hauptteil, 2. Abschnitt, I.

[943] ZGR 2001, 185 (209 f.).

Bewertung beider Gesellschaften auf der Grundlage von Zukunftserfolgswert- oder Multiplikatorverfahren dazu, dass dem Börsenkurs der notierten Gesellschaft nicht jener Stellenwert eingeräumt wird, den er an sich verdient[944]. Dies ist jedoch ausnahmsweise hinzunehmen, da ansonsten verglichen wird, was nicht verglichen werden darf. Denn Börsenkurse bilden sich auf dem Aktienmarkt, während Bewertungen nach Zukunftserfolgswertverfahren oder Multiplikatormethoden ihren Platz haben auf dem Markt für Unternehmenskontrolle. – Um dennoch eine möglichst marktorientierte und „börsenkursnahe" Bewertung zu gewährleisten, sind sämtliche betriebswirtschaftlichen Methoden anzuwenden, die einer marktorientierten Bewertung dienen[945]. Dieselben Markteinschätzungen, die dem Börsenkurs der notierten Gesellschaft zugrunde liegen, sollten zum Maßstab der beiden gutachterlichen Bewertungen gemacht werden: spiegelt der Börsenkurs des notierten Unternehmens eine freundliche gesamtwirtschaftliche Entwicklung, optimistische Ertragsschätzungen und Risikofreudigkeit im Anlegerverhalten wider, so sind diese Parameter auf die beiden gutachterlichen Bewertung zu übertragen[946]. Idealerweise wird so bei dem notierten Unternehmen ein Wert erlangt, der dem der Marktkapitalisierung möglichst nahe kommt[947]. – Dies scheint der beste Kompromiss, um beiden Zielen – Marktorientierung und Methodenkongruenz – gleichermaßen gerecht zu werden.

III. Verbundvorteile (Synergieeffekte)

1. Echte und unechte Synergieeffekte

Unter echten Synergieeffekten versteht man die Veränderung der finanziellen Überschüsse, die durch den wirtschaftlichen Verbund zweier oder mehrerer Unternehmen entstehen und von der Summe der isoliert entstehenden Überschüsse abweichen.[948]

Demgegenüber sind sogenannte unechte Synergieeffekte dadurch gekennzeichnet, dass sie sich ohne Berücksichtigung der Auswirkungen aus dem

---

944 Siehe diesen Dritten Hauptteil, 2. Abschnitt, I.

945 Siehe insbesondere zum Capital Asset Pricing Model den Grundlagenteil, V. 2. b) aa) (2).

946 D.h. durch vergleichsweise hohe Ertragsprognosen, einen vergleichsweise niedrigen Kapitalisierungszinssatz und gegebenenfalls einen Inflationsabschlag, der mit den allgemeinen Erwartungen im Markt übereinstimmt.

947 In der Praxis derzeit üblich ist die Anpassung von gutachterlich ermittelten Werten an das zwischen den Vertragspartnern ausgehandelte Wertverhältnis (*Piltz,* ZGR 2001, 185, 207). – Vor diesem Hintergrund bedeutet die Orientierung eines Gutachtens am Börsenkurs und seinen Bestimmungsfaktoren keinen Paradigmenwechsel.

948 IDW-Standard S 1 vom 28.06.2000, Tz. 42; IDW-Standard ES 1 n.F. vom 9.12.2004, Tz. 44, Vgl. auch *Busse von Colbe,* ZGR 1994, 595 (602).

Bewertungsanlass realisieren lassen oder mit einer nahezu beliebigen Vielzahl von Partnern erzielbar sind.[949]

2. Rechtsprechung und Literatur

Nach allgemeiner Auffassung sind unechte Synergieeffekte bei der Bewertung zu berücksichtigen[950]. In Literatur und Rechtsprechung stark umstritten ist dagegen die Frage, wie *echte* Synergieeffekte bei gerichtlichen Bewertungen zu behandeln sind.

Die Rechtsprechung geht traditionell davon aus, dass Bewertungen auf der Grundlage des Stand-alone-Prinzips, d.h. ohne Berücksichtigung von echten Verbundvorteilen, zu erfolgen haben[951]. Dabei erstaunt vielfach, wie wenig Begründungsaufwand die Rechtsprechung betreibt. Eine Ausnahme davon bildet das OLG Hamburg[952], das seine Entscheidung immerhin damit begründet, dass nach § 305 III S.2 AktG a.F. die Barabfindung die Vermögens- und Ertragslage der Gesellschaft im Zeitpunkt der Beschlussfassung über den Unternehmensvertrag berücksichtigen muss. – Zu einem anderen Ergebnis kam dagegen der BGH in seiner *DAT/Altana*-Entscheidung vom 4. Mai 2001. Darin heißt es: „Sind Effekte (...) bei der Preisbildung vom Markt berücksichtigt worden, müssen sie sowohl bei der Barabfindung als auch bei der Herstellung der Verschmelzungswertrelation bzw. des angemessenen Umtauschverhältnisses im Börsenpreis belassen werden. Denn es kann nicht festgestellt werden, welche Bedeutung ihnen der Markt im Einzelnen beigemessen hat und in welchem Umfange sie sich auf den Preis ausgewirkt haben. Da der Markt insofern eine Bewertung sowohl beim beherrschten als auch beim herrschenden Unternehmen vorgenommen hat, ist die Wertrelation gewahrt."[953]

Auch in der Literatur zeigt sich ein uneinheitliches Bild: Die wohl überwiegende Zahl der Literaturstimmen spricht sich für das Stand-alone-Prinzip aus[954]. Dabei wird zur Begründung auf das Konzept vom objektivierten Unternehmenswert verwiesen und – ähnlich wie Teile der Rechtsprechung[955] –

---

[949] IDW-Standard S 1 vom 28.06.2000, Tz. 43; IDW-Standard ES 1 n.F. vom 9.12.2004, Tz. 45.

[950] AaO; *Werner* in FS Steindorff, S. 303 (315); *Mertens,* AG 1992, 321 (330).

[951] BGH ZIP 1998, 690 (691) – *Asea/BBC II;* BayObLG, AG 1996, 127 (128), AG 1996, 176 (177); OLG Köln AG 1998, 37 (38); OLG Düsseldorf AG 1991, 106; LG Dortmund AG 1996, 278 (279); LG Düsseldorf AG 1989, 138 (139).

[952] AG 1980, 163 (165).

[953] DB 2001, 969 (972). Entscheidet sich ein Aktionär für die Barabfindung kommt ein Gericht aber auch bei dieser Argumentation zu keinem Ergebnis.

[954] *Koppensteiner* in Kölner Kommentar, AktG § 305 Rn. 65; *Bilda* in Münchener Kommentar, AktG § 305 Rn. 82; *Hüffer* AktG § 305 Rn. 22; *Ränsch,* AG 1984, 202 (205 ff.); *Mertens,* AG 1992, 321 (330 ff.); *Forster* in FS Claussen, S. 91 (92); *Werner* in FS Steindorff, S. 303 (314 ff). *Seetzen,* WM 1994, 45 (49), jedenfalls sofern nicht quantifizierbar.

[955] Siehe insbesondere das BayObLG, AG 1996, 127 (128).

vertreten, dass Verbundvorteile subjektive Entscheidungswertkomponenten seien, die nicht berücksichtigt werden dürften[956]. Gestützt wird diese Sichtweise durch den IDW-Standard, der im Falle der gutachterlichen Tätigkeit des Wirtschaftsprüfers vorschreibt, dass ein „objektivierter, von den individuellen Vorstellungen betroffener Parteien unabhängiger Wert" zu ermitteln sei, der sich „bei Fortführung des Unternehmens in unverändertem Konzept" ergibt[957]. Andere Literaturstimmen stellen den Aspekt der schwierigen Quantifizierung von Synergieeffekten in den Vordergrund ihrer Argumentation[958].

Eine im Vordringen befindliche Ansicht plädiert dagegen dafür, Verbundvorteile zu berücksichtigen[959]. Die Eignung zur Erzielung von Verbundeffekten stelle einen der übertragenden Gesellschaft anhaftenden Wert dar, der sich bei einer Veräußerung im Preis niederschlagen würde und auch bei der Bewertung berücksichtigt werden müsse, so *Krieger*[960]. Von Seiten der Betriebswirtschaftslehre wird das Verbundberücksichtigungsprinzip sogar zu den Grundsätzen ordnungsmäßiger Unternehmensbewertung gezählt[961]. Sowohl aus betriebswirtschaftlicher, wie auch aus juristischer Sicht und in besonderer Ausführlichkeit setzt sich *Fleischer*[962] mit der Thematik auseinander. Er stellt fest, dass auch wegen der diesbezüglichen Fortschritte in der Betriebswirtschaftslehre Synergieeffekte durchaus bemessen und auch den beteiligten Unternehmen zugerechnet werden könnten. Dies sei auch rechtlich geboten, da nur so sicher gestellt sei, dass ein Gesellschafter im Falle des erzwungenen Ausscheidens nicht schlechter steht als bei freiwilligem Ausscheiden. Ferner würden außenstehende Anteilseigner bei einer Abfindung in Aktien von den Verbundvorteilen profitieren und die Gleichwertigkeit der Abfindungsarten erfordere eine einheitliche Lösung. Schließlich stecke in der abhängigen Gesellschaft selbst die Geschäftschance, die zum Bestandteil des Gesellschaftsvermögens gehöre und nicht einseitig zugunsten des Mehrheitsgesellschafters genutzt werden dürfe.[963]

3. Eigener Ansatz

Richtigerweise sind echte ebenso wie unechte Verbundvorteile in die Bewertung einzubeziehen. Denn sie beruhen auf Merkmalen des Bewertungsobjektes, die

---

[956] Siehe *Hüffer*, aaO; *Mertens*, aaO.

[957] IDW-Standard S 1 vom 28.06.2000, Tz. 12; IDW-Standard ES 1 n.F. vom 9.12.2004, Tz.12.

[958] *Bilda*, aaO; *Koppensteiner*, aaO; *Seetzen*, aaO; *Werner* in FS Steindorff, S. 303 (317).

[959] *Krieger* in Münchener Handbuch AG, § 70 Rn. 107; *Drukarczyk*, AG 1973, 357 (360 f.); *Fleischer*, ZGR 1997, 368 (378 ff.); ders. ZGR 2001, 1 (27); *Gansweid*, AG 1977, 334 (338 f.); *Großfeld*, Unternehmens- und Anteilsbewertung, 3. Auflage (1994), S. 118 f., nicht mehr ganz so deutlich in der 4. Auflage (2002), S. 64; *Reul*, S. 220.

[960] AaO.

[961] *Moxter*, S. 91 ff.

[962] ZGR 1997, 368 ff.

[963] AaO, S. 392 ff.

das Potential bergen, auf der Einnahmenseite zusätzliches Wachstum zu generieren oder auf der Kostenseite Einsparungen zu realisieren. Diese Merkmale werden auf einem Markt als „wertbildende Faktoren“ wahrgenommen. In privatautonomen Verhandlungen würden sie von den Akteuren bewertet und den Preis des Bewertungsobjektes nach oben beeinflussen[964]. Ebenso verhält sich der Aktienmarkt: ist ein Unternehmen für einen oder gleich mehrere Interessenten ein strategisch sinnvolles Zielobjekt, wird es im Markt als „Übernahmekandidat“ wahrgenommen, was sich unmittelbar positiv auf den Börsenkurs auswirkt. – Mit dem Gebot einer marktorientierten Bewertung[965] ist es daher nicht vereinbar, Verbundvorteile unberücksichtigt zu lassen.

Was die gerichtliche Behandlung von Verbundvorteilen betrifft, ist allerdings abermals zwischen dominierten und nicht-dominierten Konfliktsituationen zu differenzieren.

a) Nicht-dominierte Konfliktsituationen

Nicht-dominierte Konfliktsituationen kennzeichnen sich dadurch, dass die geplante Strukturmaßnahme nur durch das Zusammenwirken zweier gleichberechtigter, d.h. voneinander rechtlich unabhängiger Partner zustande kommen kann. Damit bestehen aufgrund der Ausgangslage unterschiedliche Interessen. In Verhandlungen mit offenem Ausgang besteht die Möglichkeit, die entgegen gesetzten Interessen zum Ausgleich zu bringen und mit einer abschließenden Einigung besiegeln zu können. Dabei ist keine der Vertragsparteien zum Abschluss gezwungen.

In diesen Fällen gilt: wie Verbundvorteile berechnet werden und auf welchem genauen Weg sie in die Bestimmung des Umtauschverhältnisses einfließen, ist gänzlich den Vertragspartnern zu überlassen[966]. Denn auch hier gibt es keine absoluten Wahrheiten, und das beste Indiz für eine marktgerechte Bewertung jener wertbildenden Faktoren, die die Erzielung von Verbundvorteilen ermöglichen, liegt in dem Umtauschverhältnis, das von den Vertragsparteien privatautonom auf dem Markt für Unternehmenskontrolle ausgehandelt worden ist. Es ist zentraler Bestandteil des Vertrages, auf den sich die Geschäftsleitungsorgane geeinigt haben und der die gesetz- und satzungsmäßige Zustimmung durch die Hauptversammlungen erhalten hat. Diese vertragliche Einigung ist Ausfluss des verfassungsrechtlich durch Art. 2 I GG geschützten Prinzips der Vertragsfreiheit und sollte einer gerichtlichen Überprüfung nicht mehr unterzogen werden[967]. In dieser Einigung mit enthalten sind die Erfassung, Bewertung und Verteilung der Verbundvorteile.

---

[964] Vgl. insb. *Krieger* in Münchener Handbuch AG, § 70 Rn. 107; *Fleischer,* ZGR 1997, 368 (393); *Böcking* in FS Moxter, S. 1409 (1420); *Busse von Colbe,* ZGR 1994, 595 (603 ff.).
[965] Siehe Erster Hauptteil, 1. Abschnitt, VII.
[966] Vgl. aus betriebswirtschaftlicher Sicht *Krog,* S. 389.
[967] Siehe schon oben 1. Abschnitt, II.

b) Dominierte Konfliktsituationen

aa) Ausgangslage

Bei dominierten Konfliktsituationen besteht folgende Ausgangslage:

Ein Beherrschungs- und Gewinnabführungsvertrag kann überhaupt erst geschlossen werden, wenn eine Mehrheit der Hauptversammlung von mindestens drei Vierteln des bei Beschlussfassung vertretenen Grundkapitals ihre Zustimmung erteilt[968]. Üblicherweise hält der Hauptaktionär diese Mehrheit. In aller Regel ist also die zu bewertende Gesellschaft ein in Mehrheitsbesitz befindliches Unternehmen (§ 16 AktG). – Hieraus ergibt sich, dass der Mehrheitsaktionär ohnehin bereits über die Möglichkeit verfügt, entscheidenden Einfluss zu nehmen auf die Geschicke des Unternehmens. Zwar leitet de jure der Vorstand des Bewertungsobjektes die Gesellschaft unter eigener Verantwortung (§ 76 I AktG) und begrenzt § 311 AktG gleichzeitig entsprechend den Einfluss des Hauptaktionärs. Tatsächlich aber kann der Hauptaktionär auch im faktischen Konzern aufgrund seiner Mehrheit im Aufsichtsrat und der damit verbundenen Rolle als Träger von Personalentscheidungen zugleich ganz bedeutenden Einfluss auf die Geschäftspolitik nehmen. Wegen dieser engen Verflechtung besteht selbst ohne Beherrschungs- und Gewinnabführungsvertrag im Verhältnis von Bewertungsobjekt und Hauptaktionär ein hohes Potential zur Erzielung von Einsparungen ebenso wie zur Generierung von zusätzlichem Wachstum. Lediglich jene Kosten fallen durch den Abschluss eines Beherrschungs- und Gewinnabführungsvertrages offensichtlich weg, die mit der Erstellung und Prüfung des Abhängigkeitsberichtes gemäß § 312 AktG (und dem damit verbundene Reporting der berichtspflichtigen Rechtsgeschäfte) verbunden waren.

Die gleiche Logik gilt bei den darüber hinaus gehenden Strukturmaßnahmen: Für eine Eingliederung oder einen Squeeze-Out beträgt die erforderliche Mehrheit des Hauptaktionärs 95 Prozent der Anteile[969]. Vielfach besteht vor diesem letzten Schritt bereits ein Beherrschungs- und Gewinnabführungsvertrag. Mit einem solchen wurde die Leitung der abhängigen Gesellschaft dem herrschenden Unternehmen unterstellt (§ 291 I AktG), womit gerade die Leitungsfunktionen des Vorstandes nach § 76 AktG gemeint sind[970]. Das herrschende Unternehmen ist berechtigt, dem Vorstand der Gesellschaft hinsichtlich der Leitung der Gesellschaft Weisungen zu erteilen, selbst nachteilige, und der Vorstand ist verpflichtet, die Weisungen zu befolgen (§ 308 I, II AktG). Gleichzeitig ist gemäß § 291 III AktG das System der gesetzlichen Vermögensbindung aufgehoben (§§ 57, 58, 60 AktG)[971]. Damit ist bereits eine „vollständige Einbindung in die Konzernstrategie in allen Unternehmens-

---

[968] Siehe im einzelnen Erster Hauptteil, 2. Abschnitt, II. 5.
[969] Siehe Erster Hauptteil, 2. Abschnitt, II. 6., 7.
[970] *Krieger* in Münchener Handbuch AG, § 70 Rn. 4.
[971] Siehe zum Ganzen *Krieger,* aaO, § 70 Rn. 1 ff; *Emmerich,* in Emmerich/Sonnenschein/Habersack, S. 159 ff.

bereichen“[972] möglich. Der darüber hinausgehende, zusätzliche wirtschaftliche Vorteil gerade aufgrund einer Eingliederung oder eines Squeeze-Outs ist deshalb als vergleichsweise gering einzustufen.

Es bleibt festzuhalten: in Fällen dominierter Konfliktsituationen ist bereits ein Stadium weitgehender Integration erreicht. Es geht lediglich darum, durch die geplante Maßnahme eine *weitere* Integrationsstufe zu erreichen. Zwar ist auch deren Wirkung nicht zu unterschätzen. Insbesondere beim Beherrschungs- und Gewinnabführungsvertrag kann die noch engere Verbindung der zwei beteiligten Unternehmen zu weiteren Verbundvorteilen führen[973]. – Allerdings ist das Ausmaß der Synergieeffekte, die gerade auf dem zusätzlichen Integrationsschritt beruhen, nicht vergleichbar mit jenem, das beim Zusammenschluss zweier unabhängiger und bis dato völlig getrennt operierender Unternehmen zu erzielenden ist.

bb) Folgen für die Bewertung

Diese Gründe sprechen im Ergebnis dafür, dass auch unter Berücksichtigung des Aspektes der Synergieeffekte an dem oben bereits vorgestellten Bewertungsansatz festzuhalten ist:

(1) Börsenkurs und Anknüpfungszeitpunkt

Bei dominierten Konflikten ist der Börsenkurs aus rechtlicher Sicht der vorrangige Bewertungsansatz[974].

Die entscheidende Frage, die in diesem Zusammenhang zu klären ist, ist die nach der Art und Weise der Bestimmung des Durchschnittskurses. Hier bleibt es bei der im zweiten Abschnitt dieses Teils gewonnenen Erkenntnis. Danach gilt: Im Normalfall – d.h. wenn nach der Bekanntgabe der Maßnahme keine weiteren Tatsachen eintreten, die die in § 15 I WpHG vorausgesetzte Qualität haben – sollte regelmäßig von einem Referenzzeitraum von drei Monaten ausgegangen und als Anknüpfungszeitpunkt die Bekanntgabe der Strukturmaßnahme gewählt werden. Denn dies allein ist praktikabel und schafft für sämtliche Beteiligten Gewissheit und damit Rechtssicherheit.[975]

Der Aspekt der Verbundvorteile ist insbesondere nicht geeignet, eine Abweichung vom Bekanntgabedatum als Anknüpfungszeitpunkt der Referenzperiode zu rechtfertigen. Zwar sprechen auch gute Gründe dafür, gerade im Hinblick auf das Problem der prognostizierten Synergieeffekte den Tag der Hauptversammlung zu wählen. Denn hierdurch fänden jene Börsenkurse Eingang in den Durchschnittskurs, die die Information über die geplante

[972] *Busse von Colbe,* ZGR 1994, 595 (603).
[973] AaO.
[974] Siehe oben 2. Abschnitt, I.
[975] Siehe oben 2. Abschnitt, I. 1. b).

Strukturmaßnahme bereits beinhalten. – Allerdings ist fraglich, ob die Börsenkurse eine solche Synergieverteilung zwischen den Unternehmen widerspiegeln, die rechtlich gewünscht ist oder ob alle Synergien dem herrschenden Unternehmen zugeordnet werden. Außerdem bleibt es bei der oben[976] beschriebenen Problematik, dass der Tag der Hauptversammlung als Anknüpfungsdatum wegen der aktienrechtlichen Pflicht zur Auslegung von Vertrag und Entwurf des Hauptversammlungsbeschlusses mit dem Gesetz nicht in Einklang zu bringen ist. Gerade in Bezug auf den Aspekt der Synergieeffekte gilt: aus den oben genannten Gründen[977] sind die erwarteten Verbundvorteile im Kontext dominierter Konfliktsituationen ein erheblich geringerer Faktor als beim Zusammenschluss vorher unabhängiger gleichberechtigter Unternehmen.

(2) Berücksichtigung durch Prämie auf Referenzkurs

Wird der Börsenkurs als der vorrangige Bewertungsansatz anerkannt, aber gleichzeitig eine Referenzperiode gewählt, die vor der Bekanntgabe der Strukturmaßnahme liegt, so bleiben jene Kursbewegungen außer Betracht, die auf den prognostizierten Verbundvorteilen beruhen. Im Börsenkurs enthalten sind lediglich jene Vorteile, die sich aus der bis dato noch vergleichsweise „lockereren" Unternehmensverbindung ergeben.

Diejenigen Synergieeffekte, die auf dem „Mehr" an Verflechtung und Integration beruhen, das die Rechtsordnung dem Hauptaktionär ermöglicht, sind deshalb auf andere Weise zu berücksichtigen. Hier bietet sich eine Prämie auf den ermittelten Referenzkurs an[978]. Diese stellt allerdings gerade keine Kontrollprämie dar, da der Hauptaktionär bereits über die Kontrolle an dem Bewertungsobjekt verfügt. Für eine Prämienlösung zur Berücksichtigung von Synergieeffekten spricht aber, dass bei Übernahmeangeboten Prämien zuzüglich zum Börsenkurs gezahlt werden, gerade weil sich der Erwerber große Verbundvorteile verspricht[979]. Es besteht also ein eindeutiger innerer Zusammenhang zwischen dem Aspekt der Synergieeffekte und der Gewährung von Prämien.

Bei einer „Synergie-Prämie" im Kontext dominierter Konfliktsituationen ist allerdings zu berücksichtigen, dass die aufgrund der Strukturmaßnahme zu erzielenden Verbundvorteile erheblich geringer sind als beim Kontrollerwerb. Zur Ermittlung kommen zwei Wege in Betracht: es ließe sich der Versuch unternehmen, die Verbundvorteile, die aus dem weiteren Integrationsschritt resultieren, zu ermitteln und auf die Beteiligten aufzuteilen. Alternativ kommt eine Orientierung an auf dem Markt bezahlten Kontrollprämien in Betracht.

---

[976] AaO.

[977] Siehe aa).

[978] Vgl. aus betriebswirtschaftlicher Sicht *Krog*, S. 391.

[979] *Busse von Colbe*, ZGR 1994, 595 (604).

Im Falle der Berechnung und Aufteilung der Verbundvorteile stellt sich zunächst das Problem der Synergie-Messung und anschließend jenes der Synergie-Zuweisung. Im Zuge der Synergie-Messung lässt sich unterscheiden zwischen solchen Verbundvorteilen, die sich ohne größere Mühe beziffern lassen[980] und jenen, deren Erfassung zwar Schwierigkeiten bereitet, die aber angesichts der Fortschritte in der betriebswirtschaftlichen Forschung heutzutage erheblich besser benannt werden können als noch vor einigen Jahren[981]. Als nächster gedanklicher Schritt schließt sich die Aufteilung der Synergieeffekte zwischen Mehrheitsaktionär und Minderheitsaktionären an. Teilweise wird hier argumentiert, da die Initiative zur Hebung der Verbundvorteile vom Hauptaktionär ausginge, erscheine es legitim, ihm zwei Drittel bis drei Viertel zu überlassen und den Rest den ausscheidenden Aktionären zuzuweisen[982]. Andere Autoren befürworten mit unterschiedlichen Argumenten eine hälftige Aufteilung[983], wieder andere eine Orientierung am Verhältnis der Ertragswerte[984].

Das Alternativmodell – die Orientierung an auf dem Markt bezahlten Kontrollprämien – hat den Vorteil, dass die Schwierigkeiten bei der Bemessung der Synergien vermieden werden. Allerdings besteht hier das Problem, jene Kontrollprämien zu ermitteln, die im Markt bei Kontrollerwerben unter vergleichbaren Unternehmen bezahlt worden sind. Da im Kontext dominierter Konfliktsituationen gerade kein Kontrollerwerb vorliegt und wesentliche Verbundvorteile bereits realisiert sind, ist sodann in einem zweiten Schritt lediglich ein Bruchteil der ermittelten Durchschnittskontrollprämie anzusetzen. Auch hier stellt sich daher das Problem der Verwertung des im ersten Schritt ermittelten Ergebnisses. Wurde beispielsweise bei der Analyse von Kontrollerwerben festgestellt, dass durchschnittlich eine Prämie von X Prozent auf den Börsenkurs gezahlt wurde, so ist zu entscheiden, wie viel von jenem Prozentsatz im konkreten Fall anzusetzen ist. Dies ist sicherlich ein im Einzelfall nicht einfach zu lösendes Problem. Stets ist dabei im Blick zu behalten, dass es lediglich um die Verteilung jener Synergievorteile geht, die sich aus dem *zusätzlichen* Integrationsschritt ergeben. Im Vergleich zum Kontrollerwerb muss eine solche „Synergieprämie" also deutlich niedriger ausfallen als eine Kontrollprämie und proportional sein zum finanziellen Gewinn, den der in Frage stehende Integrationsschritt mit sich bringt. Beim Beherrschungs- und Gewinnabführungsvertrag könnte deshalb möglicherweise ein Viertel vom Prozentsatz der sonst gewährten Kontrollprämie angemessen sein, beim Squeeze-Out oder

[980] Hierzu zählen der körperschaftssteuerliche Verlustvortrag der abhängigen Gesellschaft und die Kosten der Erstellung und Prüfung des Abhängigkeitsberichts.
[981] *Fleischer,* ZGR 1997, 368 (380), mwN insbesondere zu den neueren Erkenntnissen aus der betriebswirtschaftlichen Forschung.
[982] Vgl. *Großfeld,* Unternehmensbewertung, S. 68.
[983] *Böcking* in FS Moxter, S. 1407 (1427); weitere ältere Nachweise bei *Fleischer,* aaO.
[984] *Ossadnik,* ZfB 1995, 69 (83); weitere ältere Nachweise ebenfalls bei *Fleischer,* aaO.

der Eingliederung bei bereits bestehendem Beherrschungs- und Gewinnabführungsvertrag ein Satz zwischen einem Zehntel und einem Fünftel.[985]

Durch eine solche Synergieprämie würde auch sichergestellt, dass dem Gleichbehandlungsgebot genüge getan ist. Denn es wäre gewährleistet, dass nicht nur die in Aktien abgefundenen Aktionäre von den Verbundvorteilen profitieren, sondern auch jene, die sich für die Barabfindung entschieden haben.[986]

Gleichzeitig kann aber durch eine entsprechend moderate Bemessung der Prämie sichergestellt werden, dass die Transaktion nicht zu teuer wird. Andernfalls ginge für den Mehrheitsaktionär der Anreiz zur Durchführung der Maßnahme verloren. Auch dies entspräche nicht der Absicht des Gesetzgebers, der durch die Bereitstellung des rechtlichen Rahmens für Strukturmaßnahmen die Durchführung gesamtwirtschaftlich wünschenswerter Transaktionen gerade ermöglichen wollte.

---

[985] Ist das betreffende Unternehmen nicht börsennotiert, ist es auf der Grundlage von Zukunftserfolgswert- und/oder Multiplikatorverfahren zu bewerten. Für die Bemessung und Verteilung der Synergievorteile können gleichwohl beide der hier vorgestellten Modelle angewendet werden.

[986] Zum Argument der Gleichbehandlung: *Krieger* in Münchener Handbuch AG, § 70 Rn. 107; *Busse von Colbe*, ZGR 1994, 595 (605).

Schlussteil: Zusammenfassung

I. Recht und Betriebswirtschaftslehre

Unternehmensbewertungen sind regelmäßig ein Erkenntnisgegenstand der Betriebswirtschaftslehre. Darüber hinaus können sie auch eine juristische Dimension erlangen, wenn aufgrund der materiellen Ansprüche zwischen verschiedenen Rechtssubjekten ein Gericht dazu berufen ist, über den „gerechten Wert" zu befinden. In diesen Fällen stellt sich die Frage, welche spezifisch juristischen Grundsätze für die gerichtliche Unternehmensbewertung gelten sollen.

II. Bewertung, Marktorientierung und Recht

1.) Bewertung ist immer ein subjektiver Vorgang. Denn jede Bewertung hängt ab von den Prämissen und Präferenzen desjenigen, der sie durchführt. Jedem Marktpreis liegen die subjektiven Bewertungen der Marktteilnehmer zugrunde. Denn bevor zwischen einem Veräußerer und einem Erwerber ein bestimmter Preis vertraglich vereinbart wird, führt jeder der beiden seine eigene stets subjektive Bewertung durch. So legt jeder Marktteilnehmer seinen eigenen Grenzpreis fest, d.h. jenen Preis, den er höchstens für den betreffenden Gegenstand zu zahlen bereit ist oder den er mindestens als Veräußerungserlös erzielen möchte. Die Festlegung dieses Grenzpreises spiegelt die subjektive Bewertung – oder „Wertempfindung" – des betreffenden Marktteilnehmers für den jeweiligen Gegenstand wider. Diese hängt nicht nur ab von den Umständen und Faktoren, die dem betreffenden Gegenstand selbst unmittelbar anhaften. Auch die spezifischen Bedürfnisse des jeweiligen Marktteilnehmers sind hierfür entscheidend, ebenso wie die allgemeine Wertschätzung des betreffenden Gegenstandes im Markt, von der sich die einzelnen Marktteilnehmer ebenfalls erfahrungsgemäß beeinflussen lassen und die nicht immer eindeutig und rational begründbar sind. In diese Kategorie fallen auch sämtliche Zufälligkeiten gesamtwirtschaftlicher, politischer und psychologischer Art.

2.) Obwohl jeder Marktpreis stets ein subjektiver Wert ist, ist das Konzept vom Marktwert seit jeher von der Rechtsordnung anerkannt. In zahlreichen Fällen stellt das Gesetz ausdrücklich ab auf den „Börsen- oder Marktpreis". Der Gesetzgeber bekennt sich ausdrücklich zu einer marktwirtschaftlichen Ordnung und nimmt damit die bewegliche Preis- und Wertrechnung, die auf den Dispositionen eigenverantwortlich und unabhängig entscheidender Wirtschaftssubjekte beruht, in seinen Willen auf. Unter dem antiquierten Synonym vom „Verkehrswert" begegnet der Marktwert laufend in der Rechtsprechung. Praktisch immer wenn durch die Gerichte im Allgemeinen Zivilrecht die gerechte Entschädigung oder der gerechte Ausgleich zu quantifizieren ist, wird der Marktwert von der Rechtsordnung für maßgeblich anerkannt. Lediglich in seltenen Ausnahmefällen wird diese Praxis durch andere Wertungen überlagert, die jedoch stets auf einem besonderen rechtspolitischen Zweck beruhen. Einen

„inneren“ oder „wahren“ Wert kennt der Gesetzgeber dagegen nicht. – Damit erweist sich das Recht regelmäßig als „blind“ für die Motive, die die Bewertungen der einzelnen Marktteilnehmer beeinflussen. Die Rechtsordnung akzeptiert üblicherweise den „Marktwert“ als ökonomische Realität. Dies steht auch in Einklang mit dem Gedanken der materiellen Gerechtigkeit. Ist nämlich jemand für den Verlust einer bestimmten Vermögensposition zu entschädigen, so ist davon auszugehen, dass auch der Betreffende für die ursprüngliche Erlangung jener Position einen Marktpreis bezahlt hat und er insbesondere für die Neubeschaffung einer Ersatzposition einen Marktpreis bezahlen muss.

3.) Die Maßgeblichkeit des Marktwertes für Ausgleich und Entschädigung ist als allgemeines Rechtsprinzip anzuerkennen. Denn eine Gesamtschau der oben gewonnenen Erkenntnisse ergibt, dass *erstens* zahlreiche allgemeine Vorschriften ausdrücklich die Bewertung zu Markt- oder Börsenpreisen anordnen, *zweitens* der Gesetzgeber die bewegliche Preis- und Wertrechnung der Marktwirtschaft in seinen Willen aufgenommen hat, *drittens* die Rechtsprechung seit jeher in den unterschiedlichsten Zusammenhängen die Praxis pflegt, bei Bewertungsproblemen Marktpreise zum Maßstab ihrer Entscheidungen zu machen und *viertens* aufgrund des Gedankens von der Ersatzbeschaffung das Konzept der Marktorientierung der materiellen Gerechtigkeit entspricht. – Die Maßgeblichkeit des Marktwertes für Ausgleich und Entschädigung bildet damit einen Leitgedanken, der über eine Einzelregelung weit hinausgreift, der unabhängig von seiner Normierung eigene Überzeugungskraft besitzt und der im Wege einer Gesamtanalogie erschlossen werden kann. Er stellt deshalb ein allgemeines Rechtsprinzip dar.

III. Unternehmensbewertung abseits der Börse

1.) Für Unternehmensbewertungen gibt es im deutschen Recht zahlreiche Anlässe. Konkrete Bewertungsmethoden gibt der deutsche Gesetzgeber der Rechtsprechung dabei nicht vor. Vielmehr bedient er sich eines unbestimmten Rechtsbegriffes, indem er das Erfordernis einer „angemessenen“ Entschädigung statuiert. Eine eigenständige Unternehmensbewertung ist für die Gerichte immer dann unausweichlich, wenn mangels Börsennotierung oder Angemessenheitsvermutung keine marktmäßige Bewertung des Unternehmens bzw. seiner Anteile möglich ist.

2.) Unternehmen sind besonders komplexe Bewertungsobjekte. Ihre Komplexität ergibt sich aus der Natur des Unternehmens als individuelle Gesamtheit verschiedenster materieller und immaterieller Güter. Grundsätzlich bilden die zukünftigen Erträge den wesentlichen „wertbildenden Faktor“, auf den bei einer Unternehmensbewertung abzustellen ist. Im Gegensatz zu anderen Renditeobjekten sind jedoch die zukünftigen Erträge eines Unternehmens schwer zu prognostizieren und so in besonderer Weise mit Ungewissheit behaftet. Weitere Schwierigkeiten bereitet, dass neben die zukünftigen Erträge noch andere Aspekte treten können, die als wertbildende Faktoren zu identifizieren und zu quantifizieren sind. Schließlich kennzeichnen sich Unternehmen dadurch, dass sie „gewachsene Organismen" sind und wegen ihrer Unterschiedlichkeit nur mit Mühe mit anderen Unternehmen verglichen werden können.

3.) Die schwierige Vergleichbarkeit von Unternehmen darf aber nicht zu der Fehlannahme verleiten, dass Unternehmen keinen Marktwert hätten. Unternehmen und Unternehmensanteile werden auf Märkten gehandelt wie andere Handelsobjekte auch. Nur der sich hierbei ergebende Marktwert kann aus Sicht des Rechts für die Bemessung der gerechten Entschädigung oder Abfindung entscheidend sein. Andere Wertkonzepte, wie etwa der „Ertragswert" oder „Substanzwert" können aus juristischer Sicht nur insofern Bedeutung haben, als sie geeignet sind, die wesentlichen wertbildenden Faktoren des Unternehmens richtig widerzuspiegeln und somit gleichzeitig jenen Wert zum Ausdruck bringen, der auf einem Markt für das zu bewertende Unternehmen bzw. seine Anteile zu erzielen wäre. Die Methodenvielfalt der Betriebswirtschaftslehre darf also nicht den Blick darauf verstellen, dass für das Recht nur eine Konzeption entscheidend sein kann, nämlich der Marktwert. „Ertragswert", „Substanzwert" und andere ähnliche Begriffe sind aus rechtlicher Sicht nicht Bewertungsziel, sondern als Bewertungskriterien lediglich Mittel zum Zwecke der Feststellung des Marktwertes. – Besonders treffend formuliert der französische Kassationsgerichtshof diesen Gedanken in seiner Entscheidung *Marlène Pour*. Darin heißt es: Bei der Bewertung nicht notierter Unternehmensanteile ist die Bewertung so durchzuführen, dass unter Berücksichtigung aller relevanter Faktoren ein Wert erzielt wird, der jenem so weit wie möglich entspricht, der sich durch das freie Spiel von Angebot und Nachfrage auf einem wirklichen Markt ergeben hätte.

4.) Je nach Unternehmen sind die spezifischen wertbildenden Faktoren zu identifizieren und zu quantifizieren. Was wertbildende Faktoren sind, hängt von den Einschätzungen des Marktes ab. Bei einem unverändert fortzuführenden Unternehmen sind dies regelmäßig die zukünftigen Erträge – genauer gesagt: finanziellen Erfolge –, ergänzt um das nicht betriebsnotwendige Vermögen. Welche Finanzkennzahlen im einzelnen der Bewertung zugrunde zu legen sind (handelsrechtliche Erträge, Cashflows, sonstige Kennziffern), ist durch einen Blick auf die im Markt vorherrschende Bewertungspraxis zu entscheiden. Macht aus Sicht eines durchschnittlichen Erwerbers nur die Schließung des Unternehmens Sinn, ergibt sich der Marktwert des Unternehmens regelmäßig aus der vorgefundenen Gesamtheit an Einzelgegenständen, also der Substanz. In besonderen Fällen der Unternehmensfortführung ist zu untersuchen, ob neben den zukünftigen Erträgen noch weitere wertbildende Faktoren existieren, denen auf dem Markt für Unternehmen ein Geldwert beigemessen wird. In Ausnahmefällen – insbesondere bei schwer prognostizierbaren Erträgen – kann es außerdem vorkommen, dass die wertbildenden Faktoren des zu bewertenden Unternehmens durch nicht-finanzielle Kennzahlen besser erfasst werden können als durch finanzielle.

5.) Im Hinblick auf die angewandte Bewertungsmethode dominieren in Deutschland Zukunftserfolgswertverfahren. Dagegen spielen in US-amerikanischen Gerichtsprozessen mittlerweile Multiplikatorverfahren eine ebenso wichtige Rolle. Auch in Frankreich sind sie erheblich verbreiteter als hierzulande. Dies ist zu befürworten. Denn die Suche nach Vergleichskriterien und Vergleichsobjekten macht aus der Bewertung mittels Multiplikatorverfahren einen Erkenntnisvorgang primär abwägender Art. Im Vordergrund steht nicht die Ermittlung des Nutzwertes des Unternehmens, sondern die Bestimmung der Wertschätzung des Marktes für die als „wertbildend" identifizierten Faktoren. Damit sind regelmäßig keine Schätzungen erforderlich, die je nach Einstellung des Bewerters optimistisch oder pessimistisch ausfallen können. Ferner ist es nicht erforderlich, einen Diskontierungszinssatz festzulegen, so dass die häufig stark subjektiv gefärbte Bestimmung einer Risikoprämie entfällt. Insgesamt wird also bei Multiplikatorverfahren auf jene Denkschritte verzichtet, die die Zukunftserfolgswertverfahren so angreifbar machen. Das Gericht wird damit von der Pflicht entbunden, eine eigene investitionskalkulatorische und damit betriebswirtschaftliche Entscheidung treffen zu müssen. Stattdessen fließen bei Multiplikatorverfahren über die ermittelten Vergleichswerte das jeweilige Angebot von und die jeweilige Nachfrage nach Unternehmen bzw. Unternehmensanteilen als Determinanten in die Wertfindung ein. Somit führen Multiplikatorverfahren durch ihre unmittelbare Orientierung an vorhandenen Marktbewertungen auf direkterem Weg zum Ziel jeder gerichtlichen Bewertung, nämlich der Bestimmung eines „fairen Marktwertes".

IV. Unternehmensbewertung und Börsenkurs

1.) Sofern das Bewertungsobjekt eine börsennotierte Aktiengesellschaft ist, begegnet im deutschen Recht vielfach der Topos vom „wahren" oder „inneren" Wert. Er wird dem Börsenkurs gegenüber gestellt und als sprachliches Vehikel von jenen Vertretern in Literatur und Rechtsprechung verwendet, die den Börsenkurs als Abfindungsgrundlage ablehnen und stattdessen eine Bewertung nach Zukunftserfolgswertverfahren propagieren. Sie sehen in dem gutachterlich ermittelten Unternehmenswert den „wahren" Wert, der vom Börsenkurs nach oben oder unten abweichen könne.

2.) Die Diskussion über die Tauglichkeit des Börsenkurses als Abfindungsgrundlage lässt sich zurückverfolgen bis in die dreißiger Jahre und erlebte in den sechziger Jahren eine Renaissance. Noch Mitte der neunziger Jahre kann die Ablehnung des Börsenkurses als „ganz herrschende Meinung" bezeichnet werden. Sodann mehren sich die gegenläufigen Literaturstimmen und mit der Entscheidung *März/EKU* des BayObLG ist im Jahre 1998 plötzlich ein Gerichtsurteil in der Welt, das – wenn auch beschränkt auf den konkreten Fall – zur Bestimmung der Abfindungshöhe den Börsenkurs heranzieht. Zu einem Paradigmenwechsel kommt es schließlich durch die Entscheidung *DAT/Altana* vom 27. April 1999. Hier entscheidet das Bundesverfassungsgericht, dass es mit Art. 14 GG unvereinbar ist, bei der Bestimmung der Abfindung oder des

Ausgleichs den Börsenkurs außer Betracht zu lassen. Die Literatur schließt sich der neuen Rechtsprechung ganz überwiegend an oder verzichtet jedenfalls auf ausdrückliche Kritik. – Was fortan die Literatur bewegte und zum Gegenstand gerichtlicher Entscheidungen wurde, sind die Folgeprobleme, die sich aus der Entscheidung des Bundesverfassungsgerichts ergaben. Hierzu zählt die Grundsatzfrage, ob der Börsenkurs auch abseits verfassungsrechtlicher Überlegungen ein Regelwert sein soll oder ob er lediglich als Untergrenze der festzusetzenden Abfindung zu fungieren hat. Außerdem ergab sich Bedarf an rechtswissenschaftlicher Klärung hinsichtlich der Dauer und des Anknüpfungsdatums der Referenzperiode bei der Ermittlung des Durchschnittsbörsenkurses und bezüglich der Frage, unter welchen Voraussetzungen bestimmte Börsennotierungen ausnahmsweise doch nicht in die Bemessung des Entschädigungsbetrages einzubeziehen sind.

3.) Richtigerweise ist der Börsenkurs als Regelwert anzuerkennen. Denn er stellt einen Marktpreis dar, der sich auf dem Aktienmarkt durch das freie Spiel von Angebot und Nachfrage ergeben hat. Somit wird dem Rechtsprinzip von der Maßgeblichkeit des Marktwertes für Ausgleich und Entschädigung entsprochen. Wie bei anderen Marktpreisen auch, sollte das Recht Börsenkurse als Ergebnisse des Preismechanismus' und damit als ökonomische Realitäten akzeptieren. Fragen nach den Hintergründen der Preisbildung an den Kapitalmärkten sind nichts anderes als Spekulationen über die Motive, die hinter den Entscheidungen der Marktteilnehmer stehen. Derartige Fragestellungen sollten aus rechtlicher Sicht grundsätzlich ohne Bedeutung sein. Ihre Erörterung sollte vielmehr anderen Disziplinen überlassen bleiben wie den Wirtschaftswissenschaften und der Psychologie. – Der Börsenkurs stellt auch jenen Preis dar, der sich auf dem aus der Sicht des Kleinaktionärs „relevanten" Markt gebildet hat. Denn der Kleinaktionär agiert auf dem „Spielfeld" des Aktienmarktes. Er hat selbst einen Börsenkurs zum Erwerb seiner Papiere aufgewendet und er hat auch für die Beschaffung eines Ersatzinvestments einen Börsenkurs zu bezahlen. Dagegen sind investitionskalkulatorische Bewertungsansätze dem Markt für Unternehmenskontrolle zuzurechnen, weshalb sie der Perspektive des Kleinaktionärs weniger gut gerecht werden.

4.) Auch der Wortlaut des Gesetzes spricht für die Anerkennung des Börsenkurses als Regelwert. So heißt es etwa in § 305 III S. 2 AktG, die angemessene Barabfindung müsse „die Verhältnisse der Gesellschaft (...) berücksichtigen". „Berücksichtigen" aber bedeutet gerade nicht, dass die „Verhältnisse der Gesellschaft" allein oder primär entscheidend sein sollen. Hätte der Gesetzgeber dies gewollt, hätte er wohl geschrieben: „*Maßgeblich* sind (*ausschließlich*) die Verhältnisse der Gesellschaft." Der Gesetzeswortlaut ist daher am ehesten dahingehend auszulegen, dass primär eine *Anteils*bewertung zu erfolgen hat, die sich am Börsenkurs ausrichtet. – Im Hinblick auf „die Verhältnisse der Gesellschaft" vom Börsenkurs abzuweichen, ist gerade heutzutage weniger erforderlich denn je. So führte der Gesetzgeber mit dem Bilanzrichtliniengesetz von 1985 den *True and fair view*-Grundsatz im Bilanzrecht ein und im Jahre 1995 durch § 15 WpHG die wertpapierhandelsrechtlichen *Ad hoc*-Pflichten. Diese beiden Faktoren tragen ganz maßgeblich dazu bei, dass die Aktienkurse einer Gesellschaft heute besser als je zuvor die wertbildenden Faktoren des Unternehmens widerspiegeln.

5.) Der Umstand, dass der Hauptaktionär den Zeitpunkt der Strukturmaßnahme frei wählen kann, ändert grundsätzlich nichts an der grundsätzlichen Eignung des Börsenkurses als Abfindungsmaßstab. Denn wie stets im Zivilrecht ist jede Bewertung auf einen bestimmten Zeitpunkt bezogen. Diesen kann sich der Betroffene, der einen Eingriff in seine Rechtsposition dulden muss, praktisch nie aussuchen. So hat es im Schadensersatzrecht der Geschädigte genauso wenig in der Hand, den Zeitpunkt des Eingriffes festzulegen, wie der Entreicherte im Bereicherungsrecht. Stets wird der zu zahlende Betrag nach dem aktuellen Marktwert der zu ersetzenden Position bestimmt. – Diese Grundsätze sind auf den gesellschaftsrechtlichen Kontext von Strukturmaßnahmen zu übertragen: Ein Aktionär, der einen Zwangsausschluss hinzunehmen hat, hat Anspruch auf den „Gegenwartswert" seiner Aktien in der Form aktueller Börsenkurse. Hoffnungen auf künftige Kursanstiege sind ebenso wenig eigenständig zu berücksichtigen wie die beraubte Chance, an der weiteren Geschäftsentwicklung des Unternehmens teilzuhaben. Insbesondere der Gedanke, man müsse den Minderheitsaktionären einen „inneren Wert" zubilligen, weil sie durch die Strukturmaßnahme die Chance verlören, dass sich der Börsenkurs jenem „inneren Wert" im Verlauf der Zeit annähert, kann nicht überzeugen. Denn mit dieser Argumentation wird abermals auf den Unternehmenswert abgestellt, statt den Anteilswert als den konzeptionell richtigen Ansatz anzuerkennen. Außerdem ist angesichts der wertpapierhandelsrechtlichen *Ad hoc*-Pflichten und des bilanzrechtlichen *True and fair view*-Grundsatzes heutzutage ein hohes Maß an Markteffizienz gewährleistet, das den Erkenntnisvorsprung von Gutachtern (bei der Ermittlung eines „inneren Wertes") beträchtlich reduziert und das dazu führt, dass das greifbare Zukunftspotential des Unternehmens (das ansonsten möglicherweise erst später kursrelevant geworden wäre) bereits zum gegenwärtigen Zeitpunkt vom aktuellen Börsenkurs widergespiegelt wird.

6.) Als bedeutende Folgefrage aus der Anerkennung des Börsenkurses als Regelwert ergibt sich, wie genau der Abfindungsbetrag auf börsenkurslicher Grundlage zu ermitteln ist. In Frage kommt die Zugrundelegung eines Stichtagskurses oder die Ermittlung eines Durchschnittswertes auf der Grundlage der Kurse einer Referenzperiode. Richtigerweise ist von einem „Regelreferenzzeitraum" von drei Monaten auszugehen, der an der Bekanntmachung der Strukturmaßnahme anknüpft. Abweichungen hiervon sind ausnahmsweise dann angezeigt, wenn innerhalb dieses Dreimonatszeitraumes oder anschließend zwischen der Bekanntgabe der Strukturmaßnahme und dem Tag der Hauptversammlung Tatsachen eintreten, die den Tatbestand des § 15 I WpHG erfüllen. Hier sollte ab diesem Zeitpunkt eine (ganz oder teilweise) neue Bewertung erfolgen, die die (positive oder negative) Veränderung der wertbildenden Faktoren der Gesellschaft berücksichtigt. – Ansonsten spricht für einen Regelreferenzzeitraum von drei Monaten zweierlei: Einerseits schreibt der Verordnungsgeber in § 5 I WpÜG bei Übernahmeangeboten einen Durchschnittskurs von drei Monaten vor. Da im übernahmerechtlichen Kontext derselbe Zielkonflikt vorliegt wie im vorliegenden Fall, sollte jene abstrakt-generelle Regelung auch hier herangezogen werden. Des weiteren stellt ein Dreimonatszeitraum einen angemessenen Kompromiss dar zwischen materieller Gerechtigkeit und Rechtssicherheit. Das Argument der materiellen Gerechtigkeit spricht dabei für das Stichtagsprinzip. „Bewertungsgegenstand" ist nämlich (rechtsgebietsübergreifend) stets der Bewertungsgegenstand im *Zeitpunkt der rechtlichen Bindung*. Bis zum Stichtag in Gestalt des Termins, an dem die Hauptversammlung über die Strukturmaßnahme beschließt, können sich beim Unternehmen sowie im Aktienmarkt Veränderungen ergeben, die die Wertschätzung der Marktteilnehmer beeinflussen. Demgegenüber ist unter dem Gesichtspunkt der Rechtssicherheit ein möglichst langer Zeitraum als Referenzperiode zu befürworten, da hierdurch insbesondere die Gefahr der Kursmanipulation reduziert werden kann. – Als Anknüpfungszeitpunkt der dreimonatigen Regelreferenzperiode sollte der Tag der Bekanntmachung gewählt werden. Die unbefriedigende Situation, dass im Vertrag bzw. im Entwurf des Hauptversammlungsbeschlusses kein eindeutiger Abfindungswert angegeben werden kann, wird so vermieden. Auch Manipulationen kann so wirksam vorgebeugt werden. – Die nach dem Gesetz verlangte „Berücksichtigung der Verhältnisse der Gesellschaft im Zeitpunkt der Beschlussfassung ihrer Hauptversammlung" liegt nach dem hier vertretenen Ansatz in der Feststellung, dass seit der Bekanntgabe der Strukturmaßnahme keine weiteren Tatsachen eingetreten sind, die wegen ihrer Erheblichkeit den Tatbestand des § 15 I WpHG erfüllen und eine Abweichung vom dreimonatigen „Regelreferenzzeitraum" veranlasst haben.

7.) Ein Anlass, bei Unternehmensbewertungen vom Börsenkurs abzuweichen, besteht nur in Ausnahmefällen. Hierzu zählt der Manipulationsfall, wobei weder für die Auslegung des Manipulationsbegriffes noch für die Konsequenzen im Falle der Bejahung schematische Lösungen auf der Hand liegen. Vielmehr kommt es darauf an, jeden Einzelfall im Lichte seiner Besonderheiten zu würdigen. Dabei stehen nicht feste Rechtsregeln im Vordergrund, sondern die Findung eines Ergebnisses, das den schutzbedürftigen Interessen der Beteiligten bestmöglich gerecht wird.

8.) Die *DAT/Altana*-Entscheidung des Bundesverfassungsgerichts legt es nahe, im Falle einer „schlechten Verfassung der Kapitalmärkte" vom Börsenkurs als Wertmaßstab abzurücken. Hierbei ist zu differenzieren zwischen dem „verfassungsrechtlich Zulässigen" und dem „einfachrechtlich Gebotenen". So hat das Bundesverfassungsgericht lediglich festgestellt, dass es nicht verfassungswidrig wäre, im besagten Falle den Börsenkurs außer Betracht zu lassen. Ob tatsächlich bei einer „schlechten Verfassung der Kapitalmärkte" ein über dem Börsenwert liegender Ertragswert bemüht werden soll, ist deshalb eine Frage, die auf der Ebene des einfachen Rechts, d.h. des Zivilrechts, erst noch entschieden werden muss. Sie ist zu verneinen. Denn die Frage, warum es auf dem Aktienmarkt zu einem niedrigen Preisniveau kommt, ist eine Frage nach den Motiven der Marktteilnehmer. Das Recht aber ist auch in anderem Kontext „blind“ für die Motive, die den Entscheidungen der Marktteilnehmer im Preisfindungsprozess zugrunde liegen und akzeptiert die beobachteten Marktwerte richtigerweise als ökonomische Realitäten. Dies ist auch im Falle einer „schlechten Verfassung der Kapitalmärkte“ legitim und in Einklang stehend mit dem Gebot der materiellen Gerechtigkeit. Denn bei insgesamt niedrigem Kursniveau kann der Aktionär mit der geleisteten Entschädigung an der Börse zu ebenfalls günstigem Preis ein Ersatz-Investment tätigen. Dies ist heutzutage besser möglich denn je, denn angesichts einer wachsenden Zahl börsennotierter Gesellschaften und der zunehmenden Abhängigkeit zwischen den Volkswirtschaften hat sich das Spektrum der nach einem bestimmten Risiko-Chancen-Profil vergleichbaren Investments im Verlauf der vergangenen Jahre stark verbreitert. Auf diese Weise hat es der Aktionär, der zu einer Desinvestition gezwungen wird, selbst in der Hand, ob er weiterhin an solchen Investmentchancen teilhaben möchte, die jenen seines ursprünglichen Investments vergleichbar sind. Diese praktisch immer gegebene Möglichkeit der „Ersatzbeschaffung zu Marktpreisen“ entzieht grundsätzlich jedem Verlangen nach einer Abfindungsbemessung abseits der Börsenbewertung den Boden.

9.) In dem Beschluss des Bundesgerichtshofes vom 12. März 2001 heißt es: „Um einen Referenzkurs zu erlangen, der eine kontinuierliche Entwicklung des Börsenkurses in dem maßgebenden Zeitraum repräsentiert, müssen außergewöhnliche Tagesausschläge oder sprunghafte Entwicklungen binnen weniger Tage, die sich nicht verfestigen – gleichgültig, ob es sich um steigende oder fallende Kurse handelt – unberücksichtigt bleiben.“ Diese Pauschalität ist abzulehnen, denn es besteht grundsätzlich kein Anlass dafür, dass der Referenzkurs eine „kontinuierliche Entwicklung des Börsenkurses“ repräsentieren muss. Der Bundesgerichtshof vermengt offensichtlich Ursache und Wirkung des Geschehens an den Kapitalmärkten. Er scheint zu unterstellen, dass bestimmte Effekte, die sich im Börsenkurs widerspiegeln auf Ursachen beruhen, die aus der Sicht des Rechts nicht legitim sind, etwa weil sie auf Manipulationen zurückgehen. Grundsätzlich aber gilt, dass Börsenkurse Marktpreise sind wie jeder andere Marktpreis auch. Marktpreise unterliegen naturgemäß Schwankungen, da sie auf Angebot und Nachfrage beruhen. Dieses Phänomen ergibt sich aus der „beweglichen Preis- und Wertrechnung“, die Bestandteil jeder marktwirtschaftlich verfassten Wirtschaftsordnung ist und die vom Gesetzgeber gewollt ist. „Außergewöhnliche Tagesausschläge“ und „sprunghafte Entwicklungen“ sind deshalb zunächst als ökonomische Realitäten hinzunehmen, ebenso wie das Recht auch in anderen Fällen die tatsächlich gezahlten Preise als Ergebnisse des Zusammenspiels von Angebot und Nachfrage grundsätzlich ohne weitere Forschung nach den Motiven der Marktteilnehmer als Ausgangspunkt für die Bemessung einer gerechten Entschädigung akzeptiert. – Durch die grundsätzliche Anerkennung jeder Notierung wird zugleich das Problem vermieden, in einzelfallabhängiger Wertung bestimmte Kurse als „außergewöhnlich" einzustufen. Damit ist der Rechtssicherheit gedient.

10.) Auch bei Marktenge und hoher Volatilität braucht keineswegs vorschnell vom Börsenkurs als Regelwert abgewichen zu werden. Auch hier beginnt das Problem bereits bei der Feststellung, wann genau eine solche „Fallgruppe" gegeben sein soll. Damit spricht das Argument der Rechtssicherheit ebenso wie das Rechtsprinzip von der Maßgeblichkeit des Marktwertes für Ausgleich und Entschädigung klar für eine Orientierung am Börsenkurs *trotz* Marktenge oder hoher Volatilität. Insbesondere ist zu bedenken, dass auch in anderem, nicht gesellschaftsrechtlichem Kontext die Rechtsprechung unabhängig von der Enge des Marktes und der Schwankungen des Preises stets ihren Entscheidungen den Marktwert zugrunde legt. Hinzu tritt, dass enge Märkte keineswegs zwingend weniger effizient sind als breite und sich überdies der Aktionär regelmäßig bewusst für ein Investment in einem engen und volatilen Markt in Gestalt eines Minderheitsinvestments entschieden hat bzw. er von den Möglichkeiten des Ausstieges nicht Gebrauch gemacht hat, bevor sich der Markt verengt hat. Damit wurde der enge bzw. volatile Markt zum frei gewählten „Spielfeld". Dass dessen Regeln unterschiedlich sein können von jenen auf einem breiten, weniger schwankungsanfälligen Markt, musste dem Aktionär klar sein. – Der eigentliche Grund, weshalb bei engen Märkten die Heranziehung des Börsenkurses zur Abfindungsbemessung problematisch sein kann, liegt in der Gefahr der Kursmanipulation, die bei engen Märkten größer ist als bei breiten. Aus diesem Grunde sind im Falle der Marktenge für einen Ausschluss bestimmter Notierungen aus der Durchschnittskursbildung nicht ganz so hohe Ansprüche zu stellen wie bei liquiden Märkten. Ein „hinreichender" Verdacht auf Manipulation sollte hier ausreichen, während sonst für die Nichtberücksichtigung des Börsenkurses die Gewissheit oder der „dringende" Verdacht der Kursmanipulation zu fordern ist.

11.) Wie schon mehrfach angeklungen, dient eine Orientierung am Börsenkurs der Rechtssicherheit. Dies ergibt sich aus der Qualität des Börsenkurses als „Tatsache". Denn zwar mag über die Berechtigung der Motive, die bestimmten Kursen zugrunde liegen, gestritten werden können. Dies ändert aber nichts an dem Umstand, dass Börsenkurse als Tatsachen mehr Gewissheit bergen als gutachterliche Schätzungen, deren Ergebnis im Vorfeld einer Strukturmaßnahme nur sehr bedingt vorhergesagt werden kann. – Dieser Gedanke findet sich auch im Prozessrecht. Nach dem Grundsatz des § 286 ZPO hat das Gericht zu entscheiden, ob eine tatsächliche Behauptung für wahr oder für nicht wahr zu erachten ist. Es muss also von der Wahrheit bestimmter Tatsachen überzeugt sein. Demgegenüber stellt § 287 ZPO geringere Anforderungen. Hier entscheidet das Gericht „unter Würdigung aller Umstände" ohne an die Kategorien „wahr"/„unwahr" gebunden zu sein. Es genügen „greifbare Anhaltspunkte", teilweise sogar eine „deutlich überwiegende Wahrscheinlichkeit". § 287 ZPO bildet damit eine Ausnahmevorschrift zu § 286 ZPO, die nicht zu weit ausgelegt werden darf. Sie ist nicht anwendbar, soweit exakte Berechnungen möglich sind oder soweit stärkere Anhaltspunkte als die nach § 287 ZPO ausreichenden vorliegen. Diesem gesetzlichen Regel-Ausnahme-Verhältnis wird im Kontext von Unternehmensbewertungen am besten dadurch Rechnung getragen, dass nicht auf Schätzungen zurückgegriffen wird wie sie mit Zukunftserfolgswertverfahren untrennbar verbunden sind, sondern indem Börsenkurse zur Grundlage der Abfindungsbemessung gemacht werden. Letztere sind reale, nachprüfbare Daten, also Tatsachen und verdienen daher aus prozessrechtlicher Sicht das Prädikat „objektiv".

12.) Rund um den Börsenkurs besteht ein engmaschiges Netz von Vorschriften zum Schutze der Marktteilnehmer. Besonderer Kontrolle unterliegen all jene Faktoren, die die Preisbildung beeinflussen. Der Börsenkurs ist damit ein Marktpreis, der wie kaum ein anderer mit den Mitteln des Rechts gegen Einflüsse verteidigt wird, die der Gesetzgeber für illegitim hält. Die „schützende Hand" des Staates dürfte in keinem anderen Kontext so sehr darauf bedacht sein, ein faires Verfahren der Preisbildung zu schaffen. – Auch dies spricht für den Börsenkurs als Abfindungsgrundlage.

V. Ausgehandelte Wertverhältnisse

In den Fällen des Zusammenschlusses von rechtlich unabhängigen Partnern sowie bei Kapitalerhöhungen gegen Sacheinlagen ist es angezeigt, nach dem Vorbild der US-amerikanischen Rechtsprechung mit einer geringeren Prüfdichte zu arbeiten. Dabei sollte sich das Gericht auf eine reduzierte Rechtskontrolle mit dem Inhalt beschränken, ob die Vertragsparteien innerhalb der Grenzen ihres unternehmerischen Ermessens gehandelt haben und ob die vertragliche Einigung ordnungsgemäß zustande gekommen ist. – Hierfür sprechen mehrere Argumente. Das wichtigste ist, dass der Eigentumsschutz der Minderheitsaktionäre (Art. 14 I GG) bereits verfahrenstechnisch hinreichend durch den Gleichlauf ihrer Interessen mit jenen des Mehrheitsaktionärs gewährleistet wird. Ebenfalls gegen eine gerichtliche Neufestsetzung der Bewertung spricht, dass hierdurch faktisch in die Vertragsfreiheit (Art. 2 I GG) der Unternehmen eingegriffen wird; denn diese haben sich in privatautonomen Verhandlungen auf ein bestimmtes Wertverhältnis geeinigt, das auch die Zustimmung der Anteilseignermehrheit gefunden hat. Jenes ausgehandelte Wertverhältnis hat sich auf dem Markt für Unternehmenskontrolle ergeben, weshalb der wertmäßige Ansatz der beteiligten Gesellschaften einen „fairen Marktwert" darstellt. Diesen Marktwert grundsätzlich unangetastet zu lassen, steht auch in Einklang mit dem Gesetzeswortlaut und zivilrechtlichen Wertungen und dient überdies der Rechtssicherheit.

V. Methodenkongruenz v. Meistbegünstigung

Sind in einer dominierten Konfliktsituation zwei börsennotierte Rechtsträger zu bewerten, so entspricht es dem in dieser Arbeit vertretenen marktorientierten

Bewertungsansatz, den Börsenkurs zur Grundlage der Bewertung zu machen. Dies muss unabhängig davon gelten, ob ein Schätzwert, der nach anderen Verfahren gutachterlich ermittelt wurde, den börsenkurslich gefundenen Wert überschreitet. – Ist im Falle mehrerer beteiligter Rechtsträger nur einer börsennotiert, so stellt sich die Frage, ob nach dem Grundsatz der Meistbegünstigung der jeweils höhere Wert zugrunde zu legen ist oder ob nach dem Prinzip der Methodenkongruenz eine Bewertung nach identischen Verfahren erfolgen soll. Zwar wäre aus theoretischer Sicht die Bildung eines „fiktiven" Börsenkurses für die nicht notierte Gesellschaft wünschenswert, wodurch zugleich dem Grundsatz der Methodenkongruenz entsprochen würde. Beim derzeitigen Stand der betriebswirtschaftlichen Forschung ist ein solch fiktiver Börsenkurs jedoch noch spekulativer und unsicherer als die Bewertung nach einem Zukunftserfolgswert- oder Multiplikatorverfahren. Es stellt sich daher die Frage, welchem der beiden Prinzipien der Vorzug zu geben ist. Diese Entscheidung ist zugunsten des Prinzips der Methodenkongruenz zu treffen. Zwar führt eine Bewertung beider Gesellschaften auf der Grundlage von Zukunftserfolgswert- oder Multiplikatorverfahren dazu, dass dem Börsenkurs der notierten Gesellschaft nicht jener Stellenwert eingeräumt wird, den er an sich verdient. Dies ist jedoch ausnahmsweise hinzunehmen, da ansonsten verglichen wird, was nicht verglichen werden darf. Denn Börsenkurse bilden sich auf dem Aktienmarkt, während Bewertungen nach Zukunftserfolgswertverfahren oder Multiplikatormethoden ihren Platz haben auf dem Markt für Unternehmenskontrolle. – Um dennoch eine möglichst marktorientierte und „börsenkursnahe" Bewertung zu gewährleisten, sind sämtliche betriebswirtschaftlichen Methoden anzuwenden, die einer marktorientierten Bewertung dienen. Dieselben Markteinschätzungen, die dem Börsenkurs der notierten Gesellschaft zugrunde liegen, sollten zum Maßstab der beiden gutachterlichen Bewertungen gemacht werden: spiegelt der Börsenkurs des notierten Unternehmens eine freundliche gesamtwirtschaftliche Entwicklung, optimistische Ertragsschätzungen und Risikofreudigkeit im Anlegerverhalten wider, so sind diese Parameter auf die beiden gutachterlichen Bewertungen zu übertragen. Idealerweise wird so bei dem notierten Unternehmen ein Wert erlangt, der dem der Marktkapitalisierung möglichst nahe kommt.

VI. Verbundvorteile (Synergieeffekte)

Richtigerweise sind echte ebenso wie unechte Verbundvorteile in die Bewertung einzubeziehen. Denn sie beruhen auf Merkmalen des Bewertungsobjektes, die das Potential bergen, auf der Einnahmenseite zusätzliches Wachstum zu generieren oder auf der Kostenseite Einsparungen zu realisieren. Diese Merkmale werden auf einem Markt als „wertbildende Faktoren" wahrgenommen. In privatautonomen Verhandlungen würden sie von den Akteuren bewertet und den Preis des Bewertungsobjektes nach oben beeinflussen. Ebenso verhält sich der Aktienmarkt: ist ein Unternehmen für einen oder gleich mehrere Interessenten ein strategisch sinnvolles Zielobjekt, wird es im Markt als

„Übernahmekandidat" wahrgenommen, was sich unmittelbar positiv auf den Börsenkurs auswirkt. Mit dem Gebot einer marktorientierten Bewertung ist es daher nicht vereinbar, Verbundvorteile unberücksichtigt zu lassen. – Was die gerichtliche Behandlung von Verbundvorteilen betrifft, ist allerdings zwischen dominierten und nicht-dominierten Konfliktsituationen zu differenzieren. In nicht-dominierten Konfliktsituationen gilt: wie Verbundvorteile berechnet werden und auf welchem genauen Weg sie in die Bestimmung des Umtauschverhältnisses einfließen, ist gänzlich den Vertragspartnern zu überlassen. Denn auch hier gibt es keine absoluten Wahrheiten, und das beste Indiz für eine marktgerechte Bewertung jener wertbildenden Faktoren, die die Erzielung von Verbundvorteilen ermöglichen, liegt in dem Umtauschverhältnis, das von den Vertragsparteien privatautonom auf dem Markt für Unternehmenskontrolle ausgehandelt worden ist. Dagegen besteht in dominierten Konfliktsituationen eine andere Ausgangslage. Hier kann der Hauptaktionär, der bereits über signifikanten Einfluss auf die Gesellschaft verfügt, durch einseitigen Akt einen weiteren Integrationsschritt realisieren. Dies bedeutet zweierlei: Erstens scheidet ein Rückgriff auf einen im Verhandlungswege erzielten Preis aus, weshalb eine gerichtliche Kontrolle aus Rechtsschutzgründen angezeigt ist. Zweitens ist bereits ein Stadium weitgehender Integration erreicht, und es geht lediglich darum, durch die geplante Maßnahme eine *weitere* Integrationsstufe zu erreichen. Das Ausmaß der Synergieeffekte, die gerade auf dem zusätzlichen Integrationsschritt beruhen, ist daher nicht vergleichbar mit jenem, das beim Zusammenschluss zweier unabhängiger und bis dato völlig getrennt operierender Unternehmen zu erzielen ist. Letzterem Umstand ist dadurch Rechnung zu tragen, dass auf den als Referenzkurs ermittelten gewichteten Börsendurchschnittskurs eine „Synergieprämie" gewährt wird. Diese stellt zwar gerade keine Kontrollprämie dar, da der Hauptaktionär bereits über die Kontrolle an dem Bewertungsobjekt verfügt. Ihre Berechnung kann sich allerdings durchaus an den im Markt bezahlten Kontrollprämien orientieren und hiervon einen angemessenen Bruchteil zugrunde legen. Alternativ in Betracht kommt die Quantifizierung und Aufteilung der Synergieeffekte.

Kolibri 360 GmbH
Ferdinand-Jühlke-Straße 7
99095 Erfurt, Deutschland
produktsicherheit@kolibri360.de

Druck:
CPI Druckdienstleistungen GmbH
im Auftrag der
Kolibri 360 GmbH
Ferdinand-Jühlke-Str. 7
99095 Erfurt